Adequação Formal e Garantias Processuais na Ação Declarativa

Adequação Formal e Garantias Processuais na Ação Declarativa

João Pedro Pinto-Ferreira
Professor da NOVA School of Law
Investigador do CEDIS – Centro de I&D sobre Direito e Sociedade

ALMEDINA

ADEQUAÇÃO FORMAL E GARANTIAS PROCESSUAIS NA AÇÃO DECLARATIVA
AUTOR
João Pedro Pinto-Ferreira
EDITOR
EDIÇÕES ALMEDINA, S.A.
Avenida Emídio Navarro, 81, 3D
3000-151 Coimbra
Tel.: 239 851 904 · Fax: 239 851 901
www.almedina.net · editora@almedina.net
DESIGN DE CAPA
FBA.
PRÉ-IMPRESSÃO
EDIÇÕES ALMEDINA, S.A.
IMPRESSÃO E ACABAMENTO

Outubro, 2022
DEPÓSITO LEGAL

ALMEDINA | GRUPOALMEDINA

BIBLIOTECA NACIONAL DE PORTUGAL – CATALOGAÇÃO NA PUBLICAÇÃO
FERREIRA, João Pedro Pinto
ADEQUAÇÃO FORMAL E GARANTIAS PROCESSUAIS
NA AÇÃO DECLARATIVA – (Monografias)
ISBN 978-989-40-0883-5
CDU 347

Aos meus pais,
Sílvia e Carlos

PREFÁCIO

O texto que agora se publica corresponde, no essencial, à tese de doutoramento que defendi na NOVA School of Law em julho de 2020. Além de uma revisão formal e do esclarecimento de alguns aspetos detetados na preparação para a prova de doutoramento e na sequência da própria prova, procedeu-se ainda à atualização da legislação consultada até setembro de 2022.

Este texto visa, desde logo, dotar os estudantes de um elemento de apoio ao estudo em duas matérias que, com algumas exceções, têm merecido uma atenção reduzida por parte da doutrina nacional: a adequação formal e os direitos processuais fundamentais. Além disso, o texto tem também como destinatários advogados e juízes, dado que são estes que se confrontam, na realidade quotidiana, com algumas das questões que nele procuramos analisar.

Gostaria de deixar um agradecimento:

- À minha orientadora, Professora Doutora Mariana França Gouveia: por ter despertado o meu interesse para a investigação e para o ensino e por aceitado acompanhar-me em mais esta etapa do meu percurso;
- Aos membros do júri de doutoramento, Professores Doutores Jorge Bacelar Gouveia (presidente), Carlos Alberto Carmona (arguente), Isabel Alexandre (arguente), Jorge Morais Carvalho (arguente), Mariana França Gouveia (orientadora), José Lebre de Freitas (vogal), Miguel Mesquita (vogal) e Rita Lynce de Faria (vogal). Agradeço, em especial, aos Professores Doutores Carlos Alberto Carmona, Isabel Alexandre e Jorge Morais Carvalho pelo encargo

da arguição e pela posterior partilha do documento com as observações que serviram de base a essa arguição, elemento que se revelou essencial na revisão do texto;
- Ao Professor Doutor Jorge Morais Carvalho: pela sua amizade e por todos os sábios conselhos durante este caminho;
- Aos Professores Doutores Ana Prata, Carlos Ferreira de Almeida (com saudade), José João Abrantes, Margarida Lima Rego e Maria Helena Brito: de quem tive o privilégio de ser aluno, pelas palavras de incentivo que sempre me transmitiram;
- Aos meus companheiros de doutoramento, em especial ao António Pedro Pinto Monteiro, à Daniela Mirante, à Joana Campos Carvalho e ao Micael Martins Teixeira: pelo espírito de entreajuda, pelos longos debates e pela perspetiva crítica quanto a vários aspetos refletidos no texto.

O apoio das seguintes instituições foi também essencial para a elaboração da tese de doutoramento que serve de base ao presente texto:

- Fundação para a Ciência e a Tecnologia – Ministério da Ciência, Tecnologia e Ensino Superior, cuja bolsa de doutoramento (SFRH/BD/101422/2014) foi crucial para o desenvolvimento dos trabalhos;
- Centro de Investigação & Desenvolvimento sobre Direito e Sociedade, da NOVA School of Law, que acolheu os trabalhos de investigação e apoiou (financeira e logisticamente) um projeto de recolha e análise de decisões judiciais no âmbito da gestão processual;
- NOVA School of Law, a minha casa desde setembro de 2004.

O presente texto incide sobre a adequação formal do processo civil declarativo em 1.ª instância. Estão, assim, em causa os poderes que o nosso ordenamento jurídico atribui ao juiz cível para que este flexibilize a tramitação e a forma e conteúdo dos atos processuais em face das especificidades da causa.

O objetivo passa por responder a uma das principais críticas feitas à adequação formal: a de que esta pode colocar em causa as garantias processuais das partes (com particular destaque para a previsibilidade do processo). A hipótese de investigação assenta na ideia de que a tutela dos direitos processuais fundamentais (direitos com tutela constitucional expressa ou implícita e reflexo no processo civil) traduz, em simultâneo, o fundamento e o limite dos poderes de adequação do processo pelo juiz.

Entre outros aspetos, a exposição estará focada na identificação e concretização dos direitos processuais fundamentais que podem, em abstrato, ser afetados pela variação da forma legal, na análise de exemplos de adequação do processo para perceber como é que estes interagem, em concreto, com aqueles direitos e na questão do controlo em sede de recurso da conformidade dos despachos de adequação com os direitos processuais fundamentais.

A análise desenvolvida permitirá concluir que a adequação do processo opera quando, em função das especificidades da causa, a forma legal não seja adequada à tutela dos direitos processuais fundamentais. Os direitos processuais fundamentais são, pois, o fundamento dos poderes de adequação formal.

Além disso, será possível constatar que os direitos processuais fundamentais balizam a adequação formal, ou seja, o juiz deve ter em conta os possíveis efeitos da adequação nos demais direitos processuais com tutela constitucional. No fundo, impõe-se uma análise de conjunto dos direitos processuais fundamentais. É neste sentido que estes surgem como um limite à adequação formal e é também por esta razão que os despachos de adequação admitem recurso quando contendam com um direito processual fundamental.

Em síntese, a abordagem proposta ao longo do texto procura assegurar a flexibilidade da tramitação do processo e da forma e conteúdo dos atos processuais e, ao mesmo tempo, salvaguardar os direitos processuais fundamentais.

Cascais, 12 de setembro de 2022

LISTA DE ABREVIATURAS

Aa. Vv.	Autores vários
ac. ou acs.	acórdão ou acórdãos
al. ou als.	alínea ou alíneas
ALI	American Law Institute
art. ou arts.	artigo ou artigos
ASJP	Associação Sindical dos Juízes Portugueses
BMJ	Boletim do Ministério da Justiça
cad. ou cads.	caderno ou cadernos
CC	Código Civil
CCJ	Código das Custas Judiciais
CEDH	Convenção Europeia dos Direitos Humanos
cit.	citado
CJ	Colectânea de Jurisprudência
coord.	coordenação
CPC	Código de Processo Civil de 2013
CPCa	Código de Processo Civil de 1939
CPCb	Código de Processo Civil brasileiro de 2015
CPC de 1876	Código de Processo Civil de 1876
CPR	Civil Procedure Rules
CRP	Constituição da República Portuguesa
DUDH	Declaração Universal dos Direitos Humanos
ed.	edição
LAV	Lei da Arbitragem Voluntária
LM	Lei da Mediação
LOSJ	Lei de Organização do Sistema Judiciário
n.	nota

n.º	número
ONU	Organização das Nações Unidas
PD	Practice Direction
p. ou pp.	página ou páginas
par. ou pars.	parágrafo ou parágrafos
PIDCP	Pacto Internacional sobre os Direitos Civis e Políticos
proc.	processo
r.	regra
RPCE	Regime Processual Civil Experimental
[s. d.]	sem data
[s. n.]	sem nome
[s. l.]	sem local
sec.	secção
STJ	Supremo Tribunal de Justiça
t.	tomo
TC	Tribunal Constitucional
TEDH	Tribunal Europeu dos Direitos Humanos
TRC	Tribunal da Relação de Coimbra
TRE	Tribunal da Relação de Évora
TRG	Tribunal da Relação de Guimarães
TRL	Tribunal da Relação de Lisboa
TRP	Tribunal da Relação do Porto
v.	ver
vol. ou vols.	volume ou volumes
UNIDROIT	International Institute for the Unification of Private Law

NOTA INTRODUTÓRIA

I. Entre a aprovação do Código de Processo Civil de 1876 ("CPC de 1876") e a reforma de 1995-1996, o processo civil português foi dominado pelo princípio da legalidade das formas processuais[1]. Quer isto dizer que o processo se desenrolava de acordo com um conjunto de regras pré-estabelecidas e que, na generalidade dos casos, não podiam ser afastadas pelas partes ou pelo juiz em função das especificidades da causa. Deste modo, as regras processuais eram definidas pela lei e caracterizadas pela rigidez.

Este modelo sofreu uma importante alteração na reforma processual de 1995-1996 com a consagração do princípio da adequação formal, que conferia ao juiz o poder de adaptar as regras processuais ao caso concreto. Assim, apesar de a lei continuar a prever as regras processuais aplicáveis a cada forma de processo de um modo que se pretendia tão exaustivo quanto possível, passou a admitir-se a flexibilização de algumas dessas regras quando o juiz concluísse que as mesmas não eram adequadas às particularidades do caso.

A tendência no sentido da flexibilização judicial das formas processuais tem-se intensificado desde então e está bem presente no Código de Processo Civil de 2013 ("CPC"), com particular destaque para o disposto nos seus arts. 6.º e 547.º. Entre outros aspetos, importa destacar que, por influência da solução consagrada no Regime Processual Civil Experimental ("RPCE"), a adequação do processo inclui agora também os casos

[1] Neste sentido, Artur Anselmo de Castro, *Direito processual civil declaratório*, vol. 1, 1981, p. 24; João de Castro Mendes, *Direito processual civil*, vol. 1, 2012, p. 134; Manuel A. Domingues de Andrade, *Noções elementares de processo civil*, 1979, p. 243.

em que, apesar de a forma processual prevista na lei ser adequada ao caso, exista outra forma alternativa igualmente adequada, mas mais eficiente.

Como teremos oportunidade de constatar, a adequação formal pode, entre outros exemplos, implicar a dispensa de atos previstos na lei, a alteração da sequência pela qual os atos devem ser praticados ou a prática de determinados atos de forma ou com um conteúdo diverso daquele que resulta da lei.

II. O presente texto terá, assim, como objeto o poder de adequação da forma legal (tramitação, forma e conteúdo dos atos processuais) às especificidades da causa no âmbito do processo civil declarativo em 1.ª instância. Desta forma, a análise estará centrada numa das dimensões da direção formal do processo.

Ora, uma das principais questões que se coloca neste âmbito está relacionada com a conjugação entre a flexibilização judicial das formas de processo e as garantias processuais, com especial ênfase na previsibilidade das regras processuais aplicáveis[2]. É este, pois, o tema que iremos abordar ao longo do texto: como harmonizar o poder de adequação do processo às especificidades do caso concreto com as garantias processuais.

A hipótese de investigação assenta na ideia de que a tutela dos direitos processuais fundamentais traduz, em simultâneo, o fundamento e o limite dos poderes de adequação do processo pelo juiz. Para os efeitos da presente exposição, o conceito de direitos processuais fundamentais compreende todos os direitos com tutela constitucional expressa ou implícita e reflexo no processo civil.

Dito de outra forma, aquilo que nos propomos demonstrar é que os direitos processuais fundamentais surgem como critério de decisão no momento de determinar, perante um caso concreto, se é necessário adequar o processo e, em caso de resposta afirmativa, na modelação do conteúdo do ato a praticar. Em qualquer destes momentos, os poderes de flexibilização judicial das formas de processo têm em vista salvaguardar os direitos processuais com tutela constitucional e estes constituem

[2] Luís Correia de Mendonça, "Processo civil líquido e garantias: o Regime Processual Experimental português", 2007, pp. 100-103.

uma fronteira que não pode ser ultrapassada[3]. Esta última observação explica a importância de assegurar o controlo jurisdicional dos despachos de adequação formal quando estes possam afetar direitos processuais fundamentais.

Ainda que de forma resumida, importa deixar algumas breves considerações quanto à estrutura do texto antes de encerrar esta nota introdutória.

III. O capítulo I terá como intuito delimitar o tema e abordar alguns dos conceitos que serão centrais na exposição subsequente.

Desta forma, este capítulo começará por apresentar o objeto de investigação: a adequação formal do processo declarativo em 1.ª instância. Entre outros aspetos, teremos ainda oportunidade de enunciar, em traços gerais, a distinção entre a direção formal e material do processo e de analisar algumas das principais vantagens e inconvenientes associados a um modelo assente unicamente na legalidade ou na liberdade das formas processuais e, bem assim, da flexibilização judicial e voluntária das regras processuais.

Esta exposição terá por propósito analisar uma série de questões que, apesar do seu âmbito mais geral, estarão subjacentes ao longo do texto. É o que sucede, por exemplo, com o princípio da legalidade das formas de processo, cuja compreensão é essencial para perceber as alterações que têm sido introduzidas nas últimas décadas em matéria de regulamentação das formas processuais. O mesmo acontece com o papel do juiz no processo civil, uma vez que este influencia o exato alcance dos poderes de direção do processo (entre os quais se inclui a adequação formal).

[3] Em sentido próximo, embora por referência ao processo equitativo, Mariana França Gouveia [et. al.], *Justiça económica em Portugal: gestão processual e oralidade*, cad. 2, 2012, p. 87; Miguel Teixeira de Sousa, "Apontamento sobre o princípio da gestão processual no novo Código de Processo Civil", 2013, p. 12. Contra, Luís Correia de Mendonça, "Processo cit.", p. 94, defende que os "direitos à decisão da causa em prazo razoável e ao processo equitativo (...) não compensam o enorme poder, incerto e indeterminado, que o RPE pôs nas mãos do magistrado, nem devem deixar sossegados os cidadãos".

IV. Nos capítulos II a IV, o objetivo passará por caracterizar as figuras da gestão processual e da adequação formal no processo civil nacional e por abordar uma experiência de gestão do processo num outro ordenamento jurídico.

Neste sentido, o capítulo II apresentará uma panorâmica sobre a evolução na regulamentação das formas processuais no processo civil português. A análise terá em conta o tratamento desta questão no CPC de 1876, no Código de Processo Civil de 1939 ("CPCa")[4], e em legislação avulsa (como o Decreto-Lei n.º 211/91, de 14 de junho, ou o RPCE). Esta exposição permitirá constatar que o processo civil português tem caminhado de forma progressiva no sentido da flexibilização das formas processuais e que esse percurso tem sido feito, por regra, através da flexibilização judicial.

O capítulo III debruçar-se-á sobre a gestão processual e a adequação formal no CPC de 2013. Após uma breve nota quanto à evolução no tratamento destas figuras nos vários projetos legislativos que antecederam a aprovação do CPC, a análise estará centrada nas várias modalidades de gestão processual. Neste contexto, será ainda possível concluir que a adequação formal é uma das vertentes do princípio da gestão processual (na sua dimensão de simplificação e agilização) e visa permitir a flexibilização judicial da tramitação do processo e da forma e conteúdo dos atos processuais em função das particularidades da causa.

No capítulo IV, a nossa atenção estará voltada para o ordenamento jurídico inglês e, em particular, para um dos aspetos centrais das Civil Procedure Rules ("CPR"): os amplos poderes de gestão do processo conferidos ao juiz. Além da análise de vários exemplos de gestão processual (como a determinação da forma de processo ou os mecanismos ao dispor do juiz para controlar a marcha do processo até ao julgamento), teremos ainda oportunidade de verificar quais os critérios que condicionam a recorribilidade dos despachos de gestão do processo.

[4] Ao longo dos mais de 70 anos de vigência, o CPCa sofreu inúmeras alterações. A doutrina discute, em especial, se a reforma de 1961 (Decreto-Lei n.º 44 129, de 28 de dezembro de 1961) consubstanciou um novo Código de Processo Civil. Como teremos oportunidade de desenvolver *infra*, no capítulo II (ponto 2, n. 57), entendemos que o Decreto-Lei n.º 44 129 não representou, pelo menos numa perspetiva material, um novo Código de Processo Civil.

O enquadramento geral da gestão processual e da adequação formal em dois ordenamentos jurídicos – o português e o inglês – terá como intuito demonstrar quais são as principais características destas figuras em cada um deles. No fundo, trata-se de perceber em que é que consiste a gestão processual e a adequação formal. Entre outras questões, teremos oportunidade de analisar o grau de detalhe colocado na regulamentação da forma legal e o caráter transversal e multifacetado da flexibilização judicial das formas de processo. Quanto ao processo civil nacional, esta exposição mais genérica será complementada no capítulo VI com o estudo de vários despachos de adequação do processo que têm resultado da prática judiciária.

V. Os capítulos V a VII terão como intuito identificar os direitos processuais fundamentais para, num segundo momento, demonstrar que a adequação formal tem como fundamento e limite a salvaguarda desses direitos.

O capítulo V começará por explorar as várias dimensões da cláusula do processo equitativo, tal como enunciada em alguns dos instrumentos internacionais com maior relevância para a proteção dos direitos humanos e que vinculam o Estado português: a Declaração Universal dos Direitos Humanos ("DUDH"), a Convenção Europeia dos Direitos Humanos ("CEDH") e o Pacto Internacional sobre os Direitos Civis e Políticos ("PIDCP"). Posteriormente, a exposição terá em conta os direitos processuais fundamentais, ou seja, os direitos processuais com tutela constitucional expressa ou implícita no Direito português. No final deste capítulo, estaremos em condições de concluir que o contraditório, a igualdade processual ou a obtenção de uma decisão em prazo razoável (entre outros) traduzem direitos processuais fundamentais.

No capítulo VI, a exposição estará centrada em manifestações concretas de adequação processual retiradas da prática judiciária (nacional ou estrangeira) e da doutrina. Entre outros exemplos, a análise irá incidir sobre a admissibilidade de um terceiro articulado para resposta a exceções, a dispensa da audiência prévia quando o juiz pretenda conhecer do mérito da causa no despacho saneador e as partes já tenham exercido o contraditório nos articulados, a alteração da forma de produção da prova ou a agregação de ações. No essencial, aquilo que se pretende demonstrar é, por um lado, que a adequação do processo tem em vista a tutela dos direitos processuais fundamentais e, por outro lado, que estes limitam a adequação do processo. Quanto a este último aspeto, teremos oportunidade de constatar que uma consideração isolada de cada um desses direitos pode apontar em sentidos diferentes (pense-se, por exemplo, no contraditório e no direito à obtenção de uma decisão em prazo razoável), pelo que o juiz deve adotar uma perspetiva global da situação concreta no momento de decidir sobre a necessidade de adequar o processo e, bem assim, de definir os exatos contornos da adequação.

Por fim, o capítulo VII abordará a questão de saber se os despachos de adequação formal admitem recurso e, em caso de resposta afirmativa, em que termos. Neste contexto, será possível concluir que a lei consagra a irrecorribilidade genérica dos despachos de adequação (art. 630.º-2 do CPC), solução que é determinada pela predominância dos momentos discricionários e pelo intuito de assegurar uma utilização efetiva dos poderes de adequação do processo. No entanto, constatar-se-á igualmente que este regime carece de interpretação conforme a Constituição, já que os despachos de adequação devem admitir recurso quando esteja em causa a possível violação de um direito processual fundamental.

O objetivo destes capítulos consistirá em confirmar ou afastar a hipótese de investigação enunciada: os direitos processuais fundamentais traduzem o fundamento e o limite da adequação formal. Assim, há que identificar e concretizar os direitos processuais fundamentais que, em abstrato, podem ser afetados pela variação da forma legal, analisar exemplos de adequação do processo para perceber como é que esta interage, em concreto, com esses direitos e, por fim, determinar se é possível assegurar o controlo em sede de recurso da conformidade dos despachos de adequação com os direitos processuais fundamentais.

Capítulo I
Adequação formal como objeto de análise

1. Delimitação do tema

1.1. Poderes de direção do processo pelo juiz

I. Um dos aspetos que tem marcado a evolução do processo civil português nos últimos dois séculos consiste no reforço dos poderes de direção do processo pelo juiz.

No CPC de 1876, o juiz dispunha de poderes muito limitados de direção da marcha processual, pelo que a preparação do caso para julgamento cabia, por regra, às partes. Desta forma, o juiz só assumia um papel preponderante na direção das audiências e no momento da decisão[5].

Este modelo é representativo de uma conceção liberal do processo civil, baseada na ideia de que este tem como única finalidade a resolução do litígio entre as partes. Ora, uma vez que as partes e os respetivos mandatários judiciais[6-7] são quem melhor conhece o litígio, a lei entrega-lhes

[5] Para uma descrição do sistema vigente no CPC de 1876, Luís Correia de Mendonça, "O dispositivo: um princípio evanescente", 2017, pp. 450-454.

[6] No direito português, o patrocínio judiciário é assegurado por um profissional do foro (advogado, advogado estagiário ou solicitador) e tem subjacente um contrato de mandato, qualificado em função do respetivo objeto - mandato judicial [arts. 43.º do CPC, 67.º-1-a) da Lei n.º 145/2015, de 9 de setembro, e 136.º-1 da Lei n.º 154/2015, de 14 de setembro. Ao longo do texto, a referência aos mandatários judiciais tem em vista os diferentes profissionais do foro.

[7] Enquanto os advogados podem assegurar o patrocínio judiciário de forma plena, os advogados estagiários e os solicitadores só podem assumi-lo em duas situações: por um lado, quando o patrocínio judiciário seja facultativo (art. 42.º do CPC); por outro lado, mesmo quando a lei exija a constituição de advogado, os advogados estagiários e os solicitadores podem subscrever requerimentos em que não se levantem questões de direito (art. 40.º-2 do CPC). Para

o controlo do processo. A intervenção do juiz é limitada ao controlo da legalidade (aferida em função do respeito pelas regras processuais) e à decisão do litígio[8]. Uma das imagens que se costuma utilizar para descrever este modelo é a do duelo: o processo assume a forma de um duelo entre as partes; o juiz apenas intervém para salvaguardar o cumprimento das regras (a requerimento de uma das partes) e no momento de declarar o vencedor[9].

A repartição de papéis entre as partes e o juiz no âmbito do processo civil sofreu uma profunda alteração com a aprovação do Decreto n.º 12 353, de 22 de setembro de 1926. De acordo com o relatório que antecede este diploma, uma das causas da complexidade e lentidão do processo residia no "conceito individualista de relação processual, de onde derivam, como corolários, o princípio da inércia e passividade do juiz e a liberdade ilimitada das partes em orientar e dirigir toda a estrutura do processo"[10]. Tendo em conta este diagnóstico, não é surpreendente que o Decreto n.º 12 353 tenha alargado de forma significativa os poderes de direção do processo pelo juiz. Assim, além de explicitar que cabe ao juiz dirigir e fiscalizar a instrução (art. 27.º do Decreto n.º 12 353), a lei atribuiu-lhe ainda um amplo leque de poderes de direção do processo, entre os quais poderes de iniciativa oficiosa, de rejeição de atos e diligências impertinentes ou dilatórias e de remoção dos obstáculos ao prosseguimento da causa (art. 28.º do Decreto n.º 12 353).

As alterações introduzidas por este diploma no que respeita à responsabilidade pela direção do processo assentam num modelo diferente daquele que norteou o CPC de 1876. De facto, a conceção de processo que está subjacente ao Decreto n.º 12 353 coloca a ênfase no interesse público na administração da Justiça e, em particular, na tutela do direito objetivo. A transferência da responsabilidade pela direção do processo

uma análise mais detalhada, João Pedro Pinto-Ferreira, *A representação em juízo: uma perspetiva de direito comparado. Direitos português e espanhol*, 2013, pp. 7-12.

[8] Neste sentido, Juan Montero Aroca, "El proceso civil llamado «social» como instrumento de «justicia» autoritaria", 2006, pp. 141-144.

[9] José Carlos Barbosa Moreira, "Duelo e processo", 2003, pp. 44-45, e Manuel A. Domingues de Andrade, *Noções elementares de processo civil*, 1979, pp. 234-235.

[10] Relatório do Decreto n.º 12 353.

para o juiz tinha em vista assegurar a obtenção de uma decisão célere e justa[11].

Esta conceção de processo transitou para o CPCa. Quanto aos poderes de iniciativa oficiosa no âmbito da prova (art. 264.º-2.ª al. do CPCa), reforçou-se a ideia de que a sua finalidade era a obtenção da possível correspondência entre a realidade intraprocessual (declarada na decisão) e extraprocessual; no que respeita aos poderes de disciplina (recusa de atos e diligências impertinentes ou dilatórias) e de impulsão do processo (art. 266.º do CPCa), a lei encarava-os como um instrumento no sentido de assegurar uma maior celeridade processual[12]. A existência de um dever de cooperação unilateral das partes para com o tribunal (art. 265.º do CPCa) era mais um elemento que confirmava o pendor publicístico do processo. Este modelo manteve-se, no essencial, sem alterações com a reforma de 1961. A conjugação destes vários aspetos – preponderância dos interesses públicos tutelados pelo processo; amplo protagonismo do tribunal na direção da causa; dever de cooperação que só abrangia as partes na sua relação com o tribunal – desembocou num modelo de processo autoritário[13].

A reforma processual de 1995-1996 (Decretos-Leis n.º 329/A-95, de 12 de dezembro, e n.º 180/96, de 25 de setembro) intensificou os poderes de direção do processo pelo juiz. Assim, entre outros exemplos, passou a admitir-se a iniciativa judicial quanto ao depoimento de parte (art. 552.º-1 do CPCa), introduziu-se a figura do convite ao aperfeiçoamento

[11] O relatório do Decreto n.º 12 353 ilustra com particular clareza a preponderância dos interesses públicos no processo ("Acima do interêsse das partes há, na acção judicial, o interêsse do Estado") e a sua relação com a direção do processo pelo juiz ("A realização da ordem jurídica é uma das funções do Estado; e como êsse fim se consegue por meio do julgamento, comprende-se que deva haver no processo uma entidade que, em nome do Estado, esteja investida dos poderes necessários para conduzir ràpidamente o litígio a uma solução conforme à justiça. Essa entidade é o juiz"). Na doutrina, José Alberto dos Reis, *Breve estudo sôbre a reforma do processo civil e comercial*, 2.ª ed., 1929, pp. 208-209.

[12] Para uma análise mais desenvolvida destes preceitos e da tripartição dos poderes de direção, José Alberto dos Reis, *Comentário ao Código de Processo Civil*, 2.ª ed., vol. 3, 1946, pp. 7 a 14.

[13] Neste sentido, Luís Correia de Mendonça, "Vírus autoritário e processo civil", 2007, pp. 80-84, e Mariana França Gouveia, "Os poderes do juiz cível na acção declarativa: em defesa de um processo civil ao serviço do cidadão", 2007, pp. 48-49.

dos articulados na sua vertente fáctica (art. 508.º-3 do CPCa), a responsabilidade pelo impulso processual subsequente passou a caber, em regra, ao juiz (art. 265.º-1 do CPCa) e consagrou-se o princípio da adequação formal, que viabilizava a adequação judicial das regras aplicáveis à tramitação do processo sempre que a forma legal não fosse adequada às particularidades do caso concreto (art. 265.º-A-do CPCa).

Importa, no entanto, salientar que esta reforma tinha subjacente uma nova conceção do processo civil, assente na cooperação entre as partes e o juiz[14]. O alargamento do dever de cooperação ao juiz, na sua relação com as partes (art. 266.º-1 do CPCa), revelou-se decisivo no sentido de mitigar o autoritarismo que, até então, caracterizara o CPCa. De facto, aquilo que se pretende é que o juiz assuma uma postura diferente: o juiz altivo, típico do modelo anterior, deve dar lugar a um juiz que se pretende cooperante e próximo das partes. A lógica de cooperação entre o juiz, as partes e os respetivos mandatários judiciais tem óbvias implicações na forma como aquele deve exercer os seus poderes de direção do processo, privilegiando o diálogo[15].

A tendência de reforço dos poderes de direção do processo pelo juiz manteve-se nos tempos mais recentes, ainda que agora mais focada na flexibilização judicial das formas processuais. Neste sentido, o RPCE introduziu no nosso ordenamento jurídico a figura da gestão processual (art. 2.º do RPCE) que, no essencial, veio ampliar o âmbito do princípio da adequação formal.

O CPC de 2013[16] também deu passos importantes no sentido da flexibilização judicial das formas de processo. Neste contexto, a alteração

[14] Fredie Didier Jr., *Fundamentos do princípio da cooperação no direito processual civil português*, 2010, pp. 46-50, e Mariana França Gouveia, "Os poderes cit.", pp. 52-56 e 65.

[15] Fredie Didier Jr., *Fundamentos cit.*, p. 47, fala a este propósito de "uma condução *cooperativa* do processo, sem protagonismos". Em sentido próximo, Carlos Alberto Alvaro de Oliveira, "Poderes do juiz e visão cooperativa do processo", 2003, pp. 184-190, coloca especial ênfase numa "melhor e mais acabada comunicação do órgão judicial com os atores do processo" e refere que o diálogo "amplia o quadro de análise, constrange à comparação, atenua o perigo de opiniões preconcebidas e favorece a formação de um juízo mais aberto e ponderado".

[16] A referência a preceitos legais sem menção da respetiva fonte terá em vista, salvo indicação em contrário, o CPC (na redação vigente à data de janeiro de 2022).

mais relevante está relacionada com a circunstância de a adequação do processo não mais depender da desadequação da forma legal às especificidades do caso (art. 547.º)[17], o que permite a escolha, entre formas processuais igualmente adequadas, daquela que se revele, em concreto, mais eficiente. No fundo, a solução prevista no art. 2.º-a do RPCE foi importada para o CPC, o que permitiu generalizar a sua aplicação[18].

Em simultâneo, o CPC introduziu importantes alterações na cláusula geral de direção do processo. O art. 265.º-A do CPCa determinava que cabia ao juiz "providenciar pelo andamento regular e célere do processo" e, com esse intuito, atribuía-lhe um conjunto de poderes de direção do processo. O art. 6.º manteve os poderes anteriormente previstos (aos quais acrescentou o poder de adotar mecanismos de simplificação e de agilização processual), mas passou a exigir do juiz uma direção ativa do processo e eliminou a referência ao "andamento regular" do mesmo.

Como teremos oportunidade de constatar[19], esta nova abordagem aos poderes de direção reflete-se em três aspetos distintos: por um lado, a nível da terminologia, na substituição do "poder de direção do processo" (epígrafe do art. 265.º do CPCa) pelo "dever de gestão processual" (epígrafe do art. 6.º-1); por outro lado, na direção ativa do processo, ou seja, no seu acompanhamento e impulso contínuos pelo juiz; por fim, na necessidade de o juiz adotar uma visão crítica das regras processuais no sentido de perceber qual a atuação que melhor se adequa à situação concreta, o que explica que a lei tenha deixado de aludir ao "andamento regular" do processo.

II. Uma das principais questões que se levanta a propósito dos poderes de direção do processo pelo juiz é a distinção entre a direção formal e material do processo.

[17] Além disso, o art. 547.º incluiu, de forma expressa, a forma e o conteúdo dos atos processuais entre os possíveis objetos da adequação formal, a par da tramitação processual. Como teremos oportunidade de constatar *infra*, no capítulo II (ponto 3.2, III), parece-nos que, mesmo no âmbito do CPCa, o princípio da adequação formal já permitia chegar ao mesmo resultado, apesar de a lei não se referir à variação da forma e do conteúdo dos atos.

[18] O regime processual experimental era aplicável a menos de uma dezena de tribunais (art. 21.º-1 do RPCE e art. único da Portaria n.º 955/2006, de 13 de setembro de 2006).

[19] V. *infra*, capítulo III, (ponto 2.1, I e II).

A direção formal inclui, designadamente, os poderes de impulso judicial subsequente, de recusar atos e diligências impertinentes ou dilatórias, de adequar a forma processual ao caso ou de suprimento da falta de pressupostos processuais sanáveis. Esta enunciação permite-nos constatar que os poderes de direção formal não visam exercer uma influência direta no mérito da causa, embora acabem muitas vezes por nele se refletir de modo indireto[20]: por exemplo, na medida em que procura adaptar a tramitação e a forma e conteúdo dos atos processuais às particularidades da causa, a adequação formal pode revelar-se decisiva no sentido de permitir a correspondência possível entre a decisão e a realidade extraprocessual.

Por seu turno, e como o próprio nome indica, a direção material do processo inclui os poderes que têm uma repercussão direta no conteúdo da decisão de mérito: é o que sucede com a aquisição de factos não alegados pelas partes, a realização oficiosa de diligências probatórias e – para quem o admita – a conformação do pedido mediante requerimento da parte. De acordo com Miguel Mesquita, autor que entre nós mais se tem dedicado à análise da direção material do processo, esta assume quatro vertentes principais: convite ao aperfeiçoamento dos articulados quando a matéria de facto apresente insuficiências ou imprecisões (art. 590.º-4); poderes oficiosos de iniciativa probatória (art. 411.º); aquisição para o processo de factos complementares e concretizadores que, apesar de não terem sido alegados, resultem da produção de prova [art. 5.º-2-b)]; alteração do pedido[21]. Em qualquer destes casos, a atuação do juiz tem uma influência direta no mérito da causa: assim, o convite ao aperfeiçoamento da matéria de facto visa ultrapassar insuficiências ou imprecisões ao nível dos factos alegados, quando suscetíveis de conduzir à improcedência do pedido ou da exceção; a iniciativa oficiosa no domínio da prova procura assegurar a correspondência possível entre a realidade intraprocessual e extraprocessual dentro dos factos de que o juiz pode conhecer.

[20] Miguel Mesquita, "Princípio da gestão processual: o «Santo Graal» do novo processo civil", 2015, pp. 91-94.

[21] Miguel Mesquita, "Princípio cit.", pp. 94-104.

Os poderes de direção do processo (na sua dimensão formal ou material) apresentam um importante aspeto em comum: têm em vista a justa composição do litígio em prazo razoável. Sucede apenas que os meios utilizados para prosseguir este desiderato são diferentes: a direção formal traduz-se numa intervenção ao nível de aspetos como o impulso (subsequente) do processo, as formas processuais ou o suprimento da falta de pressupostos processuais, o que pode ter efeitos indiretos no mérito da causa; a direção material pressupõe uma atuação diretamente voltada para o mérito da causa.

III. Numa primeira delimitação parcial do tema que nos propomos abordar, importa salientar que a análise estará centrada na direção formal do processo pelo juiz. Desta forma, qualquer referência à gestão processual deve ser entendida numa vertente exclusivamente formal, sem que tal implique uma tomada de posição sobre o debate existente na doutrina quanto à questão de saber se a gestão também pode comportar uma dimensão material[22].

[22] Para Miguel Mesquita, "Princípio cit.", pp. 81-83 e 94-104, e Paulo Ramos de Faria, Ana Luísa Loureiro, *Primeiras notas ao novo Código de Processo Civil: os artigos da reforma*, 2.ª ed., vol. 1, 2014, pp. 49 e 60, a resposta deve ser afirmativa. Contra, José Lebre de Freitas, Isabel Alexandre, *Código de Processo Civil anotado*, 4.ª ed., vol. 1, 2018, p. 44, defendem que a gestão processual só compreende poderes de direção formal. Esta questão assume particular relevância dado que, numa perspetiva material da gestão, torna-se possível basear alguns poderes de direção material que a lei não prevê expressamente na cláusula geral de gestão processual (art. 6.º). É o que sucede, por exemplo, num caso em que o juiz, ao abrigo do princípio da cooperação (na sua modalidade de dever de esclarecimento), questione o autor sobre a exata extensão do pedido e este, em resposta, requeira a alteração do pedido no sentido de o tornar mais claro ou mais útil. Nesta hipótese, importa saber se, na falta de acordo do réu, o juiz pode determinar a flexibilização do pedido fora dos casos previstos no art. 265.º. A doutrina encontra-se dividida nesta matéria: alguns autores afastam, à partida, que o dever de esclarecimento inclua esta modalidade (Carlos Francisco de Oliveira Lopes do Rego, *Comentários ao Código de Processo Civil*, 2.ª ed., vol. 1, 2004, p. 265, e Paula Costa e Silva, *Acto e processo: o dogma da irrelevância da vontade na interpretação e nos vícios do acto postulativo*, 2003, pp. 590-594); a favor da flexibilização do pedido com base numa dimensão material da gestão processual, Miguel Mesquita, "A flexibilização do princípio do pedido à luz do moderno processo civil", 2013, pp. 145-151, e "Princípio cit.", pp. 98-103, e Paulo Ramos de Faria, Ana Luísa Loureiro, *Primeiras cit.*, p. 257.

1.2. Gestão processual

I. O conceito de gestão processual é suficientemente amplo para abranger instrumentos que tenham em vista processos distribuídos a juízes diferentes: pense-se nos mecanismos direcionados para a gestão do volume de processos ao nível de uma determinada comarca. A nossa análise só terá em conta os poderes de gestão do juiz quanto aos processos que lhe sejam distribuídos.

O objetivo não passa, pois, por abordar o modelo de gestão judicial previsto na Lei da Organização do Sistema Judiciário ("LOSJ") nem os poderes de gestão processual que esta lei atribui ao juiz presidente da comarca (art. 94.º-4 da LOSJ)[23] ou a qualquer outro órgão com funções de gestão.

Da mesma forma, a exposição também não terá em conta os acordos coletivos de procedimento: por um lado, estes acordos abrangem, preferencialmente, uma comarca e têm em vista a gestão de todos os processos nela pendentes ou, de forma mais restrita, de todos os processos que se insiram numa determinada tipologia; por outro lado, este modelo afasta-se da flexibilização judicial do processo e assenta numa lógica de gestão coletiva que envolve, a nível local, as diferentes profissões jurídicas (juízes, advogados, agentes de execução, funcionários judiciais, entre outros exemplos); por fim, os acordos coletivos de procedimento ainda não são uma realidade na prática judiciária nacional[24].

II. O princípio da gestão processual (art. 6.º) reúne uma parte substancial dos poderes de direção formal do processo pelo juiz. Desta forma, a gestão processual compreende o poder de impulso subsequente do processo, o poder de recusar atos e diligências impertinentes ou dilatórias, o poder de adotar mecanismos de simplificação e agilização proces-

[23] A compatibilização entre os poderes de gestão processual do juiz presidente e do juiz titular do processo tem suscitado várias questões. Para uma análise deste tema, Maria José Costeira, "O novo modelo de gestão dos tribunais. Um ano depois", 2015, pp. 58-73.

[24] Sobre esta figura, Miguel Teixeira de Sousa, "ACPs: uma solução (só) impensável em Portugal?", 2017, pp. 1-7. O autor dá conta de um acordo coletivo de procedimento que foi preparado na comarca de Aveiro para a ação executiva, mas que não chegou a ser assinado.

suais (art. 6.º-1) e ainda o poder de suprimento da falta de pressupostos processuais sanáveis (art. 6.º-2).

Estas dimensões do princípio da gestão processual serão abordadas durante o texto. Simplesmente, a análise estará centrada numa das vertentes deste princípio: a simplificação e agilização do processo e, em particular, na adequação formal das regras aplicáveis à marcha do processo e à forma e conteúdo dos atos processuais. Por outras palavras, o nosso intuito passa por estudar a figura da adequação formal (art. 547.º), ou seja, os poderes atribuídos ao juiz no sentido de adequar a forma processual ao caso concreto.

Apesar de o foco principal da análise estar na adequação da forma legal às especificidades da causa, importa deixar uma breve referência a um aspeto que será abordado no texto: a possibilidade de o juiz emitir instruções genéricas dirigidas à secretaria (os chamados provimentos) e aplicáveis a todas as ações que lhe sejam distribuídas ou apenas àquelas que reúnam certas características é um instrumento essencial no sentido de viabilizar uma gestão ativa do processo[25]. Como teremos oportunidade de constatar no capítulo VI (ponto 1.3, III), o exemplo paradigmático daquilo que se afirma é a prolação de despacho liminar por determinação do juiz (art. 590.º-1), já que tal pressupõe, por regra, um provimento prévio que preveja a conclusão de todos os processos (ou de certos processos) ao juiz após a apresentação da petição inicial.

1.3. Adequação formal do processo civil declarativo em 1.ª instância como objeto de exposição

I. O presente texto incidirá unicamente sobre a adequação formal no âmbito da ação declarativa. A restrição do objeto da investigação está relacionada com o maior protagonismo do juiz no processo declarativo

[25] Neste sentido, Idalina Ribeiro, Maria Helena Silva, "Gestão processual", 2015, pp. 161-163, defendem que o exercício dos poderes de gestão processual pelo juiz titular do processo "comporta no mínimo a definição ou codefinição com a unidade de processos das rotinas e procedimento a observar para a prática dos atos processuais e movimentação dos processos". Os provimentos assentam na "dependência funcional" da unidade de processos em relação a cada juiz no que respeita à "tramitação dos processos" e à prática dos atos necessários a esse fim (art. 41.º-3 do Decreto-Lei n.º 49/2014, de 27 de março).

por comparação com aquilo que sucede na ação executiva. De facto, enquanto na ação declarativa a gestão do processo cabe ao juiz (art. 6.º), a execução é conduzida pelo agente de execução (art. 719.º-1).

A reforma da ação executiva de 2003 (Decreto-Lei n.º 38/2003, de 8 de março) introduziu, no nosso ordenamento processual, um modelo desjudicializado de execução. Este novo modelo assentou na figura do agente de execução, que passou a ser responsável pela generalidade dos atos no processo executivo: assim, por exemplo, a citação, as diligências prévias à penhora, a penhora e a venda executiva passaram, salvo disposição legal em contrário, a competir a esse profissional. Em sentido contrário, a competência do juiz passou a estar circunscrita às atuações previstas na cláusula geral do art. 809.º-1 do CPCa e aos restantes casos em que a lei exigisse a intervenção judicial. No entanto, a existência de um poder geral de controlo do juiz (art. 809.º-1 do CPCa) dava azo a algumas dúvidas sobre os exatos termos em que se deveria configurar a relação entre este e o agente de execução[26].

Com a aprovação do Decreto-Lei n.º 226/2008, de 20 de novembro, a desjudicialização intensificou-se: por um lado, foi eliminada a referência legal ao poder geral de controlo[27]; por outro lado, optou-se por dispensar a intervenção judicial em algumas situações em que esta era anteriormente exigida (por exemplo, quanto ao fracionamento do imóvel que tenha sido objeto de penhora – art. 842.º-A do CPCa – ou em matéria de conservação do direito de crédito penhorado – art. 856.º-6 do CPCa).

No CPC de 2013, a intervenção do juiz no processo executivo continua a estar limitada aos termos enunciados na cláusula geral do art. 723.º-1.

[26] Para Mariana França Gouveia, "Poder geral de controlo", 2004, p. 21, a direção do processo executivo cabia ao agente de execução, mas o juiz podia – ao abrigo do poder geral de controlo – consultar o processo a qualquer momento e solicitar os esclarecimentos que entendesse convenientes. No mesmo sentido, José Lebre de Freitas, *A acção executiva: depois da reforma*, 4.ª ed., 2004, p. 26.

[27] Mariana França Gouveia, "A novíssima acção executiva: análise das mais importantes alterações", 2009, p. 571, considerava que o juiz mantinha o poder geral de controlo, mas só poderia exercê-lo quando o processo lhe fosse remetido em virtude de a lei impor a intervenção judicial. Em sentido próximo, embora salientando a reduzida relevância prática de um poder geral de controlo concebido nestes moldes, Elizabeth Fernandez, "A (pretensa) reforma da acção executiva", 2009, pp. 23-24.

Desta forma, cabe-lhe proferir despacho liminar nos casos previstos na lei (art. 726.º-1), julgar as ações declarativas e os incidentes que corram por apenso à ação executiva[28], julgar a reclamação de atos do agente de execução e a impugnação de decisões deste e decidir outras questões que sejam suscitadas. Adicionalmente, o juiz terá ainda competência sempre que a lei o preveja expressamente (assim, por exemplo, quando se mostre necessário solicitar o auxílio das forças policiais para tomar posse de um imóvel que seja o local de domicílio do executado ou de terceiro – art. 757.º-4 – ou nos casos de venda antecipada de bens penhorados – art. 814.º-1)[29].

Desta forma, é possível concluir que os mecanismos de flexibilização judicial das formas de processo assumem uma menor relevância no contexto da ação executiva, já que a direção do processo compete ao agente de execução[30] e o juiz desempenha, no essencial, um papel de controlo da legalidade da atuação daquele, além de lhe caber a prática dos atos que envolvam o exercício da função jurisdicional.

II. Adicionalmente, importa salientar que a análise só terá em vista o processo declarativo em 1.ª instância. Ao contrário daquilo que sucede no âmbito da ação executiva, esta opção não se justifica em função da menor preponderância do juiz e, em consequência, de um menor relevo da flexibilização judicial das regras processuais em sede de recurso. De facto, na fase de recurso, o processo é dirigido pelo juiz relator (arts. 652.º-1 e 679.º) e este dispõe dos poderes de gestão processual enunciados no art. 6.º. Desta forma, quando que o relator conclua que a forma prevista na lei

[28] De acordo com o art. 723.º-1-b), compete ao juiz "julgar a oposição à execução e à penhora, bem como verificar e graduar os créditos". Tendo em conta que a tramitação das ações declarativas e dos incidentes apensos à execução é conduzida pelo juiz, o poder de adequação formal é plenamente aplicável neste âmbito. A análise que será feita ao longo do texto também vale, pois, para estes casos.

[29] Foi neste âmbito que se verificaram as principais alterações face à reforma de 2008, já que o CPC voltou a impor a intervenção do juiz em vários domínios específicos: sobre esta questão, José Lebre de Freitas, *A ação executiva: à luz do Código de Processo Civil de 2013*, 7.ª ed., 2017, pp. 34-35, e Marco Carvalho Gonçalves, *Lições de processo civil executivo*, 2.ª ed., 2018, p. 45.

[30] José Lebre de Freitas, Isabel Alexandre, *Código cit.*, p. 47.

para o recurso não é adequada ou que, apesar de adequada, existe outra forma mais eficiente, impõe-se a adequação do processo.

A restrição do âmbito da exposição decorre unicamente do intuito de focar a nossa atenção no caminho percorrido pela ação desde a sua propositura até à decisão (de forma ou de mérito) em 1.ª instância.

2. Modelos de regulamentação das formas processuais

2.1. Termos da exposição subsequente

A forma de processo corresponde ao conjunto de regras processuais aplicáveis a uma causa com determinadas características. No âmbito do processo declarativo, o CPC prevê, desde 2013, uma forma de processo comum (art. 548.º) e vários processos especiais[31]. Neste ponto e, em geral, ao longo do texto, a nossa atenção estará centrada no processo declarativo comum.

Numa análise sucinta, podemos identificar dois principais modelos de regulamentação das formas processuais: por um lado, um modelo assente numa forma legal que não pode ser alterada em função do caso concreto (legalidade das formas processuais); por outro lado, um modelo que abdica da previsão, em abstrato, de uma forma processual, optando antes pela definição casuística das regras aplicáveis (liberdade das formas processuais). Além disso, em tempos mais recentes, a forma legal tem sido encarada por alguns sistemas processuais com maior flexibilidade, no sentido de permitir a sua adequação em concreto mediante acordo das partes (flexibilização voluntária) ou decisão judicial (flexibilização judicial).

A exposição subsequente tem como intuito traçar as principais características de cada um destes sistemas e, em particular, analisar as principais vantagens e inconvenientes que lhes têm sido associados.

[31] Os processos especiais encontram-se repartidos pelo CPC (arts. 878.º a 1081.º) e por legislação avulsa, como o Decreto-Lei n.º 269/98, de 1 de setembro (ação declarativa especial para cumprimento de obrigações pecuniárias emergentes de contratos).

2.2. Legalidade e liberdade das formas processuais

I. O modelo assente na legalidade das formas processuais teve um papel de destaque no processo civil português durante mais de um século. Como teremos oportunidade de constatar no capítulo II (pontos 1 e 2), entre a aprovação do CPC de 1876 e a reforma processual de 1995-1996 (que introduziu o princípio da adequação formal no nosso ordenamento processual), a tramitação do processo encontrava-se prevista na lei e era caracterizada pela rigidez: mesmo que a forma legal se revelasse desadequada em razão das particularidades do caso, o juiz só podia introduzir alterações à marcha processual nos casos enunciados na lei. O princípio da liberdade de forma dos atos processuais (art. 139.º do CPCa) tinha um âmbito de aplicação limitado, na medida em que a lei regulava a forma dos atos mais relevantes. Da mesma forma, o conteúdo da generalidade dos atos processuais era definido pela lei e não podia ser modificado.

As principais vantagens associadas à legalidade das formas estão relacionadas com a previsibilidade dos trâmites processuais e com a redução do risco de arbítrio judicial. De facto, a circunstância de a lei prever, em abstrato, um conjunto de regras processuais que não podem ser modificadas (ou só podem ser modificadas nos casos e nos termos previstos na própria lei) permite que as partes e os respetivos mandatários judiciais conheçam as regras aplicáveis à marcha do processo e à forma e conteúdo dos atos *a priori*, o que é relevante para a definição da sua estratégia processual, ao mesmo tempo que reduz o âmbito de intervenção do juiz na definição das formas processuais e, consequentemente, os riscos de eventual arbítrio[32]. Alguns autores referem-se também à legalidade das formas como uma garantia da aplicação uniforme do direito material a situações de facto idênticas[33].

[32] Neste sentido, Carlos Alberto Alvaro de Oliveira, *Do formalismo no processo civil: proposta de um formalismo jurídico-valorativo*, 3.ª ed., 2009, p. 9; José Chiovenda, *Principios de derecho procesal civil*, 3.ª ed., t. 2, 1977, pp. 114-115; Pedro Madeira de Brito, "O novo princípio da adequação formal", 1997, pp. 33-34.

[33] Fritz Baur, "Potere giudiziale e formalismo del diritto processuale", 1965, pp. 1693-1694. Nas palavras do autor, "do nexo funcional existente entre o direito material e processual resulta que o processo deve estar sujeito a uma legalidade rigorosa e formal (...). Não existe margem para um processo informal, confiado à discricionariedade do juiz" ("Potere cit.", p. 1699).

Em sentido inverso, o modelo da legalidade das formas tem como principal desvantagem a circunstância de não assegurar a adequação das regras processuais às particularidades da causa. De facto, uma vez que a forma legal é, por definição, determinada em abstrato, esta não pode abarcar todas as especificidades do caso. Ora, na medida em que não se admita a flexibilização da forma em concreto, pode dar-se o caso de as regras processuais não serem adequadas à causa e, em consequência, surgirem como um obstáculo à tutela do direito material. No fundo, a legalidade das formas pode levar a uma sobrevalorização do papel das regras processuais quando estas não devem ser mais do que um instrumento para a salvaguarda dos direitos substantivos e interesses legalmente protegidos das partes[34].

II. O modelo da liberdade das formas caracteriza-se pela ausência de uma forma processual definida em abstrato. Desta forma, num sistema de liberdade de formas, cabe ao juiz determinar, em cada caso, quais serão as regras processuais aplicáveis. No fundo, este modelo prescinde de uma forma legal; as regras processuais são determinadas *ex novo* pelo juiz, em cada caso[35].

Desde a sua primeira codificação (em 1876), o processo civil português afastou-se de um modelo assente na liberdade de formas, pelo menos com as características anteriormente referidas. Apesar de as reformas processuais a partir de 1995-1996 terem caminhado no sentido da progressiva flexibilização das formas de processo, a lei prevê uma forma processual que será aplicável por regra, ou seja, sempre que as particularidades do caso não determinem o seu afastamento[36].

[34] FERNANDO DA FONSECA GAJARDONI, *Flexibilidade procedimental: um novo enfoque para o estudo do procedimento em matéria processual*, 2007, pp. 101-102. O autor defende a "flexibilização procedimental" em três hipóteses: quando a forma legal não seja adequada à tutela do direito material; quando a exigência formal seja, em concreta, desnecessária; como forma de assegurar a igualdade substancial entre as partes (*Flexibilidade cit.*, pp. 103-105).

[35] De acordo com FRITZ BAUR, "Potere cit.", p. 1687, quando levada ao extremo, a liberdade de formas processuais implica que "se deixe ao juiz o desenvolvimento do processo de acordo com os seus critérios".

[36] Para uma análise mais desenvolvida desta questão, v. *infra*, capítulos II (ponto 4.2, III) e III (ponto 3.2, I).

Como resulta da exposição anterior, a principal vantagem da liberdade de formas processuais está na adaptabilidade das regras processuais às particularidades do caso concreto. Em sentido contrário, esta técnica pode, em abstrato, suscitar questões ao nível das garantias processuais, com particular destaque para a segurança jurídica (na medida em que a forma processual é determinada pelo juiz, de modo casuístico e, portanto, imprevisível), a igualdade (dado que este modelo permite a aplicação de regras processuais distintas a casos similares) ou a imparcialidade do juiz[37].

III. Conclui-se, assim, que os modelos analisados suscitam preocupações distintas: enquanto a rigidez associada à legalidade das formas pode colocar em causa a adequação das regras processuais ao caso concreto e, em consequência, a tutela do direito material, a indeterminação que caracteriza a liberdade de formas pode afetar importantes garantias processuais.

Desta forma, têm surgido mecanismos de flexibilização das formas processuais que procuram conjugar alguns dos aspetos essenciais destes modelos: por um lado, assentam na existência de uma forma legal, prevista em abstrato; por outro lado, admitem a sua flexibilização em função do caso concreto, por acordo das partes ou decisão judicial. No fundo, a forma legal visa assegurar um certo grau de previsibilidade do processo mesmo antes da propositura da ação (dado que a regra consiste na aplicação das regras processuais que a compõem); não obstante, essa forma pode ser alterada sempre que tal se revele necessário, o que permite temperar a rigidez do sistema.

2.3. Mecanismos de flexibilização voluntária e judicial das formas de processo

I. Os mecanismos de flexibilização voluntária partem de uma forma processual prevista *a priori* na lei, mas – ao contrário daquilo que sucede num sistema norteado em exclusivo pelo princípio da legalidade de formas – permitem que as partes possam, por acordo, introduzir alterações no

[37] Fritz Baur, "Potere cit.", p. 1689.

esquema processual. A principal virtualidade da flexibilização voluntária das formas de processo reside na circunstância de permitir a determinação das regras processuais em concreto, com base num acordo entre as partes, aproveitando-se, assim, o maior conhecimento que estas têm quanto aos exatos contornos do litígio.

Não obstante, estes mecanismos suscitam algumas preocupações. Desde logo, é necessário assegurar que as regras processuais acordadas pelas partes não colocam em causa interesses de que estas não possam dispor: pense-se, por exemplo, num acordo que afaste a publicitação do conteúdo da decisão (colide com o interesse público na transparência do exercício da função jurisdicional).

Importa ainda referir um outro aspeto que pode reduzir o alcance prático da flexibilização voluntária: esta pressupõe uma lógica de consenso na definição das regras processuais aplicáveis que pode revelar-se difícil de alcançar após o surgimento do litígio, já que neste momento as partes tendem a assumir posições incompatíveis e a comunicação é limitada (quando não inexistente)[38]. Repare-se, no entanto, que esta dificuldade não é inultrapassável, apontando unicamente para a conveniência de as partes chegarem a acordo quanto às regras processuais antes da eclosão do litígio.

A nossa lei processual tem vindo a atribuir um papel secundário aos negócios jurídicos com incidência na marcha do processo e na forma e conteúdo dos atos processuais[39]. No CPC de 1876, esta realidade decorria

[38] Neste sentido, Carlos Lopes do Rego, *Comentários cit.*, p. 262, a propósito da redação inicial do art. 265.º-A do CPCa (na parte em que este condicionava a adequação formal ao acordo das partes).

[39] Pelo contrário, no domínio da arbitragem voluntária, as partes dispõem de uma ampla margem na seleção das regras processuais que considerem mais adequadas ao caso concreto. De facto, nos termos do art. 30.º-2 da Lei de Arbitragem Voluntária ("LAV"), a determinação das regras processuais pelas partes pode ter lugar na convenção de arbitragem ou em momento posterior, desde que até à aceitação do primeiro árbitro. A liberdade de conformação das regras aplicáveis ao processo não é, no entanto, ilimitada: sobre esta questão, António Menezes Cordeiro, *Tratado da arbitragem: em comentário à Lei 63/2011, de 14 de dezembro*, 2015, pp. 277-280; António Pedro Pinto Monteiro, Artur Flamínio da Silva, Daniela Mirante, *Manual de arbitragem*, 2019, pp. 278-301 (com ênfase nos limites decorrentes do processo equitativo); Mariana França Gouveia, *Curso de resolução alternativa de litígios*, 3.ª ed., 2015, pp. 258-261.

da consagração de um modelo baseado na estrita legalidade das formas que, como tal, limitava de maneira muito substancial quaisquer mecanismos de flexibilização da forma processual.

A maior ênfase nas últimas décadas na flexibilização judicial das formas de processo não tem sido acompanhada por uma tendência semelhante no que respeita à flexibilização voluntária. De facto, o CPC de 2013 não introduziu alterações relevantes nesta matéria, mantendo as (poucas) regras que já admitiam a flexibilização das regras processuais por acordo entre as partes. Um dos exemplos mais relevantes de flexibilização voluntária consiste na prorrogação dos prazos processuais "por uma vez e por igual período" ao previsto na lei (art. 141.º)[40].

A reduzida relevância que a nossa lei processual atribui aos mecanismos de flexibilização voluntária parece resultar, em grande medida, da ideia de que a generalidade das regras processuais reveste caráter imperativo, já que visam salvaguardar interesses públicos subjacentes ao exercício da função jurisdicional[41-42].

II. A flexibilização judicial das formas de processo também tem como ponto de partida a forma prevista na lei e visa a sua adequação às especificidades da causa. Simplesmente, a flexibilização não decorre de um acordo entre as partes, mas de uma decisão judicial. É certo que o princípio do contraditório determina, na generalidade dos casos, a

[40] O acordo das partes é ainda relevante no sentido da suspensão da instância, ainda que com certas limitações (art. 272.º-4), quanto à designação do perito (art. 467.º-2) ou na forma de inquirição das testemunhas (arts. 517.º e 518.º).

[41] Miguel Teixeira de Sousa, *Introdução ao processo civil*, 2.ª ed., 2000, p. 45, baseia esta conclusão na recondução do direito processual civil ao direito público. No entender do autor, justifica-se que as regras processuais sejam imperativas porque estas "procuram assegurar uma adequada administração da justiça, definindo os actos do juiz e das partes durante a pendência da causa" (*Introdução cit.*, p. 45).

[42] Para uma resenha crítica de alguns dos argumentos que a doutrina tem esgrimido contra a flexibilização voluntária das regras processuais, Antonio do Passo Cabral, *Convenções processuais*, 2016, pp. 104-114 e 135-218. No entender do autor, a publicização do processo, ou seja, a ideia de que neste prevalecem interesses públicos é um dos obstáculos mais importantes à admissibilidade das convenções processuais, já que conduz, por regra, a que as normas processuais sejam encaradas como imperativas e ao aumento dos poderes do juiz no processo (*Convenções cit.*, p. 106).

audição prévia das partes quanto à adequação formal projetada e, deste modo, garante a participação destas na decisão. Além disso, a circunstância de as partes não concordarem com a forma preconizada pelo juiz (quer estejam ou não de acordo quanto a uma forma alternativa) é um elemento que deve merecer especial ponderação, sobretudo num modelo processual – como o português – que é norteado pela gestão do processo em estreita proximidade e diálogo com as partes. No entanto, ao contrário da flexibilização voluntária, na adequação judicial do processo a última palavra cabe ao juiz, sem necessidade de acordo das partes.

A principal vantagem dos mecanismos de flexibilização judicial está relacionada com a circunstância de a adequação da forma processual ao caso concreto não ficar na exclusiva dependência de acordo das partes. Dito de outra forma, se as partes não chegarem a acordo quanto às regras processuais aplicáveis e o juiz não puder adaptá-las às particularidades da causa, o resultado poderá ser a aplicação de uma forma processual desadequada ao caso concreto ou menos eficiente por comparação com outras formas, o que pode, por seu turno, colocar em causa as garantias processuais e a justa composição do litígio. Importa, no entanto, reconhecer que a conjugação entre a flexibilização voluntária e a flexibilização judicial permite superar esta dificuldade: pense-se, por exemplo, num modelo em que a flexibilização da forma de processo pelo juiz tenha natureza subsidiária, aplicando-se unicamente aos casos em que seja necessário adequar o processo e não haja acordo das partes nesse sentido.

A flexibilização judicial das formas processuais suscita algumas questões quanto ao papel do juiz no processo civil e às garantias processuais. Quanto ao primeiro aspeto, a existência de uma cláusula geral que permita ao juiz afastar a forma prevista na lei quando esta seja desajustada ao caso ou exista uma forma alternativa mais eficiente implica que lhe sejam atribuídos importantes poderes de direção formal do processo. Do ponto de vista das garantias das partes no processo, importa não esquecer que a forma legal visa assegurar a previsibilidade do processo. Não é, pois, surpreendente que as principais críticas à adequação do processo estejam centradas na amplitude dos poderes de direção do processo pelo juiz e na forma como esses poderes podem afetar as garantias processuais (com particular destaque para as garantias das partes)[43].

3. Papel do juiz no processo civil

I. A análise anterior permite-nos concluir que o debate em torno da flexibilização judicial das formas de processo não pode ser dissociado do papel reservado ao juiz no âmbito do processo civil.

De facto, esta modalidade de flexibilização implica a atribuição de poderes de direção (formal) do processo ao juiz, o que se depara com algumas objeções na doutrina. Essas críticas podem ser resumidas em duas ideias essenciais: por um lado, o autoritarismo político e ideológico que se fez sentir em alguns países durante o século XX refletiu-se, no domínio do processo, no surgimento de modelos processuais assentes na prevalência do interesse público (designadamente, na aplicação do direito objetivo); por outro lado, essa instrumentalização do processo conduziu a uma deslocação do seu centro gravitacional das partes para o juiz, concretizada por meio de poderes de direção formal e material do processo[44].

Neste contexto, surgiu uma corrente doutrinária assente na ideia de que o processo deve voltar a ser encarado como uma garantia das partes, o que implica o seu recentramento na tutela dos direitos subjetivos e dos interesses legalmente protegidos destas e a devolução do protagonismo às partes (com a consequente restrição dos poderes de direção do processo pelo juiz)[45]. É certo que alguns autores vão mais longe do que outros nesta proposta: assim, por exemplo, Juan Montero Aroca admite a iniciativa oficiosa do juiz no que respeita ao impulso processual subsequente e à verificação da regularidade formal do processo[46]; pelo

[43] Neste sentido, Luís Correia de Mendonça, "Processo civil líquido e garantias: o Regime Processual Experimental português", 2007, pp. 100-103.

[44] Aa. Vv., "Primeira jornada internacional sobre processo civil e garantia: moção de Valência", 2006, pp. 245-246.

[45] Aa. Vv., "Primeira cit.", pp. 239-244. Em Portugal, este modelo (dito "garantista") tem sido defendido por Luís Correia de Mendonça, "Vírus cit.", pp. 72-74.

[46] Juan Montero Aroca, *Los principios políticos de la nueva Ley de Enjuiciamiento Civil: los poderes del juez y la oralidad*, 2001, pp. 95-102. O autor mostra-se, aliás, bastante crítico do modelo consagrado na Ley de Enjuiciamiento Civil de 1881, que fazia depender o prosseguimento da

contrário, Luís Correia de Mendonça considera que a atribuição do impulso subsequente ao juiz é uma forma de publicização do processo[47]. Contudo, mesmo os autores que admitem que o juiz pode ter alguns poderes de direção formal do processo não deixam de assumir que as formas de processo são uma garantia das partes, o que obsta à sua flexibilização judicial[48].

II. Em nosso entender, a ideia de que um modelo processual que atribua poderes de direção do processo ao juiz apresenta, por essa razão, uma componente autoritária não deve ser acolhida. O elemento decisivo no sentido de caracterizar o modelo de processo consagrado num determinado ordenamento reside, antes, na forma como são exercidos os poderes de direção e na sua finalidade.

Neste contexto, o modelo de processo cooperativo surge como uma terceira via em relações às conceções liberal e autoritária: embora assente na responsabilidade do juiz pela direção do processo, o modelo cooperativo procura equilibrar os vários interesses presentes no processo. O processo continua a ter como finalidade a tutela dos direitos subjetivos e dos interesses legalmente protegidos das partes, pelo que o dispositivo continua a assumir-se como um dos princípios estruturantes do processo. No entanto, ao contrário daquilo que sucedia num modelo liberal, importa ter em conta os interesses públicos subjacentes ao processo (designadamente, a boa administração da Justiça), o que conduz à atribuição de

ação, em caso de omissão do impulso processual a cargo de uma das partes, de requerimento da parte contrária: "Estávamos aqui, não perante uma consequência inevitável da ideologia liberal e do predomínio das partes no processo, mas perante um exagero das faculdades atribuídas às partes" (*Los principios cit.*, p. 101).

[47] Luís Correia de Mendonça, "Vírus cit.", 2007, pp. 84-85. No mesmo sentido, Franco Cipriani, "Il processo civile italiano tra efficienza e garanzie", 2002, pp. 1248-1249, critica a ideia de que o controlo do ritmo do processo deve caber ao juiz, na medida em que esta implica substituir "o motor natural do processo civil, que era e é representado pela ânsia de justiça das partes, por um motor artificial, que é representado pelo juiz e pelo seu ritmo burocrático".

[48] Aa. Vv., "Primeira cit.", p. 242: "O processo civil (...) deve regular-se a partir da consideração de que é garantia para os indivíduos na prossecução do que estimam ser o seu direito ou interesse legítimo e deve desenvolver-se com sujeição estrita a essa lei reguladora".

poderes de direção do processo ao juiz. Estes poderes devem ser exercidos de forma próxima e dialogada e não, como num modelo autoritário, de forma altiva e isolada.

Tal como resulta do panorama geral traçado neste capítulo quanto à evolução dos poderes de direção do juiz no processo civil português, o modelo cooperativo foi consagrado no nosso ordenamento jurídico com a reforma processual de 1995-1996. O CPC de 2013 manteve os traços essenciais desse modelo, com particular destaque para a cooperação recíproca entre as partes, os mandatários judiciais e o juiz (art. 7.º-1). Por esta razão, parece-nos que o reforço dos poderes de direção na sua vertente formal, com particular destaque para a flexibilização judicial das formas processuais (arts. 6.º e 547.º), não é suficiente para que se possa dizer que o CPC adota uma conceção autoritária. Mais importante é, pelo contrário, perceber que esses poderes devem ser exercidos num ambiente de diálogo, o que coloca a tónica numa ideia participada e cooperativa do processo.

Da mesma forma, a circunstância de as partes não assumirem um papel preponderante na direção formal do processo, em especial no que respeita ao impulso subsequente ou à flexibilização das formas de processo, não coloca em causa o princípio do dispositivo[49]. De facto, a existência de um genérico impulso processual subsequente a cargo das partes ou de mecanismos de flexibilização voluntária das regras processuais não são elementos impreteríveis da disponibilidade da instância.

Quanto ao impulso subsequente, a experiência nacional demonstra como o monopólio exclusivo das partes neste domínio pode conflituar com o interesse público na boa administração da Justiça. De facto, mesmo dentro de certos limites (pense-se, designadamente, no regime da deserção da instância – art. 281.º), um modelo em que a definição do

[49] Tendo em conta a restrição do âmbito da exposição à direção formal, não iremos abordar a conjugação (nem sempre pacífica) entre os poderes de direção material do processo e o princípio do dispositivo, por exemplo no que respeita à responsabilidade pela aquisição de factos para o processo (pense-se no art. 5.º-2-b, quando interpretado no sentido de admitir a consideração de factos complementares e concretizadores que resultem da instrução da causa mesmo que nenhuma das partes manifeste vontade de deles se aproveitar) e à apresentação dos meios de prova (art. 411.º).

ritmo do processo caiba, a cada momento, às partes (e, em particular, ao autor) pode conduzir a soluções ineficientes do ponto de vista da repartição dos meios do sistema judiciário, pois permite que a causa consuma mais recursos do que aqueles que seriam estritamente necessários. Ora, isto afeta, por seu turno, o direito dos restantes utilizadores do sistema de Justiça (atuais e futuros) a uma decisão em prazo razoável, já que os meios disponíveis são limitados.

No que respeita à tramitação e à forma e conteúdo dos atos processuais, nem a conceção liberal do processo (que, em Portugal, norteou o CPC de 1876) previa um modelo de flexibilização voluntária. Seria, pois, estranho entender que um dos elementos que caracteriza o princípio do dispositivo é o monopólio das partes em matéria de formas processuais.

Nesta perspetiva, a disponibilidade da instância basta-se com o impulso processual inicial, concretizado na propositura da ação (art. 3.º-1), e com a possibilidade de suspensão do processo (ainda que nos termos limitados do art. 272.º-4) ou de extinção do mesmo por meio de um negócio jurídico processual (como a desistência do pedido ou a transação, entre outros exemplos)[50]. Desta forma, os poderes de direção formal do processo e, em particular, a flexibilização judicial das formas processuais não colocam em causa o princípio do dispositivo.

[50] Esta é a posição seguida por uma parte da doutrina: António Santos Abrantes Geraldes, *Temas da reforma do processo civil*, 2.ª ed., vol. 1, 1999, pp. 50-52 e 73-74; João de Castro Mendes, *Direito processual civil*, vol. 1, 2012, pp. 129-131; José Lebre de Freitas, *Introdução ao processo civil: conceito e princípios gerais à luz do novo código*, 4.ª ed., 2017, pp. 160-165 e 228-233. Em sentido contrário, Luís Correia de Mendonça, "O dispositivo cit.", pp. 470-471, e Manuel Domingues de Andrade, *Noções cit.*, p. 235 (quanto ao impulso processual subsequente).

Capítulo II
Perspetiva histórica sobre a adequação formal e a gestão processual no processo civil português

1. Código de Processo Civil de 1876

O CPC de 1876 foi aprovado a 8 de novembro de 1876 e entrou em vigor em maio de 1877.

De acordo com o art. 4.º do CPC de 1876[51], o processo era ordinário ou especial[52]. Desta forma, na ausência de um processo especial, as causas seguiam a forma de processo ordinário, pelo que – independentemente do respetivo valor – obedeciam à mesma tramitação e os atos processuais revestiam a mesma forma e conteúdo.

A regulamentação das formas de processo obedecia a uma ideia de legalidade tanto no âmbito do processo ordinário como dos processos especiais. Quer isto dizer que as formas processuais estavam previstas *a priori* na lei e não podiam ser alteradas pelo juiz ou pelas partes em função das particularidades do caso[53]. A legalidade das formas processuais

[51] Os preceitos legais indicados ao longo deste ponto pertencem, salvo indicação em contrário, ao CPC de 1876.

[52] A eliminação do processo sumário, previsto na legislação anterior e no próprio projeto de Código, assentou na ausência de diferenças face ao processo ordinário que justificassem a sua autonomização: neste sentido, AA. VV., "Parecer da commissão de legislação da Camara dos srs. Deputados sobre o projecto do Codigo do Processo Civil", 1876, p. 306; na doutrina, JOSÉ DIAS FERREIRA, *Codigo de Processo Civil annotado*, t. 1, 1887, pp. 12-13.

[53] De acordo com AA. VV., "Parecer da commissão de legislação da Camara dos dignos Pares sobre o projecto do Codigo do Processo Civil", 1876, p. 387, a forma de processo devia ser "firme para resistir ao arbitrio dos juizes, ou aos manejos dos interessados". No mesmo sentido, JOSÉ DIAS FERREIRA, *Codigo cit.*, p. 12, referia que "os litigantes hão de sujeitar-se ao processo marcado na lei, que não póde ser alterado a arbitrio das partes".

tinha como intuito garantir a previsibilidade do processo, encarada como essencial para proteger as partes do arbítrio judicial.

Apesar de terem surgido, posteriormente, outras formas de processo, justificadas por preocupações relacionadas com o acesso à Justiça, a celeridade e a simplicidade[54], a legalidade das formas processuais manteve-se como um aspeto central do CPC de 1876. As formas de processo continuaram a ser reguladas em exclusivo pela lei. Por outras palavras, cabia à lei adaptar as regras processuais ao valor da ação ou às particularidades do objeto do litígio, o que era feito através da criação e regulamentação das diferentes formas de processo.

Refira-se ainda que, na redação primitiva do CPC de 1876, o processo ordinário comportava quatro fases ou momentos: os articulados (petição inicial, contestação, réplica e tréplica – arts. 394.º a 397.º); a instrução; a discussão (por regra, escrita – art. 400.º); o julgamento[55]. No entanto, as alterações operadas no CPC sobretudo a partir de 1926, com a aprovação do Decreto n.º 12.353, introduziram mais uma fase processual entre os articulados e a instrução, pontuada pelo despacho saneador, e cujo intuito (inicialmente exclusivo) passava por controlar a verificação dos requisitos que condicionavam a prolação de uma decisão de mérito[56]. Era esta, pois, a estrutura a que obedecia a tramitação de todas as causas a que não correspondesse outra forma de processo.

[54] De acordo com o relatório do Decreto n.º 3, de 29 de maio de 1907, o formalismo do processo ordinário acarretava custos elevados que podiam desincentivar a propositura da ação quando estivessem em causa valores reduzidos e, bem assim, pôr em causa o direito de defesa. Além disso, a maior solenidade do processo ordinário podia ser sinónimo de lentidão e complexidade processuais, sobretudo em causas de menor valor. Para fazer face a estes problemas, o Decreto n.º 3 consagrou uma forma processual que parte da doutrina reconduzia ao processo sumário: neste sentido, Azevedo Souto, *Código de Processo Civil: actualisado e comentado*, vol. 1, 1930, pp. 205 e 212-215, e José Alberto dos Reis, *Processo ordinário e sumário*, 2.ª ed., 1928, pp. 58-67. Mais tarde, o Decreto n.º 21 287, de 26 de maio de 1932, criou o processo sumaríssimo.

[55] José Alberto dos Reis, *Processo ordinario civil e commercial*, vol. 1, 1907, pp. 52-54.

[56] Para uma descrição desta evolução, José Alberto dos Reis, *Reforma do processo civil e comercial*, 1927, pp. 149-153. Nas palavras do autor, "antes de se entrar no período da produção das provas, isto é, antes de se iniciar a fase do processo que obriga a maiores despesas e incómodos, impõe-se ao juiz o dever de se pronunciar sôbre as questões que podem prejudicar o conhecimento do objecto da causa" (*ob. cit.*, p. 150).

2. Código de Processo Civil de 1939[57]

2.1. Legalidade das formas processuais como princípio preponderante

Como vimos no capítulo anterior (ponto 1.1, I), as reformas de 1926 e de 1932 (ainda no âmbito do CPC de 1876) foram percursoras no sentido do reforço dos poderes de direção do processo pelo juiz. É neste contexto que surge, no CPCa, o paradigma do *"juiz forte e activo"*[58]. Não obstante, no domínio das formas processuais, o princípio da legalidade continuou a assumir-se como preponderante.

De acordo com MANUEL DE ANDRADE, o princípio da legalidade das formas processuais podia ser resumido na seguinte ideia: "Os termos do processo são fixados na lei e não deixados ao prudente critério do juiz, em vista de ele os adaptar à conveniência do caso"[59]. Desta forma, a forma

[57] A doutrina discute se o Decreto-Lei n.º 44 129 consubstanciou um novo Código de Processo Civil. Para ANTUNES VARELA, J. MIGUEL BEZERRA, SAMPAIO E NORA, *Manual de processo civil*, 2.ª ed., 1985, pp. 35-38, a resposta deve ser afirmativa tendo em conta as importantes alterações introduzidas por este diploma tanto a nível formal (na redação de vários preceitos e na inserção sistemática de outros) como substancial (em matérias como os procedimentos cautelares, a tramitação da ação declarativa em 1.ª instância, os recursos ou a ação executiva, entre outras). Esta posição é acompanhada por ADELINO DA PALMA CARLOS, *Linhas gerais do processo civil português*, 1991, pp. 41-43, e por EURICO LOPES CARDOSO, *Código de Processo Civil: anotado*, 1962,p. 5. Em sentido contrário, JOÃO DE CASTRO MENDES, *Direito processual civil*, vol. 1, 2012, pp. 143-144, e JOSÉ LEBRE DE FREITAS, "Em torno da revisão do direito processual civil", 1995, p. 7, consideram que o Decreto-Lei n.º 44 129 não traduziu um novo Código. Em nosso entender, a resposta à questão formulada não pode abstrair da circunstância de o Decreto-Lei n.º 44 129 ter mantido os princípios estruturantes do modelo processual subjacente ao CPCa, o que é, aliás, reconhecido no seu próprio preâmbulo ["A reforma (...) não envolve, contudo, uma substituição dos princípios fundamentais que a legislação processual vigente abraçou"]. Desta forma, considerando que o Decreto-Lei n.º 44 129 atualizou a redação e o conteúdo das regras processuais, sem, no entanto, romper com o modelo anterior de processo, parece-nos que, pelo menos numa perspetiva material, o CPCa continuou em vigor.

[58] JOSÉ ALBERTO DOS REIS, "O novo Código de Processo Civil", 1939, p. 166.

[59] MANUEL A. DOMINGUES DE ANDRADE, *Noções elementares de processo civil*, 1979, p. 243. No mesmo sentido, ARTUR ANSELMO DE CASTRO, *Direito processual civil declaratório*, vol. 1, 1981, p. 24 (para quem o juiz não podia "adaptar os termos do processo às conveniências do caso, segundo o seu prudente arbítrio, desenvolver a sua actividade como achar melhor ou de acordo com decisões casuísticas, ou ordenar diligências formuladas de improviso"), e JOÃO DE

legal mantinha-se intangível, na medida em que não podia, em regra, ser alterada pelo juiz ou por acordo das partes.

De forma resumida, o processo passava por cinco fases – articulados; saneamento e condensação; instrução; discussão; julgamento (ou sentença)[60] – e cada uma destas fases incluía um conjunto de atos que deviam ser praticados verificadas as circunstâncias previstas na lei. Dito de outro modo, a forma processual no CPCa obedecia a um guião concebido em abstrato.

A título exemplificativo, a lei impunha a existência de um despacho liminar na fase inicial do processo (art. 483.º do CPCa[61]), a audiência preparatória era obrigatória quando o juiz pretendesse apreciar o pedido no despacho saneador (art. 508.º-1)[62] e o despacho saneador surgia, também ele, como um ato obrigatório quando o processo não terminasse na fase dos articulados. No fundo, a forma legal devia ser seguida de forma automática e acrítica, mesmo quando desadequada ao caso concreto.

Castro Mendes, *Direito cit.*, vol. 1, p. 134 (embora reconhecendo que a lei introduzia alguns desvios à rigidez das formas de processo).

[60] Antunes Varela, J. Miguel Bezerra, Sampaio e Nora, *Manual cit.*, pp. 239-240; João de Castro Mendes, *Direito processual civil*, vol. 2, 2012, p. 305; Manuel Domingues de Andrade, *Noções cit.*, pp. 106-107. Os autores apresentavam algumas diferenças na repartição dos atos por cada fase, sobretudo no que respeita às duas últimas fases: Manuel Domingues de Andrade incluía na fase da discussão os debates sobre a matéria de facto e a discussão do aspeto jurídico e na fase de julgamento a decisão da matéria de facto e a sentença (*Noções cit.*, pp. 283 e ss.); João de Castro Mendes, seguindo a organização sistemática do CPC, inseria o julgamento da matéria de facto na fase de discussão e reservava a última fase para a sentença (*Direito cit.*, vol. 2, pp. 495 e ss.).

[61] Os preceitos legais indicados ao longo deste ponto pertencem, salvo indicação em contrário, ao CPCa.

[62] Num primeiro momento, a audiência preparatória também era obrigatória para a discussão das exceções. A reforma de 1961 tornou facultativa a sua convocação com vista a "discutir qualquer excepção" (art. 508.º-3). No entanto, a doutrina discutia se esta regra tinha em vista todas as exceções (João de Castro Mendes, *Direito cit.*, vol. 2, p. 421) ou apenas as exceções dilatórias, mantendo-se a obrigatoriedade da audiência preparatória no caso das exceções perentórias (Artur Anselmo de Castro, *Direito cit.*, pp. 256-257). Com a reforma intercalar de 1985 (Decreto-Lei n.º 242/85, de 9 de julho), a audiência preparatória passou a revestir caráter facultativo mesmo quando o juiz pretendesse conhecer do mérito da causa no despacho saneador.

Não obstante, importa referir que a jurisprudência introduzia, em certos casos, alguma flexibilidade na tramitação do processo. Assim, por exemplo, o acórdão do STJ de 12.6.1979 admitiu a inversão da ordem legal de produção da prova na audiência final com base no poder de direção do processo (art. 264.º)[63].

A lei também procurava atenuar a rigidez associada ao princípio da legalidade das formas processuais. Os regimes do erro na forma de processo (art. 199.º) e das nulidades processuais (art. 201.º) eram um bom exemplo disso. Uma vez que o erro na forma de processo será abordado com maior desenvolvimento neste mesmo capítulo (ponto 3.2, IV), importa agora centrar a atenção no regime das nulidades processuais.

A existência de uma nulidade dependia de previsão legal expressa ou, na ausência desta, da influência do ato praticado ou omitido e da formalidade em falta no "exame ou na decisão da causa" (art. 201.º-1). Desta forma, sempre que a lei não cominasse um certo desvio ao guião processual com a nulidade, o limite à atuação do juiz consistia na impossibilidade de essa variação das regras processuais influir na instrução ou no julgamento da causa.

No entanto, esta margem para a alteração da forma legal acabava por ser muito limitada na prática tendo em conta a interpretação que era feita do art. 201.º-1. A título ilustrativo, a doutrina maioritária concluía que a dispensa da audiência preparatória nos casos em que a lei previa a sua obrigatoriedade implicava uma nulidade[64]. Este exemplo era elucidativo,

[63] Ac. do STJ de 12 de julho de 1979, *BMJ*, 1979, pp. 293-297. Neste caso, o depoimento de parte foi prestado após a produção da prova testemunhal, invertendo a ordem prevista no art. 653.º-2. De acordo com o tribunal, "razões de conveniência em ordem à descoberta da verdade e à realização duma justiça real, ditarão ao juiz a melhor oportunidade de realizar tais diligências".

[64] Jacinto Rodrigues Bastos, *Notas ao Código de Processo Civil*, vol. 3, 1969, p. 72 (com indicação de jurisprudência no mesmo sentido); João de Castro Mendes, *Direito cit.*, vol. 2, p. 420; José Alberto dos Reis, *Código de Processo Civil anotado*, 3.ª ed., vol. 3, 2005, pp. 169-170. Em sentido contrário, o ac. do STJ de 16 de dezembro de 1947, *BMJ*, 1958, p. 182. De acordo com o Tribunal, a audiência preparatória não era obrigatória *in casu*, já que o juiz não se pronunciou sobre o pedido no despacho saneador. No entanto, o Tribunal acrescentou que, a verificar-se a nulidade, esta devia "considerar-se suprida por não influir no exame ou decisão da causa".

já que o principal argumento utilizado estava relacionado com a previsão legal do ato[65]. Nesta perspetiva, mesmo que a audiência tivesse como única finalidade o exercício do contraditório quanto a uma exceção dilatória (hipótese configurável na redação inicial do CPCa) e este já tivesse sido assegurado nos articulados, o juiz não a poderia dispensar sob pena de cometer uma nulidade processual.

2.2. Reforma intercalar e tramitação processual simplificada

Na sequência da aprovação da Constituição da República Portuguesa ("CRP"), em 1976, o processo civil conheceu várias reformas parcelares que prosseguiam, no essencial, dois objetivos: assegurar a sua conformidade com a nova ordem constitucional (a democratização), de que é exemplo a eliminação das regras processuais que estabeleciam um tratamento diferenciado entre os cônjuges; simplificar o processo[66].

A reforma intercalar de 1985, que se concretizou no Decreto-Lei n.º 242/85, insere-se, precisamente nesse contexto de simplificação do processo[67]. Entre outros aspetos, este diploma reduziu o número de articulados e de fundamentos de adiamento da audiência final e encurtou os trâmites processuais em caso de falta de contestação.

Neste contexto, a tramitação processual simplificada (art. 464.º-A) foi encarada como uma das principais inovações da reforma[68]. Em traços

[65] José Alberto dos Reis, *Código cit.*, pp. 169-170, defendia que o (então) art. 512.º tinha subjacente um juízo de adequação em abstrato da audiência preparatória a certos casos e concluía da seguinte forma: "Afirmar que a nulidade proveniente da falta de audiência preparatória é irrelevante (...) equivale a desmentir o pensamento da lei".

[66] Para uma análise mais desenvolvida deste período, Mariana França Gouveia, João Pedro Pinto-Ferreira, Micael Teixeira, "Evolução do processo civil na sequência da Constituição de 1976: democratização, celeridade e gestão processual", 2017, pp. 183-188.

[67] De acordo com o preâmbulo do Decreto-Lei n.º 242/85, a "linha geral da simplificação do processo" surgiu como reação ao aumento do número de ações (propostas e pendentes) e consequente congestionamento dos tribunais.

[68] Para José Lebre de Freitas, "Justiça e processo civil", 1985, p. 17, a tramitação processual simplificada era a única novidade do diploma em relação ao paradigma processual subjacente ao CPCa. Também Cardona Ferreira, *Decreto-Lei 242/85, de 9 de julho (reforma intercalar do processo civil)*, 1985, p. 36, sublinhava o caráter inovador da solução, embora admitisse que se poderia ter ido mais além.

gerais, este mecanismo permitia encurtar o processo através da dispensa de certas fases processuais, com base num acordo entre as partes.

De acordo com o art. 464.º-A-1, caso as partes apresentassem uma petição conjunta ou a petição inicial fosse acompanhada de uma declaração de concordância do réu quanto aos seus termos, o processo transitava, de imediato, para a fase de instrução. Nestes casos, a lei dispensava os restantes termos da fase dos articulados, nomeadamente o despacho liminar, a citação e outros articulados, bem como a fase intermédia do processo, designadamente a realização da audiência preparatória e do questionário. Desta forma, apresentada a petição conjunta, o processo era concluso ao juiz, que marcava de imediato a audiência final quando não fosse necessário produzir prova em momento anterior.

A simplificação resultava dos próprios termos da petição conjunta, na qual as partes deviam indicar a matéria de facto assente e a matéria de facto controvertida e assumir uma posição quanto ao aspeto jurídico da causa. No fundo, as funções que seriam desempenhadas na fase dos articulados e na fase intermédia eram asseguradas na petição conjunta, o que permitia abreviar o processo. A simplificação era também sinónimo de celeridade processual, já que a intervenção do tribunal estava limitada às questões de facto e de direito em relação às quais as partes não estivessem de acordo.

Com o propósito de incentivar as partes a adotar este instrumento, a lei optou por conceder benefícios financeiros à sua utilização. Neste sentido, o art. 464.º-A-2 previa a redução do imposto de justiça em montante a determinar pelo juiz em função da complexidade da causa (dentro de certos limites) e o Código das Custas Judiciais ("CCJ") determinava a redução para ¼ da taxa de justiça [art. 17.º-1-f) do CCJ][69-70].

Numa breve apreciação desta figura, é possível constatar que a mesma implicava um desvio ao princípio da legalidade das formas processuais, pois permitia às partes, por acordo, dispensar alguns atos previstos na forma legal. Esta solução assentava na ideia de que o formalismo processual era uma garantia das partes, pelo que estas deviam poder simplificar

[69] Sobre esta questão, Américo Campos Costa, "O processo simplificado do art. 464.º-A", 1990, p. 59.

[70] Esta alteração foi introduzida pelo Decreto-Lei n.º 212/89, de 30 de junho.

a tramitação processual por acordo, prescindindo da prática de certos atos[71].

Não obstante, a flexibilidade processual introduzida pelo art. 464.º-A era ainda limitada, já que só abrangia a fase dos articulados e a fase intermédia e estava direcionada para a eliminação de atos do guião processual, não permitindo o aditamento de outros atos ou a alteração do momento para a sua prática, entre outros exemplos. Esta opção terá ficado a dever-se à necessidade de equilibrar as diferentes perspetivas no âmbito da Comissão Revisora. De facto, alguns membros da Comissão defendiam que era necessário determinar, à partida, quais os atos cuja prática podia ser dispensada por acordo, como forma de compatibilizar a tramitação simplificada com o princípio da legalidade das formas processuais[72].

Acresce que a tramitação simplificada não dependia apenas do acordo das partes: o juiz podia indeferi-la quando esta obstasse ao "criterioso julgamento da causa" (art. 464.º-A-3). Desta forma, a eficácia reconhecida ao acordo das partes não era total, já que existia um controlo judicial posterior[73].

A tramitação simplificada teve um impacto muito reduzido na prática, tendo em conta a utilização residual da petição conjunta[74].

[71] Aa. Vv., "Acta da 25.ª sessão da comissão de revisão do Código de Processo Civil", 1987, p. 23.

[72] Neste sentido, Antunes Varela, mostrou-se "contra um afastamento dessa regra [legalidade das formas processuais] em termos amplos, mas favorável à consagração de derrogações parciais", acrescentando que seria "conveniente que se dissesse expressamente (...) que trâmites é que podem ser prescindidos". Esta posição era partilhada por Jacinto Rodrigues Bastos. Para uma análise mais aprofundada, Aa. VV., "Acta da 25.ª cit.", pp. 22-24, e "Acta da 27.ª sessão da comissão de revisão do Código de Processo Civil", 1987, pp. 313-314.

[73] A versão inicial da proposta não continha qualquer alusão à iniciativa judicial. A necessidade de intervenção do juiz foi suscitada aquando do debate na Comissão de Revisão, com o argumento de que lhe competia a direção do processo. Para mais desenvolvimentos, Aa. Vv., "Acta da 24.ª sessão da comissão de revisão do Código de Processo Civil", 1987, pp. 255-258.

[74] Neste sentido, Rita Lynce de Faria, "A sumarização da justiça civil", 2008, p. 215: "Não obstante as suas potencialidades, este regime tem tido rara aplicação".

2.3. Processo civil simplificado

O Decreto-Lei n.º 211/91[75] criou o processo civil simplificado, figura que sucedeu à tramitação processual simplificada. Este diploma reuniu as regras anteriormente previstas na legislação processual civil e no CCJ nesta matéria, clarificou alguns aspetos de regime e inovou quanto a outros.

De acordo com o preâmbulo do Decreto-Lei n.º 211/91, o processo civil simplificado assentava em três dimensões essenciais: valorização do papel dos advogados, reforço do princípio da cooperação e reconhecimento do "princípio da liberdade das partes". Este último aspeto traduziu-se no reforço do papel atribuído ao acordo das partes: o encurtamento da tramitação processual passou a depender apenas da apresentação de petição conjunta, sem que o juiz pudesse indeferir a simplificação do processo por considerar que esta podia pôr em causa o bom julgamento da causa.

Entre outros aspetos, a lei clarificou o âmbito de aplicação do processo simplificado: por um lado, limitou-o expressamente às ações relativas a direitos disponíveis (art. 1.º do Decreto-Lei n.º 211/91); por outro lado, passou a admitir a sua utilização mesmo que o litígio entre as partes fosse restrito a questões de direito (art. 5.º do Decreto-Lei n.º 211/91). É ainda interessante notar que, de acordo com o art. 1.º deste diploma, o patrocínio judiciário passou a ser obrigatório, independentemente do valor da ação.

No que respeita à tramitação processual, a lei reintroduziu o despacho liminar (art. 3.º-2 e 3 do Decreto-Lei n.º 211/91) e passou a admitir a convocação de uma audiência preliminar nos casos mais complexos do ponto de vista substantivo ou processual (art. 4.º do Decreto-Lei n.º 211/91). Ainda assim, apresentada a petição conjunta, a regra continuava a ser a marcação imediata da audiência final[76].

[75] Este diploma foi revogado pela lei que aprovou o CPC [art. 4.º-b) da Lei n.º 41/2013, de 26 de junho].

[76] Quando apenas estivessem em causa questões de direito, a audiência não incluía a produção da prova, mas apenas alegações de direito, seguidas da decisão (art. 5.º-1 do Decreto-Lei n.º 211/91).

O processo civil simplificado também teve uma utilização reduzida. Entre outras razões, os autores apontam para uma conceção bélica do processo, que dificilmente se adequa à figura da petição conjunta (já que esta tem subjacente uma lógica de cooperação entre as partes)[77].

3. Reforma processual de 1995-1996

3.1. Aspetos introdutórios

A reforma de 1995-1996 representou um momento marcante para o processo civil nacional, não apenas pela sua amplitude e pelas importantes alterações que introduziu no modelo da ação declarativa[78], mas também porque respondeu a outros propósitos além da democratização do processo. De facto, a análise dos trabalhos preparatórios (designadamente, das Linhas Orientadoras da Nova Legislação Processual Civil[79]) e dos diplomas que concretizaram a reforma (Decretos-Leis n.º 329/A-95 e n.º 180/96) permitem-nos concluir que esta assentou nos seguintes pilares: reforço do papel dos princípios processuais; obtenção de uma decisão em prazo razoável; consagração de um modelo participado de processo; orientação para a decisão de mérito[80].

A centralidade dos princípios processuais resulta, desde logo, da própria estrutura das Linhas Orientadoras, que dedicam o ponto I aos

[77] Salvador da Costa, *A injunção e as conexas acção e execução: processo geral simplificado*, 6.ª ed., 2008, p. 14.

[78] A reforma limitou-se a introduzir alterações pontuais no domínio da ação executiva. Posteriormente, em 2003, os Decretos-Leis n.º 38/2003 e n.º 199/2003, de 10 de setembro, procederam à reforma da ação executiva.

[79] Aa. Vv., "Linhas orientadoras da nova legislação processual civil", 1992, pp. 37-47. Este documento foi preparado por um grupo de trabalho designado pelo Ministro da Justiça e composto por Pereira Batista, Carlos Lopes do Rego, José Lebre de Freitas, João Correia, António Telles e Cristina Silva Santos.

[80] Sobre os principais vetores da reforma, António Santos Abrantes Geraldes, *Temas da reforma do processo civil*, 2.ª ed., vol. 1, 1999, pp. 34-49; José Lebre de Freitas, "Em torno cit.", pp. 13-17; J. Pereira Batista, *Reforma do processo civil: princípios fundamentais*, 1997, pp. 11-14; Mariana França Gouveia, João Pedro Pinto-Ferreira, Micael Teixeira, "Evolução cit.", pp. 188-190; Miguel Teixeira de Sousa, *Estudos sobre o novo processo civil*, 2.ª ed., 1997, pp. 58-86.

"princípios gerais ordenadores do processo"[81]. Neste âmbito, a reforma colocou especial ênfase na eliminação das decisões-surpresa como tradução do princípio do contraditório (art. 3.º-3 do CPCa[82]), e consagrou o princípio da igualdade de armas (art. 4.º).

O direito de acesso à Justiça, na vertente de decisão em prazo razoável (art. 20.º-4 da CRP), explica os passos que foram dados no sentido de imprimir maior celeridade ao processo, como a transferência da responsabilidade pelo impulso processual subsequente para o tribunal na generalidade dos casos (art. 265.º-1). A simplificação da tramitação processual, patente na eliminação de certos atos (como o despacho liminar) ou na flexibilização da citação (por regra, passou a efetuar-se por via postal), também se insere nesta lógica.

Por seu turno, o princípio da cooperação colocou a tónica numa visão "participada (...) e colaborante"[83] do processo, que contrastava com os modelos liberal e autoritário que tinham caracterizado o nosso processo civil até então. Com este intuito, a lei impôs um dever de cooperação a todos os sujeitos processuais (art. 266.º). A atribuição ao juiz de certos poderes de direção do processo também estava relacionada com esta lógica, o que era particularmente claro em matéria de convite ao aperfeiçoamento dos articulados (art. 508.º-2 e 3). Outra dimensão essencial do princípio da cooperação era a audiência preliminar (art. 508.º-A), que surgia como momento privilegiado para o diálogo entre o juiz, as partes e os seus mandatários judiciais.

A orientação para a decisão de mérito refletia-se em dois planos distintos: por um lado, a reforma procurou eliminar os "entraves injustificados à obtenção de uma decisão de mérito (...) privilegiando-se assim claramente a obtenção de decisão de fundo sobre a mera decisão de forma"[84];

[81] Aa. Vv., "Linhas cit.", pp. 37-42.

[82] Os preceitos legais indicados ao longo deste ponto pertencem, salvo indicação em contrário, ao CPCa (na redação posterior à reforma processual de 1995-1996).

[83] Preâmbulo do Decreto-Lei n.º 329/A-95.

[84] Aa. Vv., "Linhas cit.", p. 37.

por outro lado, assumiu o propósito de aproximar, na medida do possível, a decisão de mérito da realidade[85].

A primeira vertente traduzia-se no aumento dos poderes de direção do juiz: entre outros exemplos, podia apontar-se a regra da sanação oficiosa da falta de pressupostos processuais sanáveis (art. 265.º-1). A segunda dimensão refletia-se, entre outros exemplos, na vertente material do princípio da cooperação (pense-se no convite às partes para que prestassem esclarecimentos sobre a matéria de facto ou de direito – art. 266.º-2 – ou no convite ao suprimento de insuficiências ou imprecisões quanto à matéria de facto alegada – art. 508.º-3) e no reforço do princípio do inquisitório (com a supressão dos limites anteriormente existentes à iniciativa oficiosa no âmbito da prova testemunhal e do depoimento de parte).

A análise subsequente estará centrada no princípio da adequação formal (art. 265.º-A), que permitia ao juiz adequar a tramitação do processo às especificidades da causa com o intuito de evitar que a rigidez das regras processuais pudesse obstar à tutela do direito substantivo.

3.2. Adequação formal

I. O princípio da adequação formal traduziu um importante passo no sentido da flexibilização das formas de processo. A adequação formal tinha em vista viabilizar a alteração da tramitação processual prevista na lei sempre que esta se revelasse, em concreto, desadequada às especificidades da causa.

Esta figura sofreu algumas alterações mesmo antes da sua entrada em vigor. Na sua redação inicial, o art. 265.º-A condicionava a adequação for-

[85] Tal como refere Mariana França Gouveia, "Os poderes do juiz cível na acção declarativa: em defesa de um processo civil ao serviço do cidadão", 2007, pp. 61-62, "há uma ilusão em achar que os factos que estão no processo são os factos verdadeiros, os factos objectivos, a reprodução exacta daquilo que se passou", pelo que, no processo civil, "não há verdade, apenas aproximações da realidade, reconstruções mais ou menos fidedignas do que aconteceu". Além dos argumentos apresentados pela autora (relacionados com a interação entre os factos e o direito), importa também ter em conta as limitações que o princípio do dispositivo impõe à atividade do juiz no processo. Assim se explica, pois, que tenhamos optado, ao longo do texto, por falar da melhor aproximação ou da correspondência possível entre a decisão e a realidade e não do esclarecimento ou apuramento da verdade.

mal ao "acordo das partes" (n.º 1)[86] e estabelecia que, em caso de adequação, a forma processual subsequente devia ser aquela que melhor se adaptasse ao "apuramento da verdade e acerto da decisão" (n.º 2)[87].

A necessidade de acordo das partes decorria da preocupação em articular a flexibilização das regras processuais com a certeza e segurança jurídicas. Tendo em conta que a forma legal era uma garantia das partes, a lei fazia depender a adequação formal do acordo destas. Neste particular, o art. 265.º-A era ainda influenciado, pelo menos em parte, pelos regimes da tramitação processual simplificada e do processo civil simplificado, já que consagrava um modelo misto de flexibilização voluntária e judicial das formas de processo.

Por seu turno, a alusão à justa composição do litígio ("apuramento da verdade e acerto da decisão") visava, no essencial, sublinhar a ideia de que a aplicação de regras processuais desadequadas ao caso concreto podia impedir ou dificultar a realização do direito substantivo, introduzindo assim uma distorção entre a decisão e a realidade extraprocessual. Desta forma, aquilo que se pretende salientar é a instrumentalidade das formas processuais face ao direito material, pelo que, apesar de o poder adequação se situar ao nível da forma legal, não se pode dizer – como veremos – que este seja neutro do ponto de vista da justa composição do litígio[88].

II. Com a aprovação do Decreto-Lei n.º 180/96[89], o princípio da adequação formal passou a apresentar uma redação mais concisa, decorrente

[86] A sua redação era a seguinte: "Quando a tramitação processual prevista na lei não se adaptar às especificidades da causa, deve o juiz, oficiosamente e com o acordo das partes, adaptar o processado".

[87] Este preceito estabelecia que "Na execução da atribuição referida no número anterior, determina o juiz a realização dos actos que melhor se adeqúem ao apuramento da verdade e acerto da decisão, prescindindo dos que se revelem manifestamente inidóneos para o fim do processo".

[88] Para uma análise mais desenvolvida desta questão, v. *infra*, capítulo III (ponto 2.4., II).

[89] O Decreto-Lei n.º 180/96 foi aprovado antes da entrada em vigor do Decreto-Lei n.º 329-A/95. Tal como se pode ler no seu preâmbulo, o Decreto-Lei n.º 180/96 teve como intuito a "melhoria da redacção de vários preceitos" e a alteração de "algumas soluções da lei nova, que se substituíram por outras havidas como mais ajustadas".

da eliminação do n.º 2, e a adequação deixou de depender de acordo das partes. Nos termos do art. 265.º-A, "quando a tramitação processual prevista na lei não se adequar às especificidades da causa, deve o juiz oficiosamente, ouvidas as partes, determinar a prática dos actos que melhor se ajustem ao fim do processo, bem como as necessárias adaptações".

A adequação formal estava, desde logo, condicionada à verificação de um requisito negativo: a desadequação da tramitação processual às especificidades da causa. Este requisito limitava o âmbito de aplicação do princípio da adequação, pois obstava à alteração da forma legal quando esta fosse ajustada ao caso concreto. Desta forma, a circunstância de existir uma forma alternativa igualmente ajustada, mas mais eficiente, não era de molde a viabilizar a adequação do processo.

Assim, no âmbito do processo ordinário, a lei previa a necessidade de elaboração de base instrutória quando o processo não terminasse no despacho saneador [arts. 508.º-A-1-e) e 508.º-B-2]. Em consequência, a base instrutória só podia ser dispensada ao abrigo da adequação formal quando a sua elaboração fosse desadequada no caso concreto[90]. Este raciocínio era comum a todas as hipóteses de variação da forma legal.

A circunstância de o art. 265.º-A ter deixado de se referir à justa composição do litígio não implicou qualquer alteração na lógica subjacente ao princípio da adequação formal. Tal como na redação inicial deste preceito, a adequação tinha em vista o afastamento da forma legal e a sua substituição por uma forma sucedânea sempre que a primeira não fosse ajustada ao caso e, em consequência, pudesse conduzir a uma distorção entre a realidade intraprocessual e extraprocessual[91]. A adequação formal

[90] José Lebre de Freitas, A. Montalvão Machado, Rui Pinto, *Código de Processo Civil anotado*, 2.ª ed., vol. 2, 2008, p. 410, defendiam que a seleção dos factos era, por regra, obrigatória, mas admitiam a sua dispensa em caso de revelia inoperante, designadamente face à simplicidade na seleção dos factos, por aplicação conjugada dos arts. 508.º-A-1-e) e 787.º-1.

[91] Para Carlos Francisco de Oliveira Lopes do Rego, *Comentários ao Código de Processo Civil*, 2.ª ed., vol. 1, 2004, p. 261, o princípio da adequação formal sublinhava "o carácter funcional ou instrumental do processamento ou tramitação, que não pode ser perspectivado como encerrando um fim em si mesmo, mas antes entendido como visando a realização de objectivos substanciais: a justa composição do litígio, alcançada com respeito integral pelos princípios essenciais estruturantes do processo civil". No mesmo sentido, Jacinto Fernandes Rodrigues Bastos, *Notas ao Código de Processo Civil*, 3.ª ed., vol. 2, 2000, p. 16.

refletia-se, pois, ao nível das formas de processo e só de forma indireta no mérito da causa.

O Decreto-Lei n.º 180/96 deixou de exigir o acordo das partes quanto à adequação. Como resultava deste diploma, o princípio da adequação formal visava superar "eventuais desconformidades com as previsões genéricas das normas de direito adjectivo" e não criar "uma espécie de processo alternativo, da livre discricionariedade dos litigantes"[92]. Assim, independentemente do acordo das partes, cabia ao juiz adequar o processo sempre que concluísse que a forma processual não era adequada às particularidades do caso concreto.

A doutrina manifestou-se favorável a esta solução, embora com argumentos diferentes. Por um lado, referia-se que os interesses das partes não são, por regra, coincidentes em caso de litígio, o que dificulta o acordo quanto à alteração das regras processuais aplicáveis. Assim, a necessidade de acordo das partes podia remeter a adequação formal para situações pontuais[93]. Por outro lado, outros autores partiam da qualificação do Direito Processual Civil como direito público para justificar a atribuição ao juiz (em detrimento das partes) do poder de flexibilização das formas processuais[94]. Por fim, a dispensa de acordo das partes era encarada como a solução que melhor compatibilizava a cláusula geral de adequação com o poder de adequação no âmbito da cumulação de objetos processuais, em que a lei não exigia o acordo das partes[95].

A análise do art. 265.º-A suscitava dúvidas quanto à questão de saber se as partes podiam, em conjunto ou por iniciativa de uma delas, requerer a adequação formal. Uma análise literal da lei parecia apontar para a limitação da iniciativa de adequação formal, que seria, assim, exclusiva do juiz ("deve o juiz oficiosamente").

No entanto, esta interpretação não considerava o elemento histórico. De facto, as Linhas Orientadoras da reforma de 1995-1996 referiam que a adequação formal podia ser determinada "*mesmo* oficiosamente" (itálico

[92] Preâmbulo do Decreto-Lei n.º 180/96.

[93] Carlos Lopes do Rego, *Comentários cit.*, p. 209.

[94] J. Pereira Batista, *Reforma cit.*, p. 66.

[95] Pedro Madeira de Brito "O novo princípio da adequação formal", 1997, pp. 50-51.

nosso)[96], o que aponta no sentido de também ser admissível a iniciativa das partes. Ora, este documento serviu de base à reforma, pelo que surge como um importante subsídio interpretativo das soluções por esta consagradas. Da mesma forma, a interpretação literal do art. 265.º-A no sentido de restringir a iniciativa da adequação formal ao juiz era dificilmente compatível com outros princípios processuais estruturantes, designadamente o princípio da cooperação.

Assim, além da iniciativa oficiosa, entendemos que também as partes podiam suscitar a necessidade de adequação formal[97]. A eliminação do requisito do acordo das partes não visava afastar a intervenção destas, mas apenas salientar que a adequação era um poder do juiz que não podia ser condicionado pela posição assumida pelas partes.

O art. 265.º-A impunha ainda a audição das partes com o intuito de evitar que a adequação formal traduzisse uma decisão-surpresa. No entanto, parece-nos que essa exigência era redundante face ao princípio do contraditório (com particular destaque para o art. 3.º-3). Dito de outra forma, mesmo que a lei não impusesse a audição das partes antes da prolação do despacho de adequação formal, essa audição seria necessária em razão do princípio do contraditório.

III. De acordo com a doutrina, a cláusula geral de adequação formal (art. 265.º-A) dirigia-se sobretudo ao processo comum, em qualquer das suas formas (ordinária, sumária ou sumaríssima)[98]. Nestes casos, uma vez que a forma legal não tinha em conta as especificidades do objeto da ação e era definida em abstrato, existia um risco de desadequação da mesma face à pretensão formulada. A adequação formal foi pensada como uma válvula de segurança que permitia ao juiz adotar uma forma processual ajustada ao caso.

Entre outros exemplos, a adequação formal podia traduzir-se na aplicação das regras de um processo especial a uma ação que seguisse o processo comum.

[96] Aa. Vv., "Linhas cit.", p. 41.

[97] Miguel Teixeira de Sousa, *Estudos cit.*, p. 37.

[98] Miguel Teixeira de Sousa, *Estudos cit.*, pp. 36-37.

Na doutrina, admitia-se o recurso ao processo de inventário (art. 1404.º-1) em caso de dissolução de união de facto[99]. O processo especial de inventário visava a partilha de bens em caso de separação judicial de pessoas e bens, divórcio e anulação ou declaração de nulidade do casamento. Ora, apesar de a partilha resultante da dissolução de união de facto seguir o processo comum, equacionava-se a aplicação do processo especial de inventário ao abrigo da adequação formal, tendo em conta a similitude entre o pedido deduzido em ambas as ações – partilha de bens.

Em sentido contrário, havia decisões que defendiam a impossibilidade de aplicar as regras de um processo especial fora dos casos nele previstos, ainda que recorrendo à adequação formal. Um bom exemplo é o acórdão do TRL de 11.10.2007, que se pronunciou sobre um processo especial de inquérito judicial. Neste caso, o tribunal considerou que o processo especial não se aplicava às associações, como era o caso da ré, pelo que existia erro na forma de processo. Esta conclusão assentou na afirmação de que "não cabe ao julgador escolher a forma de processo especial, fora dos casos expressamente previstos pela própria norma para a sua aplicação, a coberto do princípio da adequação formal"[100].

A adequação formal podia também envolver a prática de atos processuais fora do momento previsto na lei para o efeito. A doutrina ilustrava esta possibilidade com a produção de prova testemunhal na audiência preliminar[101]. Neste caso, a adequação traduzia-se na inquirição antecipada das testemunhas, já que, por regra, estas deveriam depor na audiência final [art. 652.º-3-c) e d)], e destinava-se a permitir a apreciação imediata de uma exceção. Nestas situações, a adequação formal implicava a deslocação de um ato típico de uma certa fase processual (fase final) para outro momento (fase intermédia).

Outra vertente do princípio da adequação formal consistia na prática de atos não previstos na lei.

Neste sentido, o acórdão do TRP de 30.10.2003 admitiu a adequação do incidente de habilitação de herdeiros, com o propósito de levar

[99] Pedro Madeira de Brito, "O novo cit.", p. 56.

[100] Ac. do TRL de 11 de outubro de 2007, proc. n.º 6137/2007-2.

[101] Maria José Capelo, "A tipicidade legal das formas de processo: fim à vista?", 2012, p. 128, e Pedro Madeira de Brito, "O novo cit.", p. 48.

os herdeiros a declarar se aceitavam ou repudiavam a herança. Para tal, o tribunal de 1.ª instância recorreu à notificação prevista no processo especial de herança jacente (art. 1467.º)[102-103]. A adequação consubstanciou-se na prática de um ato não incluído na tramitação do incidente de habilitação de herdeiros – a notificação destes nos termos do art. 1467.º – com o objetivo de determinar quem devia assumir a posição da parte falecida na relação material controvertida.

Outro exemplo interessante consta do acórdão do TRL de 27.6.2006, em que o recorrente pedia a revogação de um despacho de indeferimento liminar proferido pelo tribunal de 1.ª instância. Não deixa de ser curioso que, apesar de o despacho liminar ter sido proferido fora dos casos enunciados no art. 234.º-4, essa questão não tenha sido suscitada pelo recorrente nem – consequentemente – discutida pelo tribunal de recurso[104]. A prolação de despacho liminar em casos não previstos na lei implicava o aditamento de um ato à forma legal. Este exemplo de adequação era tanto mais relevante quanto surgia em contraciclo com a restrição do despacho liminar no contexto da reforma de 1995-1996[105].

Em alguns casos, a lei apresentava mais do que uma alternativa de tramitação processual.

A audiência preliminar era o exemplo paradigmático desta técnica. Com a reforma de 1995-1996, a audiência preliminar assumiu um papel

[102] O art. 1467.º previa a notificação do herdeiro para, em determinado prazo, declarar se aceitava ou repudiava a herança, considerando-se aceite a herança caso não fosse apresentado documento de repúdio até ao final do prazo.

[103] Ac. do TRP de 30 de outubro de 2003, proc. n.º 0334851.

[104] Ac. do TRL de 27 de junho de 2006, proc. n.º 4669/2006-7. Neste caso, o indeferimento liminar assentara em dois fundamentos: por um lado, a partilha extrajudicial da herança não pode ser parcial; por outro lado, o recorrente deveria ter indicado qual a forma de partilha.

[105] Sobre as razões subjacentes a esta opção, Carlos Lopes do Rego, *Comentários cit.*, pp. 213-214 (economia e simplificação processuais e contraditório), e José Lebre de Freitas, *A acção declarativa comum à luz do código revisto*, 2.ª ed., 2011, p. 70 (igualdade das partes e maior segurança da decisão quando proferida na sequência dos articulados). Esta opção foi, no entanto, criticada por alguns autores: por exemplo, António Abrantes Geraldes, *Temas cit.*, pp. 243-245, defendia que a intervenção liminar do juiz apresentava várias vantagens, como evitar o prosseguimento de ações manifestamente infundadas ou que apresentassem vícios formais insupríveis e, quando a ação devesse prosseguir, permitia a imediata regularização da petição inicial.

central na fase intermédia do processo, como tradução dos princípios da cooperação e da economia processual. O seu intuito era o de concentrar a prática de vários atos num mesmo momento e preparar os termos subsequentes do processo em diálogo e com a contribuição das partes e dos respetivos mandatários judiciais. A regra consistia, pois, na realização da audiência preliminar (art. 508.º-A).

No entanto, a lei admitia a dispensa desta audiência em função da simplicidade na elaboração da base instrutória, do prévio exercício do contraditório quanto às exceções dilatórias que o juiz devesse apreciar nesse momento ou da simplicidade da decisão de mérito (art. 508.º-B-1). A dispensa da audiência preliminar dependia ainda de a sua realização só ter em vista uma destas finalidades.

Ora, a doutrina debruçava-se sobre a questão de saber se a dispensa da audiência preliminar nestes casos podia ser reconduzida à adequação formal. Para alguns autores, a resposta devia ser negativa, já que a lei determinava, à partida, as várias possibilidades de tramitação do processo[106]. Pelo contrário, para outros autores, a dispensa da audiência preliminar traduzia um ato de adequação formal expressamente previsto na lei[107].

Esta última posição parecia ser a mais coerente com o elemento sistemático: em caso de cumulação de pedidos a que correspondessem diferentes processos especiais ou o processo comum (em qualquer das suas formas) e um processo especial, os arts. 31.º-2 e 3 permitiam ao juiz autorizar a cumulação e, em consequência, adequar a tramitação processual. Ora, nem por isso a doutrina deixava de reconduzir esta situação à adequação formal[108]. No fundo, a única particularidade dos arts. 31.º-3 ou 508.º-B-1 residia na circunstância de a adequação formal não resultar diretamente da cláusula geral do art. 265.º-A, mas de uma previsão legal específica.

[106] Pedro Madeira de Brito, "O novo cit.", pp. 40-41.

[107] Carlos Lopes do Rego, *Comentários cit.*, pp. 263 e 438-439.

[108] Neste sentido, Carlos Lopes do Rego, *Comentários cit.*, pp. 263-264, e José Lebre de Freitas, João Redinha, Rui Pinto, *Código de Processo Civil anotado*, 2.ª ed., vol. 1, 2008, pp. 512-513.

A aplicação do princípio da adequação formal à forma em sentido estrito, ou seja, ao modo de exteriorização dos atos processuais[109], suscitava algumas dúvidas na doutrina.

Neste contexto, importa salientar que o art. 138.º-1 consagrava a liberdade de forma dos atos processuais. Deste modo, a forma dos atos devia ser determinada em concreto, o que tinha em vista assegurar, em simultâneo, a sua adequação à finalidade do ato e a economia processual[110]. Pode, assim, dizer-se que a adequação formal já se impunha neste âmbito mesmo antes da reforma[111].

No entanto, o âmbito de aplicação do art. 138.º-1 acabava por ser limitado pela circunstância de a lei estabelecer, em abstrato, a forma aplicável a diversos atos processuais. Assim, por exemplo, a prova testemunhal era, por regra, produzida oralmente (art. 621.º) e, no âmbito do processo ordinário, a sentença revestia forma escrita, salvo quando as alegações de direito fossem orais (caso em que o art. 695.º-5 admitia a prolação de sentença oral). Colocava-se, assim, a questão de saber se a adequação do processo também compreendia a variação da forma dos atos processuais quando esta, embora prevista na lei, fosse desadequada às particularidades da causa.

Para uma parte da doutrina, a adequação formal não permitia a alteração da forma dos atos processuais. Alguns autores defendiam que a adequação já resultava da forma legal[112]. Para outros autores, o regime das nulidades processuais tornava desnecessário o recurso à adequação formal, já que a prática do ato sem as formalidades previstas na lei só traduzia uma nulidade quando pudesse "influir no exame ou na decisão da causa" (art. 201.º-1)[113].

Numa interpretação mais ampla do princípio da adequação formal, admitia-se a modelação da forma dos atos processuais mesmo quando

[109] Carlos Alberto Alvaro de Oliveira, *Do formalismo no processo civil: proposta de um formalismo jurídico-valorativo*, 3.ª ed., 2009, pp. 6-8.

[110] José Lebre de Freitas, *Introdução ao processo civil: conceito e princípios gerais*, 2.ª ed., 2009 pp. 193-195.

[111] O art. 138.º-1 manteve a redação introduzida na reforma intercalar de 1985 (Decreto-Lei n.º 242/85).

[112] José Lebre de Freitas, João Redinha, Rui Pinto, *Código cit.*, p. 254.

[113] Pedro Madeira de Brito, "O novo cit.", pp. 38-39.

esta estivesse prevista na lei. Esta perspetiva assentava, desde logo, na ideia de que a adequação formal só estava limitada pelos princípios do processo equitativo e pela verificação do requisito negativo (desadequação da forma legal ao caso concreto)[114]. A possibilidade de adequação da forma e, inclusivamente, do próprio conteúdo dos atos processuais resultava ainda da articulação entre os princípios da adequação formal e da liberdade de forma dos atos processuais[115].

Esta última posição era mais compatível com o elemento histórico de interpretação. De facto, na redação inicial do art. 138.º-1, a liberdade de forma tinha como limite expresso a existência de uma forma especial[116]. Ora, a eliminação desse limite no Decreto-Lei n.º 242/85, conjugada com a introdução do princípio da adequação formal na reforma de 1995-1996, apontava para a possibilidade de adequação mesmo quando a forma do ato estivesse prevista na lei.

É que também nestes casos, por força do art. 265.º-A, podia chegar-se à conclusão de que a forma do ato não era adequada às especificidades da causa. No fundo, a existência de uma forma especial – porque prevista em abstrato – não era garantia suficiente de adequação ao caso concreto.

IV. Além da cláusula geral, a adequação formal assumia especial relevância em dois domínios específicos: a cumulação de objetos processuais e o erro na forma de processo.

Quanto ao primeiro aspeto, importa que ter em conta que a reforma de 1995-1996 mitigou o requisito da compatibilidade processual (art. 31.º-2)[117]. Este regime foi pensado para a coligação, que se caracteriza

[114] Mariana França Gouveia [et. al.], *Justiça económica em Portugal: gestão processual e oralidade*, cad. 2, 2012, p. 47.

[115] Paula Costa e Silva, "Legalidade das formas de processo e gestão processual ou as duas faces de Janus", 2011, p. 141.

[116] Sobre esta questão, José Alberto dos Reis, *Comentário ao Código de Processo Civil*, 2.ª ed., vol. 2, 1945, pp. 35-36.

[117] Antes da reforma, a coligação – e, por remissão, a cumulação simples de pedidos – dependia, entre outros requisitos, da identidade da forma de processo, salvo quando a diversidade resultasse apenas do valor (art. 31.º-1). Desta forma, a coligação não era admissível quando aos pedidos correspondessem diferentes processos especiais ou o processo comum (em qualquer

pela dedução de pedidos distintos por ou contra partes diferentes sem que entre eles exista uma relação de identidade[118].

De acordo com a nova redação do art. 31.º-2, a coligação passou a ser admissível mesmo em caso de diversidade de forma processual não relacionada com o valor, quando correspondesse a um "interesse relevante" ou fosse "indispensável para a justa composição do litígio" e sempre mediante autorização do juiz. O intuito era assegurar a economia processual (na vertente de economia de processos) e evitar a contradição entre decisões[119].

A admissibilidade da coligação dependia ainda de as formas de processo não seguirem uma "tramitação manifestamente incompatível" (art. 31.º-2). Assim, por exemplo, o autor não podia pretender, na mesma ação, a condenação de um réu no cumprimento de uma obrigação e a execução para pagamento de quantia certa quanto a outro réu, tendo em conta as diferenças estruturais existentes entre a ação declarativa e a ação executiva.

Este regime tinha um âmbito de aplicação mais amplo, já que a lei permitia, em geral, a cumulação de objetos processuais quando estivessem reunidos os pressupostos enunciados no art. 31.º-2. Era o que sucedia, por exemplo, no âmbito da cumulação simples de pedidos (art. 470.º-1), da reconvenção (art. 274.º-3) ou da apensação (art. 275.º-1).

Ora, quando o juiz autorizasse a coligação ou a cumulação objetiva, a diversidade das formas de processo impunha a adequação formal como forma de permitir o tratamento conjunto dos vários pedidos (art. 31.º-

das suas formas) e um processo especial. Para uma análise mais detalhada do regime anterior, ANTÓNIO ABRANTES GERALDES, *Temas cit.*, pp. 139-142.

[118] O litisconsórcio também envolve a pluralidade de partes, mas pode traduzir-se num pedido simples. Em caso de pluralidade de pedidos, este distingue-se da coligação por os pedidos serem formulados por ou contra todas as partes ou, quando tal não suceda, por existir uma relação de identidade entre os pedidos. Para uma explicação mais desenvolvida, JOÃO PEDRO PINTO-FERREIRA, "Litisconsórcio necessário legal e litisconsórcio necessário natural: a necessidade ou não da distinção", 2010, pp. 75-80.

[119] PEDRO MADEIRA DE BRITO, "O novo cit.", p. 67, refere-se a uma "conexão reforçada" (a negrito no original) entre os pedidos, visto que a coligação já pressupõe, à partida, uma especial conexão entre os pedidos (art. 30.º).

3)[120]. No fundo, a adequação visava assegurar uma tramitação processual única, superando o obstáculo resultante da aplicação de formas de processo distintas aos vários pedidos.

Por seu turno, o erro na forma de processo (art. 199.º) tinha em vista os casos de desadequação entre o meio processual empregue pelo autor e o pedido deduzido. Assim, por exemplo, havia erro na forma de processo caso o autor propusesse ação declarativa comum para prestação de caução, tendo em conta que ao pedido correspondia um processo especial (arts. 981.º a 990.º)[121].

De acordo com a lei, o erro na forma de processo não implicava a nulidade de todos os atos que tivessem sido praticados entretanto. Por razões de economia processual[122], a invalidade dos atos processuais dependia da incompatibilidade absoluta entre as formas processuais e da diminuição das garantias do réu.

Assim, a tréplica não devia ser excluída caso fosse aplicável a forma de processo sumaríssimo, que não comporta este articulado (art. 795.º), e não a forma de processo ordinário (empregue pelo autor). Neste caso, não existe incompatibilidade absoluta que justifique a nulidade e a admissibilidade do articulado não implica a supressão de qualquer garantia do réu.

Pelo contrário, a adoção da forma de processo sumário quando fosse aplicável o processo ordinário podia justificar a invalidação da contestação, tendo em conta que o prazo para contestar era diferente. De facto, enquanto no processo sumário o réu dispunha de 20 dias para contestar (art. 783.º), no processo ordinário esse prazo era de 30 dias (art. 486.º), pelo que a utilização indevida do processo sumário implicava uma redução das garantias do réu.

[120] Sobre a relação entre os princípios da adequação formal e da economia processual neste âmbito, José Lebre de Freitas, João Redinha, Rui Pinto, *Código cit.*, p. 67.

[121] O erro na forma de processo distingue-se da improcedência do pedido: sobre esta questão, José Alberto dos Reis, *Comentário cit.*, pp. 471-475, e José Lebre de Freitas, *A acção cit.*, pp. 44-46.

[122] José Alberto dos Reis, *Comentário cit.*, pp. 478-480. O autor critica o art. 130.º-5 do CPC de 1876, na sua redação original, por considerar que o erro na forma de processo surgia como "uma fonte caudalosa de anulações; a cada passo se inutilizava um processo, ao cabo duma longa e tormentosa jornada" (*Comentários cit.*, p. 478).

Neste contexto, a adequação formal decorria da necessidade de praticar os atos "estritamente necessários para que o processo se aproxime, quanto possível, da forma estabelecida pela lei" (art. 199.º-1). Esta manifestação de adequação do processo (já prevista antes da reforma de 1995-1996) foi desenvolvida com a introdução da cláusula geral constante do art. 265.º-A.

De facto, anteriormente, a adequação visava apenas ultrapassar o erro na forma de processo e tinha como referência a forma legal. A consagração genérica do princípio da adequação formal permitiu ao juiz ir mais além neste âmbito, afastando-se da tramitação legal quando esta fosse desadequada às especificidades da causa. Dito de outro modo, a adequação subsequente ao erro na forma de processo tinha em vista a forma legal ou, quando esta não fosse ajustada ao caso concreto, a forma sucedânea determinada pelo juiz[123].

4. Regime Processual Civil Experimental[124]

4.1. Considerações introdutórias

I. O RPCE consagrou um regime processual de natureza experimental, aplicável a certas ações declarativas tramitadas num conjunto limitado de tribunais. Apesar de o processo civil experimental ter sido pensado, num primeiro momento, para responder às necessidades específicas da litigância de massa[125], este regime veio a assumir-se como uma nova forma de processo[126] cujo âmbito de aplicação não se circunscrevia apenas a esse tipo de litígios[127].

[123] José Lebre de Freitas, João Redinha, Rui Pinto, *Código cit.*, pp. 366-367.

[124] O RPCE foi revogado em 2013, na sequência da aprovação do CPC [art. 4.º-d) da Lei n.º 41/2013].

[125] Mariana França Gouveia, "A acção especial de litigância de massas", 2007, pp. 137-138.

[126] A doutrina discutia se o RPCE traduzia uma forma de processo comum ou especial. De acordo com Paulo Ramos de Faria, *Regime Processual Civil Experimental comentado,* 2010, pp. 21 e ss., tratava-se de um processo comum, já que a sua aplicação cedia perante a existência de um processo especial (salvo no caso da ação declarativa especial prevista no Decreto-Lei n.º 269/98 – art. 1.º do RPCE) e não dependia do objeto do litígio, aspeto característico dos processos especiais. Em sentido contrário, Mariana França Gouveia, *Regime Processual Experimental: anotado,* 2006, pp. 24 e ss., defendia que o RPCE consubstanciava um processo

Neste sentido, o art. 1.º do RPCE[128] estabelecia que este regime era aplicável às ações declarativas comuns e à ação declarativa especial para cumprimento de obrigações pecuniárias emergentes de contratos (prevista no Decreto-Lei n.º 269/98). Ora, enquanto a ação declarativa especial tinha como objeto privilegiado a litigância de massa[129], o mesmo já não pode afirmar-se quanto à ação declarativa comum, aplicável na ausência de um processo especial (art. 460.º-2 do CPCa), e que, portanto, apresentava um âmbito de aplicação multifacetado.

A natureza experimental do RPCE traduziu-se, entre outros aspetos, numa restrição do seu âmbito de aplicação territorial. De acordo com o art. 21.º-1, este regime só abrangia os tribunais definidos por Portaria do Ministro da Justiça. Ora, o art. único da Portaria n.º 955/2006 só determinava a sua aplicação nos juízos de competência especializada cível dos tribunais de comarca de Almada e do Seixal, nos juízos cíveis do tribunal da comarca do Porto e nos juízos de pequena instância cível do tribunal da comarca do Porto[130].

especial, já que o seu âmbito de aplicação era delimitado em função do tribunal em que a ação fosse proposta. Em nosso entender, apesar de este regime ter sido inicialmente pensado como um processo especial para a litigância de massa, a generalização do RPCE teve como consequência a sua evolução para uma forma de processo comum.

[127] Nuno de Lemos Jorge, "Notas sobre o Regime Processual Experimental", 2007, p. 176, e Paulo Ramos de Faria, *Regime cit.*, 2010, p. 19. De acordo com Mariana França Gouveia, *Regime cit.*, p. 28, esta mudança de perspetiva ficou a dever-se à conclusão de que "o resultado da adaptação não era apenas aplicável à litigância de massa propriamente dita, mas a qualquer tipo de processo".

[128] Os preceitos legais indicados ao longo deste ponto pertencem, salvo indicação em contrário, ao RPCE.

[129] Mariana França Gouveia, *Regime especial para grandes litigantes: estudo preliminar*, 2005, p. 30.

[130] Poucos meses após a entrada em vigor do RPCE, foi proferida uma decisão nos Juízos Cíveis do Porto que o desaplicou com base em inconstitucionalidade, por violação do princípio da igualdade. No essencial, aquilo que estava em causa era a circunstância de o âmbito territorial limitado do RPCE conduzir à aplicação de regras processuais distintas (as constantes do CPC ou do RPCE) a ações com o mesmo objeto em função do tribunal no qual estas fossem propostas. O ac. do TC n.º 69/08, de 31 de janeiro de 2008, considerou que essa desigualdade de tratamento assentava num fundamento objetivo – a "natureza «experimental» do novo regime" – pelo que não colocava em causa o princípio da igualdade. O Tribunal Constitucional concluiu ainda que a Constituição não proibia a aprovação de regimes experimentais,

II. Numa análise breve, pode concluir-se que o RPCE apresentava três linhas de força – simplificação, flexibilidade e gestão processual – que eram, depois, desenvolvidas ao longo do diploma[131].

A simplificação resultava da agregação, que consistia na prática em conjunto de atos processuais relativos a processos distintos (art. 6.º), ou da redução do número de articulados admissíveis (art. 8.º-3), entre outros exemplos.

A flexibilidade refletia-se na opção por uma tramitação pouco densificada e maleável às características do caso em detrimento de uma regulamentação rígida e detalhada. A fase intermédia do processo era particularmente influenciada por esta abordagem, o que explica que a lei se limitasse a enunciar várias possibilidades de tramitação (art. 10.º). A flexibilidade é uma condição essencial para a adequação formal, mas não se confunde com ela, já que também é possível atribuir ao juiz poderes que lhe permitam alterar a forma legal num processo rígido, tal como sucedia no âmbito do CPCa.

4.2. Gestão processual[132]

I. O juiz assumia um papel central no âmbito do RPCE[133] "enquanto responsável pela direcção do processo e, como tal, pela sua agilização"[134].

verificados certos requisitos (presentes no caso). Para uma análise mais desenvolvida desses requisitos, Susana Antas Videira, "Regime Processual Civil Experimental: algumas considerações do ponto de vista jurídico-constitucional", 2007, pp. 117-123.

[131] Mariana França Gouveia, "A acção cit.", p. 139.

[132] Este ponto apresenta vários exemplos em que a gestão processual opera ao nível das regras do processo comum ordinário. De facto, em nosso entender, na falta de regra específica quanto a uma determinada matéria no RPCE, aplicava-se subsidiariamente o disposto no processo comum ordinário, com as necessárias adaptações. É certo que numa análise literal o art. 463.º-1 do CPCa só previa a aplicação subsidiária das regras do processo ordinário no âmbito do processo sumário e dos processos especiais. No entanto, tal como refere António José Fialho, "Simplificação e gestão processual", 2008, p. 68, o processo ordinário era "a matriz nuclear de todas as outras formas processuais", o que justificava a sua aplicação subsidiária aos aspetos que não estivessem especificamente regulados na forma de processo (comum) prevista no RPCE.

[133] Luís Correia de Mendonça, "Processo civil líquido e garantias: o Regime Processual Experimental português", 2007, pp. 92-93, e Paulo Ramos de Faria, *Regime cit.*, 2010, p. 54.

[134] Preâmbulo do Decreto-Lei n.º 108/2006.

A intervenção ativa do juiz no processo destinava-se a mitigar o "formalismo processual civil, dirigindo o juiz para uma visão crítica das regras"[135], o que passava, entre outros aspetos, pela modelação da forma legal ao caso concreto.

Esse objetivo estava concretizado no art. 2.º, que confere ao juiz um "dever de gestão processual". De acordo com este preceito, "o juiz dirige o processo, devendo nomeadamente: a) Adoptar a tramitação processual adequada às especificidades da causa e adaptar o conteúdo e a forma dos actos processuais ao fim que visam atingir; b) Garantir que não são praticados actos inúteis, recusando o que for impertinente ou meramente dilatório; c) Adoptar os mecanismos de agilização processual previstos na lei."

A gestão processual tinha, pois, três vertentes principais: adoção da forma de processo mais apropriada às particularidades da causa (o que envolvia a adequação da tramitação e da forma e conteúdo dos atos processuais ao caso concreto); utilidade do ato; agilização processual[136].

II. Ao contrário da cláusula geral de adequação formal (art. 265.º-A do CPCa), a gestão processual não pressupunha um juízo de desadequação da forma legal às especificidades da causa. Ao prescindir deste elemento, a gestão processual podia operar quando a forma legal, apesar de adequada ao caso concreto, não fosse tão eficiente quanto outras formas alternativas[137]. Assim, a dispensa da base instrutória podia ter como único objetivo uma maior economia de atos, ainda que fosse necessário assegu-

[135] Preâmbulo cit..

[136] Paulo Ramos de Faria, *Regime cit.*, 2010, pp. 40-43 e 46-48. Em sentido próximo, Mariana França Gouveia, *Regime cit.*, pp. 31-32, considera que o art. 2.º consagra "três regras parcelares, não exaustivas (...): uma primeira linha de acção, que podemos denominar de adequação, um segundo ramo de actuação que poderemos chamar de eficácia e um terceiro comando dirigido à agilização processual".

[137] Nas palavras de Paulo Ramos de Faria, *Regime cit.*, 2010, p. 42, competia ao juiz "ponderar as diversas respostas para o repto processual e escolher, de entre as *eficazes*, a mais *eficiente*. Deverá procurar a solução que, proporcionando o efeito pretendido (eficácia), permite um menor dispêndio de meios ou de tempo (eficiência)".

rar a prossecução da sua finalidade (disciplinar a produção de prova) de outra forma[138].

No fundo, a gestão processual permitia ao juiz afastar a forma legal, optando por uma forma alternativa, quando, sendo ambas adequadas às especificidades da causa, a forma alternativa traduzisse um ganho de eficiência. Desta forma, a gestão processual assumia de forma expressa a finalidade de tornar o processo mais eficiente, concorrendo para a obtenção de uma decisão em prazo razoável.

III. Alguns autores defendiam que a amplitude da gestão processual, na sua vertente de adequação [art. 2.º-a)], implicava o afastamento do princípio da legalidade das formas. De acordo com esta orientação, mesmo quando a forma prevista na lei fosse, em concreto, a mais adequada e eficiente, a sua aplicação resultaria sempre de um ato de gestão processual do juiz[139].

Pelo contrário, para outros autores, a legalidade das formas processuais mantinha-se como regra, embora estas já não fossem intangíveis. Um dos principais argumentos invocado neste sentido estava relacionado com as garantias das partes no processo, que – entre outros aspetos – passam pela previsibilidade quanto às regras processuais aplicáveis[140]. Nesta perspetiva, a forma legal surgia como ponto de partida, mas o juiz dispunha de um instrumento – o poder de adequar a tramitação, o conteúdo e a forma dos atos processuais – que permitia a adequação do processo às

[138] Paulo Ramos de Faria, *Regime cit.*, 2010, p. 36.

[139] Luís Filipe Brites Lameiras, *Comentário ao Regime Processual Experimental*, 2007, p. 31, "mesmo quando o juiz adere à *tramitação estabelecida pela lei*, no quadro do RPE, ainda aí, o alicerce de legitimidade dessa concreta tramitação, da (nova) forma de processo, não resulta rigorosamente da lei, mas da decisão (...) que facultou essa adesão como a mais ajustada naquele caso concreto". No mesmo sentido, Luís Correia de Mendonça, "Processo cit.", p. 92, conclui que, no âmbito do RPCE, "*as formas desintegram-se; o centro tudo cria e retém. Esse centro é naturalmente o juiz*".

[140] Paulo Ramos de Faria, *Regime Processual Civil Experimental: a gestão processual no processo declarativo comum experimental*, 2009, pp. 14-17 e 29-30. Esta perspetiva é partilhada por José Lebre de Freitas, "Experiência-piloto de um novo processo civil", 2007, pp. 214-215, que conclui que a tramitação legal não pode "deixar de ser regra para passar a ser exceção", e por Paulo Duarte Teixeira, "O poder de gestão no processo experimental", 2008, pp. 19-25, com base em diferentes elementos de interpretação.

especificidades da causa, quer quando a forma legal fosse desajustada ao caso concreto quer quando existisse uma forma alternativa tão adequada quanto a prevista na lei e, em simultâneo, mais eficiente.

Parece-nos que esta última interpretação é a que faz mais sentido, já que o RPCE previa uma forma legal. É certo que esta era pouco densa e estava concentrada nas oitos disposições do capítulo III do diploma em análise. Acresce que a tramitação da fase intermédia era regulada em termos muito amplos, já que o art. 10.º apenas enunciava um conjunto de alternativas entre as quais o juiz deveria selecionar aquela que fosse mais adequada e eficiente em função das particularidades do caso.

No entanto, o juiz só podia afastar essas regras processuais quando concluísse, em função do caso concreto, que havia regras alternativas mais adequadas ou mais eficientes. Por outras palavras, a regra continuava a ser a forma legal, a legalidade das formas processuais; simplesmente, admitia-se, com maior amplitude, a sua flexibilização em função das especificidades da causa.

IV. A adequação da tramitação ao caso concreto podia, desde logo, traduzir-se na prática de atos não previstos na lei. Assim, por exemplo, o juiz podia admitir um terceiro articulado, apesar de o réu não ter deduzido reconvenção ou de a ação não ser de simples apreciação negativa (art. 8.º-2). De facto, entre outros aspetos, a complexidade das exceções podia justificar a resposta às mesmas por escrito[141].

A definição da tramitação aplicável após a fase dos articulados (art. 10.º-2) era outro exemplo relevante de adequação do processo. Quando a ação devesse prosseguir, o juiz podia, a título exemplificativo (o que é indiciado pelo advérbio "designadamente"), convocar audiência preliminar, dispensar a audiência preliminar e proferir despacho saneador ou fixar data para a audiência final, dispensando a fase intermédia do processo[142].

Ainda ao nível da marcha do processo, a adequação podia passar pela eliminação de atos processuais ou pela sua prática em momento diverso

[141] Luís Carvalho Ricardo, *Regime Processual Civil Experimental anotado e comentado*, 2007, pp. 34-35.

[142] Mariana França Gouveia, *Regime cit.*, pp. 104-115.

do previsto (como regra) na lei. Quanto à primeira vertente, o juiz podia dispensar a seleção da matéria de facto atenta a simplicidade das questões controvertidas ou com o intuito de imprimir maior celeridade ao processo[143]. Por seu turno, a alteração do momento para a prática de certo ato podia mantê-lo na mesma fase processual (alteração da ordem de produção da prova na audiência final) ou implicar a sua transferência para outra fase do processo (audição de testemunhas na audiência preliminar).

V. A gestão processual permitia ainda ao juiz "adaptar o conteúdo e a forma dos atos processuais ao fim que visam atingir" [art. 2.º-a)]. Esta formulação permitia ultrapassar um entendimento restrito do princípio da adequação formal (art. 265.º-A do CPCa), que o limitava à tramitação do processo. De facto, ao abrigo do CPCa, a doutrina maioritária defendia que não era possível afastar as regras (especiais) em matéria de forma e conteúdo dos atos processuais em função das particularidades do caso.

Como referimos anteriormente, esse entendimento revelava uma perspetiva ainda assente na estrita legalidade das formas processuais e não tinha em conta a cláusula geral de adequação formal. Assim, parece-nos que a alusão à forma e conteúdo dos atos processuais como possível objeto da adequação não representava uma novidade considerável face ao princípio da adequação formal.

Esta conclusão era partilhada pela generalidade dos autores que se pronunciaram sobre o RPCE, pelo menos no que respeita à forma dos atos processuais[144]. A consagração expressa do poder de adequação do conteúdo e da forma dos atos ao respetivo fim teve, no entanto, o indiscutível mérito de afastar as dúvidas existentes a este propósito.

Entre outros exemplos, a adoção de uma forma diferente da prevista na lei para a prática de um determinado ato processual podia passar pela

[143] Luís Carvalho Ricardo, *Regime cit.*, pp. 62-63, considerava que a seleção da matéria de facto só devia ter lugar em situações excecionais.

[144] Para Luís Carvalho Ricardo, *Regime cit.*, p. 12, a novidade reside na "referência expressa ao conteúdo dos actos", visto que a possibilidade de alterar a forma dos atos já resultava da lei processual. Por seu turno, Luís Brites Lameiras, *Comentário cit.*, pp. 39-40, e Paulo Ramos de Faria, *Regime cit.*, 2010, p. 41, consideram que esta vertente da gestão processual não é inovadora mesmo no que respeita ao conteúdo dos atos processuais.

substituição da teleconferência pelo depoimento presencial na audiência final[145]. Por seu turno, a adequação do conteúdo dos atos processuais à sua finalidade podia traduzir-se na elaboração da base instrutória de acordo com os grandes temas de prova[146].

VI. De acordo com o art. 2.º-b), competia ao juiz garantir que não eram "praticados actos inúteis" e recusar tudo o que fosse "impertinente ou meramente dilatório". Neste contexto, a gestão processual tinha como intuito assegurar a utilidade dos atos praticados no processo[147].

Para uma parte da doutrina, esta modalidade de gestão limitava-se a reunir na mesma regra o princípio da limitação dos atos (art. 137.º do CPCa) e uma das vertentes do poder de direção do processo (art. 265.º-1-parte final do CPCa), pelo que não introduzia qualquer novidade por comparação com a lei processual civil[148]. Pelo contrário, Mariana França Gouveia defendia que o art. 2.º-b) permitia afastar quaisquer atos que fossem, em concreto, inúteis, impertinentes ou dilatórios, ainda que integrados na forma legal[149].

O caráter inovador desta vertente da gestão processual depende do exato alcance do princípio da limitação de atos e do poder de direção do processo.

Uma parte da doutrina entendia que o princípio da limitação dos atos só tinha em vista atos não previstos na lei nem determinados pelo juiz, sendo ainda necessário que estes fossem desprovidos de utilidade no caso concreto[150]. Por outras palavras, a proibição de atos inúteis não funcionava perante um ato integrado na forma legal. Esta interpretação

[145] Rita Brito, coord., *Colectânea de decisões e práticas judiciais ao abrigo do Regime Processual Civil Experimental: Decreto-Lei n.º 108/2006, de 8 de junho*, 2009, pp. 102-105. Para uma análise mais detalhada deste exemplo, v. *infra*, capítulo VI (ponto 3.5).

[146] Luís Brites Lameiras, *Comentário cit.*, p. 101, n. 313, e Paulo Ramos de Faria, *Regime cit.*, 2010, pp. 150-151.

[147] Paulo Ramos de Faria, *Regime cit.*, 2010, pp. 46-47.

[148] Luís Brites Lameiras, *Comentário cit.*, p. 40; Nuno de Lemos Jorge, "Notas cit.", p. 186; Paula Costa e Silva, "Legalidade cit.", p. 141.

[149] Mariana França Gouveia, *Regime cit.*, p. 35.

[150] José Lebre de Freitas, *Introdução cit.*, p. 194.

baseava-se no elemento histórico, já que o art. 137.º do CPCa surgiu em reação à prática de atos não previstos na lei e inúteis pela secretaria[151].

No que respeita ao poder de direção do processo, a recusa de atos impertinentes ou meramente dilatórios (art. 265.º-1-parte final do CPCa) só abrangia os atos de alguns intervenientes processuais (como as partes ou os peritos)[152]. O âmbito de aplicação deste preceito era, pois, limitado.

Ora, na sua dimensão de utilidade dos atos processuais [art. 2.º-b)], a gestão processual assumia uma amplitude considerável: por um lado, visava os atos de todos os sujeitos processuais, incluindo o juiz; por outro lado, abrangia todos os atos processuais, independentemente de estarem ou não integrados na forma legal. Quer isto dizer que, ao abrigo da gestão processual, o juiz podia afastar qualquer ato previsto na forma legal que se revelasse inútil, impertinente ou dilatório naquele caso. Em suma, recorrendo às palavras de Paulo Ramos de Faria, "os actos *até agora* previstos como sendo de prática *obrigatória* na estrutura de uma forma legal (...) deixam de estar a salvo da proibição da prática de actos inúteis"[153].

Ao abrigo desta disposição, o juiz podia, por exemplo, dispensar as alegações finais do autor em caso de revelia do réu (afastando, assim, o disposto no art. 484.º-2 do CPCa) quando a matéria de facto e de direito tivesse sido exposta na petição inicial e a dispensa não implicasse prejuízo para o autor[154].

VII. Por fim, o art. 2.º-c) estabelecia que o juiz devia "adoptar os mecanismos de agilização processual previstos na lei". A principal questão que se colocava a este propósito consistia em saber qual a exata amplitude desta vertente da gestão processual.

Desde logo, importa referir que o RPCE previa alguns instrumentos especialmente ilustrativos da agilização processual. Era o que acontecia com a agregação, que permitia ao juiz, por exemplo, determinar a produção em conjunto de diligências probatórias relativas a processos diferen-

[151] Sobre a origem histórica desta regra, José Alberto dos Reis, *Comentário cit.*, pp. 33-34.

[152] Carlos Lopes do Rego, *Comentários cit.*, p. 257, e Paulo Ramos de Faria, *Regime cit.*, 2010, p. 47.

[153] Paulo Ramos de Faria, *Regime cit.*, 2010, p. 47.

[154] Rita Brito, *Colectânea cit.*, pp. 114-115.

tes, mas envolvendo factos comuns, com manifestos ganhos de celeridade (art. 6.º)[155]. A convolação da tutela cautelar em tutela definitiva, nos termos do art. 16.º, também era encarada como um exemplo de agilização, já que evitava a necessidade de propor a ação principal.

Ora, de acordo com alguns autores, a regra em análise só tinha em vista os mecanismos de agilização constantes do RPCE[156]. Pelo contrário, para outra parte da doutrina, o art. 2.º-c) permitia ao juiz adotar quaisquer instrumentos tendentes à agilização do processo, ainda que previstos fora do RPCE: era o caso da cumulação de pedidos a que correspondessem diferentes formas de processo (arts. 31.º e 470.º-1 do CPCa) ou da apensação de ações (art. 275.º do CPCa)[157].

[155] MARIANA FRANÇA GOUVEIA, *Regime cit.*, pp. 58-60.

[156] Entre os autores que partilhavam esta posição, discutia-se se o poder de agilização era vinculado (PAULO RAMOS DE FARIA, *Regime cit.*, 2010, pp. 47-48) ou discricionário (LUÍS BRITES LAMEIRAS, *Comentário cit.*, pp. 41-42).

[157] ELÍSIO BORGES MAIA, INÊS SETIL, "Breve comentário ao Regime Processual Experimental aprovado pelo DL n.º 108/2006, de 8/6", 2006, p. 319; MARIANA FRANÇA GOUVEIA, *Regime cit.*, p. 36.

Capítulo III
Gestão processual e adequação formal no Código de Processo Civil de 2013[158]

1. Reforma processual de 2009-2013

I. A comissão de reforma do processo civil foi constituída em dezembro de 2009 com o intuito de proceder a alterações no CPC então em vigor. De acordo com o despacho ministerial que criou a comissão, os trabalhos desta deviam orientar-se em torno de dois objetivos principais: por um lado, responder às "causas de retardamento e de insegurança na marcha processual e na obtenção de uma decisão judicial em tempo útil"; por outro lado, assegurar "na medida do possível, o primado da substância e das decisões de mérito sobre as questões formais"[159].

Estes aspetos correspondem a algumas das principais preocupações reveladas pelas empresas no âmbito de um inquérito incluído no Estudo sobre a Justiça Económica em Portugal. Este inquérito foi conduzido entre junho e setembro de 2012 a um universo de 3418 empresas. De acordo com os dados recolhidos, a lentidão das decisões judiciais surgia

[158] Lei n.º 41/2013. De acordo com uma parte da doutrina, este diploma não traduz um novo Código de Processo Civil em sentido material: neste sentido, José Lebre de Freitas, "Sobre o novo Código de Processo Civil (uma visão de fora)", 2013, pp. 23-25, entende que se trata de um mero desenvolvimento da reforma de 1995-1996, e Mariana França Gouveia, "O princípio dispositivo e a alegação de factos em processo civil: a incessante procura da flexibilidade processual", 2013, pp. 3-5, defende que não existiu uma rutura definitiva com o CPCa. No entanto, numa perspetiva formal, parece não haver dúvidas de que estamos perante um novo Código de Processo Civil [arts. 1.º e 4.º-a) da Lei n.º 41/2013]. É nesse sentido que deve ser entendida a alusão ao CPC de 2013 ao longo do texto.

[159] Despacho n.º 64/2010, de 5 de janeiro, do Ministério da Justiça. Além destes objetivos, o despacho referia que os trabalhos da comissão também podiam ter em vista a diminuição dos custos de acesso à Justiça cível e a melhoria da qualidade da sentença.

como um importante obstáculo à atividade empresarial (média de 4,7 numa escala de 6), apenas superado pela crise económica. Os custos judiciais eram também uma dificuldade relevante (média de 4,3 numa escala de 6)[160]. No mesmo inquérito, as empresas faziam uma avaliação globalmente negativa da qualidade das decisões e da sua rapidez e atribuíam essa falta de qualidade e de rapidez, em grande medida, às regras processuais (62% e 70%, respetivamente)[161].

A aprovação da Lei n.º 41/2013 encerrou o processo de reforma encetado em finais de 2009. Durante este período, o âmbito da reforma conheceu um alargamento significativo, já que o intuito de proceder à simples revisão do Código foi substituído pelo propósito de aprovar um novo Código de Processo Civil; a composição da comissão de reforma sofreu alterações[162]; sucederam-se projetos que apresentavam diferenças significativas entre si no tratamento de algumas matérias[163].

É, no entanto, possível identificar um traço comum aos vários projetos: o papel de destaque atribuído à justa composição do litígio num prazo razoável, ou seja, à obtenção da possível correspondência entre a decisão e a realidade extraprocessual no mais curto espaço de tempo compatível com as garantias processuais.

De facto, apesar de a justa composição do litígio ter sido uma das linhas de força da reforma de 95/96, considerou-se que as alterações legislativas então introduzidas não tinham permitido alcançar o efeito pretendido neste particular. Por essa razão, o Código procurou disponibilizar

[160] Mariana França Gouveia [et. al.], *Justiça económica em Portugal: factos e números*, vol. 2, 2012, pp. 239-242.

[161] Mariana França Gouveia [et. al.], *Justiça económica em Portugal: factos cit.*, pp. 234 e 236-237. No que respeita à qualidade das decisões, a avaliação das empresas era influenciada pelo resultado da ação: enquanto as empresas que obtiveram decisões favoráveis tendiam a avaliar de forma positiva ou muito positiva a qualidade da decisão (56%), só 16% das empresas que obtiveram decisões desfavoráveis apresentavam uma perspetiva semelhante. Quanto à rapidez, a perspetiva era negativa independentemente do sentido da decisão, com apenas 14% de avaliações positivas ou muito positivas em caso de decisão favorável e 10% em caso de decisão desfavorável.

[162] Sobre os trabalhos da comissão, João Correia, Paulo Pimenta, Sérgio Castanheira, *Introdução ao estudo e à aplicação do Código de Processo Civil de 2013*, 2013 pp. 5-8.

[163] Neste sentido, José Acácio Lourenço, "Os direitos das partes no processo civil após a reforma do Código de Processo Civil, em 2013: avanço ou retrocesso?", 2013, pp. 478-481.

os mecanismos necessários para efetivar o modelo processual gizado na reforma de 1995-1996[164].

A abordagem aos poderes de direção formal do processo no CPC de 2013 deve ser entendida neste contexto. Assim, a preocupação em assegurar a justa composição do litígio num prazo razoável está subjacente à manutenção da regra do impulso judicial subsequente e dos poderes de rejeição de atos e diligências impertinentes ou dilatórias e de suprimento da falta de pressupostos processuais sanáveis, ao mesmo tempo que explica o reforço dos poderes do juiz no sentido da flexibilização da forma processual[165].

Feita esta nota de enquadramento, a análise do processo legislativo que conduziu ao CPC de 2013 terá em vista unicamente as disposições gerais aplicáveis à direção formal do processo.

II. O anteprojeto de revisão do processo civil, apresentado em 2011, ainda se inseria numa lógica de revisão do CPCa. Este anteprojeto foi preparado pela comissão de reforma designada em 2009.

No que respeita ao poder de direção, o art. 265.º do anteprojeto mantinha a redação anterior, com uma alteração: quando confrontado com a falta de um pressuposto processual sanável, o juiz devia convidar a parte ao respetivo suprimento sempre que tal dependesse de ato que esta devesse praticar e não apenas, como previsto no art. 265.º-2 do CPCa, quando estivesse em causa "alguma modificação subjectiva da instância"[166].

[164] Esta ideia resulta da exposição de motivos da Proposta de Lei n.º 113/XII, 2012: "Pode, hoje, concluir-se que a reforma de 1995/1996 erigiu corretamente os princípios orientadores do moderno processo civil, mas não colocou nas mãos dos intervenientes processuais os instrumentos adequados para o tornar eficaz, viabilizando os fins a que se tinha proposto. É o que ora se visa com a presente reforma, quando se preconizam e consagram os concretos deveres processuais, os infungíveis poderes de gestão, a inevitável responsabilização de todos os intervenientes, tudo de molde a viabilizar e conferir conteúdo útil aos princípios da verdade material, à cooperação funcional e ao primado da substância sobre a forma".

[165] Neste sentido, Carlos Lopes do Rego, "Os princípios orientadores da reforma do processo civil em curso: o modelo de ação declarativa", 2012, pp. 101-102.

[166] Como teremos oportunidade de constatar *infra*, no ponto 2.5 deste capítulo, esta alteração foi ao encontro da interpretação maioritária na doutrina quanto ao art. 265.º-2 do CPCa.

O princípio do inquisitório continuava integrado no poder de direção do processo (art. 265.º-3 do anteprojeto).

Quanto ao princípio da adequação formal, introduzia-se uma alteração relevante: os despachos proferidos neste âmbito passavam a ser irrecorríveis (art. 265.º-A-2 do anteprojeto). Já no que respeita ao seu âmbito de aplicação, a adequação continuava a depender de um juízo de desadequação da tramitação processual às especificidades da causa (art. 265.º-A-1 do anteprojeto).

A principal novidade introduzida pelo anteprojeto foi a consagração do princípio da gestão processual no CPC. Nos termos do art. 265.º-B-1 do anteprojeto, o "juiz dirige activamente o processo, determinando, após audição das partes, a adopção dos mecanismos de simplificação e agilização processual que, respeitando os princípios da igualdade das partes e do contraditório, garantam a composição do litígio em prazo razoável". Por seu turno, o art. 265.º-B-2 do anteprojeto estabelecia a irrecorribilidade dos despachos de gestão processual.

De acordo com a exposição de motivos, o princípio da gestão processual era instrumental em relação à "justa composição dos litígios privados em tempo útil"[167]. Assim, ao contrário daquilo que poderia resultar de uma análise literal do art. 265.º-B-1 do anteprojeto (que só aludia à "composição do litígio", ou seja, à prolação de uma decisão de mérito), a gestão processual – tal como a adequação formal – era encarada como um instrumento no sentido de evitar que a aplicação de regras processuais desadequadas ao caso pudesse comprometer a correspondência possível entre a realidade intraprocessual e extraprocessual.

De forma inovadora em relação ao disposto no RPCE, o art. 265.º-B-1 do anteprojeto enunciava, de forma expressa, dois limites à gestão do processo: a igualdade processual e o contraditório.

Quanto ao conteúdo da gestão processual, o anteprojeto limitava-se a apontar para a adoção de mecanismos de simplificação e agilização do processo. Desta forma, parecia estar em causa a vertente da gestão prevista no art. 2.º-c) do RPCE, que – como vimos no capítulo anterior (ponto 4.2, VII) – tinha um âmbito residual.

[167] Anteprojecto de revisão do processo civil, 2011, ponto 1.

Em parecer emitido sobre o anteprojeto, a ASJP sublinhou que o princípio da gestão processual não incluía, pelo menos de forma expressa, as vertentes de adequação e de adaptação enunciadas no art. 2.º-a) do RPCE. Quanto ao princípio da adequação formal, o mesmo parecer salientava que a manutenção do requisito consistente na desadequação da tramitação ao caso concreto limitava a possibilidade de alterar a tramitação processual sempre que esta, apesar de adequada ao caso, não fosse a mais eficiente. Por fim, apontava-se para a utilidade de distinguir o princípio do inquisitório e o poder de direção do processo, já que este último apresenta uma maior amplitude[168].

III. O projeto de novo Código de Processo Civil, de 2012[169], refletia já o abandono da intenção original de rever o Código. A reforma processual passou, assim, a ter como finalidade a aprovação de um novo Código de Processo Civil.

Esta nova orientação implicou, entre outras alterações, uma reorganização sistemática das disposições relativas à direção do processo pelo juiz, o que se traduziu na sua deslocação para a parte geral do projeto e consequente renumeração. No que respeita ao poder de direção do processo (art. 7.º do projeto) e ao princípio da gestão processual (art. 9.º do projeto), esta era a única diferença a assinalar por comparação com o anteprojeto.

Em sentido contrário, o princípio da adequação formal (art. 8.º do projeto) apresentava alterações significativas. Por um lado, o art. 8.º-1 do projeto passou a admitir a adequação do processo quando, apesar de a tramitação prevista na lei ser adequada ao caso, existisse uma tramitação alternativa mais eficiente. Por outro lado, o art. 8.º-2 do projeto admitia que a adequação partisse de iniciativa das partes, algo que parte da doutrina já defendia face ao art. 265.º-A do CPCa.

[168] Associação Sindical dos Juízes Portugueses, *Parecer: proposta da comissão de revisão do processo civil*, 2012, pp. 20-22.

[169] Tanto este projeto como a Proposta de Lei n.º 113/XII foram elaborados por três dos membros da comissão de reforma original: João Correia, Paulo Pimenta e, na qualidade de secretário, Sérgio Castanheira.

Em novo parecer, a ASJP reforçou algumas das preocupações que já tinha manifestado em relação ao anteprojeto (como a autonomização do princípio do inquisitório face ao poder de direção do processo). Além disso, o parecer concluía que o inquisitório e a adequação formal têm um "âmbito de aplicação circunscrito", pelo que não se justificava a sua previsão na parte geral do Código[170]. A ASJP considerava ainda que o poder de direção do processo devia ser reconduzido à gestão processual, tendo em conta que ambos incidem sobre a mesma realidade[171].

IV. A Proposta de Lei n.º 113/XII seguiu de perto as observações constantes do último parecer da ASJP[172], o que determinou uma nova reorganização sistemática dos poderes de direção formal do processo. Mais relevante é a circunstância de o próprio âmbito da gestão processual e da adequação formal apresentarem alterações substanciais por comparação com o anteprojeto de 2011 e com o projeto de 2012.

Tendo em conta que o disposto na Proposta de Lei n.º 113/XII no que respeita a qualquer destes aspetos transitou, no essencial, para o CPC de 2013[173], vamos focar a nossa análise neste último.

2. Gestão processual

2.1. Enquadramento geral

I. A cláusula geral de gestão processual consta do Livro I do CPC, mais concretamente do seu Título I, que reúne as disposições e os princípios fundamentais. Desta forma, a gestão processual (art. 6.º) está prevista a par da proibição de autodefesa (art. 1.º), do direito de ação judicial (art. 2.º), do princípio do dispositivo (arts. 3.º-1 e 5.º), do princípio do contraditório (art. 3.º-2, 3 e 4), do princípio da igualdade (art. 4.º), do princípio da cooperação (art. 7.º), do dever de boa-fé processual (art. 8.º), do dever

[170] Associação Sindical dos Juízes Portugueses, *Parecer: projecto de novo Código do Processo Civil*, 2012, pp. 8-9.

[171] Associação Sindical dos Juízes Portugueses, *Parecer: projecto cit.*, p. 9.

[172] Associação Sindical dos Juízes Portugueses, *Parecer: projecto cit.*, pp. 9-10.

[173] Os trabalhos parlamentares podem ser consultados *on-line*, em https://www.parlamento.pt/ActividadeParlamentar/Paginas/DetalheIniciativa.aspx?BID=37372.

de recíproca correção (art. 9.º) e do princípio da utilização de linguagem simples e clara (art. 9.º-A).

Ao contrário do que sucedia no anteprojeto de 2011 e no projeto de 2012, a sua qualificação como princípio foi abandonada, pelo menos formalmente. Tal como resulta da epígrafe do art. 6.º ("dever de gestão processual"), a ênfase é colocada na ideia de que a gestão processual é um poder funcional, pelo que o seu exercício corresponde a um dever do juiz[174].

Em nosso entender, a gestão processual é, efetivamente, um poder funcional (ou poder-dever). De facto, o poder de gestão é atribuído ao juiz com a finalidade de tutelar interesses das partes e o interesse público na boa administração da Justiça, pelo que o juiz tem um dever de o exercer sempre que se verifique o condicionalismo previsto na lei.

No entanto, esta conclusão é extensível a qualquer poder jurisdicional, dado que estes são conferidos ao juiz tendo em vista a tutela dos interesses das partes e de interesses públicos. Quer isto dizer que os poderes jurisdicionais são, por definição, poderes funcionais. A referência a um dever de gestão processual acaba, assim, por ter menor relevância do que aquela que lhe costuma ser atribuída[175].

[174] Isabel Alexandre, "O dever de gestão processual do juiz na proposta de lei relativa ao novo Código de Processo Civil", 2013, p. 96; João Correia, Paulo Pimenta, Sérgio Castanheira, *Introdução cit.*, p. 24; José Lebre de Freitas, "Gestão processual, princípio da cooperação e garantias das partes", 2016, pp. 79-80. Este era também o entendimento de parte da doutrina no âmbito do RPCE: Luís Filipe Brites Lameiras, *Comentário ao Regime Processual Experimental*, 2007, pp. 35-36; Mariana França Gouveia, *Regime Processual Experimental: anotado*, 2006, p. 31; Paulo Duarte Teixeira "O poder de gestão no processo experimental", 2008, p. 35.

[175] Mesmo no que respeita à questão de saber se estamos perante um poder vinculado ou discricionário, a qualificação da gestão processual como um poder funcional pouco adianta: por um lado, a lei processual reconhece, em geral, que os poderes jurisdicionais podem envolver segmentos discricionários (arts. 152.º-4 e 630.º-1); por outro lado, mesmo que o exercício do poder de gestão seja vinculado, tal não obsta a que os despachos de gestão comportem momentos de apreciação e/ou de decisão discricionária. Esta análise será desenvolvida *infra*, no capítulo VII (pontos 3.2 e 3.3), a propósito da adequação formal.

Retomando a discussão em torno da existência de um princípio de gestão processual, entendemos que se impõe uma resposta afirmativa[176]. Desde logo, importa ter em conta que a gestão é uma realidade transversal ao processo, na medida em que deve nortear a atuação do juiz desde o seu primeiro contacto com a causa. A centralidade da gestão processual resulta também da sua finalidade – a "justa composição do litígio em prazo razoável" (art. 6.º-1). Refira-se ainda que a própria localização sistemática do art. 6.º (entre as disposições e os princípios fundamentais do processo) aponta no sentido de estarmos perante um princípio.

Há ainda outro aspeto que merece particular destaque: o princípio da gestão processual veio, no essencial, ocupar o lugar do "poder de direcção do processo" (art. 265.º-1 e 2 do CPCa). Esta opção não visa sinalizar uma redução ou mesmo a eliminação dos poderes de direção do processo pelo juiz (o que seria contraditório com a direção ativa do processo, prevista no art. 6.º-1), mas antes salientar a necessidade de esses poderes serem exercidos numa lógica de proximidade e de cooperação com as partes e não – como até à reforma de 1995-1996 – de forma distante e autoritária[177]. De acordo com esta interpretação, a circunstância de a lei ter como referencial o dever de gestão processual e não, como anteriormente, o poder de direção do processo, surge como uma mera tradução do modelo de processo civil adotado entre nós, no qual o juiz dispõe de acrescidos poderes de gestão processual que deve exercer em cooperação com as partes.

II. Entrando na análise do princípio da gestão processual, há que ter em conta a cláusula geral constante do art. 6.º-1, de acordo com a qual "cumpre ao juiz (...) dirigir ativamente o processo e providenciar pelo

[176] Neste sentido, Joana Campos Carvalho, *A recorribilidade das decisões de gestão processual*, 2014 pp. 11-15, e Miguel Mesquita, "Princípio da gestão processual: o «Santo Graal» do novo processo civil", 2015, pp. 79-84.

[177] Para Paulo Ramos de Faria, Ana Luísa Loureiro, *Primeiras notas ao novo Código de Processo Civil: os artigos da reforma*, 2.ª ed., vol. 1, 2014, p. 52, "a instância processual civil *não necessita* atualmente de (...) um *verdadeiro diretor* – nem este lhe é, sequer, útil. Na satisfação dos reptos processuais concretos, é através da *gestão participada* que se conseguem os resultados mais profícuos – nunca abdicando da autoridade necessária e reclamada" (sublinhados nossos).

seu andamento célere". Esta redação apresenta algumas diferenças face ao previsto no art. 265.º-1 do CPCa.

Desde logo, é possível constatar que o princípio da gestão processual deixou de ter em vista o andamento regular do processo. Neste contexto, importa começar por referir aquilo que esta alteração não representa: uma vez definido o guião processual e enquanto este não for alterado, a tramitação, a forma e o conteúdo dos atos devem – tal como no âmbito do CPCa – conformar-se com o mesmo, sob pena de nulidade (art. 195.º-1.º)[178]. Quer isto dizer que a forma legal ou a forma sucedânea definida pelo juiz no exercício dos seus poderes de adequação continuam a ser a bitola que permite aferir da legalidade dos termos do processo.

Esta constatação não significa que a supressão do adjetivo "regular" que caracterizava o andamento do processo no CPCa seja irrelevante, embora o seu valor pareça ser sobretudo simbólico. De facto, aquilo que se pretende é assinalar, em definitivo, a transição para um modelo de regulamentação das formas processuais que assegure a adequação das regras processuais aplicáveis porque definidas em função das particularidades do caso concreto. Neste sentido, a eliminação da referência ao andamento regular do processo teve como intuito reforçar a ideia de que a forma legal não é intangível[179].

Além disso, a gestão implica uma direção ativa do processo. No fundo, aquilo que está em causa é uma abordagem diferente do processo, assente em dois aspetos essenciais: por um lado, um acompanhamento contínuo da causa que permita ao juiz, em cada momento, intervir na medida das

[178] Concordamos, pois, com José Lebre de Freitas, "Gestão cit.", p. 79: "as normas legais de tramitação permanecem em geral, o poder de o juiz as substituir por novas regras mantém-se e por certo o legislador não quis significar que o juiz é livre de não respeitar umas e outras"). Apesar de as nulidades processuais atípicas pressuporem a prática de atos que a lei não admita ou a omissão de atos ou formalidades nela enunciados (art. 195.º-1), parece-nos que se impõe uma interpretação extensiva deste preceito no sentido de abranger também o desvio face ao guião fixado pelo juiz ao abrigo do poder de adequação formal: neste sentido, José Lebre de Freitas, *Introdução ao processo civil: conceito e princípios gerais à luz do novo código*, 4.ª ed., 2017, p. 24, n. 13; por referência ao art. 201.º-1 do CPCa, J. P. Remédio Marques, *Acção declarativa à luz do código revisto*, 3.ª ed., 2011, p. 213 e Pedro Madeira de Brito "O novo princípio da adequação formal", 1997, p. 63.

[179] Paulo Ramos de Faria, Ana Luísa Loureiro, *Primeiras cit.*, p. 53.

necessidades desta; por outro lado, uma análise casuística das regras processuais com o intuito de verificar, em função das especificidades do caso, se a forma prevista na lei é a mais adequada e eficiente[180]. Estas repercussões da direção ativa serão aprofundadas a propósito dos poderes de impulso judicial subsequente e de adequação formal.

Por fim, o art. 6.º-1 determina, na sua parte final, que a simplificação e a agilização processual têm em vista a "justa composição do litígio em prazo razoável". A questão que se coloca consiste em saber se este desiderato é extensível às restantes dimensões do princípio da gestão processual.

Apesar de uma análise literal apontar para uma resposta negativa, o elemento teleológico impõe uma conclusão diversa. De facto, num modelo de processo – como o nosso – em que a legitimação das decisões judiciais não pode abstrair do respetivo conteúdo e em que o direito a uma decisão em prazo razoável é um valor constitucionalmente tutelado, o exercício dos poderes de gestão do processo não pode deixar de ter em conta estes dois referenciais: por um lado, a obtenção da possível correspondência entre a realidade intraprocessual (traduzida na decisão de mérito) e extraprocessual; por outro lado, a composição do litígio no mais curto espaço de tempo compatível com as garantias processuais. Desta forma, as restantes vertentes da gestão processual também têm em vista a justa composição do litígio num prazo razoável[181], ainda que não extravasem a direção formal do processo.

III. O princípio da gestão processual reveste um alcance considerável. De facto, além da vertente de simplificação e agilização processuais, que já resultava do anteprojeto de 2011 e do projeto de 2012, a redação final do Código (na sequência da Proposta de Lei n.º 113/XII) incluiu na

[180] Para Joana Campos Carvalho, *A recorribilidade cit.*, p. 12, esta postura contrasta com aquela que era esperada do juiz no âmbito do CPCa: "Aí se exigia que o juiz assegurasse que o processo fluía, passando, regularmente e acriticamente, pelas várias fases consagradas no Código tal como aí estavam previstas. Além disso, não se exigia qualquer proatividade do juiz".

[181] Neste sentido, Miguel Teixeira de Sousa, "Apontamento sobre o princípio da gestão processual no novo Código de Processo Civil", 2013, p. 10; Rui Pinto, *Código de Processo Civil anotado*, vol. 1, 2018, p. 67.

gestão processual – como já vimos – o poder de direção. Assim, a gestão processual compreende a responsabilidade pelo andamento do processo (sempre que esta não caiba às partes), a rejeição de atos e diligências impertinentes ou dilatórias, a adoção de mecanismos de simplificação e de agilização do processo (art. 6.º-1) e o suprimento da falta de pressupostos processuais sanáveis (art. 6.º-2)[182].

São estas várias modalidades que nos propomos analisar com maior profundidade nos próximos pontos.

2.2. Impulso processual subsequente

I. A reforma processual de 1995-1996 atribuiu ao juiz a responsabilidade pela dinamização do processo após a propositura da ação sempre que a lei não atribuísse o impulso processual às partes. Afastou-se, assim, a ideia de que, por regra, o andamento do processo dependia de impulso das partes[183], tendo em conta os efeitos negativos dessa solução ao nível da celeridade processual[184].

O CPC de 2013 manteve esta orientação. Assim, "sem prejuízo do ónus de impulso especialmente imposto pela lei às partes", o juiz deve promover "oficiosamente as diligências necessárias ao normal prosseguimento da ação" (art. 6.º-1). Quer isto dizer que cabe ao tribunal dinamizar o processo, salvo disposição legal em contrário[185].

[182] José Lebre de Freitas, "Gestão cit.", p. 81, defende que o princípio da gestão processual compreende dois subprincípios: direção formal do processo (art. 6.º-1) e oficiosidade (art. 6.º-2).

[183] Antes da reforma de 1995-1996, o CPCa estabelecia que a iniciativa e o impulso processual cabiam às partes (art. 264.º-1 do CPCa), ao mesmo tempo que consagrava alguns desvios à responsabilidade genérica destas pelo impulso subsequente: assim, por exemplo, o art. 264.º-3 do CPCa atribuía ao juiz poderes oficiosos no domínio da prova e o art. 266.º-parte final do CPCa conferia-lhe poderes no sentido de impulsionar o processo dentro dos limites estabelecidos pelo art. 264.º-1 daquele diploma. No sentido de que o andamento do processo dependia, por regra, de um estímulo das partes, Jacinto Fernandes Rodrigues Bastos, *Notas ao Código de Processo Civil*, 2.ª ed., vol. 2, 1971, pp. 8 e 11, e Manuel A. Domingues de Andrade, *Noções elementares de processo civil*, 1979, p. 235.

[184] José Lebre de Freitas, "Parecer da comissão de legislação da Ordem dos Advogados sobre a proposta de Código de Processo Civil", 1990, pp. 763-764.

[185] A lei estabelece, assim, uma distinção clara entre o impulso inicial, correspondente à propositura da ação, e o impulso subsequente, que se consubstancia nas diligências que visam

Entre as situações nas quais a lei atribui às partes a responsabilidade de promover o andamento do processo está o falecimento de uma delas. Nesta hipótese, a junção ao processo de documento comprovativo do óbito da parte determina, por regra, a suspensão da instância [arts. 269.º-1-a) e 270.º-1]. Ora, como a suspensão apenas cessa com a notificação da decisão de habilitação de herdeiros [art. 276.º-1-a)] e o juiz não pode promover o respetivo incidente (art. 351.º), o impulso processual subsequente compete às partes[186].

Pelo contrário, quando a lei não condicione o impulso subsequente a uma atuação das partes, cabe à secretaria ou ao juiz impulsionar o processo. Assim, em caso de dificuldade na citação do réu, a secretaria deve providenciar pela remoção dos obstáculos à realização do ato, sem necessidade de notificar o autor para esse efeito (art. 236.º-1 e 3)[187]. Da mesma forma, quando as partes acordem na suspensão da instância (art. 272.º-4) com o intuito de explorar a resolução consensual do litígio, cabe ao juiz, uma vez decorrido o prazo de suspensão sem que as partes informem se chegaram a acordo (ainda que notificadas para o efeito), determinar que o processo siga os seus termos[188].

promover o andamento do processo. O impulso inicial está na disponibilidade exclusiva do autor, já que a solicitação da tutela jurisdicional permanece como uma das dimensões fundamentais do princípio do dispositivo (art. 3.º-1).

[186] Ac. do STJ de 22 de fevereiro de 2018, proc. n.º 473/14.4T8SCR.L1.S2. Na sequência do falecimento do autor, o tribunal decretou a suspensão da instância e indicou que esta apenas cessaria com a notificação da decisão de habilitação de herdeiros. Na falta de impulso processual das partes por um período superior a seis meses, o tribunal julgou a instância deserta (art. 281.º-1), o que determinou a sua extinção nos termos do art. 277.º-c). O STJ confirmou a decisão recorrida com base em dois argumentos: por um lado, a lei atribui o impulso processual às partes (art. 351.º); por outro lado, os sucessores do autor não apresentaram "qualquer motivo que pudesse constituir uma justificação atendível para a referida inércia processual".

[187] De acordo com o art. 226.º-2, o autor só é notificado se a citação não tiver lugar no prazo de 30 dias. Esta notificação destina-se, no entanto, a informá-lo "das diligências efetuadas e dos motivos da não realização do ato" e não a solicitar a sua iniciativa.

[188] Ac. do TRL de 27 de abril de 2017, proc. n.º 239/13.9TBPDL-2. Neste caso, o tribunal notificou as partes para esclarecerem se tinham chegado a acordo; na falta de resposta destas, o tribunal proferiu novo despacho em que determinou que o processo aguardava o impulso das partes. Uma vez que estas nada fizeram, o tribunal considerou deserta a instância (art.

Neste último caso, a jurisprudência já se pronunciou sobre a questão de saber se o juiz pode impor um ónus de impulso subsequente ao autor. O acórdão do STJ de 5.7.2018 respondeu de forma afirmativa a esta interrogação[189]: tal como no caso descrito no parágrafo anterior, as partes tinham requerido a suspensão da instância por um determinado período (*in casu*, 60 dias) por existir uma forte possibilidade de resolução do litígio por acordo; no entanto, ao contrário do que acontecera naquela hipótese, no despacho em que decretou a suspensão da instância, o juiz determinou o seguinte: "*Findo esse prazo aguardem os autos o impulso processual do Autor (art. 281.º CPC)*". Uma vez que o autor não veio ao processo esclarecer se as partes tinham logrado obter acordo, e tendo decorrido mais de seis meses sobre o final da suspensão, o tribunal julgou deserta a instância. O Supremo confirmou esta decisão: apesar de reconhecer que "o impulso processual cometido (...) não o foi ao abrigo ou directa observância de especificada disposição legal, mas mediante despacho judicial", entendeu-se que o despacho em análise "foi proferido em estrita conformidade com a lei, tudo se passando pois (...) como se fosse dimanada desta fonte injuntiva tal determinação".

Em nosso entender, esta solução é a mais adequada na perspetiva da celeridade e da economia processuais. A circunstância de a lei não prever que, terminado o período de suspensão da instância, devem ser as partes a promover o andamento do processo não obsta à prolação de um despacho que imponha expressamente ao autor o ónus de impulsionar o processo. De facto, tendo em conta que os eventuais contactos tendentes à celebração de uma transação decorreram extrajudicialmente, as partes encontram-se numa posição privilegiada para vir ao processo comunicar o resultado dos mesmos.

II. A análise anterior permite-nos concluir que o art. 6.º-1 não introduziu alterações face ao disposto no art. 265.º-1 do CPCa em matéria de responsabilidade pela dinamização do processo, que – por regra – continua a pertencer ao juiz. No entanto, a configuração do princípio da

281.º-1). No entender da Relação, a lei não condicionava o andamento do processo à atuação das partes, pelo que se impunha a revogação da decisão.

[189] Ac. do STJ de 5 de julho de 2018, proc. n.º 5314/05.0TVLSB.L1.S2.

gestão processual aponta para a necessidade de o juiz adotar uma abordagem diferente do processo, com reflexos nos seus poderes de impulso subsequente.

De facto, a direção ativa do processo implica um acompanhamento contínuo da causa, dado que só desta forma o juiz poderá estar, em cada momento, em condições de dar ao processo o impulso de que este careça. No fundo, trata-se de superar um modelo no qual o juiz apenas intervinha quando o processo lhe era remetido para despacho para, em seu lugar, afirmar um outro em que o juiz deve atuar a todo o momento, sempre que o processo assim o exija e no respeito pelas garantias processuais (designadamente, neste particular, o princípio do dispositivo). No fundo, tal como referem Paulo Ramos de Faria e Ana Luísa Loureiro, a direção ativa aponta para uma "permanente dinamização do processo"[190].

Assim, por exemplo, num processo que esteja suspenso há um ano em virtude da pendência de causa prejudicial (art. 272.º-1), deve o juiz diligenciar no sentido de obter informações sobre o estado dessa causa junto das partes e do tribunal no qual a mesma esteja pendente[191]. Esta postura é extensível a todos os casos em que o andamento do processo dependa de iniciativa oficiosa: em vez de uma atitude de inação, em que o juiz se limita a aguardar por informações sobre a remoção de eventuais obstáculos que impeçam o andamento do processo, exige-se uma postura ativa no sentido de perceber se esses obstáculos ainda subsistem e, em caso de resposta afirmativa, como superá-los.

Na jurisprudência, esta abordagem encontra-se bem ilustrada no acórdão do TRL de 29.11.2016[192]: numa ação de divisão de coisa comum, o tribunal de 1.ª instância determinou a venda da coisa; frustrada a venda a um interessado, e tendo em conta a duração do processo, o tribunal proferiu um despacho no qual estabeleceu que a causa aguardava por impulso das partes, sob pena de deserção da instância. O Tribunal da Relação revogou este despacho, no essencial, por considerar que a venda ainda era possível (ainda que a outro interessado) e que o impulso processual não cabia às partes (que aguardavam a venda pois não tinham sido notificadas da sua

[190] Paulo Ramos de Faria, Ana Luísa Loureiro, *Primeiras cit.*, p. 54.

[191] Para outros exemplos, Paulo Ramos de Faria, Ana Luísa Loureiro, *Primeiras cit.*, p. 55.

[192] Ac. do TRL de 29 de novembro de 2016, proc. n.º 737/10.6TBPDL-A.L1-7.

frustração). O aspeto mais relevante para a nossa análise é a afirmação de que cabia ao juiz de 1.ª instância participar "activamente na direcção do processo tendente ao cumprimento do despacho determinativo da venda", o que implicava averiguar o que é que estava a impedir a venda e, tratando-se de um facto imputável a terceiros ou às partes, aplicar a correspondente sanção.

2.3. Rejeição de atos e diligências impertinentes ou dilatórias

I. O art. 130.º consagra a proibição da prática de atos inúteis. Numa nota de índole sistemática, não deixa de ser interessante constatar que, ao contrário daquilo que sucedia no art. 2.º-b) do RPCE, o princípio da limitação dos atos não consta da cláusula geral de gestão processual[193]. Não obstante, naquilo que é verdadeiramente relevante – a amplitude da proibição da prática de atos inúteis – o CPC não introduz alterações face ao que resultava do RPCE.

De facto, a conjugação entre a gestão ativa do processo e o poder de adequação formal leva a que o juiz deva analisar todos os atos suscetíveis de integrar o processo no sentido de aferir, em concreto, da sua adequação e eficiência. Desta forma, a circunstância de um determinado ato integrar a forma legal não é, por si só, suficiente para afastar a sua (eventual) inutilidade tendo em conta as particularidades do caso[194].

Quer isto dizer que, tal como acontecia no âmbito do RPCE, os atos praticados pelo juiz não estão a coberto da proibição da prática de atos inúteis, quer integrem a forma legal quer resultem da prática judiciária[195].

[193] Tal opção poderá ter ficado a dever-se à ideia de que este princípio se enquadra melhor nas disposições comuns aplicáveis a qualquer ato processual, à semelhança daquilo que sucede com o princípio da liberdade de forma (art. 131.º-1). No entanto, não há dúvida de que o poder de obstar à prática de atos inúteis é uma dimensão da direção ativa do processo e, portanto, integra o princípio da gestão processual. Assim se explica que abordemos a questão neste contexto.

[194] O CPC de 2013 trouxe outro argumento neste sentido: o art. 130.º deixou de sancionar especificamente os atos dos funcionários judiciais que não estejam previstos na lei e sejam inúteis. A nova redação do preceito afasta-o, assim, da sua raiz histórica, que era um dos principais fundamentos utilizados pela doutrina para restringir o princípio da limitação dos atos àqueles que não estivessem previstos na lei.

[195] Paulo Ramos de Faria, Ana Luísa Loureiro, *Primeiras cit.*, pp. 56-57.

No fundo, esta constatação apenas reforça a ideia de que a adequação formal envolve um constante diálogo entre as regras processuais e as especificidades da causa.

A análise anterior permite-nos concluir que o princípio da limitação dos atos acaba por acrescentar pouco em relação à adequação formal no que respeita à concretização da forma processual aplicável ao caso. De facto, quando o juiz conclua que um determinado ato previsto na lei não é útil no caso concreto (designadamente, porque a função por ele visada foi assegurada de outra forma), o poder de adequação formal já permite afastar a sua prática, sem necessidade de recorrer ao art. 130.º.

II. Nos termos do art. 6.º-1, o princípio da gestão processual envolve ainda a recusa dos atos e diligências impertinentes ou dilatórias. De acordo com a doutrina, este poder tem em vista os requerimentos apresentados pelas partes[196] e, numa interpretação mais ampla, também os atos praticados por outros intervenientes no processo[197].

A lei reitera, em alguns domínios específicos, este poder genérico. É o que acontece quanto a certos meios de prova: assim, por exemplo, o art. 443.º-1 prevê a rejeição dos documentos impertinentes ou desnecessários; o mesmo acontece, nos termos do art. 476.º-1, quando a perícia requerida pelas partes seja impertinente ou dilatória. Embora cada um destes conceitos aponte para realidades distintas, todos eles têm um aspeto em comum: o meio de prova não é admitido porque insuscetível de influir na decisão da causa[198].

[196] É esta a posição de José Lebre de Freitas, *Introdução cit.*, 4.ª ed., p. 229: "o juiz deve (...) indeferir os requerimentos das partes que não correspondam a um interesse sério (sejam «impertinentes») ou visem fins meramente dilatórios".

[197] Paulo Ramos de Faria, Ana Luísa Loureiro, *Primeiras cit.*, p. 56, consideram que este poder abrange os "atos praticados por todos aqueles que desenvolvem algum tipo de atividade processual – as partes, os mandatários ou os peritos, por exemplo".

[198] Para José Lebre de Freitas, Isabel Alexandre, *Código de Processo Civil anotado*, 4.ª ed., vol. 2, 2019, p. 263, os documentos serão impertinentes quando respeitem a "factos irrelevantes para a decisão da causa" e desnecessários quando "representem factos já provados". Ainda de acordo com os mesmos autores, a perícia revestirá um caráter dilatório sempre que "respeitando embora aos factos da causa, o seu apuramento não requerer o meio da prova pericial" (*ob. cit.*, p. 326).

A jurisprudência tem abordado o poder de rejeitar atos e diligências impertinentes ou dilatórias sobretudo a propósito de requerimentos de prova apresentados pelas partes.

Assim, o acórdão do TRE de 17.1.2019[199] rejeitou os documentos apresentados pela autora com base na sua impertinência, já que não era possível "divisar a eventual relevância jurídica dos factos representados nesses documentos para o objeto do presente litígio"[200].

Importa ainda deixar uma referência à seguinte situação, decidida pelo acórdão do TRG de 12.11.2015[201]: o autor requereu a prestação de declarações de parte, mas não indicou os factos sobre os quais essas declarações iriam incidir; o tribunal de 1.ª instância rejeitou o requerimento com o argumento de que a reabertura da audiência final tinha um âmbito limitado – a renovação do depoimento prestado por uma testemunha. O Tribunal da Relação revogou esta decisão por entender que o tribunal *a quo* devia ter convidado a parte a corrigir a falta de indicação do objeto das declarações de parte.

Apesar de considerar que a análise do caso ficava prejudicada pela conclusão anterior, o TRG não deixou de explorar, em geral, as consequências da eventual impertinência do requerimento apresentado. Assim, o Tribunal afirmou que o juiz de 1.ª instância pode, ao abrigo do art. 6.º-1, analisar a "pertinência e/ou utilidade" das declarações de parte antes de decidir sobre a sua admissão ou rejeição. Este aspeto assume particular relevância, já que a lei não prevê, de forma específica, a rejeição das declarações de parte quando estas sejam impertinentes, pelo que a posição defendida na decisão em análise assenta unicamente na cláusula geral de gestão processual. Por outro lado, tendo em conta que a apresentação dos meios de prova é uma das componentes do direito à

[199] Ac. do TRE de 17 de janeiro de 2019, proc. n.º 2238/15.7T8STR-A.E1.

[200] Esta conclusão foi potenciada pela circunstância de a parte não ter indicado quais os factos que pretendia provar com os documentos em causa (limitando-se a remeter, quanto a todos eles, para um amplo conjunto de temas da prova).

[201] Ac. do TRG de 12 de novembro de 2015, proc. n.º 7178/11.6TBBRG-A.G1.

prova, o Tribunal da Relação considerou que, em caso de dúvida, deve admitir-se a diligência probatória[202].

2.4. Simplificação e agilização processuais

I. Existe algum debate na doutrina quanto ao exato alcance dos "mecanismos de simplificação e agilização processual" (art. 6.º-1). No essencial, a questão gira em torno de saber se esta vertente da gestão processual tem autonomia face à adequação formal.

Para Paulo Ramos de Faria e Ana Luísa Loureiro, a referência a estes mecanismos é um "subsídio interpretativo" tendente a assinalar que o poder de agilização do processo é vinculado[203]. Esta leitura é ainda bastante influenciada pelo art. 2.º-c) do RPCE, que alguma doutrina interpretava neste sentido[204].

Por seu turno, Miguel Teixeira de Sousa considera que estamos perante uma dimensão do "dever de condução do processo", concretizada através da adequação formal[205]. O autor não admite, pelo menos de forma expressa, a autonomia dos mecanismos de simplificação e agilização do processo face à adequação formal. Já para José Lebre de Freitas, a tendencial recondução dos poderes de simplificação e agilização à adequação formal é compatível com alguma autonomia destes, designadamente no que respeita à agregação[206].

[202] Ac. do TRG de 12 de novembro de 2015, cit.: o juiz não deve "assumir e perfilhar um critério demasiado apertado, exigente e rígido (...) na dúvida, deve o meio de prova ser admitido". No entender do tribunal, além do direito à prova, esta conclusão impõe-se face ao potencial de perturbação do processo caso o tribunal de recurso venha a revogar o despacho que rejeite o meio de prova.

[203] Paulo Ramos de Faria, Ana Luísa Loureiro, *Primeiras cit.*, pp. 57-58.

[204] Paulo Ramos de Faria, *Regime Processual Civil Experimental comentado*, 2010, pp. 47-48.

[205] Nas palavras de Miguel Teixeira de Sousa, "Apontamento cit.", pp. 10-11, esse dever "serve-se, como instrumento, do poder de simplificar e de agilizar o processo, isto é, do poder de modificar a tramitação processual ou os actos processuais".

[206] José Lebre de Freitas, *Introdução cit.*, 4.ª ed., pp. 229-230. O autor retoma, no entanto, a ideia de que estamos perante "um elemento de interpretação de outras normas (que especificamente concedam ao juiz poderes *determinados* de atuação no sentido de tornar mais célere o processo) no sentido de estabelecerem *deveres* do juiz e não meros poderes discricionários". Para Rui Pinto, *Código cit.*, vol. 1, p. 68, a adequação formal é a "melhor expressão" dos mecanismos de simplificação e agilização do processo, mas "não é a única".

Por fim, ELIZABETH FERNANDEZ defende que é possível distinguir conceptualmente a adequação formal e a gestão processual, na sua dimensão de simplificação e agilização. Para a autora, a diferença reside na finalidade destes poderes: apesar de ambos terem em vista a salvaguarda do processo equitativo, a gestão processual (na sua dimensão de simplificação e agilização) coloca a tónica na celeridade, enquanto a adequação formal procura assegurar a adaptação da forma processual às especificidades da causa. Assim, a autora conclui que, sendo possível acrescentar atos à forma legal ao abrigo da adequação formal, o mesmo não poderá dizer-se a propósito da simplificação e agilização[207].

II. Expostas as principais abordagens quanto a esta matéria, é chegado o momento de tomar posição.

Desde logo, parece-nos que a distinção entre a gestão processual, na sua vertente de simplificação e agilização, e a adequação formal não pode basear-se na respetiva finalidade. É certo que o art. 547.º não contém qualquer alusão à justa composição do litígio, ao contrário daquilo que sucede no art. 6.º-1. No entanto, tal como já tivemos oportunidade de constatar no capítulo anterior (pontos 3.2, I e II), o poder de adequação tem por intuito assegurar que a tramitação, a forma e o conteúdo dos atos processuais se adaptam o mais possível ao caso concreto, de modo a que as regras processuais não surjam como um obstáculo à justa composição do litígio.

A título exemplificativo, pense-se numa ação que envolva a análise de uma extensa factualidade. Nesta hipótese, o limite ao número de testemunhas previsto na lei (cinco ou 10 testemunhas por parte, dependendo do valor da causa – art. 511.º-1) pode revelar-se insuficiente para salvaguardar o contraditório, na sua dimensão de direito à prova. Desta forma, o poder que o art. 511.º-4 atribui ao juiz no sentido de admitir a inquirição de testemunhas para além do limite legal é um exemplo de adequação tipificada do processo que visa tutelar o direito à prova.

Sucede que a adequação não é neutra do ponto de vista da justa composição do litígio: neste caso, o direito à prova pode revelar-se essencial

[207] ELIZABETH FERNANDEZ, *Um novo Código de Processo Civil? Em busca das diferenças*, 2014, p. 44.

para assegurar a aproximação possível entre os factos nos quais se baseia a decisão e a realidade extraprocessual. A inquirição de testemunhas em número superior ao legalmente previsto pode, assim, refletir-se de forma indireta sobre o mérito da causa.

Este exemplo ilustra bem como a adequação do processo acaba por se refletir, ainda que indiretamente, na justa composição do litígio. De facto, como teremos oportunidade de constatar ao longo do texto, a adequação formal tem como fundamento e limite os direitos processuais fundamentais (representados, na hipótese anterior, pelo direito à prova, enquanto vertente do princípio do contraditório). Por seu turno, a tutela desses direitos é instrumental para que o processo esteja em condições de assegurar a possível correspondência entre a decisão e a realidade extraprocessual.

A ideia de que a agilização processual é sinónimo da eliminação de atos do guião processual também não nos parece de acolher. É certo que a agilização implica, por regra, uma abreviação da forma legal. No entanto, não é de excluir que, em alguns casos, esta possa traduzir-se, pelo menos num primeiro momento, na prática de atos não previstos na lei.

Como teremos oportunidade de constatar no capítulo VI (ponto 1.1), quando as diligências previstas na lei para citação do réu não permitam descortinar o paradeiro deste, o juiz pode determinar a realização de outras diligências com o intuito de obter informações adicionais. Essas diligências podem, entre outros exemplos, envolver a pesquisa do nome no réu no *Google* e a notificação de familiares do réu ou de outras entidades que possam, eventualmente, fornecer informações sobre a localização daquele.

Neste caso, a adequação formal não visa dispensar a consulta das bases de dados enunciadas no art. 236.º-1, mas antes complementar essa informação. Estamos, assim, perante diligências não previstas na lei, mas que visam agilizar o processo (dado que o seu objetivo é acelerar a citação) e assegurar o efetivo conhecimento da ação pelo réu (condição imprescindível ao exercício do contraditório).

A análise anterior sugere que o poder de simplificação e agilização corresponde, no essencial, à adequação formal, ou seja, ao poder do juiz de introduzir variações na tramitação do processo em função das especificidades da causa e de alterar a forma e o conteúdo dos atos processuais tendo em conta o seu fim.

Importa, no entanto, salientar que alguns mecanismos de simplificação e agilização do processo podem não implicar uma alteração da forma legal. Pense-se, por exemplo, na agregação, que envolve a prática de determinados atos e diligências (como a audiência prévia ou a inquirição de uma testemunha) em conjunto para vários processos, sem que estes percam a sua autonomia. Neste caso, a agilização não implica qualquer variação ao nível da forma ou do conteúdo e podem existir situações em que também não determine, quanto a cada um dos processos, a alteração da fase processual ou do momento dentro desta em que o ato ou a diligência serão praticados[208]. Assim, não é possível afirmar que os mecanismos de simplificação e de agilização envolvem, por definição, a flexibilização judicial das formas processuais.

Desta forma, é possível constatar que a referência aos "mecanismos de simplificação e agilização processual" no art. 6.º-1 tem um duplo objetivo. O seu propósito fundamental consiste em salientar que a adequação do processo, como principal instrumento de simplificação e agilização, envolve o exercício de poderes de direção formal, pelo que se integra no princípio da gestão processual. Residualmente, esta vertente da gestão processual compreende mecanismos como a agregação que, apesar de também terem em vista a agilização do processo, podem não implicar uma adequação formal.

2.5. Suprimento da falta de pressupostos processuais sanáveis

A iniciativa judicial com vista ao suprimento da falta de pressupostos processuais sanáveis foi generalizada na reforma de 95/96 e inseria-se num dos objetivos centrais desta: a prevalência do mérito sobre a forma[209]. O CPC de 2013 manteve esta regra.

Assim, de acordo com o art. 6.º-2, "o juiz providencia oficiosamente pelo suprimento da falta de pressupostos processuais suscetíveis de sana-

[208] Para uma análise mais desenvolvida desta figura, v. *infra*, capítulo VI (ponto 5.1).

[209] Neste sentido, António Santos Abrantes Geraldes, *Temas da reforma do processo civil*, 2.ª ed., vol. 2, 1999, p. 58, e José Lebre de Freitas, João Redinha, Rui Pinto, *Código de Processo Civil anotado*, 2.ª ed., vol. 1, 2008, p. 510.

ção, determinando a realização dos atos necessários à regularização da instância ou, quando a sanação dependa de ato que deva ser praticado pelas partes, convidando estas a praticá-lo".

Desde logo, importa perceber qual o âmbito de aplicação desta dimensão do princípio da gestão processual. De forma sucinta, a lei admite a sanação da falta dos pressupostos processuais nos seguintes casos: falta de personalidade judiciária (apenas na situação prevista no art. 14.º); incapacidade judiciária e irregularidade de representação (art. 27.º); falta de deliberação, de autorização ou de consentimento do cônjuge (arts. 29.º-1 e 34.º-2); coligação ilegal (art. 38.º); falta de constituição de advogado, quando obrigatória (art. 41.º); falta, insuficiência ou irregularidade do mandato judicial (art. 48.º-2); preterição de litisconsórcio necessário (art. 261.º). Em sentido inverso, a incompetência absoluta (art. 99.º-1), o caso julgado e a litispendência (art. 580.º), entre outras, são exceções dilatórias insupríveis.

Tendo em conta que a gestão processual surge, neste contexto, como instrumental em relação à prolação de uma decisão de mérito, é possível concluir que, sempre que se depare com a falta de um pressuposto processual sanável, o juiz tem o dever de proceder ao respetivo suprimento. Dito de outra forma, uma vez verificado o condicionalismo previsto no art. 6.º-2, o poder de suprimento é de exercício vinculado[210].

Em alguns casos, a lei prevê que o juiz atue diretamente no sentido de providenciar pela sanação da falta do pressuposto processual em vez

[210] Neste sentido, Carlos Francisco de Oliveira Lopes do Rego, *Comentários ao Código de Processo Civil*, 2.ª ed., vol. 1, 2004, p. 258 (por referência ao art. 265.º-2 do CPCa); Paulo Pimenta, *Processo civil declarativo*, 2.ª ed., 2017, pp. 229-231; Rita Lobo Xavier, Inês Folhadela, Gonçalo Andrade e Castro, *Elementos de direito processual civil: teoria geral, princípios, pressupostos*, 2.ª ed., 2018, p. 148; Rui Pinto, *Código de Processo Civil anotado*, vol. 2, 2018, pp. 108-109. Na jurisprudência, esta orientação foi acolhida pelos acs. do TRG de 14 de junho de 2018, proc. n.º 1365/17.0T8PVZ.G1, e do TRL de 9 de novembro de 2017, proc. n.º 3831/15.3T8LSB.L1-2. Em ambos os casos, a decisão recorrida absolvera o réu da instância com base na preterição do litisconsórcio necessário sem antes ter convidado o autor a suprir essa exceção dilatória; a Relação considerou que o poder de suprimento era vinculado, uma vez que a ilegitimidade plural é sanável e, em consequência, revogou a decisão do tribunal de 1.ª instância.

de limitar-se a convidar as partes a praticar os atos necessários nesse sentido[211]-[212].

No entanto, na generalidade dos casos, o poder de suprimento traduz-se num convite às partes para que estas pratiquem os atos de que dependa a regularização da instância. Foi neste particular que o CPC de 2013 introduziu algumas alterações, essencialmente no sentido de dissipar algumas dúvidas que poderiam surgir face à anterior redação legal.

Nos termos do art. 265.º-2 do CPCa, o suprimento da falta de pressupostos processuais sanáveis dependia de convite às partes sempre que implicasse a "modificação subjectiva da instância", através da intervenção na ação de um terceiro como parte. O exemplo paradigmático era o de uma ação proposta apenas por ou contra um dos interessados, em caso de litisconsórcio necessário (art. 269.º-1 do CPCa). Este regime assentava no princípio do dispositivo que, numa das suas vertentes, implica que a delimitação subjetiva da instância seja uma prerrogativa das partes[213].

Uma parte da doutrina defendia que o convite à parte se impunha em outras situações, designadamente quando estivesse em causa a alteração do objeto do processo (pense-se num caso de coligação ilegal)[214]

[211] Esta ideia é bem ilustrada por Carlos Lopes do Rego, *Comentários cit.*, pp. 53-54: "o juiz – em vez de se limitar a fixar prazo para os interessados procederem ao suprimento – deve providenciar activamente por ele, corrigindo a citação do réu ou determinando a notificação do legítimo representante do autor para, no prazo fixado, se pronunciarem sobre a ratificação do processado afectado".

[212] O ac. do TRL de 28 de março de 2019, proc. n.º 6564/17.2T8LRS.L1-6, é bem exemplificativo desta intervenção direta do juiz num caso de falta de personalidade judiciária. De forma resumida, a ação foi proposta contra uma agência de uma instituição bancária, mas o tribunal citou a administração principal por entender que a agência não tinha personalidade judiciária nos termos do art. 13.º, pelo que se impunha a intervenção da administração principal (art. 14.º). No mesmo sentido, António Santos Abrantes Geraldes, Paulo Pimenta, Luís Filipe Pires de Sousa, *Código de Processo Civil anotado: parte geral e processo de declaração, artigos 1.º a 702.º*, vol. 1, 2018, p. 45, e José Lebre de Freitas, *A ação declarativa comum: à luz do Código de Processo Civil de 2013*, 4.ª ed., 2017, p. 185.

[213] Carlos Lopes do Rego, *Comentários cit.*, pp. 258-259; José Lebre de Freitas, *Introdução ao processo civil: conceito e princípios gerais*, 2.ª ed., 2009, pp. 164-165.

[214] A não verificação dos elementos de conexão entre os pedidos (art. 36.º) traduz uma exceção dilatória [art. 577.º-f)]. Nesta situação, o "juiz notifica o autor para (...) indicar qual o pedido que pretende ver apreciado no processo" (art. 38.º-1) e, na sequência dessa indicação,

ou um ato que só a parte pudesse praticar, como a constituição de advogado (tendo em conta a relação de confiança que subjaz ao patrocínio judiciário)[215-216].

Ora, a formulação mais ampla adotada no art. 6.º-2 – "quando a sanação dependa de ato que deva ser praticado pelas partes" – permite incluir todos os casos anteriormente enunciados: a modificação objetiva e subjetiva da instância (tendo em conta o princípio do dispositivo), bem como quaisquer outras situações em que a vontade das partes surja como essencial no suprimento da falta de um pressuposto processual[217].

3. Adequação formal

3.1. Considerações introdutórias

A adequação formal está prevista entre as disposições gerais em matéria de formas de processo (art. 547.º). Esta opção sistemática traduziu uma inovação da Proposta de Lei n.º 113/XII face ao projeto de 2012, em que a adequação formal estava inserida no âmbito das disposições e princípios fundamentais (art. 7.º do projeto de 2012).

O papel de destaque que a adequação do processo é chamada a desempenhar no CPC de 2013 não pode ser dissociado da eliminação das diferentes formas de processo declarativo comum consagradas no CPCa (processo ordinário, processo sumário e processo sumaríssimo). Enquanto o processo ordinário abrangia os litígios de valor mais elevado, os processos sumário e sumaríssimo aplicavam-se a litígios de valor mais reduzido, diferenciando-se entre si de acordo com o tipo de pretensão e

"absolve o réu da instância relativamente aos outros pedidos" (art. 38.º-3). A intervenção do autor é essencial neste contexto, já que estamos perante uma restrição ao objeto do processo.

[215] Carlos Lopes do Rego, *Comentários cit.*, p. 259, e José Lebre de Freitas, *A acção declarativa comum à luz do código revisto*, 2.ª ed., 2011, p. 148.

[216] Sobre a exceção dilatória de preterição do patrocínio judiciário obrigatório [art. 577.º-h)-1.ª parte], João Pedro Pinto-Ferreira, *A representação em juízo: uma perspetiva de direito comparado. Direitos português e espanhol*, 2013, pp. 32-36.

[217] A lei vai, assim, ao encontro do critério proposto por Carlos Lopes do Rego, *Comentário cit.*, p. 259: "o regime de sanação integralmente oficiosa só terá, em geral, cabimento quando for irrelevante a opção ou a vontade da parte sobre a forma ou o meio de realizar o suprimento".

o valor da causa (art. 462.º do CPCa)[218]. A diferenciação entre estas formas de processo comum assentava na (suposta) maior complexidade da causa e na necessidade de uma maior ponderação em razão do valor e, em alguns casos, do pedido[219].

O art. 548.º estabelece, pelo contrário, que "o processo comum de declaração segue forma única"[220]. Deste modo, a forma legal aplicável a qualquer ação declarativa a que não corresponda um processo especial é a mesma, independentemente do valor, da complexidade ou do pedido.

Ora, esta opção aponta para a atribuição ao juiz de poderes acrescidos de adequação do processo, que lhe permitam ajustar a tramitação processual às particularidades da causa e a forma e conteúdo dos atos processuais à respetiva finalidade[221]. De facto, a existência de uma forma processual única, aplicável a ações com características muito diferentes entre si, potencia o risco de desadequação das regras processuais ao caso concreto, pelo que importava reforçar os poderes de flexibilização judicial das formas processuais. É também neste contexto que se explicam as alterações introduzidas pelo CPC no âmbito da adequação formal.

A adequação formal assenta numa abordagem diferente quanto às regras processuais aplicáveis ao caso: em lugar de um modelo baseado na sua adequação em abstrato, por meio da lei, prevê-se a adequação em concreto, pelo juiz, tendo em conta as especificidades da causa. Sucede, no entanto, que o CPC não levou este paradigma até às últimas consequências, já que mantém uma forma legal detalhada, em que vários atos

[218] De acordo com o art. 462.º do CPCa, "se o valor da causa exceder a alçada da Relação, empregar-se-á o processo ordinário; se a não exceder, empregar-se-á o processo sumário, excepto se não ultrapassar o valor fixado para a alçada do tribunal de comarca e a acção se destinar ao cumprimento de obrigações pecuniárias, à indemnização por dano e à entrega de coisas móveis, porque nestes casos, não havendo procedimento especial, o processo adequado é o sumaríssimo".

[219] José Lebre de Freitas, A. Montalvão Machado, Rui Pinto, *Código de Processo Civil anotado*, 2.ª ed., vol. 2, 2008, pp. 232-234.

[220] O anteprojeto de 2011 ainda previa a dualidade de formas de processo comum (art. 461.º do anteprojeto), mas agora assente unicamente no critério do valor. Assim, o processo ordinário aplicava-se às ações com valor superior à alçada do Tribunal da Relação; nos restantes casos, seguia-se o processo sumário (art. 462.º do anteprojeto). Esta solução foi abandonada no projeto de 2012, que já só previa uma forma de processo comum (art. 590.º do projeto).

[221] João Correia, Paulo Pimenta, Sérgio Castanheira, *Introdução cit.*, pp. 64-65.

surgem como tendencialmente obrigatórios (pense-se no caso paradigmático da audiência prévia – art. 591.º).

A rigidez que continua a caracterizar as regras processuais não contribui para uma utilização efetiva dos poderes de adequação formal, já que existirá sempre um maior risco associado à adequação por comparação com a simples adesão à forma legal[222]. No fundo, aquilo que se pretende salientar é que a efetividade da adequação formal tende a diminuir na exata proporção do aumento da rigidez da forma legal.

3.2. Cláusula geral de adequação formal

I. De acordo com o art. 547.º, "o juiz deve adotar a tramitação processual adequada às especificidades da causa e adaptar o conteúdo e a forma dos atos processuais ao fim que visam atingir, assegurando um processo equitativo". Este preceito consagra a cláusula geral de adequação formal.

Numa análise que tome como termo de comparação o art. 265.º-A do CPCa, é possível concluir que a adequação passou a incluir, de forma expressa, a forma e o conteúdo dos atos processuais e deixou de depender da desadequação da forma legal às particularidades do caso. Além disso, é possível concluir que o art. 547.º não alude à iniciativa das partes no sentido da flexibilização da forma processual, ao contrário do que estava previsto no art.7.º-2 do projeto de 2012.

Quanto ao primeiro aspeto, o principal objetivo foi esclarecer que, ao abrigo da adequação formal, o juiz também pode alterar a forma e o conteúdo dos atos processuais. No fundo, o art. 547.º consagrou expressamente a vertente de adaptação, tal como prevista no art. 2.º-a) do RPCE, afastando, assim, as dúvidas interpretativas que se suscitavam no CPCa quanto à admissibilidade da flexibilização judicial da forma e do conteúdo dos atos processuais.

A eliminação do requisito consistente na desadequação entre a forma legal e as especificidades da causa (art. 265.º-A do CPCa) foi influen-

[222] De acordo com Mariana França Gouveia [et. al.], *Justiça económica em Portugal: gestão processual e oralidade*, cad. 2, 2012, p. 84, "enquanto houver rigidez processual, o juiz terá, naturalmente, não só grandes dificuldades em adaptar a tramitação, como resistência em fazê-lo", tendo em conta os riscos "de anulação, de repetição de atos, de má avaliação, de indisposição com as partes" que a adequação formal pode acarretar nesse contexto.

ciada, em grande medida, pelo disposto no art. 2.º-a) do RPCE. Com esta alteração, a adequação formal passou a ser admissível quando, apesar de a forma legal ser ajustada ao caso, exista uma forma alternativa mais eficiente, o que se justifica tendo em conta o direito a uma decisão em prazo razoável. Desta forma, a ênfase passou a estar na adoção da forma processual que se revele mais adequada e eficiente face às especificidades do caso concreto.

A maior amplitude da adequação formal não é, no entanto, sinónimo de liberdade das formas processuais ou de supletividade da forma legal[223]. Esta leitura seria, aliás, contraditória com a preocupação da lei no sentido de regular em detalhe o processo comum de declaração (arts. 552.º a 702.º), através de regras que procuram responder, em abstrato, às várias eventualidades que podem influir no desenrolar do processo.

A consagração do princípio da adequação formal na reforma de 1995-1996 teve como intuito temperar a legalidade das formas processuais. Entre outras alternativas possíveis, optou-se por atribuir ao juiz poderes de adequação da forma legal sempre que as especificidades da causa o justificassem. Esta continuou a ser a regra, mas deixou de ser intangível, já que o juiz podia, ao abrigo da adequação formal, determinar a prática de atos não previstos na lei ou a omissão de atos nela enunciados, entre outros exemplos.

O art. 547.º do CPC de 2013 limitou-se a alargar as situações em que o juiz pode adequar o processo: além dos casos em que a forma prevista na lei seja, em concreto, desadequada, este poderá agora fazê-lo igualmente quando haja uma forma alternativa mais eficiente. Assim, tal como sucedia no CPCa ou no RPCE, a forma legal deve ser seguida sempre que, tendo em conta as especificidades da causa, não exista outra forma processual que se adeque mais ao caso.

[223] Neste sentido, José Lebre de Freitas, "Gestão cit.", p. 83: "Considero, pois, exagerado concluir que o CPC de 2013 marca o fim da intangibilidade da forma legal, cuja natureza terá agora passado a ser meramente supletiva". Apesar de se referirem à "*supletividade da forma legal*", Paulo Ramos de Faria, Ana Luísa Loureiro, *Primeiras cit.*, p. 461, não deixam de assumir que a "forma legal supletiva é ela própria a base normativa, podendo, no entanto, a jusante, ser afastada (daí a sua «supletividade»), em resultado do exercício de um *poder funcional*". Desta forma, os autores também parecem entender que a forma legal é a regra (nas suas palavras, a "base normativa").

Por fim, a circunstância de a lei apontar para a iniciativa exclusiva do juiz nesta matéria parece estar relacionada com a lógica da adequação formal, ou seja, com a circunstância de esta ser uma das dimensões do princípio da gestão processual (na sua vertente de simplificação e agilização). Por outras palavras, o poder de adequação formal é um instrumento de que o juiz se serve na direção ativa do processo, pelo que o art. 547.º se foca neste aspeto.

Isto não significa que esteja vedado às partes requerer a adequação formal. Tal conclusão seria, aliás, contrária à lógica do princípio da cooperação (art. 7.º-1), dado que também as partes devem concorrer para a justa composição do litígio em prazo razoável. Ora, há que ter em conta, por um lado, que a adequação do processo é um mecanismo privilegiado no sentido de evitar que a aplicação de regras processuais desajustadas ao caso possa ditar um desfasamento entre a decisão e a realidade extraprocessual. Por outro lado, nunca é demais reforçar a ideia de que as partes e os respetivos mandatários judiciais são quem melhor conhece os exatos contornos do litígio, pelo que o seu contributo pode revelar-se imprescindível para que a forma processual seja tão adequada quanto possível às particularidades da causa. Desta forma, é possível concluir que a adequação formal também pode partir de iniciativa de qualquer das partes.

Aqui chegados, importar recordar que, tal como já se salientou no capítulo I (ponto 2.3, I), o CPC não reconhece, por regra, efeitos processuais a acordos entre as partes que tenham por efeito a adequação do processo, ao contrário daquilo que sucede em outros ordenamentos jurídicos[224] e, com maior amplitude, na arbitragem (art. 30.º-2 da LAV). Desta forma, na generalidade dos casos, a adequação depende de despacho judicial.

[224] É o caso do ordenamento jurídico brasileiro: de acordo com o art. 190.º do CPCb, quando a causa incida "sobre direitos que admitam autocomposição, é lícito às partes (...) estipular mudanças no procedimento para ajustá-lo às especificidades da causa e convencionar sobre os seus ônus, poderes, faculdades e deveres processuais, antes ou durante o processo" e o juiz tem poderes limitados de controlo desse acordo. Sobre esta figura, Fredie Didier Jr., "Anotação ao artigo 190.º", 2016, pp. 293-303; Jaldemiro de Ataíde Jr., "Negócios jurídicos materiais e processuais", 2015, pp. 410-418; Murilo Teixeira Avelino, "A posição do magistrado em face dos negócios jurídicos processuais", 2015, pp. 223-233.

A opção no sentido de limitar o âmbito da adequação do processo por acordo das partes tem na sua génese a ideia de que a regulamentação das formas processuais tem subjacentes interesses públicos[225]. De acordo com esta perspetiva, as regras aplicáveis à tramitação do processo e à forma e conteúdo dos atos processuais têm um duplo intuito: por um lado, visam assegurar as garantias processuais das partes; por outro lado, têm subjacente o interesse público da eficiência na organização do trabalho dos juízes e dos tribunais. Assim se explica que, na generalidade dos casos, as partes não possam, por sua livre iniciativa, alterar o formalismo processual: a circunstância de este também visar a tutela de interesses públicos leva a que a última palavra caiba ao juiz. Esta orientação é exemplificativa de uma certa publicização do processo, já que – em última análise – pode sobrepor o interesse na administração da Justiça aos interesses das partes.

II. A cláusula geral de adequação formal é transversal a todo o processo, já que permite ao juiz intervir em qualquer segmento da forma legal. Quer isto dizer que a adequação pode refletir-se na fase dos articulados (no número de articulados ou nas diligências tendentes à citação do réu), na fase intermédia (no conteúdo da audiência prévia), na fase de instrução (na forma de produção dos meios de prova) e na fase final do processo (na organização da audiência final ou no próprio conteúdo da decisão).

Além disso, a adequação do processo é um instrumento multifacetado, já que tanto compreende a simplificação da forma legal (quando envolva a dispensa de atos processuais ou de formalidades enunciadas na lei) como a sua densificação (quando se traduza no aditamento de atos ao guião do processo ou na prática de atos com um conteúdo adicional em relação ao previsto na lei) e ainda, no caso da tramitação processual, a alteração do momento em que o ato deve ser praticado.

[225] Neste sentido, relacionando a imperatividade das regras processuais com a tutela de interesses públicos, ARTUR ANSELMO DE CASTRO, *Direito processual civil declaratório*, vol. 1, 1981, pp. 39-40 ("justa composição do litígio"), e MIGUEL TEIXEIRA DE SOUSA, *Introdução ao processo civil*, 2.ª ed., 2000, p. 45 ("adequada administração da justiça").

Este não é o momento para desenvolver o caráter transversal e multifacetado da adequação formal. Essa análise será levada a cabo no capítulo VI, a propósito de alguns dos principais exemplos de adequação formal apresentados pela doutrina ou revelados pela prática judiciária ao abrigo do RPCE e do CPC de 2013.

3.3. Adequação formal tipificada

Até este momento, a exposição tem estado focada na cláusula geral de adequação formal (art. 547.º). Não obstante, o CPC contém várias regras que preveem a adequação do processo em alguns domínios específicos, concretizando, assim, a cláusula geral. É o que acontece quando a lei admite a flexibilização do número máximo de testemunhas que as partes podem apresentar (art. 511.º-4) ou a dispensa da audiência prévia em algumas situações (art. 593.º-1), entre outros exemplos. Nestes casos, pode falar-se de uma adequação formal tipificada, já que esta resulta de uma regra que a prevê especificamente e não – pelo menos diretamente – da cláusula geral de adequação formal (art. 547.º)[226].

Em nosso entender, o exemplo paradigmático de adequação formal tipificada é o art. 597.º, que enuncia diferentes possibilidades de tramitação do processo na sua fase intermédia quando a causa tenha um valor igual ou inferior a metade da alçada da Relação (15 000 €[227]). Ao abrigo deste preceito, o juiz pode dispensar atos previstos na lei – como a audiência prévia [al. b)] – ou, de forma mais ampla, prescindir da própria fase intermédia e designar data para a audiência final [al. g)].

A este propósito, suscita-se a questão de saber se a adequação formal prevista no art. 597.º não seria já admissível ao abrigo da cláusula geral do art. 547.º.

Consideramos que a resposta deve ser afirmativa, podendo o juiz proceder à adequação da fase intermédia do processo nos mesmos moldes ainda que a causa tenha um valor superior a metade da alçada da Relação.

[226] Sobre esta distinção, embora por referência à gestão processual, Joana Campos Carvalho, *A recorribilidade cit.*, pp. 10-11, e Paulo Ramos de Faria, Ana Luísa Loureiro, *Primeiras cit.*, pp. 48-50.

[227] A alçada dos tribunais da Relação para ações cíveis é de 30 000 €, nos termos do art. 44.º-1 da LOSJ.

De facto, tal como já se referiu, o CPC substituiu a lógica da adequação em abstrato (subjacente à previsão de várias formas de processo declarativo comum) pela adequação em concreto. Ora, a limitação da adequação formal apenas em função do valor da causa seria contraditória com esta nova abordagem. Importa ter em conta que o valor da causa é apenas uma entre várias circunstâncias (como a complexidade dos factos carecidos de prova, o número de partes envolvidas, a extensão das diligências instrutórias ou o objeto do litígio) que devem ser ponderadas no momento de aferir da adequação da forma legal ao caso concreto. Assim, por exemplo, a simplicidade dos factos que careçam de prova pode justificar a dispensa de elaboração dos temas da prova mesmo quando o valor da ação seja superior a metade da alçada da Relação.

Desta forma, conclui-se que o art. 597.º tem como único objetivo concretizar algumas das possibilidades que já decorriam da cláusula geral de adequação formal em ações nas quais, em razão do valor, se considerou que a flexibilidade processual seria mais relevante[228]. No fundo, este preceito parece recuperar a ideia que conduzia à tripartição das formas de processo declarativo comum no CPCa: a existência de uma relação entre a complexidade do processo e o respetivo valor[229].

Numa apreciação mais genérica da adequação formal tipificada, pensamos que esta pode pôr em causa a centralidade que a lei pretende atribuir à cláusula geral de adequação do processo. De facto, as manifestações concretas de adequação formal constituem terreno fértil para

[228] João Correia, Paulo Pimenta, Sérgio Castanheira, *Introdução cit.*, pp. 86-87, e Paulo Pimenta, *Processo cit.*, p. 328. No mesmo sentido, a Associação Sindical dos Juízes Portugueses, *Parecer: Proposta de Lei n.º 521/2012 – aprova o Código de Processo Civil*, 2013, p. 47, apontava para o menor "interesse prático" do art. 597.º por comparação com a cláusula geral, até porque assente num elenco taxativo de atos. Contra, Elizabeth Fernandez, *Um novo cit.*, pp. 27-30, para quem a tramitação da fase intermédia é mais flexível quando a causa tenha um valor igual ou inferior a metade da alçada da Relação, e Rui Pinto, *Código cit.*, vol. 2, p. 138, quando afirma que o art. 597.º é mais amplo "na intensidade do seu conteúdo" e mais restrito "no âmbito das ações abrangidas" por comparação com a cláusula geral.

[229] Esta lógica mantém-se, aliás, em várias regras processuais, designadamente no que respeita à prova pericial (art. 468.º-5), à prova testemunhal (art. 511.º-1) e ao tempo de que os advogados dispõem para alegações e réplicas orais na audiência final (art. 604.º-5). Teremos oportunidade de nos pronunciar sobre alguns destes exemplos *infra*, no capítulo VI.

a discussão sobre se o seu intuito é meramente exemplificativo ou, pelo contrário, limitativo da adequação que seria admissível ao abrigo do art. 547.º. A análise anterior é, aliás, bem demonstrativa desta dificuldade a propósito do art. 597.º.

3.4. Fundamento e limites da adequação formal

De acordo com o art. 547.º, a adequação da forma de processo às especificidades da causa e ao fim dos atos processuais tem em vista assegurar um processo equitativo. Neste contexto, a referência à cláusula geral do processo equitativo (art. 20.º-4 da CRP) tem um duplo propósito. Desde logo, a adequação formal surge como um instrumento destinado a evitar que a aplicação de regras processuais desajustadas às particularidades da causa ou menos eficientes por comparação com outras igualmente adequadas à causa possa pôr em causa os direitos processuais fundamentais. Em simultâneo, os direitos processuais fundamentais balizam a atuação do juiz neste âmbito, na medida em que delimitam o perímetro dentro do qual a adequação é admissível.

Esta perspetiva é adotada por uma parte da doutrina. Assim, por exemplo, no Estudo sobre a Justiça Económica em Portugal, os princípios do processo equitativo eram encarados como "referência e limite à gestão processual"[230], o que conduzia – entre outros aspetos – a que se propusesse a limitação da recorribilidade dos despachos de gestão processual aos casos em que estes colidissem com o processo equitativo[231]. No mesmo sentido, MIGUEL TEIXEIRA DE SOUSA[232] e PAULO RAMOS DE

[230] MARIANA FRANÇA GOUVEIA [et. al.], *Justiça económica em Portugal: gestão cit.*, p. 88. Este Estudo propunha a consagração de um novo modelo processual baseado, entre outros aspetos, numa "tramitação muito simples, sem fases estanques ou ónus processuais rígidos e com fortes poderes de gestão pelo juiz, que os exerce em colaboração intensa com as partes" (p. 85). Constata-se, assim, que o modelo preconizado atribuía ao juiz um papel fundamental na densificação da forma processual aplicável ao caso.

[231] MARIANA FRANÇA GOUVEIA [et. al.], *Justiça económica em Portugal: gestão cit.*, p. 88.

[232] MIGUEL TEIXEIRA DE SOUSA, "Apontamento cit.", p. 12: "o processo equitativo deve servir de limite à adequação formal, no sentido de que esta adequação não pode violar as garantias daquele processo, mas também deve ser utilizado como orientador da decisão do juiz, na acepção de que este deve utilizar o poder de adequação formal para construir, segundo a complexidade e as particularidades da causa, um processo equitativo".

FARIA, ANA LUÍSA LOUREIRO[233] consideram, já ao abrigo do CPC de 2013, que a referência ao processo equitativo na parte final do art. 547.º visa realçar a ideia de que este traduz, em simultâneo, o fundamento e o limite dos poderes de adequação formal[234].

No nosso entender, importa apenas fazer uma precisão terminológica: o exercício dos poderes de adequação formal tem na sua génese e como limite o conjunto dos direitos processuais fundamentais com reflexo no processo civil. De facto, a questão de saber se a proteção constitucional desses direitos decorre diretamente da cláusula geral do processo equitativo ou de outra norma constitucional não é decisiva no momento de analisar de que forma é que a decisão em prazo razoável ou o princípio do contraditório (entre outros exemplos) interagem com os poderes de adequação do processo.

Aquilo que é determinante neste contexto é a circunstância de estarmos na presença de um direito processual com tutela constitucional, dado que é essa circunstância que influi na liberdade de conformação do processo[235]. É com o intuito de salientar este aspeto que optámos por

[233] PAULO RAMOS DE FARIA, ANA LUÍSA LOUREIRO, *Primeiras cit.*, p. 455: "A referência final à garantia de um processo equitativo comporta um duplo sentido. Por um lado, esta característica do processo constitui um *limite* à adequação formal (...) Por outro lado, revela que a adequação formal está ao serviço de um processo equitativo, não constituindo este apenas um seu limite, mas também a sua causa, o seu *Leitmotiv*".

[234] Na jurisprudência, pode encontrar-se uma ideia próxima no ac. do TRC de 29 de outubro de 2013, proc. n.º 737/08.6TMAVR-E.C1: "Sempre que haja necessidade de adequar a tramitação processual às especificidades da causa, o juiz deve proceder à adequação formal: mas deve fazê-lo sempre com *inteiro respeito e com o objectivo último de assegurar as várias dimensões que densificam o princípio do processo equitativo*" (sublinhado nosso).

[235] Este raciocínio é próximo do desenvolvido por RITA LOBO XAVIER, INÊS FOLHADELA, GONÇALO ANDRADE E CASTRO, *Elementos cit.*, p. 128: "se é certo que a tutela do direito à jurisdição tem de se manifestar igualmente no plano da conformação das normas jurídicas processuais, vinculando o legislador ordinário, *também não pode deixar de se afirmar como princípio que enforma toda a atividade concreta dos órgãos que realizam a composição de conflitos, podendo até levar à rejeição de soluções consagradas na lei ordinária que lesem aquele direito*" (sublinhado nosso). Os autores acrescentam ainda que o "direito à jurisdição pode concretizar-se e analisar-se em diferentes princípios constitucionais que (...) vinculam o exercício concreto de toda a atividade de heterocomposição de conflitos" (*ob. cit.*, p. 128).

utilizar o conceito de direitos processuais fundamentais em detrimento da referência ao processo equitativo.

O presente texto parte, como hipótese de investigação, da ideia que temos vindo a expor ao longo deste ponto: os direitos processuais fundamentais desempenham um duplo papel de fundamento e limite dos poderes de adequação do processo pelo juiz. Importa, por isso, concretizar esta hipótese por meio de alguns exemplos.

Como vimos, a adequação da tramitação do processo e da forma e conteúdo dos atos processuais tem em vista aquelas situações em que a forma legal (porque definida em abstrato) não surge como o meio mais apropriado para responder, no caso concreto, aos direitos processuais fundamentais. É esta realidade que pretendemos sublinhar quando referimos que a tutela destes direitos traduz o fundamento ou génese da adequação formal.

Assim, por exemplo, a prorrogação do prazo para contestação (art. 569.º-1) pode revelar-se essencial no sentido de permitir o exercício efetivo do contraditório em razão da complexidade do caso. Da mesma forma, a prática do mesmo ato em conjunto para vários processos (agregação) pode permitir uma importante poupança de tempo quando exista alguma identidade entre as causas e, assim, conduzir à obtenção de decisão em prazo razoável. Em qualquer destes exemplos, a adequação visa, pois, salvaguardar um direito processual fundamental (o contraditório e a decisão em prazo razoável, respetivamente).

No entanto, os direitos processuais fundamentais também desempenham um papel no sentido de balizar a adequação do processo. De facto, a variação da forma legal, ainda que justificada pela proteção de determinado direito processual fundamental, tem de respeitar os demais direitos com tutela constitucional.

Assim, quando a adequação formal envolva a eliminação de atos previstos na lei (como a audiência prévia ou as alegações finais), importa assegurar que a preocupação com a duração do processo não é sobrevalorizada face a outros direitos processuais fundamentais, como o princípio do contraditório. No fundo, tendo em conta que a forma legal visa salvaguardar os direitos processuais com tutela constitucional, a forma subsequente deve ter em conta esses direitos, ainda que possa concretizá-los de forma distinta[236]. Assim, o juiz pode, entre outros aspetos, organizar a instrução do processo sem recorrer aos temas da prova desde que comunique às partes os factos sobre os quais deve ser produzida prova com a necessária antecedência em relação à audiência final.

[236] Miguel Teixeira de Sousa, "Apontamento cit.", p. 14.

Capítulo IV
Gestão processual em Inglaterra[237]

1. Evolução histórica

1.1. Sistema anterior

Durante largos séculos, o processo civil inglês apresentou um acentuado pendor adversarial, que se refletia, entre outros aspetos, na direção do processo pelas partes, com intervenção limitada do juiz até à audiência de julgamento. Este modelo processual colocava a tónica na natureza privada do litígio, ou seja, na ideia de que este afeta sobretudo os interesses das partes, o que justificava uma menor intervenção do Estado (representado, neste contexto, pelo juiz) no desenrolar do processo até ao momento da decisão. De acordo com esta perspetiva, as partes estão em melhores condições do que o juiz para prosseguir os seus interesses no âmbito do processo, pelo que lhes deve caber a responsabilidade principal pela preparação do caso para julgamento[238].

De forma mais desenvolvida, as partes tinham o ónus de impulso processual inicial, que se traduz na propositura da ação, e eram responsáveis pela delimitação do processo nas suas vertentes objetiva e subjetiva. Uma vez proposta a ação, recaía igualmente sobre as partes o ónus de praticar os atos necessários ao andamento do processo, o que lhes conferia um papel determinante na definição do ritmo do processo. As partes tinham ainda a iniciativa exclusiva no domínio da prova, já que a decisão só podia

[237] Salvo indicação em contrário, as decisões judiciais referidas ao longo deste capítulo foram proferidas pelo Court of Appeal.
[238] Jack I. H. Jacob, *The fabric of english civil justice*, 1987, p. 8.

ter em conta os meios de prova que estas juntassem ao processo[239]. Em qualquer das dimensões assinaladas, a preponderância do princípio do dispositivo é notória.

A intervenção do juiz antes da audiência de julgamento dependia, por regra, da iniciativa das partes. Numa imagem expressiva, o juiz era equiparado ao árbitro num jogo de críquete: a sua atuação dependia, por regra, de um requerimento da(s) parte(s) e estava limitada ao controlo da observância das regras processuais[240].

Em suma, a marcha do processo até à audiência de julgamento era controlada pelas partes, com intervenções pontuais do juiz. As partes tinham, designadamente, o ónus de impulso subsequente e podiam imprimir um ritmo mais lento ou mais rápido ao processo, independentemente do valor da ação ou das suas especificidades, tendo como limite as regras processuais.

1.2. Relatórios Woolf sobre o acesso à Justiça

Em 1994, Harry Woolf foi encarregado de proceder a uma análise do processo civil inglês. O relatório preliminar foi publicado no ano seguinte e apontava para três problemas principais: custos elevados, desproporcionados (particularmente em litígios de valor reduzido) e incertos; morosidade do processo, decorrente da tramitação pouco eficiente do caso até ao julgamento e do tempo despendido na audiência de julgamento (entre outros aspetos); complexidade processual (decorrente da existência de diferentes formas de iniciar a ação e de regras processuais distintas em função do tribunal)[241]. O relatório concluiu que os custos, a morosidade e a complexidade do processo afetavam o direito de acesso à Justiça[242].

De acordo com o relatório preliminar, estes problemas resultavam, no essencial, do modelo adversarial que caracterizava o processo civil inglês.

[239] Jack I. Jacob, *The fabric cit.*, pp. 9-15, e Neil Andrews, *Principles of civil procedure*, 1994, pp. 37-41.

[240] Jack I. Jacob, *The fabric cit.*, p. 9. No mesmo sentido, Robert Turner, "Actively: the word that changed the civil courts", 2009, p. 78-79, considerava que a atuação do juiz antes da reforma Woolf era meramente reativa.

[241] Lord Woolf, *Access to justice: interim report to the Lord Chancellor on the civil justice system in England and Wales*, 1995, cap. 3, pars. 12 a 44.

[242] Lord Woolf, *Access to justice: interim cit.*, cap. 4, par. 1.

Como resulta da exposição anterior, a progressão do caso até ao julgamento era controlada pelas partes, com reduzida intervenção do tribunal. Ora, o controlo judicial limitado quanto a aspetos como a definição do ritmo do processo ou a organização das diligências instrutórias levava a várias disfunções, que se refletiam, em particular, nos custos e na duração do processo[243].

Tendo em conta este diagnóstico, o relatório apontava para a necessidade de transferir a "responsabilidade pela condução do processo civil (...) das partes e dos seus advogados para o tribunal"[244]. Desta forma, um dos pilares da reforma consistia na atribuição de poderes de gestão do processo ao tribunal com o intuito de assegurar o controlo judicial da marcha processual e da audiência de julgamento e, assim, reduzir a duração e os custos do processo[245].

O relatório preliminar preconizava ainda uma tripartição das formas de processo (*small claims track*, *fast track* e *multi-track*), sendo que cada uma delas implicava uma intervenção crescente do tribunal na preparação do caso para julgamento. A determinação da forma aplicável ao caso seguia um critério assente no valor, embora a complexidade das diligências probatórias também fosse um aspeto relevante na *fast track* e, em geral, as particularidades da causa pudessem determinar a aplicação de uma forma de processo distinta da prevista na lei. Dentro de cada uma destas formas e, em particular, na *fast track* e na *multi-track*, o juiz dispunha de amplos poderes de gestão processual[246].

O relatório final, publicado em 1996, manteve a gestão processual como um aspeto central da reforma. O juiz surgia, pois, como o motor do processo na fase anterior ao julgamento. A condução judicial do processo implicava, entre outros aspetos, a fixação de um calendário para a prática dos vários atos processuais, a monitorização do cumprimento das regras

[243] Lord Woolf, *Access to justice: interim cit.*, cap. 3, pars. 1 a 11.

[244] Lord Woolf, *Access to justice: interim cit.*, cap. 5, par. 2.

[245] Lord Woolf, *Access to justice: interim cit.*, cap. 5, par. 16: a gestão processual implica que "o tribunal assuma a responsabilidade última pelo andamento da causa de acordo com uma certa forma de processo".

[246] Lord Woolf, *Access to justice: interim cit.*, cap. 6, pars. 1 a 13 e 22 a 24, cap. 7, pars. 1 a 13, e cap. 8, pars. 1 a 14.

processuais e dos despachos judiciais, a aplicação de sanções em caso de incumprimento e a programação da audiência de julgamento[247].

1.3. Civil Procedure Rules

A reforma do processo civil inglês culminou na elaboração das CPR, de 17 de dezembro de 1998. As CPR entraram em vigor em abril de 1999 e aplicam-se no County Court, no High Court e na divisão cível do Court of Appeal[248]. A sua estrutura assenta numa divisão em várias partes (num total de 89) e a generalidade das partes é acompanhada por *practice directions* que complementam o conteúdo das regras processuais.

Um dos aspetos marcantes das CPR consiste na transferência da responsabilidade pela condução do processo até ao julgamento para o tribunal. Neste contexto, adotou-se a abordagem preconizada nos relatórios Woolf, de acordo com a qual o papel preponderante na dinamização do processo devia passar a caber ao juiz e não – como até então se verificara – às partes e aos seus advogados.

Desta forma, a condução do processo até à audiência de julgamento passou a competir ao juiz, em estreita cooperação com as partes, mas sem depender de um impulso destas. A condução do processo pelo tribunal também se reflete na audiência de julgamento: na *fast track* e na *multi-track*, o juiz desempenha um papel relevante no sentido de assegurar o cumprimento da programação previamente estabelecida; na *small claims track*, o juiz tem um papel ainda mais interventivo, com o intuito de garantir que as partes têm uma oportunidade para expor os seus argumentos[249]. O tribunal deve, assim, assumir uma atitude proativa nestes dois momentos[250].

Em outros domínios, as CPR mantiveram a anterior distribuição de papéis entre as partes e o tribunal. Assim, as partes mantêm o monopólio quanto ao impulso processual inicial (concretizado na propositura da

[247] Lord Woolf, *Access to justice: final report*, 1996, p. 6

[248] Sec. 1(1) do Civil Procedure Act, de 27 de fevereiro de 1997.

[249] A *small claims track* inclui os litígios de valor mais reduzido [por regra, até £ 10.000: r. 26.6(1) a (3)]. A circunstância de as partes não estarem obrigadas a constituir advogado ajuda a explicar o papel mais interventivo atribuído ao juiz.

[250] Robert Turner, "«Actively» cit.", p. 82.

ação) e continua a caber-lhes, em regra, a definição do enquadramento jurídico do caso.

Quanto aos meios de prova, a sua apresentação continua a competir em exclusivo às partes[251]. No entanto, a gestão processual reflete-se na atribuição ao juiz de importantes poderes em matéria probatória: é o que sucede, como veremos, com o poder de restringir diligências de prova [r. 32.1(2) das CPR[252]].

Constata-se, assim, que as CPR introduziram uma alteração importante na configuração da relação entre as partes e o tribunal: a transferência da responsabilidade pela condução do processo para o tribunal. Esta mudança implicou a atribuição de poderes de gestão do processo ao juiz, que se refletem (entre outros aspetos) na determinação da forma de processo, na modelação da tramitação ao caso concreto e no controlo da marcha processual[253].

1.4. Objetivo primordial

A lógica subjacente às CPR é desenvolvida na r. 1.1, sob a epígrafe "objetivo primordial" (*overriding objective*). De acordo com a r. 1.1(1), o objetivo

[251] ADRIAN ZUCKERMAN, *Zuckerman on civil procedure: principles of practice*, 3.ª ed., 2013, pp. 530-531 e 534-537.

[252] As regras indicadas nos próximos pontos deste capítulo pertencem, salvo indicação em contrário, às CPR.

[253] A doutrina discute se a abordagem proativa do tribunal em relação à condução do processo coloca em causa os pilares do modelo adversarial. Para ADRIAN ZUCKERMAN, *Zuckerman cit.*, pp. 534-539, a resposta deve ser negativa, uma vez que a decisão só pode considerar as questões controvertidas suscitadas pelas partes e as diligências probatórias também estão limitadas àquelas que sejam requeridas pelas partes. Em sentido contrário, J. A. JOLOWICZ, "The Woolf report and the adversary system", 1996, pp. 198-201 e 209-210, entende que as CPR podem conduzir, ainda que de forma indireta, a um afastamento do modelo adversarial, já que facultam ao tribunal a oportunidade (acompanhamento do processo na fase anterior ao julgamento) e os meios (poderes de gestão processual) para que este procure assegurar que a decisão adere à realidade extraprocessual. Refira-se, no entanto, que o autor encara este resultado como desejável: "As decisões judiciais devem, no final do século XX, ter em vista tanto a justiça substantiva como a justiça processual" (J. A. JOLOWICZ, "The Woolf cit.", p. 210).

primordial consiste em lidar com os processos de forma justa e mediante custos proporcionais[254].

A r. 1.1(2) procura enunciar as principais dimensões do objetivo primordial. De acordo com esta regra, o *overriding objective* envolve a salvaguarda da igualdade processual, a poupança de custos, o tratamento da causa de forma célere, justa e proporcional (tendo em conta as particularidades do caso e a necessidade de afetar recursos a outras causas) e a preocupação em assegurar o cumprimento das regras processuais, das *practice directions* e dos despachos judiciais[255-256].

Desta forma, ao contrário daquilo que sucedia antes das CPR, a prolação de uma decisão de mérito não prevalece sobre outras considerações, como a afetação proporcional dos recursos do sistema judiciário ou a decisão em prazo razoável[257]. Esta constatação saiu reforçada com as alterações introduzidas à r. 1.1(1) em 2013, já que a proporcionalidade dos custos surge agora no mesmo patamar que a obtenção de uma decisão de mérito. Como veremos, esta nova abordagem assume particular relevância no âmbito da resposta ao incumprimento das regras processuais, das *practice directions* e dos despachos judiciais, já que tal implica um equilíbrio entre algumas das vertentes do objetivo primordial.

O objetivo primordial desempenha um importante papel orientador da interpretação das regras processuais[258] e da atuação do juiz no exercício dos poderes que lhe são conferidos [r. 1.2(a)]. Quer isto dizer que

[254] Na sua redação inicial, esta regra só aludia ao intuito de lidar com a causa de forma justa. A referência à proporcionalidade dos custos foi introduzida em 2013, com o propósito de clarificar o objetivo primordial. Sobre esta questão, Lord John Anthony Dyson, "The application of the amendments to the Civil Procedure Rules", 2014, pp. 126-129.

[255] A referência ao cumprimento dos despachos, das regras processuais e das *practice directions* [r. 1.1(2)(f)] também foi acrescentada às CPR em 2013.

[256] Para uma análise de algumas destas dimensões, Maurice Kay, ed., *Blackstone's civil practice: the commentary*, 2011, pp. 50-52, e Robert Turner, "The proactive judge and the provision of a single transnational case management system and its associated procedures", 2004, pp. 79-82.

[257] John Sorabji, "The road to New Street station: fact, fiction and the overriding objective", 2012, pp. 81 e 85-89, e Lord John Dyson, "The application cit.", p. 131.

[258] Déirdre Dwyer, "What is the meaning of CPR R. 1.1(1)", 2009, p. 70-73. Este aspeto é sublinhado por Lord Woolf, *Access to justice: final cit.*, p. 275: o objetivo primordial é como uma "bússola destinada a guiar os tribunais, as partes e os advogados".

o *overriding objective* surge como fundamento e limite dos poderes do tribunal.

2. Gestão processual

2.1. Perspetiva geral

Uma das formas de concretizar o objetivo primordial consiste na gestão ativa do processo [r. 1.4(1)]. Por outras palavras, a obtenção de uma decisão justa e mediante custos proporcionais (nas suas diferentes modalidades) pressupõe a atribuição de poderes de gestão processual ao juiz. Entre outros objetivos, estes poderes têm em vista estimular a resolução consensual do litígio, focar o processo nas questões controvertidas que não possam ser resolvidas de imediato e permitir um impulso e monitorização constantes do andamento do processo [r. 1.4(2)].

A r. 3.1 funciona como um importante repositório dos poderes de gestão processual que as CPR conferem ao tribunal, mas não tem a pretensão de apresentar uma lista exaustiva desses poderes. Esta conclusão resulta, desde logo, da ressalva inicial de outros poderes de gestão que se encontrem dispersos pelas CPR [r. 3.1(1)]. A cláusula geral de gestão processual, de acordo com a qual o tribunal pode "dar qualquer outro passo ou proferir qualquer outro despacho com o intuito de gerir o caso e de promover o objetivo primordial" [r. 3.1(2)(m)], aponta no mesmo sentido, já que a amplitude muito considerável que nela se atribui aos poderes de gestão visa, precisamente, permitir a sua concretização em abstrato.

A gestão ativa do processo implica que, por regra, os poderes de gestão sejam de iniciativa oficiosa [r. 3.3(1)]. Desta forma, o juiz deve adotar uma atitude proativa na condução do processo, sem estar dependente da iniciativa das partes, sempre com o intuito de assegurar que este se desenvolve de forma célere e eficaz[259].

[259] De acordo com a r. 3.3(4), o tribunal pode exercer os seus poderes de gestão processual sem facultar o contraditório às partes. Neste caso, as partes têm a possibilidade de reagir contra o despacho, requerendo a sua alteração, suspensão ou revogação [r. 3.3(5)], o que permite assegurar o contraditório, ainda que de forma diferida. No caso Shawton Engineering v DGP International, de 19 de dezembro de 2003, o Court of Appeal considerou que o juiz só deve

A transferência da responsabilidade pela condução do processo para o tribunal não obsta a que os poderes de gestão sejam exercidos na sequência de um requerimento da(s) parte(s). Aliás, a lógica de cooperação que se pretende incutir no processo [r. 1.4(2)(a)] sugere exatamente o oposto, ou seja, que o tribunal deve analisar com especial atenção um requerimento subscrito por ambas as partes. A diferença é que, ao contrário daquilo que sucedia antes das CPR, a intervenção do tribunal na fase anterior ao julgamento não depende – na generalidade dos casos – de um requerimento das partes.

Neste contexto, importa ainda referir que, em regra, a responsabilidade pela condução do processo é repartida por mais do que um juiz. A fase anterior ao julgamento é marcada, em muitos casos, pela intervenção de diferentes juízes (*procedural judges*): desta forma, o juiz que profere o despacho de gestão inicial do processo não é necessariamente o mesmo que será responsável pela programação do julgamento. Além disso, a audiência de julgamento pode ser presidida por um juiz que não interveio no processo em momento anterior[260].

2.2. Análise exemplificativa

2.2.1. Determinação da forma de processo

Como já tivemos oportunidade de constatar, um dos pilares da reforma Woolf consistiu na introdução de várias formas de processo (*small claims track*, *fast track* e *multi-track*), com diferentes graus de intervenção judicial

dispensar o contraditório prévio quando conheça todos os elementos relevantes para o exercício do poder em questão. A regra consiste, pois, na audição prévia das partes: neste sentido, Adrian Zuckerman, *Zuckerman cit.*, p. 553.

[260] Uma das recomendações feitas por Lord Justice Jackson, *Review of civil litigation costs: final report*, 2010, pp. 391-393, passa por uma maior continuidade judicial na *multi-track*. Sobre os possíveis benefícios de atribuir a um único juiz a responsabilidade pelo acompanhamento do processo desde o início, Lord Neuberger of Abbotsbury, "Docketing: completing case management's unfinished revolution", 2012, pp. 12-14. O autor defende a adoção de um modelo de juiz único para alguns litígios incluídos na *multi-track*, designadamente em função da sua complexidade (por exemplo, ações de negligência médica) ou da maior especialização técnica exigida, mas entende que essa solução não deve ser alargada à *small claims track* ou à *fast track* ("Docketing cit.", p. 16).

na preparação dos casos para julgamento[261]. De acordo com o esquema traçado nas CPR, após a apresentação do requerimento inicial e da defesa, o tribunal deve determinar qual a forma de processo aplicável ao caso (r. 26.5)[262].

A r. 26.6 enuncia um conjunto de critérios que visam delimitar, em abstrato, o âmbito de aplicação de cada uma destas formas de processo. A análise do tribunal deve, assim, partir da consideração destes critérios.

Na *small claims track*, o critério adotado é quantitativo: por regra, esta forma de processo compreende as ações de valor igual ou inferior a £ 10.000 [r. 26.6(3)]. Diga-se, no entanto, que o limite quantitativo desta forma processual é inferior quando se trate de um litígio relativo a danos corporais ou à reparação de imóveis arrendados [r. 26.6(1) e (2)].

Por seu turno, a *fast track* combina dois critérios: por um lado, o valor da causa deve situar-se entre £ 10.001 e £ 25.000; por outro lado, é preciso ter em conta a complexidade das diligências probatórias [r. 26.6(4) e (5)]. Este último critério está relacionado com a duração previsível da audiência de julgamento (não deve exceder um dia)[263] e com a exten-

[261] De forma resumida, na *small claims track*, a intervenção do tribunal na fase anterior ao julgamento traduz-se tipicamente num despacho que fixa a data da audiência de julgamento e estabelece que quaisquer documentos devem ser apresentados com uma antecedência mínima de 14 dias em relação à audiência [r. 27.4(1)(a) e 27.4(3)(a)]. Por seu turno, na *fast track* e na *multi-track*, o papel do tribunal na preparação do caso para julgamento é mais amplo e tem em vista, no essencial, a organização das diligências instrutórias, a elaboração de um calendário do processo (que especifica quais os passos que devem ser dados até ao julgamento e em que momento) e – como veremos – o controlo do andamento da causa. Aquilo que diferencia a *fast track* e a *multi-track* é a grande diversidade em termos de valor e de complexidade dos casos compreendidos na *multi-track*, o que implica uma maior flexibilidade das regras processuais e uma particular ênfase nos poderes de gestão do processo pelo juiz (PD 29, par. 3.2).

[262] A forma de processo pode ser alterada em momento posterior (r. 26.10). De acordo com a PD 26, par. 11.2, a modificação pressupõe uma alteração das circunstâncias em que assentou a decisão anterior – assim, por exemplo, a verificação de um facto que determine o aumento do valor da causa além do limite quantitativo da *small claims track* ou da *fast track*.

[263] A PD 26, par. 9.1(3)(c), sugere que este elemento não deve ser considerado de forma isolada, já que a possibilidade de o julgamento durar mais do que um dia não justifica, por si só, que a causa seja tramitada na *multi-track*.

são da prova pericial que deva ser produzida oralmente na audiência (máximo de dois peritos por parte).

Por fim, o âmbito de aplicação da *multi-track* é definido por exclusão, pelo que abrange quaisquer litígios não incluídos nas restantes formas processuais [r. 26.6(6)]. Assim, esta forma de processo compreende as ações de valor superior a £ 25.000 e quaisquer outras cuja complexidade (designadamente, a nível das diligências de prova) assim justifique, independentemente do respetivo valor.

As circunstâncias do caso podem, no entanto, apontar para a maior adequação de uma forma processual diferente daquela que resultaria da aplicação destes critérios. Assim, ao determinar a forma de processo, o tribunal também deve ter em conta o pedido, o número de partes, a complexidade fáctica ou jurídica da causa, a importância do litígio na perspetiva de terceiros ou as circunstâncias das partes, entre outros aspetos [r. 26.7(1) e 26.8(1)][264].

Desta forma, é possível concluir que a determinação das formas de processo segue, no essencial, um critério quantitativo (conjugado, na *fast track*, com a complexidade das diligências de prova), mas o tribunal pode determinar que a causa siga uma forma distinta daquela que resultaria da aplicação desses critérios em função das suas especificidades[265]. Assim, por exemplo, o tribunal pode decidir que uma ação no valor de £ 12.000 que suscite questões de interesse público deve, por essa razão, seguir as regras da *multi-track*[266]. Neste caso, os poderes de gestão processual visam assegurar que a causa segue a forma mais adequada em concreto.

[264] O tribunal também deve ter em conta a perspetiva das partes [r. 26.8(1)(h)]. Não obstante, a revogação da r. 26.7(3) acentuou os poderes de gestão do processo neste contexto, já que o tribunal passou a poder afastar-se do critério quantitativo sem necessidade de acordo das partes.

[265] Neste sentido, Neil Andrews, *English civil procedure: fundamentals of the new civil justice system*, 2003, p. 40. Para o autor, os critérios enunciados na r. 26.6 estabelecem uma presunção no sentido da aplicação de determinada forma processual, presunção essa que pode ser afastada pelo tribunal numa apreciação global das circunstâncias do caso.

[266] Para outros exemplos, Maurice Kay, *Blackstone's cit.*, p. 648, e Neil Andrews, *English cit.*, p. 40.

2.2.2. Utilização de meios de resolução alternativa de litígios

De acordo com a r. 1.4(2)(e), a gestão ativa do processo implica que o tribunal incentive as partes a submeter o litígio a meios de resolução alternativa de litígios quando considere que estes são adequados ao caso. Tal como resulta do relatório preliminar Woolf, a ênfase colocada nos meios de resolução alternativa de litígios assenta numa dupla consideração: por um lado, na perspetiva das partes, estes meios permitem, por regra, soluções mais rápidas, com custos reduzidos e, quando acordadas entre as partes, mais satisfatórias; por outro lado, os meios de resolução alternativa de litígios permitem concentrar os recursos disponíveis no sistema judiciário naqueles casos que devam ser apreciados por um juiz[267].

A promoção judicial da utilização destes meios pode passar pela suspensão do processo durante um certo período de tempo com o intuito de permitir às partes explorar a possibilidade de resolução consensual do litígio [r. 3.1(2)(f) e 26.4(2A)]. Refira-se ainda que, quando requerida por todas as partes, a suspensão é automática e tem a duração de um mês [r. 26.4(2)].

O intuito de promover a utilização dos meios de resolução alternativa de litígios explica também a existência de mecanismos assentes num estímulo financeiro negativo. De facto, os tribunais ingleses admitem que quando uma das partes não aceite submeter o litígio a um destes meios (em particular, à mediação) na sequência de uma sugestão judicial ou da parte contrária e o juiz considere que essa recusa não é razoável, a conduta da parte pode ser tida em conta para efeito de repartição das custas do processo[268].

No caso Halsey v Milton Keynes, o Court of Appeal reafirmou a orientação segundo a qual a recusa da mediação proposta pela outra parte, quando não seja razoável, pode repercutir-se no momento de determinar a responsabilidade pelo pagamento das custas e desenvolveu alguns

[267] Lord Woolf, *Access to justice: interim cit.*, cap. 18, par. 2.

[268] A regra geral em matéria de custas prevê o reembolso das custas da parte vencedora pela parte contrária [r. 44.2(2)(a)]. No entanto, as CPR admitem que o juiz proceda a uma diferente repartição das custas em função de várias circunstâncias, entre as quais a conduta das partes e, em especial, os esforços que estas tenham desenvolvido no sentido da resolução do litígio [r. 44.2(4)(a) e 44.4(3)].

critérios para avaliar a razoabilidade da recusa[269-270]. Numa decisão mais recente, o Court of Appeal considerou que a falta de resposta a uma sugestão da outra parte no sentido de submeter o litígio a mediação, considerada em si mesma, traduzia uma conduta injustificada e, em consequência, determinou que a parte (apesar de vencedora) não tinha direito à recuperação das suas custas[271].

Tendo em conta esta jurisprudência, o despacho de gestão inicial do processo pode incluir uma exortação às partes para que considerem a utilização de meios de resolução alternativa de litígios, com a advertência de que a(s) parte(s) que considerem que estes meios não são adequados ao caso devem estar preparadas para apresentar as suas razões ao tribunal, por escrito, com alguma antecedência em relação ao julgamento[272]. A justificação apresentada pela(s) parte(s) será apreciada num momento posterior, apenas para efeito de repartição das custas.

[269] Caso Halsey v Milton Keynes, de 11 de maio de 2004. De acordo com esta decisão, a razoabilidade da recusa da mediação depende do tipo de litígio, do mérito do caso apresentado pela parte que recuse participar na mediação, de (eventuais) tentativas prévias de resolução consensual do litígio, dos custos e do eventual atraso causado pela mediação e das perspetivas de sucesso desta. Neste caso, o tribunal entendeu que a recusa do réu em submeter o litígio a mediação era razoável com base em três argumentos: por um lado, a mediação não apresentava perspetivas razoáveis de sucesso (tendo em conta que as partes assumiam posições incompatíveis); por outro lado, a defesa do réu estava sustentada em argumentos sólidos; por fim, os custos da mediação seriam desproporcionais em relação ao valor do litígio e aos custos associados a um processo judicial.

[270] O Civil Justice Council ADR Working Group, *ADR and civil justice: final report*, 2018, pontos 8.23-8.38, sugere várias alterações a esta jurisprudência: por um lado, a razoabilidade da recusa deve ser apreciada de acordo com critérios mais amplos; por outro lado, o tribunal deve ter à disposição mecanismos que lhe permitam sinalizar às partes, de imediato, que, no seu entender, a recusa de utilizar meios de resolução alternativa de litígios naquele caso não é razoável.

[271] Caso PGF v OMFS, de 23 de outubro de 2013.

[272] Trata-se de uma *Ungley order*. Atualmente, este modelo de despacho encontra-se previsto na PD 29, par. 4.10(9).

2.2.3. Utilização de meios orais de comunicação à distância

De acordo com a r. 3.1(2)(d), o tribunal pode determinar que as audiências[273] ou os atos de produção de prova[274] tenham lugar por telefone ou por outro meio de comunicação oral direta (o que inclui, por exemplo, a videoconferência). A utilização de meios orais de comunicação à distância permite dispensar a deslocação das partes, dos advogados e das testemunhas ao tribunal [r. 1.4(2)(j) e (k)].

Na prática judiciária, este poder tem sido utilizado, em especial, no âmbito da audiência destinada à gestão inicial do processo. Neste contexto, alguns tribunais adotaram a prática de conduzir essa audiência por telefone, dispensando assim a comparência das partes e dos respetivos advogados em tribunal[275]. A utilização de meios orais de comunicação à distância pressupõe uma melhor preparação do caso por parte de todos os envolvidos na audiência, o que – no caso do juiz – pressupõe a análise prévia de um resumo do caso (preparado por cada uma das partes) e de quaisquer propostas de gestão acordadas entre as partes[276].

2.2.4. Diligências probatórias

Os poderes do juiz em matéria probatória estão previstos, de forma genérica, na r. 32.1. De acordo com esta regra, cabe ao tribunal decidir quais os factos que carecem de prova, qual o tipo de prova necessária e como é que essa prova deve ser produzida [r. 32.1(1)]. O juiz pode ainda introdu-

[273] A regra em análise refere-se a "uma audiência", pelo que inclui as audiências que tenham lugar nas fases anteriores ao julgamento e a própria audiência de julgamento.

[274] De acordo com a r. 32.3, as testemunhas podem depor por videoconferência mediante autorização do tribunal.

[275] John Peysner, Mary Seneviratne, *The management of civil cases: the courts and post-Woolf landscape*, 2005, pp. 26-27. A pesquisa conduzida pelos autores em oito tribunais permitiu concluir que mais de metade das audiências de gestão inicial eram conduzidas por telefone.

[276] John Peysner, Mary Seneviratne, *The management cit.*, pp. 27-28. No mesmo sentido, David Oldham, "Case management: a judge's perspective", 2009, p. 216.

zir limitações[277] aos meios de prova admissíveis com o intuito de controlar a duração e os custos do processo [r. 32.1(2)][278].

A restrição das diligências probatórias pode, desde logo, refletir-se ao nível da prova testemunhal. Assim, o juiz pode limitar o número de testemunhas que cada parte pode apresentar (em geral ou por referência a cada facto), o tamanho do depoimento escrito [r. 32.2(3)(c)][279] ou o tempo disponível para o contrainterrogatório das testemunhas na audiência de julgamento [r. 32.1(3)].

As CPR também procuram limitar a extensão da prova pericial. O princípio geral é o de que esta não deve exceder aquilo que seja razoavelmente necessário para decidir o caso (r. 35.1).

Este princípio repercute-se, entre outros aspetos, na introdução da figura do perito comum (*single joint expert*)[280]. Desta forma, quando as partes pretendam produzir prova pericial sobre determinada questão, o juiz

[277] A r. 32.1(2) refere-se à "exclusão de meios de prova". Adrian Zuckerman, *Zuckerman cit.*, p. 561, entende que a interpretação literal desta regra poderia colocar em causa o direito a um processo equitativo e, como tal, defende que o poder em análise envolve apenas a limitação dos meios de prova. Na exposição subsequente, vamos apenas considerar a restrição dos meios de prova, sem entrar na questão de saber se a sua exclusão é ou não admissível.

[278] Caso Post Office Counters v Mahida, de 22 de outubro de 2003: a r. 32.1(2) consagra, no essencial, um "poder de gestão do processo pelo tribunal no sentido de evitar o descontrolo dos casos e que as audiências se tornem intermináveis em resultado da apresentação de um número crescente de provas admissíveis, especialmente de depoimentos indiretos". No mesmo sentido, Adrian Zuckerman, *Zuckerman cit.*, pp. 558-563. Para Maurice Kay, *Blackstone's cit.*, p. 721, o exercício deste poder depende da relevância que o meio de prova tenha, em concreto, para a prova dos factos.

[279] No sistema inglês, o depoimento da testemunha é apresentado, num primeiro momento, por escrito e notificado à outra parte e ao tribunal (r. 32.4). Por regra, na audiência de julgamento, o depoimento escrito substitui a inquirição da testemunha pela parte que a apresentou [r. 32.5(2)].

[280] A perícia passou, pois, a assentar num de dois modelos alternativos, consoante seja conduzida por um perito comum às partes (*single joint expert*) ou por peritos próprios, escolhidos por cada uma delas (*party experts*). As CPR permitem que o juiz designe um terceiro com conhecimentos especializados para o auxiliar, entre outras questões, na apreciação da prova pericial – o *assessor* [r. 35.15] – mas esta figura tem uma utilização prática muito reduzida: sobre a mesma, Sir Louis Blom-Cooper, "Assessors", 2006, pp. 113-116, e Neil Andrews, *English cit.*, pp. 756-757.

pode determinar que a perícia seja realizada por um perito comum [r 35.7(1)][281]. Essa é, aliás, a regra na *fast track* [PD 28, par. 3.9(4)][282].

A designação de um perito comum ou de peritos próprios deve ter em conta as particularidades do caso. De facto, a PD 35, par. 7, estabelece que o tribunal deve ter em conta o valor e a complexidade da causa, o objeto da perícia e a existência de múltiplas correntes de opinião quanto às questões suscitadas pela perícia, entre outras considerações. Desta forma, a gestão processual pode atuar no sentido de afastar a designação de um perito comum quando, apesar de a causa estar incluída na *fast track*, o juiz conclua que as circunstâncias do caso justificam que cada parte tenha a oportunidade de nomear um perito próprio.

O tribunal pode também introduzir alterações à forma de produção da prova [r. 32.1(1)(c)].

Recorrendo, mais uma vez, ao exemplo da prova pericial, esta culmina – por regra – na elaboração de um relatório pericial [r. 35.5(1)]. Desta forma, é possível concluir que a prova pericial é predominantemente escrita. Ora, ao abrigo dos poderes de gestão do processo, o juiz pode convocar o perito para que este preste esclarecimentos na audiência de julgamento quando, por exemplo, subsistam dúvidas em relação ao conteúdo do relatório (mesmo depois de as partes terem solicitado esclarecimentos nos termos da r. 35.6). Nestes casos, a produção da prova pericial terá também uma importante componente oral. Refira-se, no entanto, que na *small claims track* e na *fast track* a inquirição do perito na audiência de julgamento só é admitida quando tal se revele necessário para assegurar os interesses da Justiça [r. 35.5(2)][283].

[281] O perito comum é, por regra, escolhido em conjunto pelas partes. A sua designação só compete ao tribunal quando as partes não cheguem a acordo e, mesmo neste caso, o juiz deve ter em conta a lista de peritos que as partes tenham (eventualmente) elaborado [r. 35.7(2)].

[282] Na ausência de uma regra especial para a *multi-track*, a doutrina e a jurisprudência discutem se existe uma presunção a favor da designação de um perito comum nesta forma processual: sobre esta questão, Déirdre Dwyer "The role of the expert under CPR Pt 35", 2009, pp. 315-319, e Suzanne Burns, Brian Thompson, "Single joint expert", 2006, pp. 61-63.

[283] Quando a perícia seja realizada por um perito comum, a jurisprudência também entende que o perito só deve ser chamado a prestar esclarecimentos na audiência de julgamento em situações muito limitadas: neste sentido, os casos MP v Mid Kent, de 5 de novembro de 2001, e Popek v National Westminster Bank, de 21 de janeiro de 2002.

No que respeita à prova testemunhal, o depoimento escrito substitui, por regra, a inquirição em julgamento da testemunha pela parte que a apresentou [r. 32.5(2)]. No entanto, o tribunal pode determinar a renovação oral do depoimento escrito, entre outros casos, quando este seja contraditório com o depoimento de outra(s) testemunha(s)[284].

2.2.5. Controlo do andamento do processo até ao julgamento

A transferência da responsabilidade pela condução do processo para o tribunal implica que lhe sejam atribuídos poderes no sentido de assegurar que a causa progride até à audiência de julgamento de forma tão célere quanto possível e com custos limitados ao que seja estritamente necessário para a obtenção de uma decisão de mérito. Além disso, o tribunal deve dispor de mecanismos que lhe permitam monitorizar o cumprimento dos despachos de gestão processual [r. 3.1(8)][285].

Desta forma, a gestão ativa do processo pressupõe a calendarização dos atos que devam ser praticados até à audiência de julgamento ou o controlo do andamento do processo através de outros mecanismos [r. 1.4(2)(g)]. Na *fast track* e na *multi-track*, a calendarização do processo deve coincidir com a gestão processual inicial [r. 28.2(1) e 29.2(1)][286]. Entre outros aspetos, o calendário deve estabelecer um período temporal para a revelação de documentos (*disclosure*) e para a troca de depoimentos escritos[287].

[284] Adrian Zuckerman, *Zuckerman cit.*, p. 957.

[285] Este poder foi introduzido em 2013, na sequência da reforma Jackson. De acordo com Lord Justice Jackson, *Review cit.*, p. 398, a monitorização permanente do processo surge como uma ferramenta essencial no sentido de assegurar o cumprimento dos despachos de gestão processual. Diga-se, no entanto, que a circunstância de as CPR não preverem este poder anteriormente não impedia o juiz de contactar as partes com a finalidade de controlar o andamento do processo, designadamente ao abrigo da r. 3.1(2)(m).

[286] As CPR não regulam de forma pormenorizada a tramitação do processo na *small claims track*, já que uma parte significativa das diligências instrutórias está concentrada na audiência de julgamento. A calendarização do processo tem, por conseguinte, uma reduzida relevância prática.

[287] A PD 28, par. 3.12, apresenta um modelo de calendário para a *fast track*, cujos prazos têm por referência o despacho de gestão inicial do processo: troca de documentos – quatro semanas; troca dos depoimentos escritos das testemunhas – 10 semanas; troca dos relatórios periciais – 14 semanas; envio de um formulário para preenchimento pelas partes com informa-

O controlo do andamento da causa também passa pela fixação, num momento inicial do processo, da data do julgamento ou, quando tal não seja ainda possível, do período em que este terá lugar. Esta técnica tem como intuito acelerar o processo (porque estimula a sua preparação adequada e tempestiva), reduzir custos e incentivar a resolução consensual do litígio[288].

Na *fast track*, a data do julgamento ou o período no qual este terá lugar (que não pode ser superior a três semanas) deve constar do despacho de gestão inicial do processo [r. 28.2(2)]. Já na *multi-track*, a indicação pode não ser feita nesse despacho, mas deverá ocorrer tão rapidamente quanto possível [r. 29.2(2)]. Deste modo, é possível concluir que existe uma preocupação comum a estas formas processuais no sentido de fixar a data do julgamento ou o período em que este deverá realizar-se num momento inicial do processo. A complexidade de alguns litígios incluídos na *multi-track* pode, no entanto, impedir que essa indicação conste do despacho de gestão inicial.

2.2.6. Programação da audiência de julgamento

Os poderes de gestão processual também incluem a preparação da audiência de julgamento, com o intuito de assegurar que esta decorre de forma rápida e eficiente [r. 1.4(2)(l)]. A organização da audiência pode passar por algumas das práticas a que já aludimos – por exemplo, quando uma das testemunhas resida no estrangeiro, pode ser necessário ponderar a utilização da videoconferência – e, bem assim, por outras técnicas, como a bifurcação do processo [r. 3.1(2)(i)]. Neste contexto, vamos centrar a nossa atenção na programação da audiência de julgamento.

Desde logo, importa salientar que a programação da audiência tem em vista os processos abrangidos pela *fast track* e pela *multi-track* [r. 28.6(1)

ções relevantes para a preparação do julgamento (*pre-trial checklist*) – 20 semanas; devolução das *pre-trial checklists* preenchidas – 22 semanas; audiência de julgamento – 30 semanas. Em alguns casos, poderá ser necessário realizar audiências com o intuito de proceder à gestão inicial do processo (PD 28, par. 2.3) ou de preparar o julgamento.

[288] Neil Andrews, *English cit.*, p. 341.

e 29.8(1)][289]. A complexidade que caracteriza parte dos casos na *multi-track* leva a que a regra nesta forma processual passe pela programação da audiência, ainda que se admita a sua dispensa [r. 29.8(1)].

A programação deve ser elaborada em cooperação com as partes (r. 39.4). Desta forma, quando o juiz convoque uma audiência destinada à preparação do julgamento, esse será o momento adequado para planificá-lo em conjunto com as partes. Nos restantes casos, as partes devem fazer chegar ao tribunal, por escrito, quaisquer informações que considerem relevantes para a programação (por exemplo, o tempo estimado para alegações iniciais ou para o contrainterrogatório das testemunhas apresentadas pela parte contrária)[290].

A programação do julgamento passa, desde logo, pela fixação de limites de tempo para os vários componentes da audiência[291]. Além disso, a programação pode ser utilizada para dispensar as alegações iniciais das partes ou estabelecer a ordem pela qual as várias testemunhas serão inquiridas[292].

Importa ainda referir que o juiz pode alterar a programação anteriormente definida no início da audiência de julgamento (PD 28, par. 8.3, e 29, par. 10.3).

3. Incumprimento dos despachos de gestão processual

I. A efetividade dos poderes de condução do processo pelo juiz depende da existência de sanções para o incumprimento dos despachos de gestão processual. De facto, na ausência de poderes sancionatórios que permitam ao tribunal responder a situações de incumprimento, o ritmo do processo continuaria, na prática, a estar dependente das partes. Importa, assim, perceber quais as sanções que o juiz pode aplicar para fazer face ao

[289] Na *small claims track*, a audiência de julgamento é marcada pela flexibilidade e informalidade [r. 27.8(1) e (2)]. Este modelo é, assim, dificilmente compatível com uma programação elaborada num momento anterior.

[290] Maurice Kay, *Blackstone's cit.*, pp. 913-914.

[291] Sobre a estrutura típica da audiência, Adrian Zuckerman, *Zuckerman cit.*, pp. 1014-1015, e Maurice Kay, *Blackstone's cit.*, pp. 926-929.

[292] Maurice Kay, *Blackstone's cit.*, p. 914.

incumprimento dos despachos judiciais e, em particular, dos despachos de gestão processual.

O tribunal tem ao seu dispor um amplo leque de sanções para fazer face ao incumprimento dos despachos judiciais[293]. Desde logo, as sanções podem revestir natureza pecuniária: assim, o tribunal pode determinar o pagamento de certa quantia pela parte faltosa [r. 3.1(3) e (5)], responsabilizá-la pelos custos decorrentes do incumprimento e, consoante a posição da parte no processo, agravar ou reduzir os juros devidos em caso de procedência do pedido (PD Pre-action conduct and protocols, par. 16). Outras sanções podem passar pela suspensão do processo até que a parte cumpra com os termos do despacho [r. 3.1(2)(f)] ou pela impossibilidade de apresentar certo meio de prova (por exemplo, quando o depoimento escrito não tenha sido notificado no prazo estabelecido pelo tribunal – r. 32.10). A sanção mais gravosa consiste no desentranhamento (total ou parcial) do requerimento inicial ou da defesa [r. 3.4(2)(c)].

No momento de determinar a sanção aplicável, o juiz deve ter em conta as circunstâncias do caso[294]. Entre outros aspetos, importa considerar a natureza do incumprimento, os seus efeitos na tramitação do processo (por exemplo, a necessidade de adiar a audiência de julgamento), o prejuízo que pode causar à parte contrária, o caráter isolado ou repetido do incumprimento ou a circunstância de a parte ter cumprido com o despacho, mesmo que de forma intempestiva[295].

A questão da proporcionalidade da sanção coloca-se de forma especialmente intensa quanto ao desentranhamento do requerimento inicial ou da defesa, tendo em conta as consequências gravosas que lhe estão

[293] O tribunal pode prever, no próprio despacho, qual a sanção aplicável em caso de incumprimento (*unless order*). Neste caso, a sanção aplica-se automaticamente na sequência do incumprimento, salvo quando a parte faltosa requeira e o tribunal determine a sua não aplicação [r. 3.8(1)]. Para uma análise mais desenvolvida das *unless orders*, v. o caso Marcan Shipping v Kefalas, de 17 de maio de 2007.

[294] Neste sentido, o caso Purdy v Cambran, de 17 de dezembro de 1999: "Não há um conjunto de circunstâncias definidas *a priori* em que o tribunal deva desentranhar o requerimento inicial ou rejeitar fazê-lo. A decisão depende da justiça tendo em conta todas as circunstâncias do caso".

[295] Para uma análise mais desenvolvida de alguns dos aspetos que o tribunal deve em ter conta neste contexto, Maurice Kay, *Blackstone's cit.*, pp. 697-701.

associadas[296]. Trata-se, no entanto, de uma preocupação comum às restantes sanções: assim, por exemplo, a restrição dos meios de prova em consequência do incumprimento de um despacho de gestão processual pode, em concreto, determinar a impossibilidade de provar certos factos[297]. Ora, só é possível concluir se uma determinada sanção é proporcional em concreto, o que impõe, em geral, a análise das circunstâncias do caso.

II. Outro aspeto essencial no sentido de assegurar o controlo do ritmo do processo pelo tribunal passa pela aplicação efetiva das sanções previstas *a priori* ou determinadas na sequência do incumprimento de um despacho judicial. Os tribunais ingleses têm sido confrontados com a dificuldade em encontrar um equilíbrio entre a efetividade das sanções e outras considerações, como a prolação de uma decisão de mérito.

As regras processuais anteriores às CPR colocavam a ênfase na obtenção de uma decisão de mérito. Desta forma, quando o incumprimento dos despachos judiciais não fosse de molde a afetar as exigências do processo equitativo ou a causar prejuízo à parte contrária, os tribunais demonstravam uma abertura considerável no sentido da não aplicação da sanção[298]. A situação não se alterou de forma significativa com a aprovação das CPR: por um lado, o objetivo de assegurar a prolação de uma decisão de mérito continuou, em muitos casos, a nortear a resposta dos tribunais ao incumprimento dos despachos judiciais pelas partes; por outro lado, a circuns-

[296] Esta perspetiva resulta, com particular clareza, da decisão no caso Biguzzi v Rank Leisure, de 26 de julho de 1999: "Em muitos casos, haverá alternativas que permitem lidar com o caso de forma justa sem que seja necessário aplicar a sanção draconiana do desentranhamento". O tribunal concluiu que o desentranhamento do requerimento inicial não se justificava, já que o réu também tinha incumprido despachos de gestão processual. Em decisões posteriores, o Court of Appeal procurou salientar que o desentranhamento é uma resposta adequada aos "casos mais graves" de incumprimento – caso UCB Corporate Services v Halifax, de 6 de dezembro de 1999.

[297] Maurice Kay, *Blackstone's cit.*, p. 708. Por seu turno, Adrian Zuckerman, *Zuckerman cit.*, pp. 595-596, refere-se aos possíveis efeitos de uma sanção pecuniária no direito de acesso à Justiça.

[298] Adrian Zuckerman, "Litigation management under the CPR: a poorly-used management infrastructure", 2009, pp. 95-99.

tância de o Court of Appeal entender que o tribunal devia considerar todas as circunstâncias enunciadas na r. 3.9[299] quando confrontado com um requerimento para a não aplicação de sanções também contribuiu para limitar a efetividade destas[300].

Este contexto é determinante na análise da atual redação da r. 3.9. De facto, a reformulação desta regra visou introduzir uma abordagem marcada por uma menor complacência face ao incumprimento das regras processuais, das *practice directions* e dos despachos judiciais[301]. No fundo, é agora menos provável que a sanção não seja aplicada e, portanto, que a parte disponha de nova oportunidade para praticar o ato em causa.

Desta forma, quando a parte requeira a não aplicação da sanção, o tribunal deve ter em conta todas as circunstâncias do caso com o intuito de lidar com o requerimento de forma justa (r. 3.9). A regra em análise enuncia, no entanto, dois aspetos que devem ser tidos em conta em qualquer situação: por um lado, há que assegurar que a condução dos processos judiciais é eficiente e envolve custos proporcionais [r. 3.9[a)]; por outro lado, é necessário garantir o cumprimento das regras processuais, das *practice directions* e despachos judiciais [r. 3.9(b)]. No fundo, a r. 3.9 coloca a tónica no *overriding objective* e, em particular, em três das suas dimensões, com o intuito de evitar a subalternização da proporcionalidade e da garantia do cumprimento das regras, das *practice directions* e dos despachos [r. 3.9(a) e (b)] face à prolação de uma decisão de mérito (corpo da r. 3.9)[302].

299 Na sua redação original, a r. 3.9 estabelecia que o tribunal devia considerar, entre outras circunstâncias, os interesses da administração da Justiça, as razões que determinaram o incumprimento, a sua natureza pontual ou reiterada e ainda os efeitos do incumprimento na data do julgamento e para as partes.

300 Adrian Zuckerman, "Litigation cit.", pp. 99-102, e Stuart Sime, "Sanctions after Mitchell", 2014, pp. 134-136.

301 Esta nova perspetiva foi, em grande medida, influenciada pelas conclusões de Lord Justice Jackson, *Review cit.*, pp. 397-399. Tal como se pode ler neste relatório, "os tribunais devem demonstrar uma menor tolerância do que até agora em relação a atrasos injustificados e ao incumprimento de despachos judiciais. Esta mudança de ênfase deve ser assinalada através de uma alteração à regra 3.9 das CPR" (*Review cit.*, p. 399).

302 Lord John Dyson, "The application cit.", 2014, pp. 131-132.

O Court of Appeal concretizou esta nova abordagem em duas decisões paradigmáticas e controversas[303-304]. De forma resumida, o tribunal deve ter em conta, em momentos sucessivos, a gravidade do incumprimento, a justificação apresentada para o mesmo e as circunstâncias do caso[305].

Assim, a reduzida gravidade do incumprimento (por exemplo, quando este envolva um erro formal ou um atraso de horas ou de poucos dias) milita a favor da não aplicação da sanção. Mesmo quando o incumprimento seja grave, a circunstância de ter sido motivado por um evento fora do controlo das partes e dos seus advogados (como uma doença súbita) pode conduzir a um resultado idêntico[306]. Por fim, um incumprimento relevante e que não assente numa justificação atendível não conduz necessariamente à aplicação da sanção, já que é ainda necessário ter em conta todas as circunstâncias do caso, com particular relevo para a salvaguarda da eficácia e da proporcionalidade na condução do processo e para o cumprimento das regras, das *practice directions* e dos despachos[307-308].

[303] Casos Mitchell v News Group Newspapers, de 27 de novembro de 2013, e Denton v TH White, de 4 de julho de 2014.

[304] Para uma análise crítica da decisão no caso Mitchell, Stuart Sime, "Sanctions cit.", 2014, pp. 145-147 e 151-156. Entre outros aspetos, o autor considera que o Court of Appeal adotou um conceito demasiado restrito de motivo atendível para o incumprimento, o que limita de forma significativa os casos em que a sanção não será aplicada e, em consequência, o estímulo à cooperação entre as partes no sentido de ultrapassar a situação. Ainda de acordo com o autor, esta decisão dá prioridade a considerações relacionadas com a proporcionalidade na utilização dos recursos sobre as restantes dimensões do objetivo primordial.

[305] Caso Denton v TH White, cit. A autonomização destes três momentos foi uma das novidades introduzidas pelo Court of Appeal nesta decisão, com o intuito de esclarecer algumas dúvidas resultantes da orientação firmada anteriormente no caso Mitchell.

[306] Os exemplos enunciados foram retirados do caso Mitchell v News Group Newspapers, cit.

[307] Caso Denton v TH White, cit. A relevância a atribuir aos fatores explicitamente indicados na r. 3.9 (eficiência e custos proporcionais; cumprimento das regras processuais, das *practice directions* e dos despachos judiciais) foi objeto de alguma discussão nesta decisão: de acordo com a posição maioritária, estes assumem "particular importância e devem ter um peso especial" no momento de considerar as circunstâncias do caso. Um dos juízes considerou, no entanto, que a r. 3.9 apenas exige que "esses fatores sejam especificamente considerados em todos os casos" e não tem em vista atribuir-lhes um valor reforçado.

[308] Para uma análise da jurisprudência do Court of Appeal posterior a estas decisões, Ravi Nayer, "Post-Denton: an appraisal of the Court of Appeal decision on relief from sanctions", 2016, pp. 110-112.

4. Recorribilidade dos despachos de gestão processual

I. No processo civil inglês, a recorribilidade das decisões judiciais depende, por regra, de autorização de um tribunal [r. 52.3(1)(a)]. Essa autorização pode ser concedida pelo tribunal que proferiu a decisão em questão ou pelo tribunal de recurso [r. 52.3(2)]. Caso o tribunal recorrido não autorize o recurso, a parte pode requerer autorização junto do tribunal de recurso [r. 52.3(3)][309].

A necessidade de autorização judicial como critério de admissibilidade do recurso visa assegurar o *overriding objective*, com particular ênfase na obtenção de uma decisão célere, com custos reduzidos e mediante uma utilização proporcional dos recursos[310]. Desta forma, a autorização só pode ser concedida em duas situações [r. 52.6(1)]: por um lado, quando o tribunal considere que o recurso tem perspetivas razoáveis de sucesso; por outro lado, quando se verifique outra razão imperiosa que determine a sua admissibilidade[311]. No fundo, aquilo que se pretende evitar é a multiplicação de recursos com reduzida relevância prática, mas que contribuiriam para congestionar o sistema judiciário, aumentar os custos e protelar a composição definitiva dos interesses entre as partes.

No caso específico dos despachos de gestão processual, a preocupação no sentido de assegurar a condução efetiva do processo pelo juiz condiciona ainda mais a recorribilidade. Esta matéria encontra-se regulada na PD 52A, par. 4.6. Desde logo, é importante ter em conta que o elenco dos despachos de gestão processual previsto nesta disposição é meramente exemplificativo, pelo que o regime em análise abrange qualquer despacho de gestão processual[312].

[309] Nesta hipótese, não está em causa o recurso da decisão que rejeitou a autorização (algo que é afastado pela sec. 54.4 do Access to Justice Act, de 27 de julho de 1999), mas um pedido de autorização distinto. Sobre esta questão, James Leabeater [et. al.], *Civil appeals: principle and procedure*, 2.ª ed., 2014, pp. 58-59 e 352.

[310] Neste sentido, o caso Colley v Council for Licensed Conveyancers, de 17 de julho de 2001: "No nosso entender, o objetivo primordial fornece argumentos convincentes no sentido de que um requisito genérico de autorização para recurso é salutar, necessário e justo", pois não se justifica que alguém tenha "o direito de ocupar o tempo do tribunal e de causar despesas e problemas à parte contrária" com um recurso fora dos casos enunciados na r. 52.6(1).

[311] De forma mais desenvolvida, James Leabeater [et. al.], *Civil cit.*, pp. 328-331.

[312] Adrian Zuckerman, *Zuckerman cit.*, p. 1165, e James Leabeater [et. al.], *Civil cit.*, p. 149.

Quando seja confrontado com um despacho de gestão, além das circunstâncias de que depende a autorização judicial nos termos da r. 52.6(1), o juiz deve ainda considerar se a importância da questão justifica os custos do recurso e as consequências deste na tramitação processual (por exemplo, a necessidade de adiar a audiência de julgamento) e se é mais conveniente decidi-la de imediato ou apenas em momento posterior, designadamente após o julgamento (PD 52A, par. 4.6)[313].

II. No que respeita à apreciação do mérito do recurso, a regra geral é a de que a intervenção do tribunal de recurso está limitada a uma revisão da decisão recorrida [r. 52.21(1)]. Desta forma, na generalidade dos casos, o recurso não implica uma nova audição do caso nem a possibilidade de apresentar meios de prova que não tenham sido considerados pelo tribunal recorrido [r. 52.21(2)(b)][314].

A r. 52.21(3) enuncia os fundamentos de que depende a procedência do recurso. De acordo com esta regra, o recurso será julgado procedente quando a decisão recorrida seja errada (por exemplo, caso o juiz tenha julgado provado determinado facto sem que a prova permita sustentar essa conclusão) ou injusta, em resultado de uma irregularidade processual grave (pense-se na violação do princípio da igualdade ou do direito à prova)[315].

O controlo da decisão pelo tribunal de recurso é mais limitado quando esta envolva o exercício de um poder discricionário. De facto, a jurisprudência entende que os poderes discricionários remetem para juízos que competem ao tribunal recorrido, pelo que o tribunal de recurso só deve intervir quando a decisão exceda o "âmbito substancial dentro do qual é possível um desacordo razoável"[316].

[313] De acordo com James Leabeater [et. al.], *Civil cit.*, p. 149, a "proporcionalidade e a importância prática são particularmente importantes" neste contexto, "com o objetivo de evitar os custos e o atraso associados a recursos interpostos antes da audiência de julgamento".

[314] Para uma análise mais aprofundada da distinção entre revisão (*review*) e nova audição do caso (*rehearing*), v. o caso Du Pont de Nemours v Dupont, de 10 de outubro de 2003.

[315] Maurice Kay, *Blackstone's cit.*, pp. 1184 e 1186.

[316] Caso G v G, de 25 de abril de 1985. Nesta decisão, a Câmara dos Lordes afirmou ainda o seguinte: "A razão para o papel limitado do Court of Appeal em casos relativos à custódia de menores não decorre da existência de regras especiais para o recurso nesses casos, mas da

Ora, a doutrina[317] e a jurisprudência[318] consideram, de forma pacífica, que os poderes de gestão processual são discricionários. Esta circunstância, conjugada com a preocupação em assegurar a efetividade destes poderes e com a maior proximidade e conhecimento do caso por parte dos juízes que asseguram a gestão do processo, resulta num âmbito de intervenção limitado do tribunal de recurso no contexto da gestão processual.

A formulação utilizada no caso Royal & Sun Alliance v T. e N. é bem representativa desta orientação. O Court of Appeal afirmou que "não deve interferir com decisões de gestão processual quando o juiz tenha aplicado os princípios corretos, considerado as questões que deviam ter sido consideradas e desconsiderado questões irrelevantes, salvo quando conclua que a decisão é manifestamente errada e, portanto, deve ser encarada como excedendo o âmbito substancial de discricionariedade atribuído ao juiz"[319-320].

circunstância de, frequentemente, serem possíveis duas ou mais decisões, sendo que qualquer delas podia ser razoavelmente encarada como a melhor e, portanto, o juiz pode proferir qualquer dessas decisões sem que possa considerar-se que errou".

317 Adrian Zuckerman, *Zuckerman cit.*, p. 1165; James Leabeater [et. al.], *Civil cit.*, pp. 148-149; Neil Andrews, *English cit.*, pp. 334-344.

318 Esta ideia encontra-se explicitada com particular clareza no caso Broughton v Kop Football, de 20 de dezembro de 2012: "As decisões de gestão processual são discricionárias. Estas decisões envolvem, com alguma frequência, a tentativa de encontrar a solução menos má numa situação em que as partes têm interesses diametralmente opostos. A discricionariedade é confiada ao juiz de primeira instância". No mesmo sentido, os casos Powell v Pallisers of Hereford, de 1 de julho de 2002, e London Borough of Southwark v Onayomake, de 19 de outubro de 2007.

319 Caso Royal & Sun Alliance v T & N, de 30 de dezembro de 2002. O tribunal concluiu que o despacho de gestão processual (bifurcação do processo e julgamento de certas questões com base na assunção de que determinados factos se verificaram, apesar de as diligências probatórias quanto a esses factos ainda não se terem realizado) era manifestamente errado porque o juiz não tivera em conta todos os aspetos relevantes.

320 A mesma formulação foi adotada no caso Walbrook Trustee v Fattal, de 11 de março de 2008, e é partilhada (embora com algumas diferenças) nos casos Ahmed v Stanley, de 18 de junho de 2002; London Borough of Southwark v Onayomake, cit.; Broughton v Kop Football, cit.

Capítulo V
Direitos processuais fundamentais

1. Direito a um processo equitativo em instrumentos internacionais

1.1. Declaração Universal dos Direitos Humanos

A DUDH foi adotada pela Assembleia-Geral da ONU a 10 de dezembro de 1948, por meio da Resolução n.º 217A (III). No preâmbulo da Declaração, pode ler-se "que os Estados membros se comprometeram a promover, em cooperação com a Organização das Nações Unidas, o respeito universal e efectivo dos direitos do homem e das liberdades fundamentais". Neste contexto, a DUDH surge como um repositório desses direitos e liberdades.

Um dos direitos consagrados na Declaração é o direito a um processo equitativo. De acordo com o art. 10.º da DUDH[321], "toda a pessoa tem direito, em plena igualdade, a que a sua causa seja equitativa e publicamente julgada por um tribunal independente e imparcial que decida dos seus direitos e obrigações ou das razões de qualquer acusação em matéria penal que contra ela seja deduzida"[322].

Numa análise sucinta, é possível concluir que este preceito tutela expressamente a igualdade processual, a publicidade e a independência e imparcialidade do tribunal. Desta forma, constata-se que a Declaração

[321] Para uma análise dos trabalhos preparatórios relativos a este preceito, David Weissbrodt, *The right to a fair trial under the Universal Declaration of Human Rights and the International Covenant on Civil and Political Rights*, 2001, pp. 12-15.

[322] Seguimos a tradução oficial da DUDH, publicada no Diário da República, I Série, n.º 57/78, de 9 de março de 1978.

não vai muito além da enunciação, em termos genéricos, do direito a um processo equitativo. Ainda assim, a doutrina tem procurado extrair outras garantias da cláusula geral do art. 10.º da DUDH, tais como o direito de acesso ao tribunal ou a duração razoável do processo[323].

Compreende-se, pois, o papel de relevo atribuído a convenções internacionais como o PIDCP e a CEDH na delimitação do conceito de processo equitativo[324]. Tendo em conta a relação estreita entre a Declaração e o PIDCP[325], vamos começar por analisar este instrumento.

1.2. Pacto Internacional sobre Direitos Civis e Políticos

O PIDCP foi aprovado em 1966 e entrou em vigor em 1976, após ter sido ratificado pelo 35.º Estado. Atualmente, o Pacto vigora em 173 Estados[326]. O Estado português ratificou o PIDCP em 1978, na sequência da aprovação da Lei n.º 29/78, de 12 junho.

As disposições mais relevantes no que respeita ao direito a um processo equitativo encontram-se repartidas pelos arts. 14.º e 15.º do PIDCP. A nossa análise vai incidir apenas no art. 14.º-1 do Pacto, dado que as restantes disposições enunciam garantias específicas em matéria criminal.

De acordo com o art. 14.º-1 do PIDCP, "todos são iguais perante os tribunais de justiça. Todas as pessoas têm direito a que a sua causa seja ouvida equitativa e publicamente por um tribunal competente, independente e imparcial, estabelecido pela lei, que decidirá quer do bem fundado de qualquer acusação em matéria penal dirigida contra elas, quer das contestações sobre os seus direitos e obrigações de caráter civil. As audições à porta fechada podem ser determinadas durante a totalidade ou uma parte do processo, seja no interesse dos bons costumes, da ordem pública ou da segurança nacional numa sociedade democrática,

[323] Lauri Lehtimaja, Matti Pellonpää, "Article 10", 1993, pp. 163-166.

[324] Lauri Lehtimaja, Matti Pellonpää, "Article cit.", p. 161.

[325] Esta abordagem foi assumida nos próprios trabalhos preparatórios da DUDH a propósito da regra que (então) enunciava o direito a um processo equitativo: Aa. Vv., "Ata resumida da 54.ª reunião da Comissão das Nações Unidas para os Direitos Humanos – 3.ª sessão", 1948, pp. 10-11.

[326] A lista completa desses Estados pode ser consultada em http://indicators.ohchr.org.

seja quando o interesse da vida privada das partes em causa o exija, seja ainda na medida em que o tribunal o considerar absolutamente necessário, quando, por motivo das circunstâncias particulares do caso, a publicidade prejudicasse os interesses da justiça; todavia qualquer sentença pronunciada em matéria penal ou civil será publicada, salvo se o interesse de menores exigir que se proceda de outra forma ou se o processo respeita a diferendos matrimoniais ou à tutela de crianças"[327].

Constata-se, assim, que este preceito estabelece algumas garantias adicionais face ao previsto na DUDH, nomeadamente quanto à organização dos tribunais: desta forma, os tribunais devem estar estabelecidos na lei, o mesmo acontecendo com a sua competência (por exemplo, em razão do valor, da matéria e do território)[328].

O art. 14.º-1 do PIDCP também desenvolve outras vertentes do processo equitativo já previstas na DUDH, como é o caso da publicidade. Quanto a este aspeto, o Pacto introduz uma referência expressa à publicidade da decisão e enuncia vários desvios à regra da publicidade da audiência de julgamento.

Refira-se ainda que o Comité de Direitos Humanos da ONU[329] já reconheceu, em vários casos, que o direito a um processo equitativo compreende outras garantias além das previstas no art. 14.º-1 do Pacto, tais como o acesso aos tribunais, o contraditório ou a celeridade processual[330].

[327] Seguimos a tradução oficial do PIDCP constante da Lei n.º 29/78.

[328] David Weissbrodt, *The right cit.*, pp. 52 e 64.

[329] O Comité de Direitos Humanos só terá competência para apreciar reclamações de particulares fundadas na violação dos direitos previstos no PIDCP quando o Estado em causa tenha ratificado o Protocolo Facultativo (art. 1.º do Protocolo Facultativo ao PIDCP, de 16 de dezembro de 1966). O Estado Português ratificou este Protocolo na sequência da Lei n.º 13/82, de 15 de junho.

[330] Caso Yves Morael v França, de 28 de julho de 1989: o art. 14.º-1 do PIDCP compreende algumas garantias implícitas, como "o princípio do contraditório (...) e um procedimento célere" (p. 9). No caso Oló Bahamonde v Guiné Equatorial, de 20 de outubro de 1993, o Comité acrescentou que a "igualdade perante os tribunais compreende o próprio acesso aos tribunais" (p. 6).

1.3. Convenção Europeia dos Direitos Humanos[331]

1.3.1. Considerações introdutórias

I. A CEDH foi assinada por 12 Estados-Membros do Conselho da Europa em novembro de 1950[332] e entrou em vigor em setembro de 1953. Atualmente, a Convenção conta com 46 Estados aderentes[333]. A CEDH foi ratificada pelo Estado português em 1978, na sequência da Lei n.º 65/78, de 13 de outubro.

Tal como se pode ler no respetivo preâmbulo, a CEDH tem por intuito "assegurar a garantia colectiva de certo número de direitos enunciados na Declaração Universal [dos Direitos Humanos]". A existência de um órgão jurisdicional com competência para apreciar questões relacionadas com a interpretação e aplicação da Convenção – o TEDH, instituído em 1959 – aliada à legitimidade ativa dos particulares para a apresentação de reclamações junto desse Tribunal (a partir de 1998)[334], têm-se assumido

[331] A sua designação oficial é Convenção para a Proteção dos Direitos do Homem e das Liberdades Fundamentais. Ao longo do texto, será utilizada uma versão abreviada dessa designação (Convenção Europeia dos Direitos Humanos), substituindo-se a referência a "direitos do homem" por "direitos humanos" por força da Lei n.º 45/2019, de 27 de junho.

[332] Bélgica, Dinamarca, França, Holanda, Irlanda, Islândia, Itália, Luxemburgo, Noruega, Reino Unido, República Federal Alemã e Turquia. Para mais informações, https://www.coe.int/en/web/conventions/full-list?module=signatures-by-treaty&treatynum=005

[333] Por ordem de ratificação: Suécia (1952); Áustria (1958); Chipre (1962); Malta (1967); Grécia e Suíça (1974); Portugal (1978); Espanha (1979); Liechtenstein (1982); São Marino (1989); Finlândia (1990); Bulgária, Eslováquia, Hungria e República Checa (1992); Polónia (1993); Eslovénia e Roménia (1994); Lituânia (1995); Andorra, Albânia e Estónia (1996); Croácia, Letónia, Macedónia, Moldávia e Ucrânia (1997); Geórgia (1999); Arménia, Azerbaijão e Bósnia Herzegovina (2002); Montenegro e Sérvia (2004); Mónaco (2005).

[334] Protocolo n.º 11 à CEDH, de 11 de maio de 1994 (em vigor desde 1 de novembro de 1998). Até então, as reclamações apresentadas por particulares eram dirigidas à Comissão Europeia dos Direitos do Homem, a quem competia remetê-las ao TEDH quando concluísse pela sua admissibilidade. Além disso, vários Estados tinham formulado reservas à competência da Comissão para apreciar reclamações submetidas por particulares. Com a aprovação deste Protocolo, o art. 34.º da CEDH passou a reconhecer aos particulares uma legitimidade ativa genérica para reclamar junto do TEDH (o que levou à extinção da Comissão Europeia para os Direitos do Homem). O protocolo n.º 11 à CEDH foi ratificado pelo Estado Português em 1997.

como elementos essenciais no sentido de assegurar uma tutela efetiva dos direitos humanos previstos na CEDH.

Entre esses direitos, aquele que apresenta maior relevância no contexto da nossa exposição é o direito a um processo equitativo (art. 6.º da CEDH[335]). A análise deste preceito permite-nos concluir que existe uma especial preocupação em concretizar as garantias fundamentais em matéria criminal. Desta forma, além dos direitos enunciados no art. 6.º-1 e extensíveis a qualquer processo jurisdicional, o art. 6.º-2 consagra o princípio da presunção da inocência e o art. 6.º-3 enuncia uma série de garantias que correspondem ao conteúdo mínimo do processo equitativo no domínio criminal, tais como o direito de defesa, na sua dupla modalidade de direito ao conhecimento "da natureza e da causa da acusação"[336] e de resposta ao seu teor [als. a) e b)], o direito à assistência por um defensor escolhido pela própria pessoa e, em caso de insuficiência económica, à assistência gratuita "quando os interesses da justiça o exigirem" [al. c)].

A exposição subsequente estará centrada no art. 6.º-1, visto que o objeto da presente análise está limitado ao processo civil.

Antes de entrar na análise da jurisprudência do TEDH sobre o processo equitativo, importa ter em conta dois aspetos de índole mais geral. Desde logo, a amplitude do conceito de processo equitativo e das diferentes garantias que lhe estão associadas leva à sua concretização *in casu*, tendo em conta as especificidades da causa, o que dificulta a formulação de conclusões em abstrato. Além disso, o Tribunal procura assentar as suas decisões numa visão de conjunto do processo, o que implica – entre outros aspetos – analisar se a inobservância da(s) garantia(s) do processo equitativo foi compensada num momento posterior (designadamente, em sede de recurso)[337].

[335] As regras indicadas ao longo deste ponto pertencem, salvo indicação em contrário, à CEDH.

[336] As transcrições da CEDH apresentadas ao longo deste ponto seguem a tradução oficial constante da Lei n.º 65/78.

[337] Neste sentido, Stephen Grosz, Jack Beatson, Peter Duffy, *Human Rights: the 1998 Act and the European Convention*, 2000, pp. 244-245.

II. De acordo com o art. 6.º-1, "qualquer pessoa tem direito a que a sua causa seja examinada, equitativa e publicamente, num prazo razoável por um tribunal independente e imparcial, estabelecido pela lei, o qual decidirá, quer sobre a determinação dos seus direitos e obrigações de carácter civil, quer sobre o fundamento de qualquer acusação em matéria penal dirigida contra ela".

Este preceito começa por enunciar a cláusula geral do processo equitativo (direito a que a causa seja examinada equitativamente). O conceito de processo equitativo é dotado de um elevado grau de abstração[338], o que se explica tendo em conta o objetivo de permitir a sua adaptação às particularidades do caso concreto. Como teremos oportunidade de constatar, o processo equitativo compreende um conjunto de garantias processuais que não têm em vista (pelo menos, diretamente) o conteúdo da decisão[339], mas antes um certo modo de estruturar o processo.

O art. 6.º-1 prevê, de forma expressa, várias garantias associadas ao processo equitativo: é o caso da publicidade da audiência de julgamento e da decisão, da decisão em prazo razoável, da independência e imparcialidade do tribunal ou da necessidade de previsão legal do tribunal. Além disso, a jurisprudência do TEDH considera que os princípios da igualdade processual e do contraditório, o dever de fundamentação ou o direito à prova (entre outros) decorrem da cláusula geral do processo equitativo.

1.3.2. Garantias explícitas[340]

Centrando a nossa atenção nas dimensões do processo equitativo que se encontram expressamente previstas no art. 6.º-1, é possível estabelecer uma tripartição. Desta forma, a CEDH consagra garantias relativas

[338] Jacques Velu, Rusen Ergec, *La Convention Européene des Droits de l'Homme: extrait du répertoire pratique du droit belge*, 1990, p. 409, e Piero Leanza, Ondrej Pridal, *The right to a fair trial: article 6 of the European Convention on Human Rights*, 2014, p. 9.

[339] Jacques Velu, Rusen Ergec, *La convention cit.*, pp. 409-410. Na jurisprudência do TEDH, esta ideia resulta com particular clareza do caso Klasen v Alemanha, de 5 de outubro de 2006: o art. 6.º-1 não garante "que os tribunais nacionais cheguem ao «*resultado certo*»" (itálico nosso).

[340] Salvo indicação em contrário, as decisões judiciais referidas neste ponto foram proferidas pelo TEDH.

ao órgão jurisdicional ("tribunal independente e imparcial, estabelecido pela lei"), à publicidade e à duração do processo ("prazo razoável").

A independência do tribunal e dos juízes visa salvaguardar o exercício da função jurisdicional de quaisquer eventuais pressões com origem em outros ramos do poder ou nas partes. Entre outros aspetos, o TEDH coloca particular ênfase na forma de nomeação dos juízes, na duração do seu mandato e em outras garantias específicas, tais como a inamovibilidade durante o mandato ou a não sujeição a instruções no exercício da função jurisdicional[341-342]. A título ilustrativo, concluiu-se, no caso Le Compte, que a independência de um órgão interno da Ordem dos Médicos não estava em causa, tendo em conta a sua composição paritária (igual número de médicos e de juízes, cabendo o voto de qualidade a um juiz) e a duração do mandato (seis anos)[343].

Por seu turno, a imparcialidade pressupõe a inexistência de circunstâncias que possam colocar em causa a equidistância do julgador em relação às partes. A jurisprudência do TEDH traça uma distinção entre uma perspetiva subjetiva (implica a demonstração de que a atuação do juiz foi influenciada por convicções ou interesses pessoais) e uma perspetiva objetiva (basta-se com a existência de quaisquer circunstâncias que possam suscitar dúvidas legítimas quanto à imparcialidade do juiz), embora reconheça que não exista uma separação absoluta entre estas dimensões[344].

[341] David Harris [et. al.], *Law of the European Convention on Human Rights*, 3.ª ed., 2014, pp. 448-449.

[342] Caso Campbell e Fell v Reino Unido, de 28 de junho de 1984. Neste caso, que envolvia matéria criminal (processo disciplinar por motim ou incitamento ao motim e agressão a um guarda prisional), o TEDH atribuiu relevância à garantia de inamovibilidade do órgão decisor e à circunstância de este não estar sujeito a instruções no exercício dos seus poderes disciplinares.

[343] Caso Le Compte v Bélgica, de 23 de junho de 1981. De acordo com o TEDH, este órgão devia cumprir com os ditames do processo equitativo uma vez que era a última instância em matéria de facto.

[344] Caso Kyprianou v Chipre, de 15 de dezembro de 2005.

O Tribunal adota uma abordagem casuística quanto à imparcialidade objetiva[345], pelo que é difícil afirmar, em abstrato, que determinada circunstância suscita sempre dúvidas fundadas sobre a imparcialidade do juiz. Exemplo disto mesmo é a circunstância de o juiz ter sido advogado de uma das partes num outro processo. No caso Puolitaival e Pirttiaho[346], o TEDH considerou que as particularidades do caso (designadamente, o lapso temporal entre a intervenção do juiz em ambos os processos – superior a cinco anos – e a circunstância de os factos serem diferentes) não eram de molde a suscitar dúvidas legítimas quanto à sua imparcialidade. Pelo contrário, no caso Wettstein[347], o Tribunal entendeu que as circunstâncias do caso (as ações estiveram pendentes em simultâneo, as decisões foram proferidas em momentos relativamente próximos e um colega de escritório do juiz representou, num processo distinto, a parte contrária) eram, tomadas em conjunto, de molde a suscitar dúvidas fundadas sobre a imparcialidade objetiva do juiz.

Numa análise sucinta, o TEDH já concluiu que a imparcialidade objetiva podia, em concreto, ser afetada pela existência de relações familiares entre os advogados de uma das partes e o juiz[348], pela publicação de comentários na imprensa que demonstrem uma pré-compreensão do juiz sobre o caso, ainda que em momento anterior à distribuição do processo[349], pela intervenção do juiz em decisão que indefira um recurso apresentado pela parte num processo anterior, mas relativo aos mesmos factos[350] ou por uma relação financeira próxima entre um familiar do juiz e uma das partes[351-352].

[345] A generalidade dos casos decididos pelo Tribunal centra-se nesta dimensão, uma vez que se presume a imparcialidade subjetiva e, consequentemente, o afastamento dessa presunção depende da prova de que a conduta do juiz ficou a dever-se a uma convicção ou interesse pessoal. Sobre esta questão, v. o caso Kyprianou v Chipre, cit.

[346] Caso Puolitaival e Pirttiaho v Finlândia, de 23 de novembro de 2004.

[347] Caso Wettstein v Suíça, de 21 de dezembro de 2000.

[348] Caso Micallef v Malta, de 15 de outubro de 2009: o juiz era irmão e tio dos advogados de uma das partes.

[349] Caso Buscemi v Itália, de 16 de setembro de 1999.

[350] Caso Indra v Eslováquia, de 1 de fevereiro de 2005.

[351] Caso Péttur Sigurðsson v Islândia, de 10 de abril de 2003. Para o TEDH, a conjugação entre o envolvimento da juíza no acordo que conduziu ao cancelamento da dívida do marido, a

As garantias relativas ao tribunal passam ainda pela sua previsão legal. Desde logo, esta exigência visa evitar a criação de tribunais *ad hoc* e implica que os traços genéricos da organização judiciária dos vários Estados resultem da lei. A Comissão Europeia dos Direitos do Homem desenvolveu este requisito no caso Zand. De acordo com a Comissão, a previsão legal do tribunal pressupõe que o "poder legislativo estabeleça, no mínimo, o quadro organizacional subjacente à organização judiciária". Ora, no caso em análise, a lei nacional previa a criação de tribunais de trabalho pelo Ministro da Justiça de acordo com as necessidades. A existência de uma lei que estabelecia a possibilidade de criação de tribunais de trabalho por decreto ministerial e que, simultaneamente, enunciava um critério que limitava a discricionariedade do poder executivo nesta matéria levaram a Comissão a entender que estes tribunais eram conformes com a CEDH[353].

A previsão legal do tribunal pressupõe ainda a definição da competência do tribunal[354] e que a sua composição no caso concreto seja conforme às regras previstas na legislação nacional. Desta forma, no caso Fedotova, o TEDH entendeu que não tinham sido respeitadas as garantias do processo equitativo porque a seleção dos juízos leigos que compuseram o tribunal nacional não cumprira alguns dos requisitos estabelecidos na lei[355].

Quanto às garantias relativas à publicidade da causa, estas pressupõem, desde logo, que o julgamento seja público (art. 6.º-1)[356]. No entanto, a CEDH admite desvios à publicidade da audiência de julga-

circunstância de o credor ser uma das partes na ação, os termos do acordo (perdão de 75% da dívida) e a proximidade entre o mesmo e a decisão da causa era de molde a suscitar fundadas dúvidas sobre a imparcialidade (objetiva) da juíza.

352 Para uma análise mais desenvolvida da jurisprudência do TEDH neste particular, David Harris [et. al.], *Law cit.*, pp. 452-456.

353 Relatório da Comissão Europeia de Direitos do Homem no caso Leo Zand v Áustria, de 12 de outubro de 1978.

354 Christoph Grabenwarter, *European Convention on Human Rights: commentary*, 2014, p. 115.

355 Caso Fedotova v Rússia, de 13 de abril de 2006.

356 A publicidade do julgamento implica ainda a oralidade da audiência: neste sentido, o caso Jussila v Finlândia, de 23 de novembro de 2006 ("uma audiência oral e pública constitui um princípio fundamental consagrado no artigo 6 § 1").

mento "quando a bem da moralidade, da ordem pública ou da segurança nacional numa sociedade democrática, quando os interesses de menores ou a protecção da vida privada das partes no processo o exigirem, ou, na medida julgada estritamente necessária pelo tribunal, quando, em circunstâncias especiais, a publicidade pudesse ser prejudicial para os interesses da justiça" (art. 6.º-1-parte final)[357].

O Tribunal admite que a audiência de julgamento pode ser dispensada em algumas situações. Assim, no caso Schuler-Zgraggen, o TEDH considerou que as partes podiam prescindir da audiência na medida em que o litígio (relativo à atribuição de prestações sociais) não suscitava questões de interesse geral e a tecnicidade da matéria em causa aconselhava a adoção de um processo escrito[358]. A circunstância de as partes não poderem afastar a realização da audiência quando o processo envolva questões de interesse geral permite concluir que, além dos direitos das partes, a publicidade do julgamento também visa assegurar a transparência no exercício da função jurisdicional, ou seja, adquire uma dimensão externa.

Outro dos aspetos mais discutidos neste âmbito consiste em saber se o processo junto do tribunal de recurso também deve comportar necessariamente uma audiência. No caso Axen, o TEDH deu uma resposta negativa a esta questão com base em dois argumentos: por um lado, a decisão recorrida fora antecedida por mais do que uma audiência pública; por outro lado, o tribunal de recurso só podia dispensar a audiência em caso

[357] Para uma análise de vários casos em que a publicidade do julgamento foi afastada com base nestes fundamentos, Christoph Grabenwarter, *European cit.*, pp. 146-149. No caso B. e P. v Reino Unido, de 24 de abril de 2001, o Tribunal considerou que o litígio em análise (fixação da residência de menores em caso de divórcio) constituía um "exemplo paradigmático de casos em que a exclusão da imprensa e do público pode justificar-se de forma a proteger a privacidade das crianças e das partes e a evitar um prejuízo para os interesses da justiça".

[358] Caso Schuler-Zgraggen v Suíça, de 24 de junho de 1993. O TEDH referiu ainda que a pertinência de dados médicos privados e considerações de eficiência e de economia processual apontavam para a maior adequação, *in casu*, de um processo escrito, com a consequente dispensa de uma audiência oral.

de rejeição do recurso, o que pressupunha a manutenção da decisão recorrida (que assegurara a publicidade do julgamento)[359-360].

A doutrina e a jurisprudência do TEDH entendem que a publicidade da causa também compreende a decisão do tribunal. A principal dúvida que se coloca a este propósito está relacionada com o âmbito da publicidade da decisão, ou seja, há que determinar se tal implica a sua prolação em público, no contexto de uma audiência, ou se a publicidade pode ser satisfeita através de outros mecanismos, como o depósito da decisão na secretaria do tribunal.

Esta questão foi abordada com alguma profundidade no caso Pretto[361], que se debruçou sobre uma decisão publicitada através de depósito na secretaria judicial. Apesar de considerar que o elemento literal do art. 6.º-1 pode apontar para a prolação da decisão em audiência[362], o TEDH colocou a tónica na razão de ser da publicidade – transparência no exercício da função jurisdicional – e na circunstância de vários Estados preverem a publicitação da decisão por meios similares ao adotado no caso. Tendo em conta que o recurso só envolvia questões de direito e que o tribunal de recurso realizara uma audiência pública, o TEDH considerou que o depósito da decisão era, em concreto, um meio adequado para assegurar a transparência, já que permitia o acesso do público em geral à decisão.

No caso Sutter, o TEDH foi ainda mais longe quando considerou que a publicidade também estaria salvaguardada numa situação em que a decisão só podia ser consultada por quem nisso tivesse um interesse e a sua publicitação junto do público em geral dependia da eventual divulga-

359 Caso Axen v Alemanha, de 8 de dezembro de 1983. No mesmo sentido, o caso Sutter v Suíça, de 22 de fevereiro de 1984.

360 O TEDH também atribui especial relevância aos poderes de cognição do tribunal de recurso, admitindo com maior facilidade a dispensa da audiência quando o tribunal só possa apreciar matéria de direito. Neste sentido, Christoph Grabenwarter, *European cit.*, pp. 152-153.

361 Caso Pretto v Itália, de 8 de dezembro de 1983.

362 Esta questão coloca-se sobretudo por referência à versão francesa da CEDH ("*le jugement sera rendu publiquement*").

ção numa coletânea de jurisprudência[363]. No mesmo sentido, no caso B. e P., o Tribunal considerou que a tutela dos interesses da Justiça, das próprias partes e de terceiros justificava que a decisão só estivesse acessível a quem nisso demonstrasse um interesse atendível[364-365].

Por fim, no que respeita às garantias relacionadas com a duração do processo, o art. 6.º-1 confere às partes o direito a uma decisão em "prazo razoável". A ligação indissociável entre a duração do processo e a efetividade do direito que se pretende ver reconhecido em juízo explica que esta seja a dimensão do processo equitativo que tem merecido maior atenção por parte do TEDH[366]. De facto, a inobservância do prazo razoável para decisão causa um prejuízo às partes, já que prolonga a indefinição quanto às suas situações jurídicas além do que seria estritamente necessário e, em consequência, pode colocar em causa a efetividade das mesmas. Por esta razão, a circunstância de se concluir que a decisão, ainda que proferida num prazo mais curto, sempre teria o mesmo conteúdo não releva no sentido de afastar a inobservância desta garantia[367].

A principal questão consiste em saber se, tendo em conta as particularidades do caso, a decisão foi proferida num prazo razoável.

Neste particular, importa ter em conta que, de acordo com a jurisprudência do TEDH, no âmbito dos litígios cíveis o prazo relevante começa, por regra, a correr com a propositura da ação e compreende a(s) instância(s) de recurso e a própria ação executiva[368].

[363] Caso Sutter v Suíça, cit. Esta decisão contou com votos de vencido no qual vários juízes consideram que esta prática afasta, pelo menos num primeiro momento, a publicidade genérica da decisão e, em consequência, não assegura a transparência da Justiça.

[364] Caso B. e P. v Reino Unido, cit.

[365] Já no caso Werner v Áustria, de 24 de novembro de 1997, que envolvia um pedido de indemnização por detenção ilegal, o tribunal entendeu que a publicidade da decisão junto do público em geral podia ser relevante na perspetiva do requerente como forma de demonstrar "que as suspeitas que recaíram sobre ele foram afastadas".

[366] Entre 1957 e 2017, o TEDH proferiu 5668 decisões sobre questões relativas à duração do processo, o que excede a soma das decisões referentes às demais vertentes do processo equitativo. Para uma análise mais detalhada destes dados, https://www.echr.coe.int/Documents/Stats_violation_1959_2017_ENG.pdf.

[367] Caso H. v Reino Unido, de 8 de julho de 1987.

[368] Caso Sandra Janković v Croácia, de 5 de março de 2009: a "execução de uma decisão proferida por qualquer tribunal deve ser encarada como parte integral da «audiência» para os

Em decisões mais recentes, o Tribunal tem analisado a questão da razoabilidade do prazo com base em quatro critérios: complexidade do caso (tendo em conta o número de partes, de testemunhas, de factos ou de questões controvertidas, entre outros exemplos); conduta das autoridades nacionais (com especial destaque para os tribunais que tenham apreciado o caso); conduta do requerente junto do TEDH no processo perante os tribunais nacionais; relevância dos interesses envolvidos para essa parte (destacando-se a importância atribuída a certos litígios, como os familiares e laborais) [369-370]. A jurisprudência do TEDH alerta para a necessidade de densificação destes critérios em função das especificidades da causa. Desta forma, não é possível dizer, em abstrato, se a decisão num processo que tenha durado cinco anos (por exemplo) foi proferida em prazo razoável.

1.3.3. Garantias implícitas[371]

Quanto às garantias que resultam diretamente da cláusula do processo equitativo, o TEDH considera que esta pressupõe, desde logo, o direito

efeitos do artigo 6.º.". No caso Silva Pontes v Portugal, de 23 de março de 1994, o Tribunal chegou à mesma conclusão, mas com o argumento de que "a ação executiva não se destinava unicamente a impor o cumprimento de uma obrigação pecuniária cujo montante estivesse previamente liquidado; também servia para determinar importantes elementos da própria dívida", pelo que devia ser encarada como uma "segunda fase" da ação declarativa.

[369] Caso Frydlender v França, de 27 de junho de 2000. O TEDH considerou que a duração do processo (mais de nove anos) não era conforme com o direito à decisão em prazo razoável: por um lado, essa duração não encontrava justificação na complexidade do caso ou na conduta do requerente; por outro lado, o recurso junto do Conselho de Estado esteve pendente durante mais de cinco anos, sem que tenham sido apresentadas razões para tal; por fim, tratando-se de um litígio relativo à não renovação de um contrato de trabalho, os interesses do requerente impunham uma decisão célere. No mesmo sentido, o caso Martins Castro v Portugal, de 10 de junho de 2008 (ação de despejo que durou cerca de nove anos). Para mais exemplos, Piero Leanza, Ondrej Pridal, *The right cit.*, p. 145.

[370] David Harris [et. al.], *Law cit.*, pp. 440-442; Piero Leanza, Ondrej Pridal, *The right cit.*, pp. 146-151; Tom Barkhuysen [et. al.], "Right to a fair trial", 2018, pp. 592-597. Na doutrina nacional, Ricardo Pedro, *Contributo para o estudo da responsabilidade civil extracontratual do Estado por violação do direito a uma decisão em prazo razoável ou sem dilações indevidas*, 2011, pp. 107-112.

[371] A análise subsequente estará centrada apenas naquelas garantias processuais que apresentem maior ligação com a adequação formal.

de acesso aos tribunais, já que sem este nem sequer fará sentido falar em garantias processuais. Esta orientação foi firmada no caso Golder, no qual o TEDH afirmou que o direito de acesso a um tribunal é um dos "princípios fundamentais de direito com reconhecimento universal"[372]. Em abono desta posição, o Tribunal invocou ainda o elemento literal do art. 6.º-1 e o princípio do primado do Estado de Direito.

A jurisprudência do TEDH admite que o direito de ação pode ser objeto de restrições quando se verifiquem dois requisitos cumulativos: por um lado, a restrição não pode atingir o "núcleo essencial do direito"; por outro lado, deve respeitar o "princípio da proporcionalidade"[373]. Dentro destes limites, o Tribunal reconhece que o legislador nacional dispõe de uma ampla margem na regulamentação do direito de ação[374].

O princípio da igualdade processual tem surgido em várias decisões, em conexão estreita com o princípio do contraditório. O caso Neumeister é um bom exemplo desta tendência. De facto, o tribunal começou por afirmar que a igualdade processual é uma das garantias que caracteriza o processo equitativo para, num segundo momento, considerar que a circunstância de a decisão (sobre a prisão preventiva) ter sido tomada sem a audição de uma das partes colocava em causa a igualdade processual[375]. Repare-se como neste caso a desigualdade entre as partes fez-se sentir ao nível do exercício do contraditório.

Em outras decisões, o TEDH tem procurado desenvolver o alcance exato do princípio da igualdade processual. A formulação utilizada no caso Dombo Beheer é paradigmática do entendimento do tribunal nesta matéria: nos litígios de caráter civil, "o princípio da igualdade de armas implica que seja facultada a cada parte uma oportunidade razoável de apresentar o seu caso – incluindo a prova – em condições que não a colo-

[372] Caso Golder v Reino Unido, de 21 de fevereiro de 1975. Nesta situação, o governo inglês não autorizara o requerente (um recluso) a contactar um advogado no sentido de iniciar um processo de difamação contra um guarda prisional.

[373] Caso Ashingdane v Reino Unido, de 28 de maio de 1985.

[374] Para exemplos de algumas restrições analisadas pelo TEDH, Ireneu Cabral Barreto, *A Convenção Europeia dos Direitos do Homem: anotada*, 5.ª ed., 2015, pp. 192-193, e William A. Schabas, *The European Convention on Human Rights: a commentary*, 2015, pp. 285-286.

[375] Caso Neumeister v Áustria, de 27 de junho de 1968. Não obstante, o tribunal concluiu que o art. 6.º-1 não se aplicava à "análise de pedidos de libertação provisória".

quem numa desvantagem substancial face à parte contrária". Neste caso, o TEDH considerou que existia uma desigualdade significativa entre as partes, já que uma delas não pôde chamar como testemunha a pessoa que a tinha representado na negociação em causa[376]. Em outros casos, o tribunal considerou, em função das circunstâncias do caso, que a igualdade processual podia ser afetada se uma das partes não estiver sujeita ao reembolso das custas de parte quando fique vencida[377] ou pela suspensão dos prazos judiciais durante certo período, quando limitada ao Estado[378].

Por seu turno, o princípio do contraditório exige que as partes tenham a oportunidade de "conhecer e de se pronunciar sobre todas as provas e considerações apresentadas (...) com o intuito de influenciar a decisão do tribunal"[379]. Desta forma, no caso Cottin, o tribunal considerou que a realização de uma perícia médica a uma das partes sem a presença da outra colocava em causa o princípio do contraditório, já que impediu a parte de inquirir a pessoa que foi examinada no próprio ato, de apresentar os seus argumentos e de solicitar esclarecimentos ao perito[380]. Noutro caso, o tribunal concluiu que o princípio do contraditório assegura às partes o direito de responder às alegações feitas pelo advogado-geral junto do tribunal de recurso[381].

O TEDH já teve oportunidade de se pronunciar sobre a admissão ou rejeição de meios de prova. No caso Elsholz, o tribunal reafirmou o entendimento segundo o qual a "admissibilidade dos meios de prova é

[376] Caso Dombo Beheer v Holanda, de 27 de outubro de 1993. Um dos votos de vencido salienta que uma das partes foi representada na negociação pelo administrador executivo e único acionista enquanto a outra foi representada por um funcionário, o que poderia justificar o tratamento distinto previsto na lei nacional.

[377] Caso Stankiewicz v Polónia, de 6 de abril de 2006.

[378] Caso Platakou v Grécia, de 11 de janeiro de 2001: para o TEDH, este regime introduzia, *in casu*, uma desigualdade significativa entre as partes, já que implicou a rejeição da ação proposta pela requerente (com base na sua intempestividade) e a admissibilidade da ação instaurada pelo Estado.

[379] Caso Vermeulen v Bélgica, de 20 de fevereiro de 1996. No caso Ruiz-Mateos v Espanha, de 23 de junho de 1993, o TEDH considerou que a circunstância de apenas uma das partes ter tido oportunidade de apresentar alegações escritas sobre a questão de constitucionalidade junto do Tribunal Constitucional colocava em causa este princípio.

[380] Caso Cottin v Bélgica, de 2 de junho de 2005.

[381] Caso Vermeulen v Bélgica, cit.

uma matéria que deve, antes de mais, ser regulada pelo direito nacional, e que, por regra, compete aos tribunais nacionais apreciar as provas", pelo que ao TEDH apenas cabe "determinar se o processo no seu conjunto, incluindo o modo como foi produzida a prova, foi justo"[382]. No caso concreto, o TEDH entendeu que a decisão de recusar a perícia requerida por uma das partes, conjugada com a dispensa de audiência junto do tribunal do recurso, colocava em causa o processo equitativo[383].

No que respeita à produção da prova, é possível concluir que os princípios da imediação e da identidade do juiz não integram as garantias do processo equitativo em todos os litígios civis. O caso Pitkänen é representativo desta orientação[384]. Apesar de as audiências destinadas à produção de prova terem sido conduzidas por juízes diferentes, o TEDH concluiu que isso não afetara o processo equitativo por várias razões, incluindo a identidade dos juízes leigos, a circunstância de cada juiz ter acesso à gravação e a transcrições dos depoimentos anteriores ou o facto de o processo ter sido reaberto em consequência do perjúrio de uma das testemunhas.

A fundamentação da decisão é outra garantia associada ao processo equitativo. Este entendimento assenta nas finalidades subjacentes à motivação das decisões: assegurar a efetividade do direito ao recurso (quando previsto na lei nacional), demonstrar às partes que as suas alegações de facto e de direito foram tidas em conta (o que pode ter uma importante função persuasiva) e contribuir para a transparência da decisão[385].

Neste particular, a principal questão está em determinar a extensão do dever de fundamentação. No caso Van de Hurk, o TEDH estabeleceu a orientação segundo a qual a fundamentação não exige uma "resposta

[382] Caso Elsholz v Alemanha, de 13 de julho de 2000.

[383] O TEDH seguiu o mesmo entendimento no caso Schlumpf v Suíça, de 8 de janeiro de 2009. Nesta situação, o tribunal nacional rejeitara a prova pericial por considerar que esta não traria elementos suscetíveis de alterar a jurisprudência firmada no sentido de exigir um período de adaptação de dois anos antes de uma intervenção cirúrgica de conversão sexual. O TEDH considerou que este despacho violava o processo equitativo porque o tribunal nacional "se substituiu aos médicos e aos psiquiatras" numa questão que não é "de apreciação jurídica".

[384] Caso Pitkänen v Finlândia, de 9 de março de 2004.

[385] David Harris [et. al.], *Law cit.*, p. 430, e Ireneu Cabral Barreto, *A Convenção cit.*, p. 174.

detalhada a todos os argumentos" apresentados pelas partes[386]. Não obstante, a importância do argumento e a sua relevância para a decisão podem impor um especial dever de fundamentação. Assim, no caso Luka, o TEDH considerou que a pertinência da questão de inconstitucionalidade (que o tribunal nacional não apreciou) impunha uma "resposta específica e explícita"[387].

O TEDH também já teve oportunidade de se pronunciar sobre a admissibilidade da fundamentação por adesão à decisão do tribunal recorrido. De acordo com o Tribunal, esta forma de fundamentação é admissível desde que a decisão a que se adere cumpra o imperativo de fundamentação[388] e o tribunal de recurso proceda a uma análise das principais questões suscitadas pelas partes no recurso[389]. Aquilo que se pretende evitar com este último requisito é uma adesão acrítica ao teor da decisão recorrida.

1.4. Síntese conclusiva

A análise anterior permite-nos constatar que a DUDH consagra o direito a um processo equitativo em termos bastante genéricos. De facto, além da cláusula geral do processo equitativo, o art. 10.º-1 da DUDH só alude a três garantias específicas: a igualdade processual, a publicidade e a independência e imparcialidade do tribunal.

O direito a um processo equitativo apresenta um maior grau de concretização no PIDCP. De facto, além das garantias já previstas na DUDH, o art. 14.º-1 do PIDCP enuncia outras garantias relacionadas com o tribunal (previsão legal do tribunal e da respetiva competência) e impõe a publicidade da decisão. Ao mesmo tempo, este preceito prevê alguns desvios às regras da publicidade do julgamento e da decisão.

386 Caso Van de Hurk v Holanda, de 19 de abril de 1994.

387 Caso Luka v Roménia, de 21 de julho de 2009. Neste caso, a eventual inconstitucionalidade estava relacionada com a violação dos princípios da independência e da imparcialidade no que respeita à formação do tribunal recorrido. O recurso foi julgado improcedente sem que o tribunal nacional tenha considerado essa questão e apesar de o Tribunal Constitucional ter proferido, entretanto, decisão no sentido da inconstitucionalidade da norma em causa.

388 Caso Hirvisaari v Finlândia, de 27 de setembro de 2001.

389 Caso Helle v Finlândia, de 19 de dezembro de 1997.

O labor interpretativo do Comité de Direitos Humanos da ONU a propósito da cláusula geral do processo equitativo permite desenvolver outras garantias processuais que o Pacto não enuncia expressamente, como, por exemplo, o acesso aos tribunais, o contraditório ou a celeridade processual

A CEDH procura densificar, no seu art. 6.º, a cláusula geral do processo equitativo por referência a um conjunto de garantias relativas ao tribunal (independência, imparcialidade e previsão legal), à publicidade da causa (ainda que esta admita desvios) e à sua duração ("prazo razoável"). A jurisprudência do TEDH tem desempenhado um papel crucial no sentido de concretizar algumas destas garantias: assim, a título ilustrativo, o TEDH tem entendido que a publicidade da decisão é uma decorrência da própria publicidade da causa e desenvolveu um teste baseado em quatro elementos (complexidade do caso; conduta das autoridades nacionais; conduta do requerente junto do TEDH no processo perante os tribunais nacionais; relevância dos interesses envolvidos para essa parte) para determinar se a decisão foi, em concreto, proferida num prazo razoável.

Além das garantias expressamente previstas no art. 6.º da CEDH, a análise da jurisprudência do TEDH permite identificar outras garantias que surgem como uma tradução do processo equitativo: pensamos no direito de acesso aos tribunais, na igualdade entre as partes, no contraditório, no direito à prova e no dever de fundamentação das decisões judiciais. Entre outros exemplos, o TEDH concluiu que a igualdade processual pode ser afetada pela aplicação de regras diferentes a cada uma das partes no que respeita à suspensão dos prazos judiciais e entendeu que a fundamentação por adesão à decisão recorrida é compatível com o processo equitativo, desde que a decisão a que se adira seja fundamentada e o tribunal de recurso não deixe de apreciar as principais questões levantadas pelas partes no âmbito do recurso.

Em suma, é possível concluir que os três instrumentos internacionais analisados consagram o direito a um processo equitativo (arts. 10.º da DUDH, 14.º-1 do PIDCP e 6.º da CEDH), embora com um diferente grau de densificação. Em qualquer dos casos, a cláusula geral do processo equitativo surge como um repositório das principais garantias de cunho processual. Quer isto dizer que, apesar da previsão expressa de algumas dessas garantias, a amplitude da cláusula geral do processo equitativo sempre permitiria extraí-las por via interpretativa.

2. Direitos processuais fundamentais no ordenamento jurídico nacional

2.1. Acesso ao Direito e a uma tutela jurisdicional efetiva

I. O acesso ao Direito e a uma tutela jurisdicional efetiva (art. 20.º da CRP[390]) assume um papel preponderante neste contexto. De facto, a consciencialização quanto aos direitos e interesses legalmente protegidos e a existência de meios jurisdicionais destinados a assegurar a sua efetividade em caso de lesão ou de ameaça de lesão são exigências basilares de um Estado de Direito[391]. A localização sistemática desta garantia entre os princípios gerais em matéria de direitos fundamentais (título I da parte I da Constituição) coloca em evidência a sua centralidade.

A análise do art. 20.º permite-nos concluir que o acesso ao Direito e a uma tutela jurisdicional efetiva é uma realidade complexa e que compreende várias dimensões. Como o próprio nome indica, o acesso ao Direito impõe a existência de meios que promovam o conhecimento dos direitos e interesses legalmente protegidos e, desta forma, contribuam para o seu exercício efetivo. Entre outros mecanismos, esta finalidade é prosseguida através da informação e da consulta jurídicas ou do patrocínio judiciário (art. 20.º-2)[392]. Por seu turno, a tutela jurisdicional efetiva pressupõe a existência de meios jurisdicionais que assegurem a todos, independentemente da respetiva condição económica, a defesa dos seus direitos e interesses legalmente protegidos num prazo razoável e mediante um processo equitativo, norteado pela ideia de efetividade (art. 20.º-1, 4 e 5).

II. A exposição subsequente estará focada unicamente no direito de acesso aos tribunais e, em particular, nas garantias processuais que dele decorrem. Desde logo, importa salientar que o acesso aos tribunais é um

[390] Os preceitos legais indicados ao longo deste ponto pertencem, salvo indicação em contrário, à CRP.

[391] J. J. Gomes Canotilho, *Direito constitucional e teoria da Constituição*, 7.ª ed., 2003, p. 433.

[392] Jorge Miranda, Rui Medeiros, *Constituição Portuguesa anotada*, t. 1, 2005, pp. 176-179.

direito fundamental com cunho processual ou, na feliz síntese de Ronnie Preuss Duarte, um direito processual fundamental[393].

O direito fundamental de acesso aos tribunais pode ser analisado por referência a um amplo conjunto de garantias processuais. Algumas dessas garantias decorrem diretamente do art. 20.º: é o que sucede com os direitos de ação e de defesa (n.º 1), com o direito a um processo equitativo e com o direito a uma decisão em prazo razoável (n.º 4). No entanto, também é possível encontrar outras garantias processuais dispersas pela Constituição, como a independência dos tribunais (art. 203.º), a fundamentação das decisões judiciais (art. 205.º-1) ou a publicidade das audiências (art. 206.º). Por fim, há ainda outros princípios que podem ser reconduzidos ao direito de acesso aos tribunais, ainda que não estejam expressamente previstos no texto constitucional – pense-se, por exemplo, no contraditório ou na segurança jurídica (na sua dimensão de previsibilidade do processo).

As garantias enunciadas são uma decorrência do direito de acesso aos tribunais, pelo que não podem deixar de traduzir direitos processuais fundamentais. Desta forma, é possível constatar que a sua tutela constitucional tem subjacente um critério material (concretização do direito de acesso aos tribunais).

A análise subsequente terá em conta os direitos processuais fundamentais com maior relevo no contexto da adequação formal.

2.2. Processo equitativo

I. A cláusula geral do processo equitativo (art. 20.º-4) foi introduzida no texto constitucional em 1997. O conceito de processo equitativo apresenta uma amplitude muito significativa, na medida em que procura reunir as diferentes garantias processuais que caracterizam um processo jurisdicional num Estado de Direito democrático.

Como teremos oportunidade de constatar ao longo deste capítulo, uma parte dos direitos processuais fundamentais que mantêm uma rela-

[393] Ronnie Preuss Duarte, *Garantia de acesso à justiça: os direitos processuais fundamentais*, 2007, pp. 126-127. J. J. Gomes Canotilho, *Direito cit.*, p. 496, e José Carlos Vieira de Andrade, *Os direitos fundamentais na Constituição portuguesa de 1976*, 6.ª ed., 2019, p. 337, também concluem que o direito de acesso aos tribunais é um direito fundamental.

ção estreita com a adequação formal têm proteção constitucional expressa – é o caso da decisão em prazo razoável (art. 20.º-4), da fundamentação das decisões (art. 205.º-1) e da publicidade (art. 206.º). Em qualquer destes casos, não é necessário recorrer à cláusula do processo equitativo para concluir que estamos perante direitos processuais fundamentais. Isto não significa que essas garantias traduzam uma realidade estranha ao processo equitativo. Na verdade, sucede exatamente o oposto: a tutela constitucional destes direitos processuais decorre da circunstância de os mesmos surgirem como exigências impreteríveis do direito de acesso aos tribunais mediante um processo equitativo[394].

Um dos aspetos mais relevantes da cláusula geral do processo equitativo é a circunstância de permitir receber na Constituição alguns direitos processuais que esta não contempla expressamente[395]. É o que sucede, como veremos, com a igualdade processual, o contraditório (nele incluído o direito à prova), a imparcialidade do(s) julgador(es) e a publicidade da decisão, entre outros exemplos.

De facto, apesar de o texto constitucional não aludir expressamente a qualquer destas garantias no âmbito do processo civil, não há dúvida de que as mesmas estão entre os elementos que caracterizam um processo jurisdicional num Estado de Direito democrático. Assim se explica que a igualdade processual, a imparcialidade do juiz e a publicidade da decisão estejam entre as garantias do processo equitativo enunciadas nos arts. 14.º-1 do PIDCP e 6.º-1 da CEDH e que a jurisprudência do TEDH reconheça o contraditório como uma dimensão do processo equitativo. Independentemente da questão de saber se estas garantias processuais podem, em alguns casos, decorrer de outros direitos processuais fundamentais (como a independência ou a publicidade), é possível concluir

394 Neste sentido, Ronnie Preuss Duarte, *Garantia cit.*, p. 126, para quem os direitos processuais fundamentais são "irradiações ou emanações" do direito fundamental de acesso à Justiça, ou seja, do "direito de acesso aos tribunais e ao direito, por intermédio do processo eqüitativo".

395 Ronnie Preuss Duarte, *Garantia cit.*, pp. 126-127: "A alusão constitucional ao processo eqüitativo permite, na verdade e de *per se*, a extração de vários outros direitos fundamentais processuais a ele adscritos. Cuidam-se de garantias processuais que guardam uma ligação íntima com aquela noção de «justo processo», sem as quais um processo não se faz merecedor de semelhante qualificação".

que a sua tutela constitucional sempre estará assegurada por meio da cláusula do processo equitativo (art. 20.º-4)[396]. Em qualquer dos casos, as garantias em análise traduzem, também elas, direitos processuais fundamentais.

II. Nos termos do art. 547.º do CPC, a adequação formal surge como um instrumento para atingir um fim – o processo equitativo. Já tivemos oportunidade de referir que, em nosso entender, o conceito de direitos processuais fundamentais traduz com maior clareza a ideia que parece estar subjacente aos poderes de adequação do processo: estes têm como finalidade e limite a salvaguarda do conjunto dos direitos processuais com tutela constitucional[397].

No entanto, tal como resulta da exposição anterior, importa ter em conta que a cláusula do processo equitativo (art. 20.º-4) é um dos principais repositórios de direitos processuais fundamentais, pelo que a sua relevância no contexto da flexibilização judicial das formas de processo é indesmentível.

2.3. Decisão em prazo razoável

I. À semelhança daquilo que sucede em outros ordenamentos jurídicos, a duração dos processos judiciais é um aspeto problemático em Portugal. De acordo com as estatísticas oficiais, a duração das ações declarativas e dos procedimentos cautelares (em meses) apresenta a seguinte evolução[398]:

[396] Vários autores reconduzem algumas destas garantias ao processo equitativo: J. J. Gomes Canotilho, Vital Moreira, *Constituição da República Portuguesa anotada*, 4.ª ed., vol. 1, 2007, pp. 415-416 (não aludem à publicidade da decisão ou à imparcialidade do tribunal); Jorge Miranda, Rui Medeiros, *Constituição cit.*, t. 1, pp. 192-200 (igualdade de armas, contraditório e direito à prova); José Lebre de Freitas, *Introdução ao processo civil: conceito e princípios gerais à luz do novo código*, 4.ª ed., 2017, pp. 125-146 (contraditório, igualdade de armas, fundamentação e publicidade; a independência e a imparcialidade são reconduzidas ao direito de acesso aos tribunais). Em sentido próximo, mas sem aludir ao art. 20.º-4, Miguel Teixeira de Sousa, *Estudos sobre o novo processo civil*, 2.ª ed., 1997, pp. 39-58.

[397] Sobre esta questão, v. *supra*, capítulo III (ponto 3.4).

[398] Informação disponível *on-line* em https://estatisticas.justica.gov.pt/sites/siej/pt-pt.

Ano	Ações declarativas	Ações especiais	Procedimentos cautelares
1993	11	17	10
1994	11	16	8
1995	11	16	7
1996	12	16	6
1997	13	16	6
1998	15	16	6
1999	18	16	6
2000	19	17	6
2001	18	17	5
2002	19	17	5
2003	24	18	4
2004	23	17	4
2005	26	18	4
2006	29	18	5
2007	34	21	6
2008	25	21	7
2009	19	18	6
2010	19	17	5
2011	19	15	5
2012	20	12	5
2013	19	11	5
2014	20	11	5
2015	17	12	5
2016	17	11	4
2017	15	10	4
2018	13	9	3
2019 (1.º e 2.º semestre)	11	8	3
Duração média (período total)	18, 4	15,2	5,4

No âmbito de um inquérito recente a várias empresas sobre a Justiça Económica em Portugal, a maioria dos inquiridos avaliou negativamente a celeridade da Justiça (mais de 85% de opiniões negativas) e apontou as regras processuais como a principal causa para a lentidão do processo (70% das empresas inquiridas)[399]. Acresce que, desde a ratificação da CEDH por Portugal (em 1978), o TEDH já condenou o Estado português por 143 vezes com fundamento na inobservância do prazo razoável para decisão[400].

Na sua redação original, a Constituição não fazia qualquer alusão ao direito a uma decisão judicial em prazo razoável. Não obstante, a doutrina[401] e a jurisprudência[402] entendiam que o direito de acesso aos tribunais compreendia a tutela temporalmente adequada. A revisão constitucional de 1997 introduziu a garantia de decisão em prazo razoável no texto constitucional (art. 20.º-4), pelo que não subsistem dúvidas de que estamos perante um direito processual fundamental. Este direito consta, de igual modo, do art. 2.º-1 do CPC.

A Constituição não enuncia qualquer critério que permita densificar o conceito de prazo razoável para decisão. Uma parte da doutrina recorre aos critérios enunciados pela jurisprudência do TEDH – a complexidade do processo, a conduta da parte e das autoridades nacionais e a relevância dos interesses envolvidos para a parte[403].

[399] Mariana França Gouveia [et. al.], *Justiça económica em Portugal: factos e números*, vol. 2, 2012, pp. 236-237.

[400] Dados disponíveis *on-line* em https://www.echr.coe.int/Documents/Stats_violation_1959_2017_ENG.pdf. Ainda assim, Portugal está longe de ser o Estado que apresenta um maior número de condenações por violação do prazo para decisão: a lista é encabeçada pela Itália (1193), logo seguida de Turquia (594) e Grécia (525).

[401] J. J. Gomes Canotilho, Vital Moreira, *Constituição da República Portuguesa anotada*, 3.ª ed., 1993, p. 163 ("*direito a uma decisão judicial sem dilações indevidas*").

[402] Acs. do TC n.º 223/95, de 26 de abril de 1995; n.º 497/96, de 20 de março de 1996; n.º 1193/96, de 20 de novembro de 1996.

[403] J. J. Gomes Canotilho, Vital Moreira, *Constituição cit.*, 4.ª ed., vol. 1, p. 418; José Lebre de Freitas, *Introdução cit.*, pp. 148-149; Ricardo Pedro, *Contributo cit.*, p. 101. Em edição anterior da sua obra, J. J. Gomes Canotilho, Vital Moreira colocavam a tónica no prazo previsto na lei ou, na ausência deste, num "lapso temporal proporcional e adequado à complexidade do processo" (*Constituição cit.*, 3.ª ed., p. 163). Esta orientação foi seguida por várias

Desta forma, a razoabilidade do prazo para decisão varia em função de diversos elementos que apenas podem ser aferidos em concreto, como o número de partes, as diligências de prova a realizar e a extensão das questões controvertidas (quanto à complexidade) ou a conduta das partes e do tribunal durante o processo. O conceito de "decisão em prazo razoável" (art. 20.º-4) é, pois, indeterminado, já que a sua concretização depende das particularidades do caso.

A preocupação em assegurar a prolação de uma decisão em prazo razoável tem sido uma constante nas reformas do processo civil das últimas décadas e explica algumas das opções tomadas. Assim, por exemplo, o reforço dos poderes de direção do processo pelo juiz, a tendencial centralização dos atos de saneamento e de condensação numa audiência realizada na fase intermédia do processo ou a regra da apresentação dos documentos com os articulados respetivos têm em comum a circunstância de, entre outras finalidades, visarem tornar o processo mais célere.

No entanto, a duração razoável do processo é apenas um entre vários direitos processuais fundamentais. A necessidade de a compatibilizar com outros direitos processuais fundamentais já foi realçada pelo Tribunal Constitucional em mais do que uma ocasião.

Num desses casos, a parte requerera a suspensão da instância por não se encontrar cumprida a carta rogatória expedida para inquirição de testemunhas por si indicadas. O tribunal de 1.ª instância indeferiu o requerimento por entender que não estavam verificados os pressupostos para a prorrogação do prazo de cumprimento da carta. Para o Tribunal Constitucional, esta interpretação colidia com o princípio da igualdade de armas, já que estabelecia um tratamento diferenciado entre as partes que não assentava num fundamento objetivo bastante, mas unicamente na circunstância (exterior às partes) de as testemunhas poderem ou não depor perante o tribunal da causa. Ora, apesar de reconhecer que a celeridade processual apontava para a realização imediata da audiência final, o Tribunal concluiu que esta devia ceder no sentido de assegurar a igualdade processual. Por outras palavras, o Tribunal Constitucional conside-

decisões do Tribunal Constitucional: assim, por exemplo, os acs. do TC n.º 223/95, cit., e n.º 1193/96, cit.

rou que o princípio da igualdade de armas prevalecia sobre a celeridade nesta hipótese[404].

Tal como veremos no próximo capítulo, parece-nos que a abordagem mais correta quando seja necessário proceder a uma compatibilização entre vários direitos processuais fundamentais passa por uma análise em concreto que permita ter em conta as particularidades de cada caso. Assim, não é possível afirmar, em abstrato, que o direito à obtenção de uma decisão em prazo razoável deva prevalecer sobre outros direitos processuais fundamentais, da mesma forma que não nos parece adequado concluir pela prevalência genérica de outros direitos processuais fundamentais (como o contraditório ou a fundamentação das decisões judiciais) sobre a decisão em prazo razoável[405]. Por esta razão, não é de excluir que as circunstâncias do caso (por exemplo, o hiato temporal decorrido desde a propositura da ação ou a circunstância de a parte ter apresentado outras testemunhas quanto aos factos em causa) possam levar à realização do julgamento apesar de a carta rogatória não ter sido cumprida.

Noutro caso, o Tribunal foi chamado a pronunciar-se sobre o desentranhamento da contestação por falta de pagamento da taxa de justiça. Nesta decisão, o Tribunal Constitucional salientou a necessidade de "uma *justiça pronta*", mas não deixou de alertar para os riscos associados a uma perspetiva exclusivamente focada na duração do processo para a finalidade deste – "*fazer justiça*"[406]. Aquilo que parece ter sido decisivo para o juízo de constitucionalidade da regra em análise foi a circunstância de o desentranhamento da contestação ter decorrido da inobservância de

[404] Ac. do TC n.º 497/96, cit. Nas palavras do Tribunal, "facilmente se reconhece que este princípio [celeridade processual] se não pode sobrepor ou dispor de maior grandeza do que os princípios da *verdade material* – e da *igualdade processual* ou *igualdade de armas*, que indiscutivelmente o servem".

[405] Em sentido contrário, Ronnie Preuss Duarte, *Garantia cit.*, pp. 211-215. Nas palavras do autor (*Garantia cit.*, p. 211), "pode-se, assim, afirmar uma tendencial primazia de certos direitos processuais fundamentais sobre o direito à duração razoável do processo. Exemplo é o contraditório ou o acesso à justiça em sentido estrito, o direito à prova, o direito à igualdade no processo e o direito à fundamentação das decisões. Assim é porque, de outra forma, estaria afetada, com grande gravidade, a própria teleologia do processo, qual seja a aptidão para a prolação de uma decisão justa".

[406] Ac. do TC n.º 646/98, de 17 de novembro de 1998.

um ónus a cargo da parte (pagamento atempado das custas judiciais e da multa). Desta forma, não é claro se o Tribunal teria decidido no mesmo sentido se este regime, embora adequado à tutela da celeridade processual, afetasse o direito de defesa.

II. Como vimos no capítulo III (ponto 2.1, I e III), o princípio da gestão processual concretiza-se na atribuição de poderes de direção do processo ao juiz. No domínio específico da adequação formal, esses poderes destinam-se a permitir que o juiz atue ao nível da tramitação e da forma e conteúdo dos atos processuais com o intuito de os ajustar às especificidades da causa e ao fim que visam atingir e, deste modo, salvaguardar os direitos processuais fundamentais. Assim, é possível concluir que os poderes de adequação do processo não têm como principal escopo a celeridade processual.

É certo que, em muitos casos, a adequação formal contribui para acelerar o processo, dado que permite dispensar atos ou formalidades previstas na lei (quando tenham utilidade reduzida ou a respetiva finalidade possa ser alcançada por outro meio), substituir esses atos e formalidades por outros mais eficientes em função das circunstâncias do caso ou ainda alterar o seu conteúdo. Assim, por exemplo, pense-se na dispensa de elaboração dos temas da prova ou na intervenção ao nível do conteúdo da audiência prévia (por exemplo, no sentido de admitir a inquirição de testemunhas nesse momento quando tal possa conduzir à decisão imediata da causa).

Pelo contrário, há outras situações em que a adequação do processo pode conduzir, pelo menos num primeiro momento, a uma desaceleração da marcha processual[407]. A título ilustrativo, a complexidade (fáctica ou jurídica) do caso pode tornar necessário um articulado *ad hoc* ou a inquirição de testemunhas em número superior ao previsto na lei. Em

[407] Neste sentido, Elizabeth Fernandez, *Um novo Código de Processo Civil? Em busca das diferenças*, 2014, p. 42; José Lebre de Freitas, *Introdução cit.*, pp. 231-232; Miguel Teixeira de Sousa, "Apontamento sobre o princípio da gestão processual no novo Código de Processo Civil", 2013, p. 11 (na vertente de agilização do processo).

qualquer destes casos, a adequação visa assegurar um direito processual fundamental: o contraditório (na sua vertente de direito à prova)[408].

A articulação entre o direito à obtenção de uma decisão em prazo em razoável e os restantes direitos processuais fundamentais é, pois, uma constante também no domínio da adequação formal.

2.4. Independência e imparcialidade

I. A independência dos tribunais está prevista no art. 203.º. Numa dimensão interna, a independência afirma-se dentro da própria ordem jurisdicional como uma garantia face aos restantes tribunais, sem prejuízo de existir uma hierarquia entre estes[409] e do dever de acatar as decisões proferidas pelos tribunais superiores em sede de recurso (art. 4.º-1 da LOSJ). Numa vertente externa, a independência visa proteger os tribunais de qualquer pressão exterior, designadamente dos restantes poderes do Estado[410].

Entre outros aspetos, a independência dos tribunais pressupõe a existência de um conjunto de garantias destinadas a assegurar a independência dos juízes, tais como a inamovibilidade e a irresponsabilidade, que apenas admitem desvios nos casos previstos na lei (art. 216.º-1 e 2 da CRP), a não sujeição a ordens ou instruções no exercício da função jurisdicional (art. 4.º-1 da LOSJ) ou a atribuição dos poderes de nomeação, transferência e disciplina (entre outros) a um órgão próprio – o Conselho Superior da Magistratura (art. 217.º)[411].

[408] Os ganhos de eficiência obtidos com a adequação podem conduzir, no médio prazo, a uma aceleração do processo. Pense-se no exemplo do articulado não previsto na lei: se as partes tiverem exercido o contraditório quanto às exceções antes da audiência prévia, é mais provável que o juiz esteja em condições de conhecer das exceções nesse momento (dispensando um prazo adicional para a prolação do despacho saneador). No entanto, mesmo que este efeito indireto não se verifique, a adequação do processo sempre será justificada pela necessidade de salvaguardar os direitos processuais fundamentais enunciados.

[409] No caso dos tribunais judiciais, o órgão superior dessa hierarquia é o Supremo Tribunal de Justiça, seguindo-se os tribunais da Relação e os tribunais de 1.ª instância [arts. 210.º da CRP e 29.º-1-a) da LOSJ].

[410] Sobre esta dicotomia, Jorge Miranda, Rui Medeiros, *Constituição Portuguesa anotada*, t. 3, 2007, pp. 40-42.

[411] Ac. do TC n.º 279/98, de 10 de março de 1998. De acordo com o Tribunal, a criação do Conselho Superior da Magistratura tem subjacente "determinada intencionalidade: a de sub-

II. Há uma relação indissociável entre a independência dos tribunais e a imparcialidade dos juízes. De facto, a imparcialidade visa assegurar a equidistância do juiz em relação às partes e ao litígio e um dos aspetos essenciais no sentido de atingir esse desiderato passa, precisamente, pela independência do tribunal, na medida em que esta permite isolar o julgador de eventuais pressões externas. Da mesma forma, a imparcialidade contribui para a dimensão externa da independência, já que a inexistência de uma relação (prévia ou atual) com uma das partes ou a ausência de interesse no objeto do litígio reduzem os eventuais focos de pressão.

O intuito de salvaguardar a imparcialidade do julgador resulta com particular clareza do regime de incompatibilidades entre o exercício da função de juiz e outras atividades, o qual conhece reduzidas exceções (arts. 216.º-3 a 5 da CRP e 8.º-A da Lei n.º 21/85, de 30 de julho). Aquilo que se procura assegurar por este meio é um exercício livre e descomprometido da função jurisdicional e, para tal, reduzem-se as possíveis fontes de pressão externa.

Além disso, a lei processual enuncia um conjunto de circunstâncias que podem suscitar dúvidas quanto à imparcialidade do juiz e, em função da sua gravidade, impõe-lhe que se declare impedido (arts. 115.º a 117.º do CPC) ou permite que este deduza escusa, ao mesmo tempo que faculta às partes a apresentação de incidente de suspeição do juiz (arts. 119.º a 129.º do CPC). O regime dos impedimentos e das suspeições tem em vista a tutela da imparcialidade objetiva, ou seja, da aparência de imparcialidade do juiz.

A circunstância de a Constituição só aludir à imparcialidade a propósito do estatuto dos juízes do Tribunal Constitucional (art. 222.º-5) não significa que a sua tutela esteja restrita a essa hipótese. De facto, a imparcialidade do juiz é uma garantia essencial das partes e da comunidade em geral no que respeita ao tribunal e, como tal, surge como uma exigência do processo equitativo. Acresce que – como já se referiu – numa dimensão externa, a independência do tribunal também implica a equidistância do juiz em relação às partes e ao litígio, como forma de afastar eventuais

trair aos restantes órgãos de soberania aquele conjunto de funções (pense-se, entre outras, no poder disciplinar sobre os juízes) cujo exercício poderia comportar o risco de, por forma mais clara ou mais subliminar, influenciar as decisões dos tribunais".

pressões. Por estas razões, é possível concluir que a imparcialidade é um direito processual fundamental[412].

A jurisprudência do Tribunal Constitucional também segue neste sentido. Para o Tribunal, o direito de acesso à Justiça compreende, entre outros aspetos, a independência e a imparcialidade dos tribunais[413]. Assim, o Tribunal declarou inconstitucional uma disposição legal que atribuía a um membro do Governo o poder de nomear o presidente do tribunal arbitral por considerar que a mesma colocava em causa a imparcialidade, dado que a nacionalização de uma das partes na ação conduzia a que o Estado pudesse ter um interesse na causa[414]. Noutro caso, o Tribunal entendeu que a apreciação da nulidade de um acórdão pelos mesmos juízes que o proferiram não era suscetível de afetar a imparcialidade, pelo menos quando estivesse em causa uma das nulidades previstas no art. 668.º do CPCa (que corresponde ao art. 615.º do CPC)[415]. Estas decisões apresentam um aspeto em comum: em qualquer delas, a imparcialidade surge como padrão aferidor da constitucionalidade, o que pressupõe a sua recondução aos direitos processuais fundamentais.

III. Resta abordar a questão de saber se a flexibilização judicial da forma processual pode colocar em causa o princípio da imparcialidade. No fundo, há que perceber se o exercício dos poderes de adequação formal pode, numa análise objetiva, comprometer a imparcialidade do juiz[416].

[412] Neste sentido, Jorge Miranda, Rui Medeiros, *Constituição cit.*, t. 3, p. 43, e Miguel Teixeira de Sousa, *Estudos cit.*, p. 40 (por referência ao processo equitativo).

[413] Ac. do TC n.º 86/88, de 13 de abril de 1988.

[414] Ac. do TC n.º 52/92, de 5 de fevereiro de 1992.

[415] Ac. do TC n.º 79/02, de 26 de fevereiro de 2002. O Tribunal sugeriu que a decisão teria sido diferente num caso de "anulação do julgamento, em consequência de vícios intrínsecos e essenciais da própria decisão de mérito", já que, nessa hipótese, a apreciação do recurso pelo mesmo coletivo (ou juiz) era "susceptível de abalar a confiança na imparcialidade e na objectividade que ao julgador devem assistir".

[416] A doutrina tem discutido este tema sobretudo a propósito da direção material do processo. Um dos domínios em que a questão tem assumido particular destaque é o dos poderes oficiosos do juiz em matéria probatória. No entender de Juan Montero Aroca "El proceso civil llamado «social» como instrumento de «justicia» autoritaria", 2006, pp. 155-160", a atribuição de tais poderes ao juiz coloca em causa a sua qualidade de terceiro face ao litígio, já que

Em nosso entender, não é correto afirmar que o simples exercício dos poderes de adequação do processo é de molde a suscitar fundadas dúvidas sobre a imparcialidade do juiz[417]. De facto, aquilo que pode colocar em causa a equidistância do juiz em relação às partes é a forma como esses poderes são exercidos em concreto. Assim, o debate não deve estar centrado em saber se a utilização dos poderes de adequação pode, em abstrato, afetar a imparcialidade do juiz, mas – antes – em determinar se a forma como esses poderes são utilizados em cada caso é, objetivamente considerada, suscetível de gerar fundadas dúvidas sobre a imparcialidade do julgador.

A título exemplificativo, pense-se na seguinte hipótese: em determinado processo, o juiz limita sistematicamente os efeitos da adequação a uma das partes (por exemplo, só admite o depoimento escrito das tes-

a apresentação dos meios de prova deve estar reservada às partes. Em sentido contrário, José Carlos Barbosa Moreira, "O neoprivatismo no processo civil", 2005, pp. 8-9, considera que a iniciativa do juiz no âmbito da prova é "*inerente* à sua missão de julgador" e acrescenta que não é possível determinar, *a priori*, qual a parte que será beneficiada pela produção da prova, pelo que não está em causa a imparcialidade do juiz. Michele Taruffo, "Poteri probatori delle parti e del giudice in Europa", 2006, pp. 479-482, também afasta a existência de uma relação necessária entre os poderes de iniciativa oficiosa em matéria de prova e a parcialidade do juiz: entre outros argumentos, o autor entende que "um juiz «normal» está em condições de determinar se uma testemunha por si chamada a depor é ou não credível da mesma forma que avalia a credibilidade de uma testemunha apresentada por uma das partes". Este debate também se faz sentir na doutrina nacional: para Nuno de Lemos Jorge, "Os poderes instrutórios do juiz: alguns problemas", 2007, pp. 64-68, a circunstância de a lei conferir poderes instrutórios ao juiz não é suficiente para afetar a sua imparcialidade, desde que a lei garanta – como sucede – o contraditório prévio, a fundamentação e a possibilidade de recurso; em sentido contrário, José Acácio Lourenço, "Os direitos das partes no processo civil após a reforma do Código de Processo Civil, em 2013: avanço ou retrocesso?", 2013, pp. 492-494. Por seu turno, Luís Correia de Mendonça, "Vírus autoritário e processo civil", 2007, pp. 72-73, considera que os poderes de iniciativa probatória não colocam em causa a imparcialidade do juiz, mas sim a sua qualidade de terceiro em relação ao litígio.

417 A ideia de que os poderes de direção formal do processo colocam em causa a posição do juiz como terceiro em relação ao litígio pressupõe uma certa conceção acerca da repartição de papéis entre as partes e o juiz no âmbito do processo civil. Este aspeto já foi abordado *supra*, no capítulo I (pontos 1.1, I, e 3, II), tendo-se concluído que no nosso ordenamento processual as partes não têm o monopólio dos poderes de impulso subsequente à propositura da ação e de flexibilização das formas de processo.

temunhas arroladas pelo réu; concede ao réu um limite de tempo superior ao do autor para a produção de prova na audiência final), apesar de não existir fundamento material bastante para um tratamento diferenciado. Neste caso, é plausível admitir que a sua imparcialidade pode estar comprometida.

O aspeto decisivo reside, então, na resposta à seguinte questão: a imparcialidade é afetada pela circunstância de a lei atribuir ao juiz poderes de flexibilização da forma processual ou pelo modo como esses poderes foram exercidos no caso? Parece-nos que a resposta é clara: recorrendo ao exemplo enunciado, o juiz extravasou os limites do poder de adequação, dado que violou de forma reiterada o princípio da igualdade entre as partes, e, por essa razão, deu azo a que se pudesse questionar a sua imparcialidade.

2.5. Fundamentação das decisões judiciais

I. De acordo com o art. 205.º-1, "as decisões dos tribunais que não sejam de mero expediente são fundamentadas na forma prevista na lei"[418]. A concretização dos conceitos de decisão judicial e de despacho de mero expediente é deixada para a lei ordinária.

No âmbito do processo civil, a noção de decisão judicial resulta do art. 152.º-1 a 3 do CPC, segundo o qual a função jurisdicional é exercida por meio de despachos, sentenças ou acórdãos (decisões dos tribunais colegiais)[419]. Temos, assim, uma tripartição das decisões judiciais.

A lei estabelece ainda outra distinção, exclusiva dos despachos. Desta forma, os despachos podem ser de mero expediente, proferidos no uso

[418] Na sua redação original, a Constituição não continha qualquer referência à fundamentação das decisões judiciais. Na revisão constitucional de 1982, o (então) art. 210.º-1 passou a estabelecer que "as decisões dos tribunais são fundamentadas nos casos e nos termos previstos na lei". A amplitude do dever de fundamentação estava, assim, duplamente limitada: por um lado, cabia ao legislador ordinário determinar o seu âmbito objetivo ["nos casos (...) previstos na lei"]; por outro lado, a definição dos exatos contornos da fundamentação também carecia de concretização legislativa ("nos termos previstos na lei"). A redação atual do art. 205.º-1 foi introduzida pela Lei Constitucional n.º 1/97, de 20 de setembro.

[419] A doutrina discute qual a exata extensão dos conceitos de despacho e de sentença. Para uma análise dos vários critérios propostos, José Lebre de Freitas, Isabel Alexandre, *Código de Processo Civil anotado*, 4.ª ed., vol. 1, 2018, pp. 322-323.

legal de um poder discricionário ou proferidos ao abrigo de um poder vinculado[420]. Aquilo que caracteriza os despachos de mero expediente é a circunstância de impulsionarem a marcha do processo de forma inteiramente coincidente com o previsto na lei e, portanto, sem afetar os direitos das partes (art. 152.º-4 do CPC).

Retomando a análise do art. 205.º-1, é possível concluir que a fundamentação das decisões judiciais traduz um direito processual fundamental, com o correlativo dever de fundamentação a cargo do tribunal. A Constituição só não impõe a fundamentação quanto aos despachos de mero expediente, já que estes, por definição, não interferem "no conflito de interesses entre as partes" (art. 152.º-4 do CPC)[421].

A previsão do direito à fundamentação não é acompanhada pela determinação do seu conteúdo no texto constitucional. Como resulta do art. 205.º-1, é ao legislador ordinário que cabe concretizar o exato alcance da fundamentação ("na forma prevista na lei"), dentro de certos limites. Quer isto dizer que a liberdade de conformação legislativa nesta matéria é balizada pelo núcleo intangível da fundamentação, que varia em função do tipo de decisão em causa. Assim, por exemplo, o Tribunal Constitucional entende que a fundamentação das decisões de mérito pressupõe a "exposição concisa e completa dos motivos de facto, bem como das razões de direito que justificam a decisão"[422]. No mesmo sentido, alguma doutrina aponta para a necessidade de uma fundamentação acrescida da decisão de mérito por comparação com os despachos[423].

[420] Para uma análise mais detalhada desta tripartição, v. *infra*, capítulo VII (pontos 1.2.3 e 1.2.4).

[421] Nos termos do art. 154.º-1 do CPC, "as decisões proferidas sobre qualquer pedido controvertido ou sobre alguma dúvida suscitada no processo são sempre fundamentadas". Impõe-se, no entanto, uma interpretação conforme a Constituição desta regra no sentido de apenas excluir o dever de fundamentação quando, além da verificação destes requisitos, o despacho seja de mero expediente: neste sentido, Paulo Ramos de Faria, Ana Luísa Loureiro, *Primeiras notas ao novo Código de Processo Civil: os artigos da reforma*, 2.ª ed., vol. 1, 2014, p. 174.

[422] Ac. do TC n.º 151/99, de 9 de março de 1999.

[423] J. J. Gomes Canotilho, Vital Moreira, *Constituição da República Portuguesa anotada*, 4.ª ed., vol. 2, 2014, p. 528. Em sentido próximo, Jorge Miranda, Rui Medeiros, *Constituição cit.*, t. 3, p. 72, consideram que a motivação das "decisões interlocutórias" é, por regra, menos exigente, salvo quando estas possam afetar direitos fundamentais.

O Tribunal Constitucional atribui particular relevância às finalidades subjacentes à motivação das decisões judiciais no momento de analisar a conformidade constitucional de certas modalidades de fundamentação. De forma resumida, o Tribunal considera que a fundamentação tem uma dimensão interna (controlo da decisão pelo tribunal que a proferiu e salvaguarda do direito ao recurso) e uma dimensão externa (transparência no exercício da função jurisdicional)[424]. A circunstância de estas finalidades estarem, no essencial, salvaguardadas revelou-se decisiva para o Tribunal concluir que a fundamentação da matéria de facto provada através da simples indicação dos meios de prova que conduziram a esse resultado não colocava em causa o direito à fundamentação[425-426].

II. O direito à fundamentação apresenta-se como essencial no contexto da adequação processual. De facto, o exercício dos poderes de adequação extravasa uma atuação de mero expediente, já que afeta, em alguma medida, a previsibilidade do processo, ainda que com o intuito de assegurar outros direitos processuais fundamentais[427]. Desta forma, os despachos de adequação formal devem ser fundamentados.

Ora, uma vez que a nossa análise está limitada à adequação formal e considerando que, neste âmbito, a atuação do juiz não incide sobre o mérito da causa, pode colocar-se a questão de saber se isso é sinónimo de um dever de fundamentação menos intenso. Não nos parece que a resposta deva ser positiva. De facto, os despachos de adequação formal implicam um desvio em relação à forma legal e, portanto, afetam a previsibilidade do processo. Por esta razão, a fundamentação destes despachos

[424] Ac. do TC n.º 55/85, de 25 de março de 1985 (função endoprocessual e extraprocessual).

[425] Ac. do TC n.º 310/94, de 24 de março de 1994. Nas palavras do Tribunal, "a modalidade de fundamentação (...) cumpre minimamente as funções *endoprocessual* e *extraprocessual* que constituem a sua razão de ser". No mesmo sentido, os acs. do TC n.º 422/99, de 30 de junho de 1999, e n.º 303/03, de 18 de junho de 2003.

[426] A questão colocava-se na medida em que o art. 653.º-2 do CPCa não esclarecia se a fundamentação dos factos provados implicava apenas a indicação dos meios de prova que o tribunal teve em conta ou se, além disso, pressupunha a análise crítica da prova. Na reforma de 1995-1996, o art. 653.º-2 do CPCa passou a exigir expressamente a análise crítica dos meios de prova. Esta solução transitou para o art. 607.º-4 do CPC.

[427] Para uma análise mais desenvolvida desta questão, v. *infra*, capítulo VII (ponto 1.2.3).

não dispensa a indicação das circunstâncias concretas que justificam a adoção da forma processual sucedânea.

Assim, por exemplo, o convite ao autor para que este se pronuncie sobre determinada exceção por escrito deve apresentar as razões concretas que justificam a adequação realizada (por exemplo, a complexidade da exceção ou a possibilidade de conhecer, de imediato, do mérito da causa). Da mesma forma, quando o juiz determine a audição de uma testemunha na audiência prévia, o respetivo despacho deve enunciar os motivos concretos que justificam a inquirição antecipada (pense-se na circunstância de a testemunha residir no estrangeiro, mas estar em Portugal no momento em que se realiza a audiência prévia).

Além desta observação mais geral, a análise a realizar no próximo capítulo (ponto 4.5.2) incidirá sobre alguns mecanismos de adequação formal que visam simplificar a fundamentação da decisão – é o caso da fundamentação por adesão. Como veremos, será necessário analisar o direito à fundamentação para perceber se esses mecanismos são compatíveis com esta garantia processual.

2.6. Publicidade das audiências e do processo

I. De acordo com o art. 206.º, "as audiências dos tribunais são públicas, salvo quando o próprio tribunal decidir o contrário, em despacho fundamentado, para salvaguarda da dignidade das pessoas e da moral pública ou para garantir o seu normal funcionamento". A publicidade das audiências surge, pois, como a regra, embora este preceito logo enuncie um conjunto de exceções.

Num primeiro momento, importa perceber se a Constituição tem em vista a publicidade de quaisquer audiências realizadas pelo tribunal. O Tribunal Constitucional já se pronunciou sobre o conceito de audiência e concluiu que este não inclui as conferências, ou seja, as reuniões entre os membros de um tribunal coletivo com vista ao debate do caso e decisão. Na mesma decisão, o Tribunal acrescentou que o paradigma da audiência "não pode deixar de ser a audiência de discussão e julgamento"[428].

[428] Ac. do TC n.º 110/85, de 2 de julho de 1985. Quanto à eventual obrigatoriedade de realização de audiência(s) em sede de recurso, o Tribunal limitou-se a referir, de forma genérica, que não "se pode afastar à partida a hipótese de haverem de ter-se por inconstitucionais as

A análise desta decisão permite-nos extrair duas ilações importantes. Desde logo, o direito à publicidade da audiência tem como conteúdo mínimo a audiência final. Desta forma, sempre que o processo comporte a realização de uma audiência final, esta deve, por regra, ser pública. Além disso, conclui-se que a publicidade não inclui as sessões de debate ou de deliberação entre os juízes que integrem o tribunal coletivo.

Pelo contrário, o Tribunal Constitucional não assume uma orientação clara quanto à questão de saber se as restantes audiências estão abrangidas pelo imperativo constitucional da publicidade. No âmbito do processo civil, a dúvida coloca-se sobretudo a propósito da audiência prévia, uma vez que a lei só prevê a publicidade da audiência final (art. 606.º-1 do CPC).

A doutrina processual que se pronuncia sobre esta questão tende a afastar a publicidade da audiência prévia com o argumento de que tal poderia influir negativamente no espírito de diálogo e de cooperação que se pretende incutir a esta audiência[429]. Esta orientação parece-nos ser a mais adequada.

De facto, a publicidade da audiência prévia poderia, desde logo, comprometer o sucesso da tentativa de conciliação, uma vez que esta assenta – entre outros aspetos – numa lógica de informalidade, na proximidade entre as partes e o juiz e na confidencialidade externa (ou seja, quanto a terceiros em relação ao processo) daquilo que é discutido. Ora, qualquer destas características seria afetada caso a tentativa de conciliação fosse realizada em público. Além disso, quando esteja em causa a mera preparação dos trâmites processuais subsequentes (pense-se, por exemplo, no despacho que admita o depoimento por escrito ou que estabeleça a programação da audiência final), as exigências relacionadas com a transparência no exercício da função jurisdicional fazem sentir-se com menor intensidade.

É certo que, em alguns casos, a audiência prévia traduz a única audiência no contexto do processo: é o que sucede quando, na sequência desta, o juiz entenda que o estado do processo lhe permite conhecer de imediato

normas que eventualmente a excluam ou de ter de considerar-se existir uma inconstitucionalidade por omissão na falta de normas a prevê-la e a regulá-la".

[429] Miguel Teixeira de Sousa, *Estudos cit.*, p. 54.

do mérito da causa ou absolver o réu da instância. Nestes casos, a transparência no exercício da função jurisdicional é, ainda assim, assegurada por meio da publicidade do processo, tal como teremos oportunidade de constatar em seguida.

II. Numa análise literal, o art. 206.º apresenta um âmbito limitado, já que só tem em vista a publicidade das audiências. O Tribunal Constitucional já reconheceu que a publicidade do processo e da decisão são garantias essenciais quando não se realize qualquer audiência[430]. No entanto, é possível generalizar esta conclusão no sentido de entender que a publicitação da decisão decorre das exigências de transparência na administração da Justiça. Esta conclusão é reforçada pela circunstância de a publicidade da decisão ser tutelada pelos arts. 14.º-1 do PIDCP e 6.º-1 da CEDH, o que traduz um importante subsídio na interpretação dos direitos fundamentais. Assim, é possível concluir que a publicidade da decisão e, em alguns casos, do próprio processo são elementos integrantes do princípio da publicidade[431].

No âmbito do processo civil, a regra consiste na publicidade do processo, o que "implica o direito de exame e consulta do processo (...), bem como o de obtenção de cópias ou certidões de quaisquer peças nele incorporadas, pelas partes, por qualquer pessoa capaz de exercer o mandato judicial ou por quem nisso revele interesse atendível" (art. 163.º-2 do CPC)[432]. A publicidade da decisão resulta da circunstância de esta ser parte integrante do processo.

[430] Ac. do TC n.º 222/90, de 20 de junho de 1990. Nesses casos, o Tribunal considera que a publicidade estará salvaguardada "desde que seja publicamente conhecida a existência do processo, *haja acesso público às respectivas peças*, seja conhecida a identidade dos julgadores *e, fundamentalmente e sobretudo, desde que a decisão, com os respectivos fundamentos, seja pública*" (itálicos nossos).

[431] Neste sentido, por referência à publicidade da decisão, J. J. Gomes Canotilho, Vital Moreira, *Constituição cit.*, 4.ª ed., vol. 2, p. 533, e Jorge Miranda, Rui Medeiros, *Constituição cit.*, t. 3, pp. 86-87.

[432] A publicidade do processo é afastada nos casos previstos no art. 164.º do CPC. Este preceito começa por estabelecer vários limites à publicidade dos autos, com o intuito de salvaguardar a dignidade das pessoas, a intimidade da vida privada ou familiar, a moral pública e a eficácia da decisão (n.º 1). O n.º 2 vai ainda mais longe, já que enuncia várias situações em que

III. A exposição anterior permite-nos chegar a algumas conclusões quanto aos reflexos do princípio da publicidade no âmbito da adequação formal.

Desde logo, como vimos, a audiência final deve ser pública, com exceção da tentativa de conciliação (pelas razões já expostas a propósito da audiência prévia). A publicidade abrange, assim, os restantes atos de adequação do processo que tenham lugar na audiência final, como – por exemplo – a alteração da ordem de produção da prova ou a dispensa das alegações finais.

Sucede, no entanto, que a generalidade dos atos de adequação formal tem lugar antes da audiência final. Desde logo, a adequação realizada na fase dos articulados reveste forma escrita, já que esta fase do processo não comporta qualquer momento de debate oral entre as partes e o tribunal. Assim, por exemplo, o despacho que admita o articulado de resposta a exceções deve ser precedido de contraditório prévio, a exercer por escrito.

Além disso, o momento privilegiado para o exercício dos poderes de adequação do processo é a audiência prévia [art. 591.º-1-e) do CPC]. A ideia consiste em aproveitar esta ocasião para, numa lógica de cooperação, determinar quais os passos que deverão ser dados até ao julgamento e, na medida do possível, organizar a audiência final. Desta forma, aspetos como a bifurcação do processo, a programação da audiência final ou o número de testemunhas que cada parte poderá apresentar devem ser regulados na audiência prévia.

Ora, uma vez que a adequação do processo envolve a mera determinação dos trâmites processuais subsequentes (ainda que em termos diversos dos previstos na lei), as exigências de transparência no exercício da função jurisdicional são menos intensas neste âmbito. Assim, tal como a

se considera, em abstrato, que a publicidade do processo poderia colocar em causa um desses limites, o que conduz à limitação do acesso aos autos por terceiros e, em alguns casos, por uma das partes. Por fim, o n.º 3 estabelece que "o acesso a informação do processo também pode ser limitado, em respeito pelo regime legal de proteção e tratamento de dados pessoais, quando, estando em causa dados pessoais constantes do processo, os mesmos não sejam pertinentes para a justa composição do litígio".

restante audiência prévia, os atos de adequação formal podem ter lugar no gabinete do juiz.

Esta conclusão não conduz, no entanto, a qualquer secretismo da adequação formal: de facto, os despachos de adequação são parte integrante do processo e, como tal, estão abrangidos pela regra da publicidade deste (art. 163.º-1 e 2 do CPC).

2.7. Igualdade processual e contraditório

A Constituição consagra o princípio da igualdade perante a lei (art. 13.º) e inclui o contraditório entre as garantias do arguido no processo penal (art. 32.º-5). No entanto, o princípio da igualdade processual não decorre explicitamente do texto constitucional e o mesmo acontece, quanto ao processo civil, com o princípio do contraditório.

Ainda assim, a generalidade da doutrina entende que estes princípios consubstanciam direitos processuais fundamentais. De acordo com uma perspetiva, a igualdade processual e o contraditório são elementos estruturantes do processo equitativo (art. 20.º-4), pelo que gozam de proteção constitucional[433]. Há ainda quem considere que a igualdade de armas decorre diretamente do princípio da igualdade perante a lei, pelo que não é necessário convocar a cláusula do processo equitativo[434].

A jurisprudência do Tribunal Constitucional também considera que os princípios da igualdade processual e do contraditório têm tutela constitucional no âmbito do processo civil. Uma parte das decisões reconduz essa proteção à cláusula do processo equitativo[435], mas também há jurisprudência do Tribunal que encara o contraditório e a igualdade processual como uma decorrência do direito de acesso aos tribunais, na sua

[433] J. J. Gomes Canotilho, Vital Moreira, *Constituição cit.*, 4.ª ed., vol. 1, p. 415; Jorge Miranda, Rui Medeiros, *Constituição cit.*, t. 1, pp. 192-200; Ronnie Preuss Duarte, *Garantia cit.*, p. 98 (quanto ao contraditório).

[434] Miguel Teixeira de Sousa, *Estudos cit.*, p. 42, e Ronnie Preuss Duarte, *Garantia cit.*, p. 98.

[435] Acs. do TC n.º 514/98, de 15 de julho de 1998; n.º 518/00, de 29 de novembro de 2000; n.º 330/01, de 10 de julho de 2001.

modalidade de direito de defesa[436], ou do princípio da igualdade perante a lei[437].

A análise subsequente vai debruçar-se sobre a concretização dos princípios da igualdade processual e do contraditório no processo civil.

2.7.1. Igualdade processual

I. A igualdade processual (ou igualdade de armas) é um dos princípios estruturantes do processo civil. De acordo com o art. 4.º do CPC, "o tribunal deve assegurar, ao longo de todo o processo, um estatuto de igualdade substancial das partes, designadamente no exercício de faculdades, no uso de meios de defesa e na aplicação de cominações ou de sanções processuais".

Num primeiro momento, a análise deste princípio suscita a questão de saber se a igualdade no processo passa apenas pela tendencial identidade de meios processuais e das sanções e cominações aplicáveis às partes (igualdade intraprocessual) ou se implica também a correção de desigualdades fácticas entre as partes, decorrentes de fatores extraprocessuais como, por exemplo, a diferente condição económica.

Este debate decorre, em grande medida, da circunstância de a lei impor ao tribunal que assegure "um estatuto de igualdade substancial" entre as partes durante o processo (art. 4.º do CPC). Para alguns autores, a referência à igualdade substancial visa apenas sinalizar a impossibilidade de garantir uma total identidade entre os meios processuais e as sanções e cominações aplicáveis, já que as partes nem sempre ocupam uma posição equiparável no processo[438]. Pelo contrário, há quem entenda que o princípio da igualdade tem subjacente uma função assistencial do juiz, que se concretiza quando a lei prevê o convite ao aperfeiçoamento

[436] Acs. do TC n.º 278/98, de 10 de março de 1998, e n.º 209/04, de 24 de março de 2004.

[437] Ac. do TC n.º 62/91, de 13 de março de 1991.

[438] Carlos Francisco de Oliveira Lopes do Rego, *Comentários ao Código de Processo Civil*, 2.ª ed., vol. 1, 2004, pp. 38-39; José Lebre de Freitas, *Introdução cit.*, p. 139, n. 32; Tiago Félix da Costa, *A (des)igualdade de armas nas providências cautelares sem audiência do requerido*, 2012, pp. 55-56.

de articulados (na sua dimensão fáctica) ou a fixação do valor da multa em função da condição económica da parte, entre outros exemplos[439].

Em nosso entender, o convite ao aperfeiçoamento da matéria de facto alegada nos articulados não visa ultrapassar assimetrias extraprocessuais entre as partes. De facto, tal como resulta do art. 590.º-4, a atuação do juiz neste particular não pressupõe a identificação de qualquer desigualdade extraprocessual, bastando-se com a existência de "insuficiências ou imprecisões na exposição ou concretização da matéria de facto alegada". Assim se explica, também, que a doutrina maioritária tenda a reconduzir esta figura ao princípio da gestão processual (na sua dimensão material)[440] ou ao princípio da cooperação[441] e não ao princípio da igualdade.

A correção de assimetrias extraprocessuais por meio de intervenção judicial coloca, desde logo, questões delicadas ao nível do princípio da imparcialidade, já que pode afetar a perceção do juiz como um terceiro equidistante em relação às partes. Além disso, essa atuação implica, por regra, um tratamento diferenciado das partes perante a mesma situação ou conduta processual com base em aspetos exteriores ao processo, o que conduz a uma desigualdade formal[442]. Desta forma, parece-nos que a superação de desigualdades resultantes de fatores externos ao processo (como a condição económica das partes) deve passar pela lei, através de mecanismos como o apoio judiciário, a redução ou mesmo a isenção de custas processuais[443], e não por uma intervenção do juiz.

[439] Miguel Teixeira de Sousa, *Estudos cit.*, pp. 43-46. Neste caso, de acordo com o autor, estaremos perante o "conteúdo positivo" do princípio da igualdade, que impõe ao juiz "o dever de promover a igualdade entre as partes e de, eventualmente, auxiliar a parte necessitada" (*Estudos cit.*, p. 43). No mesmo sentido, Manuel A. Domingues de Andrade, *Noções elementares de processo civil*, 1979, p. 239.

[440] Miguel Mesquita, "Princípio da gestão processual: o «Santo Graal» do novo processo civil", 2015, pp. 95-97, e Rui Pinto, *Código de Processo Civil anotado*, vol. 1, 2018, p. 69.

[441] Carlos Lopes do Rego, *Comentários cit.*, pp. 267-268, e José Lebre de Freitas, Isabel Alexandre, *Código cit.*, p. 34.

[442] Neste sentido, Tiago Félix da Costa, *A (des)igualdade cit.*, pp. 46-49, considera que a dispensa de multa ou a fixação do seu valor em função da condição económica da parte (art. 139.º-8 do CPC) afeta a imparcialidade do juiz, a igualdade de armas e, em alguns casos, poderá mesmo colidir com o direito de ação ou com o direito de defesa.

[443] António Santos Abrantes Geraldes, *Temas da reforma do processo civil*, 2.ª ed., vol. 1, 1999, pp. 112-113, e Tiago Félix da Costa, *A (des)igualdade cit.*, pp. 52-53.

II. A análise anterior permite-nos concluir que o princípio da igualdade processual tem em vista uma igualdade intraprocessual, ou seja, impõe que as partes disponham de meios processuais idênticos e estejam sujeitas às mesmas sanções e cominações sempre que estejam numa posição equiparável no processo. Assim se explica, por exemplo, que as partes disponham do mesmo prazo para a prática da generalidade dos atos processuais, como a apresentação de articulado superveniente (art. 588.º-3 do CPC) ou de alegações de recurso (art. 638.º-1 do CPC). Da mesma forma, as partes estão sujeitas à mesma sanção em caso de litigância de má fé (art. 542.º-1 do CPC).

Além de um tratamento idêntico para situações idênticas, o princípio da igualdade postula ainda um tratamento distinto para situações distintas. Nas palavras do Tribunal Constitucional, este princípio proíbe quer "as diferenciações de tratamento sem fundamento material bastante, que o mesmo é dizer sem justificação razoável" quer "*que se tratem por igual situações essencialmente desiguais*" (itálico nosso)[444].

Assim, a igualdade processual é compatível com a atribuição de meios processuais diferentes a uma das partes ou com a aplicação de sanções e cominações distintas em face da mesma conduta processual desde que exista uma razão objetiva para o tratamento diferenciado. Nestes casos, a desigualdade formal deve ser acompanhada de mecanismos que permitam restabelecer o equilíbrio entre as partes e, assim, assegurem o "estatuto de igualdade substancial" exigido pelo art. 4.º do CPC[445].

Centrando a nossa atenção na ação declarativa, a iniciativa de requerer a tutela jurisdicional pertence ao autor. Esta circunstância introduz uma diferença estrutural entre a posição das partes no processo e, como tal, justifica o seu tratamento distinto quanto a alguns aspetos[446].

[444] Ac. do TC n.º 39/88, de 9 de fevereiro de 1988.

[445] José Lebre de Freitas, *Introdução cit.*, pp. 138-139.

[446] Neste sentido, o ac. do TC n.º 608/99, de 9 de novembro de 1999, considerou que a existência de uma sanção diferente para a falta de pagamento da taxa de justiça (no caso do autor, além da multa – aplicável a ambas as partes – tal conduzia à suspensão da instância) era justificada, visto que a aplicação de sanção idêntica ao réu facultar-lhe-ia uma forma de obter a suspensão do processo e, assim, de obstaculizar o exercício do direito de ação.

Desde logo, a escolha do momento para a propositura da ação compete, por definição, ao autor. Pelo contrário, quando confrontado com a ação, o réu dispõe de um prazo de 30 dias para contestar (art. 569.º-1 do CPC). Com o intuito de atenuar esta desigualdade, a lei admite a prorrogação do prazo de contestação até um limite máximo de 30 dias, a requerimento do réu, quando o juiz considere que existe um "motivo ponderoso que impeça ou dificulte anormalmente ao réu ou ao seu mandatário judicial a organização da defesa" (art. 569.º-5 do CPC).

Na mesma ordem de ideias, o autor desempenha um papel essencial na delimitação do objeto do processo (arts. 5.º-1 e 265.º-2 do CPC). Esta desigualdade é mitigada através da possibilidade conferida ao réu de deduzir pedido reconvencional, uma vez verificados certos requisitos (art. 274.º do CPC), com o consequente alargamento do objeto do processo.

O Tribunal Constitucional já se debruçou sobre o princípio da igualdade processual em várias oportunidades e, em especial, a propósito de algumas prerrogativas que o CPCa atribuía ao Ministério Público antes da reforma processual de 1995-1996[447]. Em parte dessas decisões, o Tribunal concluiu que os regimes em causa eram conformes com a Constituição, já que o tratamento diferenciado neles estabelecido para os réus representados em juízo pelo Ministério Público assentava num fundamento material bastante[448].

[447] Algumas dessas prerrogativas não eram exclusivas do Ministério Público: assim, a inoperância da revelia tinha em vista qualquer pessoa coletiva e os incapazes [art. 485.º-b) do CPCa] e a dispensa do ónus de impugnação especificada também estava prevista para o defensor oficioso (art. 490.º-4 do CPCa).

[448] No ac. do TC n.º 324/86, de 19 de novembro de 1986, o Tribunal considerou que a regra da inoperância da revelia em face de uma pessoa coletiva não violava o princípio da igualdade, já que as pessoas jurídicas só "podem manifestar a sua vontade (...) através dos órgãos que as representam legalmente". Por seu turno, no ac. do TC n.º 529/94, de 28 de setembro de 1994, o Tribunal pronunciou-se sobre a dispensa do ónus de impugnação quando a representação do réu em juízo estivesse cometida ao Ministério Público (art. 490.º-4 do CPCa). Mais uma vez, o Tribunal entendeu que este regime não colidia com o princípio da igualdade, tendo em conta a organização interna do Ministério Público e a circunstância de este não ser um "representante ou mandatário livremente escolhido" pela parte. Em sentido contrário, José Lebre de Freitas, "A igualdade de armas no Direito Processual Civil português", 1992, pp. 620-622, considerava que estas prerrogativas afetavam, em geral, o princípio da igualdade

No entanto, o Tribunal Constitucional julgou inconstitucional a regra que limitava a prorrogação do prazo para contestar aos casos em que a representação em juízo fosse assegurada pelo Ministério Público (art. 486.º-3 do CPCa). De acordo com o Tribunal, este regime introduzia uma diferença de tratamento injustificada por duas razões: por um lado, o Ministério Público já beneficiava de um estatuto processual que tinha em conta as especificidades da sua atuação; por outro lado, as dificuldades que podiam motivar a prorrogação do prazo (em particular, a dificuldade na obtenção da informação) eram extensíveis a qualquer réu[449].

III. Como decorre da exposição anterior, a igualdade processual implica que as partes disponham dos mesmos meios processuais e estejam sujeitas às mesmas cominações e sanções sempre que se encontrem numa posição equiparável no processo. Ora, a adequação do processo pode envolver um tratamento diferenciado das partes. Nestes casos, a adequação só será compatível com o princípio da igualdade quando a diferença de tratamento assentar num fundamento material.

Recorrendo a um exemplo, a regra que prevê o contraditório oral quanto às exceções deduzidas na contestação (art. 3.º-4 do CPC) não coloca em causa o princípio da igualdade, uma vez que também é aplicável quando o réu esteja em posição idêntica, ou seja, quando o autor se defenda por exceção na réplica (admissível, por exemplo, em virtude de se tratar de uma ação de simples apreciação negativa – art. 584.º do CPC). No entanto, a introdução de um articulado não previsto na lei para resposta a exceções sem que a outra parte tenha a mesma faculdade já pode suscitar problemas de igualdade. Neste contexto, é essencial analisar o caso concreto no sentido de perceber se há alguma circunstância que justifique este tratamento diferenciado (por exemplo, a complexidade das exceções invocadas por uma das partes ou a utilidade de facultar o contraditório a uma delas em momento anterior à audiência prévia).

processual porque baseadas em "razões puramente *subjectivas*" e acrescentava ainda que, quando aplicáveis ao Estado, tais prerrogativas mais não faziam do que intensificar "*um desequilíbrio de facto* já à partida existente a seu favor".

[449] Ac. do TC n.º 266/97, de 19 de março de 1997.

2.7.2. Contraditório

I. O princípio do contraditório está consagrado, em termos gerais, no art. 3.º do CPC. No essencial, o contraditório visa assegurar que as partes têm a possibilidade de influenciar a decisão nos seus aspetos fácticos (o que inclui a respetiva prova) e jurídicos[450].

Para que o princípio do contraditório tenha uma aplicação efetiva, é, desde logo, necessário que a ação seja levada ao conhecimento do réu[451]. Assim se compreende a relevância que a lei atribui à citação, já que esta tem como finalidade comunicar a propositura da ação ao réu e facultar-lhe os elementos relevantes para que este possa exercer o direito de defesa (art. 219.º-1 do CPC).

Desta forma, as garantias que rodeiam a citação (como o seu conteúdo, a modalidade preferencial de citação ou a forma de ultrapassar eventuais dificuldades na localização do réu) mantêm uma relação estreita com o princípio do contraditório. Entre outros exemplos, a circunstância de a citação edital surgir como uma modalidade de *ultima ratio* está relacionada com as menores garantias de cognoscibilidade do ato de citação[452], o que é de molde a afetar o conhecimento do processo pelo réu e, em consequência, o exercício do contraditório.

Outro dos corolários do princípio do contraditório consiste na necessidade de audição prévia da parte antes de ser tomada qualquer providência contra si (art. 3.º-2 do CPC). A audição prévia visa, por um lado, assegurar que ambas as partes têm a oportunidade de influenciar a deci-

[450] José Lebre de Freitas, *Introdução cit.*, pp. 126-127.

[451] José Lebre de Freitas, *Introdução cit.*, pp. 109-118, aborda o conhecimento do processo e a audição prévia à decisão como dimensões do direito de defesa. Não há dúvidas de que estas garantias visam tutelar o direito de defesa, ou seja, colocar o réu (e, no que respeita à audição prévia, o autor, em caso de pedido reconvencional) em posição de deduzir os argumentos de facto e de direito e de apresentar as provas que considere necessárias para afastar a versão apresentada pela contraparte. Optou-se por tratá-las em conjunto com o princípio do contraditório, já que este pressupõe o conhecimento da ação pelo réu e concretiza-se, entre outros aspetos, na audição das partes em momento anterior à decisão.

[452] Neste sentido, o ac. do TC n.º 210/90, de 19 de junho de 1990. O Tribunal começa por salientar que a citação postal e por contacto pessoal não se revelaram possíveis no caso e conclui que a citação edital é uma "forma precária e contingente de chamamento a juízo – mas ainda assim rodeada de cautelas e garantias de segurança mínimas, susceptíveis de levar ao conhecimento do chamado a existência de um determinado feito judicial".

são e, por outro lado, permitir que o juiz tome uma decisão mais esclarecida e informada, fruto da análise das alegações de facto e de direito e das provas apresentadas por ambas as partes.

Não obstante, em alguns casos, a tutela efetiva do direito substantivo ou do interesse que se pretende fazer valer na ação pode não ser compatível com a audição prévia do requerido. Nestes casos, admite-se que o contraditório seja diferido para depois da decisão mediante previsão legal expressa (art. 3.º-2 do CPC). Um dos exemplos paradigmáticos de contraditório diferido encontra-se no âmbito da tutela cautelar: apesar de a regra consistir na audição prévia do requerido, a lei admite que o contraditório só tenha lugar após a decisão cautelar quando a audiência daquele "puser em risco sério o fim ou a eficácia da providência" (art. 366.º-1 do CPC). Nos procedimentos cautelares nominados, a dispensa de audição prévia é automática nos casos de restituição provisória da posse (art. 378.º do CPC) e de arresto (art. 393.º-1 do CPC)[453-454].

II. Como já se referiu, o princípio do contraditório tem uma tripla vertente: no que respeita aos factos e ao direito, trata-se de assegurar que cada parte tem a oportunidade de alegar aquilo que considere relevante e de responder às alegações da parte contrária[455]; em matéria de prova, o contraditório implica que as partes possam produzir quaisquer meios de prova legalmente admissíveis, controlar os meios de prova apresentados

[453] Para uma análise mais desenvolvida do âmbito da audição prévia e do contraditório diferido no domínio dos procedimentos cautelares, LUCINDA D. DIAS DA SILVA, *Processo cautelar comum: princípio do contraditório e dispensa de audição prévia do requerido*, 2009, pp. 154-175, e MARCO CARVALHO GONÇALVES, *Providências cautelares*, 4.ª ed., 2019, pp. 370-377 (com ampla referência a soluções legislativas vigentes em outros ordenamentos jurídicos).

[454] O Tribunal Constitucional já se pronunciou pela conformidade destes regimes com a Constituição. Quanto ao arresto, o ac. do TC n.º 303/03, cit., entendeu que existia um conflito entre o direito à efetividade da tutela jurisdicional e o princípio do contraditório e concluiu que devia ser dada prevalência ao efeito útil do processo cautelar. Um dos elementos decisivos para o juízo de constitucionalidade residiu na circunstância de o contraditório não ser suprimido, mas apenas diferido.

[455] Não iremos abordar o contraditório quanto ao direito aplicável, já que este não suscita questões ao nível da adequação formal.

pela outra parte, participar nas diligências probatórias que tenham lugar no âmbito do processo e pronunciar-se sobre a prova produzida[456].

O contraditório assume particular relevância no âmbito da prova. A recondução do direito à prova ao princípio do contraditório tem na sua génese a constatação de que os meios de prova são um instrumento decisivo ao dispor das partes no sentido de influenciar a decisão, já que visam confirmar ou infirmar os factos alegados no processo[457]. No fundo, a identidade funcional entre o direito à prova e o princípio do contraditório leva-nos a entender que o direito das partes à apresentação e produção dos meios de prova é uma vertente do contraditório.

Neste âmbito, uma das principais questões está relacionada com as limitações legais ao direito à prova. Pensamos, por exemplo, em regras que façam depender a prova de determinados factos da utilização de certo meio de prova (como o art. 364.º-2 do Código Civil - "CC")[458] ou que restrinjam a produção de um meio de prova em função de critérios quantitativos (art. 511.º-1 e 2 do CPC) ou temporais (art. 423.º-1 do CPC). No primeiro caso, a exclusão dos restantes meios de prova visa assegurar a possível correspondência entre a realidade intraprocessual e extraprocessual, o que explica a opção pelos meios de prova que, em abstrato, surjam como mais idóneos para a prova dos factos em causa. Por seu turno, a introdução de limites temporais ou quantitativos ao direito à prova assenta na tutela do direito à decisão em prazo razoável e de princípios como a economia e a boa fé processuais.

O Tribunal Constitucional já se pronunciou sobre a conformidade de algumas destas restrições com a Constituição. Entre outros aspetos, o Tribunal foi chamado a apreciar, por mais do que uma vez, regras que impõem que a prova de certos factos seja feita por meio de perícia ou de documentos.

[456] Manuel Domingues de Andrade, *Noções cit.*, p. 238.

[457] Neste sentido, José Lebre de Freitas, *Introdução cit.*, pp. 130-135. Miguel Teixeira de Sousa, *As partes, o objecto e a prova na acção declarativa*, 1995, p. 228, e *Estudos cit.*, pp. 56-58, defende a autonomização do direito à prova face ao princípio do contraditório.

[458] Quanto à compatibilidade dessas limitações com o direito à prova no âmbito do ordenamento jurídico italiano, Michele Taruffo, "Il diritto alla prova nel processo civile", 1984, pp. 77-90.

Em geral, o Tribunal Constitucional entende que estas restrições ao direito à prova são legítimas porque têm subjacente a preocupação de selecionar os meios mais fidedignos para a prova dos factos em causa[459]. No entanto, o Tribunal acrescenta que a restrição não pode ter como efeito prático impossibilitar a prova dos factos, o que sucederá, por exemplo, quando a prova só possa fazer-se, *in casu*, através de um meio excluído pela lei[460]. Desta forma, parece legítimo inferir desta jurisprudência que o direito à prova implica (pelo menos) que as partes tenham, em concreto, a possibilidade de produzir prova sobre os factos alegados.

O Tribunal Constitucional também já se debruçou, ainda que de forma indireta, sobre as limitações temporais ao direito à prova[461]. No caso em questão, a parte suscitara a inconstitucionalidade da regra que a impedia de apresentar um rol de testemunhas após a audiência preliminar quando não tivesse indicado testemunhas em momento anterior. Apesar de o recurso estar perspetivado na ótica de uma possível violação do princípio da igualdade, a conclusão do Tribunal pressupõe a constitu-

[459] É o caso do ac. do TC n.º 395/89, de 18 de maio de 1989: chamado a pronunciar-se sobre a regra que, para efeitos de concessão de assistência judiciária, apenas permitia a prova da insuficiência económica por meio de documentos, o Tribunal baseou a sua argumentação na ideia de que a prova documental é um meio "mais seguro e adequado à descoberta da verdade, conhecida que é a falibilidade da prova testemunhal". No mesmo sentido, o ac. do TC n.º 209/95, de 20 de abril de 1995, concluiu que a regra que afastava a prova testemunhal (quando oferecida pelas partes) no que respeita à determinação do valor do bem a expropriar assentava no seguinte raciocínio: "Sabendo-se que as testemunhas transmitem conhecimentos casualmente adquiridos, bem se compreende a enorme falibilidade do respectivo testemunho, nomeadamente quando está em causa a transmissão ao tribunal de informações sobre valores do mercado imobiliário, devendo a prova desses valores assentar, por regra, em documentos autênticos".

[460] Acs. do TC n.º 646/06, de 28 de novembro de 2006, e n.º 681/06, de 12 de dezembro de 2006. Em ambos os casos, o Tribunal julgou inconstitucional o art. 146.º-B-3 do Decreto-Lei n.º 433/99, de 26 de outubro, no segmento em que só admitia a prova documental. Tal como se pode ler no ac. do TC n.º 681/06, cit., o juízo de inconstitucionalidade ficou a dever-se à conjugação de dois aspetos: por um lado, a "proibição absoluta, e em abstracto, de o contribuinte produzir prova testemunhal"; por outro lado, a circunstância de a lei não prever "em qualquer caso a autorização dessa prova pelo juiz quando ela se revele indispensável". Para uma análise mais desenvolvida destas decisões, Nuno de Lemos Jorge, "Direito à prova: brevíssimo roteiro jurisprudencial", 2008, pp. 100-101.

[461] Ac. do TC n.º 519/00, de 29 de novembro de 2000.

cionalidade deste limite temporal à propositura de prova testemunhal. De facto, o Tribunal Constitucional entendeu que o regime em análise tinha em vista assegurar a celeridade e a boa organização do processo, pelo que a diferença de tratamento entre a parte que tenha apresentado o rol de testemunhas com o articulado respetivo e aquela que não o tenha feito assentava num fundamento objetivo. Desta forma, conclui-se que, no entender do Tribunal, a obtenção de uma decisão em prazo razoável pode justificar, em certas circunstâncias, a restrição do direito à prova.

No que respeita aos factos, a relação dialética que se estabelece ao longo do processo implica que as partes tenham a possibilidade de se pronunciar sobre os factos alegados pela parte contrária. No modelo processual português, os articulados assumem particular relevância neste domínio.

Importa ter em conta que o CPC introduziu alterações importantes no que respeita ao número de articulados admissíveis, com reflexos indiretos no momento e na forma de exercício do contraditório. De forma resumida, a réplica passou a ser admissível apenas quando o réu formule pedido reconvencional ou nas ações de simples apreciação negativa (art. 584.º do CPC), pelo que a resposta a exceções deduzidas na contestação deixou de justificar, por si só, este articulado. A redução do número de articulados passou ainda pela eliminação da tréplica. Desta forma, o contraditório quanto às exceções deduzidas na contestação (ou, quando admissível, na réplica) é, por regra, diferido para a audiência prévia [arts. 3.º-4 e 591.º-1-b) do CPC] ou, em caso de dispensa desta, para a audiência final. Em qualquer destes casos, o contraditório deixa de ser assegurado por escrito para ser exercido oralmente, em audiência.

A existência de um prazo razoável para a prática dos atos processuais é uma dimensão essencial do contraditório em qualquer das suas vertentes. Apesar de esta questão assumir particular relevância no contexto dos articulados e, em particular, quanto à contestação e à réplica (tendo em conta a sua relevância para o exercício do direito de defesa), a razoabilidade dos prazos é uma exigência comum a qualquer ato processual[462].

[462] É esta consideração que nos leva a reconduzir o direito a um prazo razoável para a prática dos atos processuais ao princípio do contraditório e não ao direito de defesa. Em sentido contrário, Jorge Miranda, Rui Medeiros, *Constituição cit.*, t. 1, pp. 199-200.

Assim, o prazo geral para a prática de atos processuais (10 dias, de acordo com o art. 149.º do CPC) e os prazos específicos previstos na lei devem ser analisados à luz das exigências de um contraditório efetivo, o que equivale a dizer que a razoabilidade dos prazos tem tutela constitucional. Esta conclusão é tanto mais importante quanto, por regra, os prazos processuais são perentórios[463], pelo que o seu decurso implica que a parte deixe de poder praticar o ato em causa (art. 139.º-3 do CPC).

III. A adequação formal assume um papel de relevo no âmbito do contraditório, já que permite moldá-lo às especificidades do caso concreto. Assim, a variação da forma legal pode ter como intuito permitir um exercício mais efetivo do contraditório: será, por exemplo, o caso quando potencie o conhecimento da ação pelo réu, estabeleça um prazo mais adequado para a prática de certo ato ou permita a inquirição de testemunhas em número superior ao legalmente previsto.

Importa ainda equacionar se a adequação pode envolver a limitação do direito à prova (que é, como vimos, uma das dimensões do contraditório) quando tal seja necessário para assegurar a tutela de outros direitos processuais fundamentais (em especial, a decisão em prazo razoável). Entre outros exemplos, esta questão coloca-se – como veremos no próximo capítulo – a propósito da limitação do número de testemunhas (em ações de valor superior a 15 000 €) ou do tempo reservado para diligências instrutórias na audiência final em casos que apresentem menor complexidade.

2.8. Segurança jurídica

I. Apesar de não estar expressamente prevista no texto constitucional, tanto a doutrina[464] como a jurisprudência do Tribunal Constitucional[465]

[463] Neste sentido, José Lebre de Freitas, Isabel Alexandre, *Código cit.*, p. 293.

[464] J. J. Gomes Canotilho, *Direito cit.*, p. 257; Jorge Bacelar Gouveia, *Manual de Direito Constitucional*, 6.ª ed., vol. 2, 2016, pp. 807-808; Jorge Reis Novais, *Os princípios constitucionais estruturantes da República Portuguesa*, 2004, p. 261.

[465] Nesta linha, entre muitos outros, o ac. do TC n.º 262/98, de 5 de março de 1998, relaciona a tutela constitucional do caso julgado com "o valor da *certeza e segurança jurídicas*, o qual constitui uma das *dimensões do princípio do Estado de direito*" (sublinhado nosso).

encaram a segurança jurídica como uma decorrência do princípio do Estado de Direito (art. 2.º). Importa ainda ter em conta que, de acordo com a generalidade dos autores, o princípio da segurança jurídica compreende a "protecção da confiança dos particulares na continuidade do quadro legal vigente"[466].

O princípio da segurança jurídica repercute-se nos vários ramos do poder. A nossa análise estará centrada no poder legislativo, domínio em que a proteção da confiança impõe uma certa dose de previsibilidade do enquadramento normativo aplicável[467-468]. Nesta dimensão, há uma relação evidente entre a segurança jurídica e o direito de acesso aos tribunais, já que este – entre outras garantias processuais – envolve um mínimo de previsibilidade quanto às regras processuais aplicáveis.

A exposição subsequente irá considerar em que medida é que o poder de adequação formal pode afetar o princípio da segurança jurídica. No fundo, trata-se de saber se a adequação formal conflitua com este princípio, na sua dimensão de previsibilidade das regras processuais, na medida em que envolve uma alteração (em maior ou menor medida) da forma de processo prevista na lei para uma determinada ação em função das especificidades da mesma.

[466] Jorge Reis Novais, *Os princípios cit.*, p. 263. No mesmo sentido, J. J. Gomes Canotilho, *Direito cit.*, p. 257 (por referência ao "princípio geral da segurança jurídica"), e Jorge Miranda, Rui Medeiros, *Constituição cit.*, t. 1, pp. 102-104.

[467] Para Jorge Miranda, Rui Medeiros, *Constituição cit.*, t. 1, p. 103, a lei deve – entre outros aspetos – ser previsível, o que se traduz na "susceptibilidade de se anteverem situações futuras e susceptibilidade de os destinatários, assim, organizarem as suas vidas". De acordo com o ac. do TC n.º 287/90, de 30 de outubro de 1990, uma alteração legislativa com efeitos num processo pendente (no caso, com reflexos quanto à recorribilidade da decisão) só afeta a proteção da confiança quando traduza "uma mutação da ordem jurídica com que, razoavelmente, os destinatários das normas dela constantes não possam contar" e, cumulativamente, não seja "ditada pela necessidade de salvaguardar direitos ou interesses constitucionalmente protegidos que devam considerar-se prevalecentes".

[468] No que respeita ao poder jurisdicional, o princípio da segurança jurídica manifesta-se sobretudo através da figura do caso julgado. Sobre a proteção constitucional do caso julgado, J. J. Gomes Canotilho, Vital Moreira, *Constituição cit.*, vol. 1, pp. 530-531, e Jorge Miranda, Rui Medeiros, *Constituição cit.*, t. 3, pp. 77-81. Para uma análise da principal jurisprudência do Tribunal Constitucional nesta matéria, Isabel Alexandre, "O caso julgado na jurisprudência constitucional portuguesa", 2003, pp. 38-61.

II. O CPC de 2013 optou por um modelo de regulamentação das formas de processo assente na existência de uma forma legal passível de adequação ao caso concreto.

Recorrendo ao paradigma do processo comum de declaração, este segue uma forma processual única (art. 548.º do CPC), prevista no Livro III (arts. 552.º a 702.º do CPC) e complementada pelas disposições gerais e comuns constantes dos Livros I e II. Esta é, pois, a forma legal aplicável a todas as ações declarativas a que não corresponda um processo especial. Sucede, no entanto, que a adequação formal (art. 547.º do CPC) permite ao juiz alterar essa forma quando conclua, em face das especificidades da causa, que há outras regras processuais mais adequadas e eficientes.

Coloca-se, assim, a questão de saber se a adequação formal é de molde a pôr em causa a previsibilidade das regras processuais e, em consequência, o princípio da segurança jurídica[469]. Não há dúvidas de que a forma legal é uma garantia das partes num duplo sentido: por um lado, o conhecimento das regras aplicáveis ao processo é essencial para que as partes e, em particular, os respetivos mandatários judiciais possam planear a sua estratégia processual; por outro lado, a definição dessas regras *a priori* limita de forma considerável o potencial de arbítrio do juiz.

Em nosso entender, a resposta à questão formulada depende, desde logo, do âmbito dos poderes de adequação do processo. Ora, como tivemos oportunidade de constatar no capítulo III (ponto 3.2, I), a forma processual prevista na lei continua a ser a regra, dado que a adequação formal está reservada para os casos em que exista uma forma alternativa mais apropriada ao caso concreto. Desta forma, o juiz deve seguir a forma legal, salvo quando conclua que esta é desadequada ao caso ou que há uma forma processual alternativa mais eficiente do que a prevista na lei.

[469] Entre nós, esta crítica é desenvolvida, em particular, por Luís Correia de Mendonça, "Processo civil líquido e garantias: o Regime Processual Experimental português", 2007, pp. 97-98 e 100-103. No entender do autor, o poder de adequação formal, tal como previsto no art. 2.º-a) do RPCE, confiava às "capacidades de oleiro do julgador a determinação das formas de tutela dos direitos dos cidadãos, a partir de um padrão incerto e discutível" ("Processo cit.", pp. 101-102). Esta é uma das razões que levavam o autor a prever que, numa avaliação *ex post* do processo experimental, se viesse a concluir que "a experiência teve mais de ameaçador para as garantias das partes do que aliciante para os magistrados que a tiveram de aplicar" ("Processo cit.", p. 97).

Outro aspeto fundamental neste contexto consiste em assegurar às partes a oportunidade de intervir e influenciar a adequação projetada, o que pressupõe o contraditório prévio exceto quando a audição das partes seja manifestamente desnecessária (arts. 6.º-1-parte final e 3.º-3 do CPC)[470]. A ideia de uma adequação processual participada[471] é especialmente ilustrativa daquilo que acaba de se afirmar.

É também por esta razão que a lei procura concentrar uma parte significativa dos atos de adequação na fase intermédia do processo e, mais concretamente, na audiência prévia, após debate com as partes e os seus mandatários judiciais [art. 591.º-1-e) e g do CPC)][472]. O objetivo passa por

[470] O art. 6.º-1 do CPC estabelece que as partes devem ser ouvidas antes da adoção de mecanismos de simplificação e agilização (cuja principal modalidade é a adequação formal) e não enuncia quaisquer desvios a esta regra. O elemento literal, conjugado com a acentuada lógica de cooperação entre o tribunal e as partes neste âmbito, levam Miguel Teixeira de Sousa, "Apontamento sobre o princípio da gestão processual no novo Código de Processo Civil", 2013, p. 13, a entender que os despachos de adequação são antecedidos do contraditório das partes. Na generalidade dos casos, a adequação formal deverá, efetivamente, ser precedida da audição das partes, ora porque alguns atos de adequação pressupõem um especial envolvimento destas (pense-se, por exemplo, naqueles que visem organizar a produção da prova ou a audiência final), ora como forma de tutelar a previsibilidade do processo. No entanto, não é de excluir que, em casos pontuais, a adequação possa ser determinada sem contraditório prévio. Desta forma, a referência à audição das partes na parte final do art. 6.º-1 do CPC deve ser interpretada como uma simples reafirmação do princípio do contraditório, pelo que os despachos de adequação devem, por regra, ser antecedidos do contraditório das partes, salvo quando este se revele manifestamente desnecessário (art. 3.º-3 do CPC).

[471] Rui Pinto, *Código cit.*, vol. 1, pp. 68-69, refere-se à "*gestão processual partilhada*" para sublinhar que esta exige "a participação dos destinatários diretos, pelo que dever ter lugar a prévia audição das partes, nos termos do artigo 3.º".

[472] Tal como teremos oportunidade de constatar *infra*, no próximo capítulo, a adequação formal é uma realidade transversal ao processo, pelo que não se esgota na audiência prévia. Assim, por exemplo, a adequação pode refletir-se na fase dos articulados, com a prolação de despacho liminar fora dos casos previstos na lei (art. 590.º-1 do CPC), ou no decurso da audiência de julgamento, quando só então se manifeste a necessidade de alterar a ordem de produção da prova (art. 604.º-8 do CPC). Não concordamos, assim, com Carlos Lopes do Rego, *Comentários cit.*, p. 263, quando o autor afirma que o juiz deve estabelecer "por uma única vez, todo o «*plano*» da tramitação sucedânea que estabelece para a causa", já que as partes "devem, à partida, conhecer, sem quaisquer reservas ou limitações, todo o esquema de concreto processamento reservado para a acção". Tal entendimento limita de forma significativa a flexibilização judicial das formas processuais, já que esta acaba por se concentrar

aproveitar a lógica de diálogo e cooperação subjacente a esta audiência para, se possível com o acordo das partes, organizar as fases subsequentes do processo.

De facto, a participação dos mandatários judiciais na preparação das diligências probatórias e na programação da audiência final (entre outros exemplos) pode revelar-se essencial, na medida em que – além das próprias partes – estes são quem melhor conhece o litígio e as suas particularidades. Por esta razão, a adequação formal pressupõe uma importante dose de cooperação entre as partes (e respetivos mandatários) e o tribunal, tal como veremos ao longo do próximo capítulo[473].

O respeito pelo contraditório prévio evita que o despacho de adequação formal surja como uma decisão-surpresa com a qual a parte não podia razoavelmente contar[474]. Mesmo assim, a variação da forma processual não deixa de ter um impacto na estratégia processual das partes: assim, por exemplo, o despacho que determine o tempo de que cada parte dispõe para a produção de prova na audiência final implica, necessariamente, uma adaptação da estratégia processual da parte.

Desta forma, a lei processual deve também prever mecanismos que permitam às partes reagir contra os despachos de flexibilização judicial das formas processuais quando estes possam afetar direitos processuais fundamentais. É essa a função do art. 630.º-2 do CPC. Desta forma, no exemplo anterior, o despacho de adequação admitirá recurso com base

num único momento – tipicamente, na audiência prévia – afastando a adequação do processo a montante e a jusante.

[473] Os Princípios ALI/UNIDROIT do Processo Civil Transnacional, de maio de 2004, colocam particular ênfase neste aspeto na r. 14.2: "Na medida do razoável, o tribunal deve gerir o processo em consulta com as partes". O texto original (em inglês e francês) pode ser consultado em Aa. Vv., "ALI/UNIDROIT Principles of Transnational Civil Procedure", 2004, p. 784.

[474] Neste sentido, por referência ao direito brasileiro anterior ao CPCb, Fernando da Fonseca Gajardoni, *Flexibilidade procedimental: um novo enfoque para o estudo do procedimento em matéria processual*, 2007, pp. 105-110. De acordo com o autor, "sendo as variações rituais implementadas apenas após a participação das partes sobre elas em pleno contraditório, não se vê como a segurança jurídica seja abalada, já que o desenvolvimento do processo está sendo regrado e predeterminado judicialmente, o que o faz previsível" (*ob. cit.*, p. 101). Na doutrina nacional, Paulo Ramos de Faria, Ana Luísa Loureiro, *Primeiras cit.*, p. 59, salientam que a "audição das partes em tempo útil" é essencial na perspetiva da segurança jurídica.

na violação do contraditório (na sua dimensão de direito à prova) caso o tempo reservado para as diligências instrutórias seja manifestamente insuficiente tendo em conta o volume de prova a produzir e a complexidade da mesma. O controlo da legalidade dos despachos de adequação formal por referência aos direitos processuais fundamentais (incluindo a fundamentação das decisões) permite, assim, reduzir de forma substancial o risco de arbítrio decisório.

Reunidos estes três requisitos, não nos parece que a flexibilização judicial das formas de processo contenda com o núcleo intangível do princípio da segurança jurídica. Desde logo, embora a lei admita a sua adequação em face das particularidades da causa, a forma legal continua a assumir-se como regra, pelo que o processo mantém uma importante dose de previsibilidade. Acresce que a adequação deve ser antecedida da audição das partes (salvo nos casos pontuais em que esta seja manifestamente desnecessária), o que assegura a sua participação e a possibilidade de influírem na decisão e, bem assim, permite-lhes adaptar a sua estratégia processual. Por fim, os despachos de adequação formal estão sujeitos a um controlo de legalidade nos termos do art. 630.º-2 do CPC, que – como veremos no capítulo VII – permite salvaguardar os direitos processuais fundamentais.

É certo que um modelo assente na estrita legalidade das formas de processo é mais previsível por comparação com aquele que temos vindo a analisar. Nesse modelo, a forma legal não admite – por regra – alterações, o que permite às partes e aos respetivos mandatários judiciais antecipar, com um maior grau de certeza, quais as regras processuais aplicáveis ao caso mesmo antes da propositura da ação. Por seu turno, o papel secundário do juiz no âmbito das formas processuais leva a que o potencial de arbítrio decisório seja praticamente inexistente.

No entanto, pode dar-se o caso de este resultado ser obtido à custa de outros direitos processuais fundamentais, já que a forma legal, porque determinada em abstrato, não tem em conta as especificidades do caso. Sempre que a tramitação, a forma ou o conteúdo dos atos processuais, tal como previstos na lei, não sejam adequados ao caso ou não sejam tão eficientes como uma forma sucedânea igualmente adequada, a previsibilidade do processo é obtida à custa de outros direitos processuais fundamentais, como, por exemplo, o contraditório ou a decisão em prazo razoável.

A título ilustrativo, pense-se num caso em que a complexidade do processo impõe que as partes disponham de mais tempo para praticar um certo ato processual: nesta situação, a previsibilidade do processo será, em regra, obtida à custa da efetividade do contraditório. O mesmo acontece quando a simplicidade das questões controvertidas permita encurtar os prazos processuais previstos na lei: nesta hipótese, o direito a uma decisão em prazo razoável é preterido em favor da previsibilidade.

A análise anterior demonstra que a intangibilidade das formas de processo assenta na prevalência, em abstrato, da segurança jurídica em relação a qualquer outro direito processual fundamental. Ora, como procurámos demonstrar, há um modelo alternativo – flexibilização judicial das formas processuais – que não assenta no predomínio de certos direitos processuais fundamentais sobre outros, mas antes na sua harmonização.

Desta forma, um modelo que conjugue as formas de processo previstas na lei com a atribuição ao juiz de poderes de flexibilização das mesmas em concreto, com o intuito de salvaguardar outros direitos processuais fundamentais, não contende com o núcleo intangível do princípio da segurança jurídica.

3. Papel dos instrumentos internacionais analisados no Direito Português

I. O art. 16.º-1 da CRP[475] consagra uma cláusula de não tipicidade dos direitos fundamentais, que permite a receção de "quaisquer outros [direitos fundamentais] constantes das leis e das regras aplicáveis de Direito Internacional". No que respeita ao Direito Internacional, este preceito deve ser conjugado com o disposto no art. 8.º, que prevê a receção no ordenamento jurídico português das normas e princípios de Direito Internacional geral ou comum (n.º 1) e, verificados certos requisitos, do Direito Internacional convencional (n.º 2).

A CEDH e o PIDCP são tratados internacionais multilaterais, pelo que a sua integração no Direito Português ocorre nos termos do art. 8.º-2.

[475] Os preceitos legais indicados ao longo deste ponto pertencem, salvo indicação em contrário, à CRP.

No caso da DUDH, a questão poderia afigurar-se mais problemática, já que existem posições distintas na doutrina quanto à sua força jurídica: para alguns autores, deve atribuir-se prevalência ao elemento formal (trata-se de uma resolução da Assembleia-Geral da ONU), pelo que a Declaração não tem força vinculativa[476]; de acordo com outros autores, a Declaração integra o Direito Internacional geral ou comum e, em consequência, é recebida por via do art. 8.º-1[477]. Sucede que o papel da DUDH no Direito Português resulta, de forma expressa, do art. 16.º-2 da Constituição: "Os preceitos constitucionais e legais relativos aos direitos fundamentais devem ser interpretados e integrados de harmonia" com a Declaração[478].

II. Tal como tivemos oportunidade de constatar no ponto anterior, o Direito Português apresenta um catálogo de direitos processuais fundamentais bastante amplo. Desde logo, a Constituição consagra um vasto conjunto de garantias processuais, entre as quais o processo equitativo e a decisão em prazo razoável (art. 20.º-4), a independência dos tribunais (art. 203.º), a fundamentação das decisões judiciais (art. 205.º-1) e a publicidade da audiência (art. 206.º). A amplitude de algumas dessas garantias permite delas extrair, por via interpretativa, outras garantias: é o que sucede, por exemplo, com a cláusula do processo equitativo (imparcialidade dos juízes; publicidade da decisão e, em alguns casos, do próprio processo; igualdade processual; contraditório) e com o princípio do Estado de Direito (segurança jurídica).

Este elenco de direitos processuais fundamentais compreende uma parte significativa das vertentes do direito a um processo equitativo que identificámos aquando da análise da DUDH, do PIDCP e da CEDH.

[476] José Carlos Vieira de Andrade, "Declaração Universal dos Direitos do Homem", 1996, p. 12.

[477] Jorge Miranda, "Nos 60 anos da Declaração Universal dos Direitos do Homem: uma perspectiva constitucional portuguesa", 2008, pp. 17-18; no mesmo sentido, Jorge Bacelar Gouveia, "A Declaração Universal dos Direitos do Homem e a Constituição Portuguesa", 1998, p. 274, n. 52.

[478] Sobre esta dupla função da DUDH, J. J. Gomes Canotilho, Vital Moreira, *Constituição cit.*, 4.ª ed., vol. 1, pp. 367-368; Jorge Bacelar Gouveia, "A Declaração cit.", pp. 268-273 e 277; Jorge Miranda, *Manual de direito constitucional*, vol. 2, t. 4, 2014, pp. 184-185 e 187-189.

A questão que se coloca consiste em saber qual o papel desses instrumentos internacionais na densificação dos direitos processuais fundamentais.

O Tribunal Constitucional já concluiu que a CEDH podia constituir um importante subsídio interpretativo em matéria de direitos processuais fundamentais. Esta orientação resulta, de forma genérica, das seguintes palavras do Tribunal, por referência ao art. 6.º da CEDH: "o *direito a um julgamento equitativo* e o *princípio da igualdade de armas* (...) serão aqui tomados em consideração apenas enquanto elementos coadjuvantes da clarificação do sentido e alcance da *garantia da protecção jurídica e da via judiciária*, consagrada no artigo 20.º da Constituição"[479]. Noutra decisão, o Tribunal baseou-se na jurisprudência do TEDH para concluir pela inconstitucionalidade, por violação do princípio da igualdade, de uma regra que previa que o representante do Ministério Público "assiste às sessões de julgamento e é ouvido na discussão" junto do Supremo Tribunal Administrativo e do Tribunal Central Administrativo[480].

Nestes casos, o Tribunal reconheceu, pois, que a CEDH pode ser chamada a desempenhar um papel na interpretação dos preceitos legais e constitucionais em matéria de direitos fundamentais, em termos próximos àqueles que a Constituição prevê a propósito da DUDH (art. 16.º-2). Apesar de a questão não se colocar com tanta frequência quanto ao PIDCP, parece-nos que o mesmo raciocínio lhe é extensível por igualdade de razão.

A análise levada a cabo no ponto anterior é também ilustrativa da importância que a DUDH, o PIDCP e a CEDH podem ter neste domínio. Assim, por exemplo, tivemos oportunidade de constatar que a inclusão da publicidade da decisão entre as garantias do processo equitativo no PIDCP (de forma expressa) e na CEDH (implicitamente) é um dos argumentos que pode ser utilizado para defender a sua tutela constitucional

[479] Ac. do TC n.º 223/95, cit.

[480] Ac. do TC n.º 345/99, de 15 de junho de 1999. O preceito em análise era o art. 15.º do Decreto-Lei n.º 267/85, de 16 de julho. De acordo com o Tribunal, este suscitava, no essencial, dois problemas: por um lado, obstava ao exercício do contraditório pelas partes caso o Ministério Público interviesse na discussão; por outro lado, ainda que o Ministério Público não formulasse qualquer observação no caso concreto, a simples possibilidade de o fazer, sem contraditório, era contrária às "exigências de transparência".

no Direito Português. Da mesma forma, é notória a influência na doutrina nacional dos critérios desenvolvidos pela jurisprudência do TEDH para aferir se uma decisão foi proferida em prazo razoável.

Capítulo VI
Manifestações concretas de adequação formal[481]

1. Fase dos articulados

1.1. Diligências não previstas na lei para citação

Nos casos em que não seja possível efetivar a citação em virtude da ausência do réu em parte incerta, o art. 236.º-1 determina que a secretaria deve consultar as "bases de dados dos serviços de identificação civil, da segurança social, da Autoridade Tributária e Aduaneira e do Instituto da Mobilidade e dos Transportes Terrestres". Estas diligências têm por intuito identificar o último paradeiro ou residência conhecida do réu e, desta forma, viabilizar a citação.

Quando não seja possível encontrar informação adicional quanto ao paradeiro do réu na sequência destas diligências, procede-se à citação edital (art. 240.º). Nesses casos, a citação realiza-se por meio da afixação de um edital na última residência ou sede que o réu teve no país e da publicação de um anúncio em www.citius.mj.pt.

[481] Como tivemos oportunidade de constatar *supra*, no capítulo II (ponto 3.2, IV), a adequação formal assume um papel importante no sentido de viabilizar a apreciação conjunta de vários pedidos quando, apesar de estes seguirem formas de processo diversas, a tramitação processual não seja manifestamente incompatível (arts. 37.º-2, 266.º-3 e 555.º-1). Em qualquer destas hipóteses, cabe ao juiz "adaptar o processado à cumulação autorizada" (art. 37.º-3). O mesmo sucede em caso de erro na forma de processo: caso seja possível aproveitar os atos já praticados, cabe ao juiz determinar a prática daqueles outros atos "estritamente necessários para que o processo se aproxime, quanto possível, da forma estabelecida pela lei" (art. 193.º-1), o que pode passar por atos não previstos na lei ou pela alteração da sequência processual, entre outros exemplos. Uma vez que o CPC de 2013 não introduziu alterações relevantes em qualquer destes regimes e estes já foram analisados anteriormente, não se justifica voltar a abordá-los neste contexto.

Uma das práticas de gestão processual adotada no âmbito do RPCE consistia na consulta de bases de dados não previstas na lei (como as páginas amarelas na *Internet* – www.pai.pt) ou de motores de busca *on-line* com o objetivo de determinar o paradeiro do réu. Num caso, através de pesquisa no *Google*, o juiz constatou que a parte estava inscrita numa instituição de ensino superior e obteve a morada após solicitação a essa instituição[482].

Já ao abrigo do CPC de 2013, a prática judicial traz-nos exemplos de outras diligências com o mesmo objetivo. Pensamos, designadamente, na notificação dos outros réus, de familiares do réu, da sua entidade patronal ou de outros terceiros (como a junta de freguesia) para que forneçam eventuais informações sobre a atual sede ou local de residência do réu[483].

Estas diligências podem revelar-se decisivas no sentido de permitir a localização do réu, já que permitem multiplicar as fontes de informação disponíveis. A adequação do processo visa, neste caso, potenciar o exercício do direito de defesa, já que a citação pessoal e a citação quase-pessoal[484] apresentam maiores garantias de cognoscibilidade da ação por comparação com a citação edital, pois pressupõem que o paradeiro do réu seja conhecido. No fundo, a adequação destina-se a potenciar o conhecimento efetivo do processo pelo réu e, desta forma, visa colocá-lo em condições de, caso assim o entenda, vir ao processo defender-se.

1.2. Prazo de contestação

De acordo com o art. 569.º-1, o réu dispõe de 30 dias para contestar. A lei admite a prorrogação deste prazo por um período não superior a 30 dias, mediante requerimento do réu, quando exista um "motivo ponde-

[482] Rita Brito, coord., *Colectânea de decisões e práticas judiciais ao abrigo do Regime Processual Civil Experimental: Decreto-Lei n.º 108/2006, de 8 de junho*, 2009, pp. 170-172.

[483] João Pedro Pinto-Ferreira, Ana Li, Margarida Lima Rego, "Princípio da gestão processual na prática judiciária", 2018, p. 17.

[484] A citação quase-pessoal distingue-se da citação pessoal por ser feita na pessoa de um terceiro [arts. 228.º-2 e 232.º-2-b)], mediante a afixação de nota de citação (art. 232.º-4) e, em caso de domicílio convencionado, por meio de depósito da carta ou, quando tal não seja possível, de aviso de que esta se encontra disponível num estabelecimento postal (art. 229.º-5). Sobre estas modalidades de citação, José Lebre de Freitas, *A ação declarativa comum: à luz do Código de Processo Civil de 2013*, 4.ª ed., 2017, pp. 85-87.

roso que impeça ou dificulte anormalmente ao réu ou ao seu mandatário judicial a organização da defesa" (art. 569.º-5).

A análise conjugada dos arts. 141.º e 569.º-5 aponta para a impossibilidade de prorrogar o prazo para contestar além dos 30 dias. De facto, na falta de acordo das partes, a prorrogação dos prazos processuais estabelecidos na lei carece de previsão legal expressa e, neste caso, a prorrogação tem como limite máximo 30 dias.

A questão que se coloca consiste em saber se o juiz pode, ao abrigo da adequação formal, prorrogar o prazo para contestar por um período superior ao previsto na lei em função da (maior) complexidade da causa.

Uma vez que tanto o prazo de contestação como o limite máximo para a sua prorrogação são fixados em abstrato, pode dar-se o caso de não se ajustarem às particularidades da causa. Nesta situação, a limitação à prorrogação do prazo resultante do art. 569.º-5 pode pôr em causa o exercício efetivo do contraditório.

Em sentido contrário, é possível argumentar que a lei teve em conta essa situação quando previu a possibilidade de prorrogação do prazo para contestar por um determinado período, pelo que a adequação judicial do processo não faz sentido. Adicionalmente, admitir a prorrogação do prazo além do limite previsto na lei pode colocar em causa a duração razoável do processo.

Como resulta da exposição anterior, é necessário conciliar aqui dois direitos processuais fundamentais: o contraditório e a decisão em prazo razoável. O art. 569.º-5 procura assegurar esse desiderato: por um lado, admite a prorrogação do prazo de contestação em função das especificidades do caso; por outro lado, estabelece um limite temporal a essa prorrogação. Esta solução poderá ser suficiente para responder à generalidade dos casos, mas é duvidoso que seja adequada aos litígios mais complexos. Tal como tivemos oportunidade de constatar no capítulo anterior (ponto 2.3, I), importa ainda ter em conta que a duração razoável do processo não deve ser apreciada em abstrato e que a complexidade da causa é um dos fatores a ter em conta no momento de determinar qual o prazo razoável para decisão.

Desta forma, não é de excluir que, em concreto, o juiz conclua que a complexidade do caso impõe uma prorrogação do prazo para contestar além do limite estabelecido no art. 569.º-5, sob pena de o réu não poder exercer o contraditório de forma efetiva. Nesta hipótese, o juiz deve prorrogar o prazo na estrita medida do necessário para assegurar que a parte dispõe de um prazo razoável para contestar.

1.3. Despacho liminar *ad hoc*

I. Até à reforma processual de 1995-1996, o despacho liminar era um dos momentos centrais da fase dos articulados. Após a apresentação da petição inicial, o processo era remetido ao juiz para uma análise liminar. Na sequência desta intervenção, o juiz podia proferir despacho de indeferimento da petição inicial (art. 474.º do CPCa), de aperfeiçoamento (art. 477.º do CPCa)[485] ou de citação (art. 478.º do CPCa). O despacho liminar surgia, assim, como um ato necessário na fase dos articulados.

Com a reforma de 95/96, o despacho liminar passou a ter um âmbito de aplicação residual[486]. A intervenção judicial foi substituída por um controlo meramente formal por parte da secretaria, destinado à verificação dos requisitos da petição inicial (art. 474.º do CPCa). Na ausência de fundamento de recusa da petição, procedia-se de imediato à citação do réu (art. 234.º-1 do CPCa).

Neste sistema, a citação só dependia de despacho judicial prévio nos casos expressamente previstos na lei[487]. Entre outros exemplos, o art. 234.º-4 do CPCa previa a necessidade de despacho liminar nos procedimentos cautelares em que o requerente solicitasse a dispensa do contra-

[485] O despacho de indeferimento estava pensado para os casos de ineptidão da petição inicial, de falta manifesta de pressupostos processuais de conhecimento oficioso (quando não existisse regra especial), de improcedência manifesta do pedido e de erro na forma no processo (caso a petição inicial não pudesse ser aproveitada para a forma de processo correta). Por seu turno, o despacho de aperfeiçoamento tinha em vista as situações em que a petição inicial não pudesse ser recebida "por falta de requisitos legais ou por não vir acompanhada de determinados documentos, ou quando apresente irregularidades ou deficiências que sejam susceptíveis de comprometer o êxito da acção" (art. 477.º-1 do CPCa).

[486] Sobre as razões subjacentes a esta opção, Carlos Francisco de Oliveira Lopes do Rego, *Comentários ao Código de Processo Civil*, 2.ª ed., vol. 1, 2004, pp. 213-214 (economia e simplificação processuais e contraditório), e José Lebre de Freitas, *A ação cit.*, p. 84 (igualdade das partes e maior segurança na apreciação após os articulados).

[487] O art. 234.º-A-5 do CPCa previa ainda a possibilidade de a secretaria remeter o processo ao juiz para um controlo liminar "quando se lhe afigure manifesta a falta dum pressuposto processual insuprível de que o juiz deva conhecer oficiosamente".

ditório prévio do requerido (art. 385.º-1 do CPCa) ou na citação edital, visto que esta implicava a publicação de anúncios e a afixação de editais (art. 238.º do CPCa).

II. Uma das práticas judiciais que se desenvolveu no âmbito do RPCE com base na gestão processual foi a reintrodução do despacho liminar fora dos casos previstos na lei. Entre outros exemplos, o despacho liminar foi utilizado no sentido de convidar o autor a indicar as razões de direito que serviam de fundamento à ação[488]. A prolação de despacho liminar teve, pois, como intuito promover a concretização dos fundamentos jurídicos da causa mesmo antes da citação do réu.

No fundo, o despacho liminar surgia como um primeiro momento de controlo da petição inicial pelo juiz e implicava uma antecipação da sua intervenção no processo, já que esta tinha lugar logo na fase dos articulados e não apenas na fase intermédia.

III. O CPC de 2013 manteve, com ligeiras alterações de redação, a regra da oficiosidade das diligências de citação (art. 226.º). Quer isto dizer que, por regra, a citação não é precedida de despacho judicial, mas apenas de um controlo formal da secretaria quanto aos requisitos da petição inicial.

Apesar de o despacho liminar não ter sido reintroduzido na tramitação legal, o juiz pode determinar que o processo lhe seja concluso antes da citação do réu mesmo quando a lei não o preveja. De facto, o art. 590.º-1 permite que a petição inicial seja "apresentada a despacho liminar" por iniciativa do juiz.

A questão que se coloca consiste em saber se, nestes casos, a prolação de despacho liminar é um exemplo de adequação formal (art. 547.º). Tal como o próprio nome indica, a adequação visa moldar a forma legal às particularidades do caso concreto. O poder de adequação formal surge, assim, como um instrumento de flexibilização da forma legal (concebida em abstrato) em função das particularidades do caso.

[488] RITA BRITO, *Colectânea cit.*, pp. 11-12.

Tendo em conta que, por regra, o primeiro contacto do juiz com o processo só ocorre na fase intermédia (art. 590.º-2), o despacho liminar envolve uma anterior orientação genérica à secretaria no sentido de que todos ou certos processos distribuídos ao juiz devem ser-lhe remetidos após a apresentação da petição inicial. Esta era a prática que viabilizava a prolação de despacho liminar no âmbito do RPCE[489]. Desta forma, o despacho liminar não visa, em bom rigor, a adaptação da forma legal ao caso concreto, já que pressupõe um provimento com âmbito genérico e que, como tal, não tem em conta as especificidades de um caso em particular.

Há, no entanto, dois aspetos que nos levam a concluir que a prolação de despacho liminar fora dos casos enunciados na lei deve ser reconduzida à adequação formal. Desde logo, não há dúvidas de que esta prática implica uma alteração ao guião do processo, já que introduz um ato que nele não estava previsto.

Além disso, o despacho liminar pode desempenhar um importante papel na simplificação e agilização do processo, contribuindo para a obtenção de uma decisão em prazo razoável. Além dos casos em que a análise liminar determine o indeferimento da petição inicial ou o convite ao aperfeiçoamento, a intervenção judicial neste momento pode desempenhar múltiplas funções: fixar a duração previsível do processo, solicitar informações às partes sobre as perspetivas de obtenção de uma solução consensual e organizar o processo, entre outros exemplos[490]. Repare-se como qualquer uma destas atuações pode contribuir de forma decisiva para a tramitação mais eficiente do processo e, em resultado, para a obtenção de uma decisão num prazo mais curto sem com isso colocar em causa outros direitos processuais fundamentais.

Assim, tendo em conta a finalidade do despacho liminar e a circunstância de este traduzir um ato que não se encontra previsto na lei, parece-nos que se trata de um mecanismo de adequação do processo, mesmo quando vise sobretudo adaptar a tramitação processual às especificidades

[489] Rita Brito, *Colectânea cit.*, p. 12. Nas palavras do Dr. Paulo Ramos de Faria, "Foram dadas instruções à secção de processos para que seja aberta conclusão em todos os processos antes de ter lugar a citação".

[490] Paulo Ramos de Faria, Ana Luísa Loureiro, *Primeiras notas ao novo Código de Processo Civil: os artigos da reforma*, 2.ª ed., vol. 1, 2014, pp. 514-516.

de certa comarca ou ao perfil do juiz e não tanto às particularidades da causa[491].

1.4. Terceiro articulado fora dos casos previstos na lei

I. No CPCa, a réplica era admitida com uma amplitude considerável: além das ações de simples apreciação negativa, em que era sempre admissível (art. 502.º-2 do CPCa), o autor podia apresentar réplica nos restantes tipos de ação desde que o réu deduzisse pedido reconvencional ou se defendesse por exceção (art. 502.º-1 do CPCa). Nestes casos, a fase dos articulados comportava, pelo menos, três articulados (petição inicial, contestação e réplica)[492].

A réplica destinava-se, antes de mais, a permitir o exercício do contraditório pelo autor. Nos casos de pedido reconvencional e de ação de simples apreciação negativa, a réplica desempenhava uma função semelhante à da contestação, ou seja, era o momento adequado para o autor se defender por impugnação quanto aos factos constitutivos do direito alegados pelo réu e por exceção. A admissibilidade da réplica para resposta às exceções assentava na ideia de que o exercício do contraditório por escrito trazia benefícios ao nível da economia processual por comparação com o seu exercício oral, em audiência.

Na réplica, o autor podia ainda alterar e ampliar o pedido e/ou a causa de pedir, sem necessidade de acordo do réu (art. 273.º-1 do CPCa). Apesar de não se tratar de uma função principal da réplica, que não era admissível apenas com esta finalidade, a lei permitia o seu aproveitamento neste sentido.

Era este o figurino do processo comum nas suas formas ordinária e sumária[493]. Já na forma sumaríssima, a lei só previa dois articulados – peti-

[491] Paulo Ramos de Faria, Ana Luísa Loureiro, *Primeiras cit.*, pp. 510-511.

[492] A tréplica apresentava um alcance mais restrito, já que a sua admissibilidade dependia da alteração do pedido ou da causa de pedir na réplica ou da defesa por exceção quanto ao pedido reconvencional (art. 503.º-1 do CPCa).

[493] A única alteração introduzida na forma sumária consistia no encurtamento dos prazos para a apresentação da réplica (arts. 784.º e 785.º do CPCa).

ção inicial e contestação – pelo que o contraditório quanto às exceções era diferido para a audiência final (art. 795.º-1 do CPCa)[494].

II. O RPCE restringiu de forma significativa o âmbito da réplica. Nos termos do art. 8.º do RPCE, a réplica só era admitida quando fosse deduzido pedido reconvencional ou nas ações de simples apreciação negativa. Em consequência, a resposta às exceções passava a ter lugar em audiência (preliminar ou final). Esta alteração ficou a dever-se à lógica de simplificação da tramitação que presidiu a este regime processual.

No entanto, a prática judicial demonstrou que a resposta às exceções por escrito podia ser útil em diferentes casos. O convite ao autor para apresentar um terceiro articulado fora dos casos previstos na lei acabou, assim, por constituir uma das principais manifestações da gestão processual no contexto do RPCE[495].

A análise de alguns despachos neste sentido permite-nos descortinar os principais objetivos da gestão processual neste âmbito. Por um lado, a resposta às exceções por escrito tinha por intuito evitar perturbações na tramitação processual, designadamente em razão da complexidade da exceção ou quando o juiz optasse por dispensar a audiência preliminar. Neste último caso, na ausência de um terceiro articulado, o contraditório quanto às exceções só teria lugar no início da audiência final, com todos os inconvenientes daí decorrentes para o normal desenrolar da mesma[496]. Por outro lado, tratava-se também de assegurar o exercício imediato do contraditório quando as exceções pudessem conduzir, com alguma probabilidade, à absolvição da instância ou à improcedência do pedido. Nesta hipótese, o objetivo consistia em facultar ao juiz os elementos necessários

[494] A doutrina discutia a admissibilidade do pedido reconvencional nesta forma de processo: contra, Carlos Lopes do Rego, *Comentários cit.*, p. 658, com base na ausência de réplica; a favor, José Lebre de Freitas, *A acção declarativa comum à luz do código revisto*, 1.ª ed., 2000, pp. 315-316. De acordo com este autor, a admissibilidade da reconvenção decorria da economia processual e implicava a existência de um articulado de resposta, como forma de assegurar o respeito pelo princípio da igualdade de armas.

[495] Direção-Geral da Política de Justiça, *Regime Processual Civil Experimental: V relatório de monitorização*, 2009, p. 19: "o terceiro articulado é admitido pela maior parte dos juízes como resposta às excepções alegadas".

[496] Rita Brito, *Colectânea cit.*, pp. 28-29

para que este pudesse, desde logo, apreciar a exceção dilatória ou julgar o mérito da causa, evitando assim a prática de atos inúteis[497].

III. O CPC de 2013 segue de perto a lógica de redução do número de articulados que já resultava do RPCE. Desta forma, a estrutura típica da fase dos articulados passou a comportar, por regra, apenas dois articulados: a petição inicial e a contestação.

A réplica só é admissível quando o réu formule pedido reconvencional ou nas ações de simples apreciação negativa (art. 584.º-1). Quer isto dizer que este articulado passa a assumir uma única finalidade: assegurar o exercício do contraditório por parte do autor quanto à pretensão contra si deduzida (em caso de reconvenção) ou em relação aos factos constitutivos do direito que o réu tenha alegado na contestação (tratando-se de uma ação de simples apreciação negativa).

De acordo com a doutrina, a eliminação da réplica para resposta às exceções está relacionada com a circunstância de os articulados terem passado a compreender apenas a alegação dos factos essenciais "que constituem a causa de pedir" [art. 552.º-1-d)] ou "em que se baseiam as exceções" [art. 572.º-c)]. Ora, ao contrário daquilo que sucede nos casos em que a réplica continua a ser admitida, a resposta a exceções tem como único intuito a alegação de factos instrumentais, o que contraria a lógica de simplificação que se pretendeu introduzir na fase dos articulados[498].

O contraditório quanto às exceções deduzidas na contestação é, por regra, diferido para a audiência prévia [arts. 3.º-4 e 591.º-1-b)] ou para a audiência final, em caso de dispensa da audiência prévia. No fundo, a lei limita-se a diferir o exercício do contraditório quanto às exceções, pelo que este passa a ter lugar oralmente (e não por escrito), em audiência (e já não durante a fase dos articulados).

IV. Neste contexto, coloca-se a questão de saber se o juiz pode, ao abrigo da adequação formal, admitir a apresentação de um terceiro articulado fora dos casos previstos no art. 584.º, designadamente para res-

[497] Rita Brito, *Colectânea cit.*, pp. 21-28 e 30-31.

[498] Paulo Ramos de Faria, Ana Luísa Loureiro, *Primeiras cit.*, p. 501.

posta a exceções[499]. Esta questão tem sido objeto de algum debate na jurisprudência, com respostas díspares.

Algumas decisões pronunciam-se pela inadmissibilidade do articulado de resposta às exceções com o argumento de que o mesmo deixou de estar previsto na lei[500]. O acórdão do TRE de 11.6.2015 vai ainda mais longe: além de considerar que o terceiro articulado "vai contra a alteração legislativa introduzida no NCPC, desvirtuando-a"[501], o Tribunal considera que a sua admissibilidade não contribui para a celeridade processual, antes podendo colocar em causa esse desiderato, já que o processo deverá, então, aguardar pela resposta do réu.

Em sentido contrário, é possível encontrar decisões que admitem a resposta às exceções por escrito com base no poder de adequação formal[502]. Esta orientação assenta em dois argumentos principais: a inutilidade do despacho que recuse o articulado de resposta, já que o autor sempre poderá pronunciar-se sobre as exceções em audiência (art. 3.º-4), e a perturbação do decurso normal da audiência prévia em caso de diferimento do contraditório para este momento[503].

Em nosso entender, a ausência de uma regra que admita, de forma expressa, um articulado de resposta a exceções não é um argumento essencial. De facto, o poder de adequação formal visa, precisamente, dotar o juiz dos instrumentos necessários para que este possa ajustar a forma legal ao caso concreto, o que pode passar pela prática de atos não previstos na lei, entre outros aspetos.

Da mesma forma, não nos parece que o elemento histórico ou que a *ratio* subjacente à solução legal sejam decisivos no sentido de excluir a

[499] A apresentação de um terceiro articulado pode partir de iniciativa oficiosa ou de iniciativa espontânea da parte. Neste último caso, a adequação consubstancia-se no despacho que admita o articulado e que, desta forma, o integre no guião do processo.

[500] Ac. do TRG de 25 de fevereiro de 2016, proc. n.º 634/14.6T8VRL-B,G1.

[501] Ac. do TRE de 11 de junho de 2015, proc. n.º 1406/14.3TBPTM-B.E1. Este caso é especialmente interessante, já que o tribunal de 1.ª instância tinha admitido o terceiro articulado.

[502] Ac. do STJ de 23 de junho de 2016, proc. n.º 1937/15.8T8BCL.S1.

[503] Ac. do TRL de 12 de janeiro de 2017, proc. n.º 136577/15.6YIPRT-A.L1-8. Neste caso, o tribunal de 1.ª instância admitiu, com os argumentos indicados, o articulado de resposta apresentado espontaneamente pela autora. O tribunal de recurso não chegou a pronunciar-se sobre a questão, já que a mesma não foi suscitada nas alegações de recurso.

adequação do processo neste contexto. É certo que o CPC de 2013 limitou o âmbito da réplica, dele excluindo a resposta a exceções, ao contrário daquilo que sucedia no CPCa. Esta opção ficou a dever-se a uma lógica de simplificação da fase dos articulados e tem subjacente a ideia de que, na generalidade dos casos, o contraditório quanto às exceções pode ser exercido oralmente.

No entanto, as circunstâncias do caso podem apontar para a utilidade de uma resposta imediata (por exemplo, quando a exceção possa determinar, com algum grau de probabilidade, a absolvição da instância ou a improcedência do pedido) ou por escrito (em face da complexidade da exceção). Ora, é aqui que a adequação formal pode intervir no sentido de ajustar a tramitação processual às particularidades do caso, permitindo superar os inconvenientes associados a um modelo fixado em abstrato.

Assim, resta perceber se a admissibilidade do articulado de resposta a exceções pode contender com algum direito processual fundamental. A questão coloca-se sobretudo quando a iniciativa desse articulado pertença ao tribunal: neste caso, a parte deve dispor de um prazo adicional para apresentá-lo, pelo que a fase dos articulados terá uma duração mais alargada[504]. Coloca-se, assim, a questão de saber se esta prática de adequação formal pode colocar em causa a obtenção de uma decisão em prazo razoável.

Ora, numa análise global, é possível concluir que o articulado de resposta a exceções surge como um fator de celeridade processual. Desde logo, quando esteja em causa uma exceção dilatória insuprível, a resposta por escrito pode permitir o encurtamento do processo, pois permite assegurar o contraditório sem que seja necessário convocar audiência prévia e, desta forma, permite ao juiz a imediata prolação de despacho saneador em que absolva o réu da instância [art. 592.º-1-b)][505].

[504] Ao contrário daquilo que parece resultar do ac. do TRE de 11 de junho de 2015, cit., temos dúvidas de que o articulado de resposta às exceções implique, por si só, a admissibilidade de um quarto articulado. Por um lado, o autor pode limitar-se a responder às exceções, caso em que não fará sentido admitir mais um articulado. Por outro lado, ainda que o autor deduza contra exceções, a igualdade entre as partes no processo só implicará que o juiz admita o quarto articulado quando se verifiquem os mesmos fundamentos que justificaram o terceiro articulado.

[505] Paulo Pimenta, *Processo civil declarativo*, 2.ª ed., 2017, p. 223.

Ainda que a audiência prévia deva realizar-se, o exercício do contraditório por escrito e em momento anterior pode revelar-se imprescindível para a maior utilidade da audiência, designadamente quando a exceção invocada seja complexa. De facto, a complexidade da matéria da exceção pode impedir a sua apreciação imediata e, desta forma, protelar a realização de algumas das finalidades da audiência prévia, como a prolação do despacho saneador, do despacho relativo aos temas da prova ou a programação da audiência final [art. 591.º-1-d), e) e g)]. Nestes casos, a resposta por escrito às exceções pode ainda surgir como essencial no sentido de assegurar o exercício efetivo do contraditório.

Em suma, a admissibilidade do articulado de resposta a exceções não coloca em causa o direito a uma decisão em prazo razoável, podendo inclusivamente contribuir para que a decisão seja obtida de forma mais célere. Acresce que a complexidade da exceção pode impor a resposta por escrito como meio de salvaguardar o princípio do contraditório.

V. Parece-nos que se justifica adotar o mesmo raciocínio nos casos em que a réplica continua a ser admitida (reconvenção e ação de simples apreciação negativa) e o autor nela deduza alguma exceção quanto aos factos constitutivos do direito alegados na contestação[506]. Nesta hipótese, o réu encontra-se numa posição em tudo similar à do autor quanto às exceções deduzidas na contestação, pelo que poderá justificar-se admitir um quarto articulado para resposta às exceções invocadas na réplica[507].

2. Fase intermédia[508]

2.1. Convocação de audiência prévia no despacho pré-saneador

De acordo com o art. 590.º-2, o despacho pré-saneador destina-se a providenciar pelo suprimento de exceções dilatórias (sanáveis), pelo

[506] No CPCa, a resposta às exceções deduzidas na reconvenção tinha lugar na tréplica (art. 503.º do CPCa). Com a eliminação deste articulado, o contraditório quanto às exceções deduzidas na réplica foi também diferido para a audiência (prévia ou final).

[507] Paulo Pimenta, *Processo cit.*, p. 224. Em sentido contrário, decidiu-se no âmbito do RPCE que a lei não admitia a apresentação de um quarto articulado – Rita Brito, *Colectânea cit.*, pp. 32-33.

[508] Na doutrina, uma parte dos autores fala de uma fase de condensação, que inclui o saneamento do processo (João de Castro Mendes, *Direito processual civil*, vol. 2, 2012, pp. 417-419;

aperfeiçoamento dos articulados (na dupla dimensão de correção de irregularidades e de insuficiências ou imprecisões da matéria de facto) e pela junção ao processo dos documentos que sejam necessários para permitir a apreciação de exceções dilatórias ou do mérito da causa no despacho saneador[509].

A lei aponta para a obrigatoriedade do despacho pré-saneador sempre que seja necessário dar resposta a uma das finalidades enunciadas. Esta indicação resulta, desde logo, do elemento literal do art. 590.º-2, designadamente quando se prevê que "findos os articulados, o juiz profere, *sendo caso disso*, despacho pré-saneador" (itálico nosso)[510].

O art. 591.º-1 aponta para uma dilação temporal entre a prolação do despacho pré-saneador e do despacho de convocação da audiência prévia. Desta forma, quando se verifique uma das hipóteses previstas no art.

José Lebre de Freitas, *A ação cit.*, 4.ª ed., p. 176; Miguel Teixeira de Sousa, *Estudos sobre o novo processo civil*, 2.ª ed., 1997, pp. 301-302), enquanto outros se referem a uma fase de saneamento ou condensação (Manuel A. Domingues de Andrade, *Noções elementares de processo civil*, 1979, pp.172-173) ou, mais recentemente, a uma fase intermédia (Rita Lobo Xavier, Inês Folhadela, Gonçalo Andrade e Castro, *Elementos de direito processual civil: teoria geral, princípios, pressupostos*, 2.ª ed., 2018, p. 103). A opção por esta última designação (fase intermédia) ficou a dever-se à circunstância de, em nosso entender, a mesma transmitir com maior clareza a localização desta fase no desenho processual: entre os articulados e – quando a ação deva prosseguir – a produção de prova. Por esta razão, as diligências instrutórias que, ao abrigo da adequação formal, tenham lugar na fase intermédia não serão abordadas neste momento, mas apenas a propósito da fase de instrução.

509 O art. 508.º-1 do CPCa não referia esta última finalidade. De acordo com Paulo Pimenta, *Processo cit.*, p. 256, aquilo que se pretende é "evitar que, por meras razões documentais, seja relegada para a sentença a decisão de matérias que o juiz poderia conhecer já na fase intermédia do processo".

510 Questão diferente passa por saber se os poderes de providenciar pelo suprimento de exceções dilatórias e de convidar às partes ao aperfeiçoamento das irregularidades e das insuficiências fácticas dos articulados são vinculados ou discricionários. Em nosso entender, estes poderes não comportam qualquer momento de discricionariedade, já que o condicionalismo legal de que depende o seu exercício e o conteúdo do despacho a proferir não dependem de valorações subjetivas do juiz. Desta forma, verificado o condicionalismo previsto na lei, o juiz deve exercer estes poderes nos exatos termos previstos nos arts. 6.º-2 (quanto às exceções dilatórias) e 590.º-3 e 4 (quanto ao aperfeiçoamento dos articulados). Neste sentido, na doutrina, Paulo Pimenta, *Processo cit.*, pp. 229-231, 236-237 e 249-250, e Rui Pinto, *Código de Processo Civil anotado*, vol. 2, 2018, pp. 108-109.

590.º-2, o juiz deve proferir despacho pré-saneador, aguardar pela resposta da(s) parte(s) e só em momento posterior, caso a situação o justifique, convocar audiência prévia[511]. Neste esquema, independentemente do prazo que o juiz tenha concedido às partes para resposta ao despacho pré-saneador, o processo ficará parado durante algum tempo (designadamente, entre o final desse prazo e a realização efetiva da audiência prévia).

Importa, assim, perceber se é possível adequar o processo no sentido de concentrar o despacho pré-saneador e o despacho de convocação da audiência prévia num único momento. Esta prática contribui para diminuir o hiato entre o final da fase dos articulados e a realização da audiência prévia, contribuindo assim para a celeridade processual. A adequação do processo permite ainda remeter para a audiência prévia a resposta das partes ao despacho pré-saneador, o que pode ser relevante quando o juiz considere que é útil encetar um diálogo com as partes sobre a questão em análise[512].

Diga-se, no entanto, que em alguns casos a resposta ao despacho pré-saneador na audiência prévia poderá não ser a solução mais adequada. É o que sucede, desde logo, quando a complexidade da questão suscitada no despacho pré-saneador imponha a resposta por escrito. O mesmo acontece quando o diferimento da resposta ao despacho pré-saneador para a audiência prévia possa prejudicar o normal desenvolvimento desta: por exemplo, em caso de coligação ilegal (art. 36.º), a elaboração do despacho relativo aos temas da prova e ao objeto do litígio e a programação da audiência final no âmbito da própria audiência prévia podem revelar-se mais difíceis caso o autor só indique qual o pedido que pretende ver apreciado nesse momento.

Nestes casos, a resposta ao despacho pré-saneador deverá ser anterior à audiência prévia. Ainda assim, a convocação da audiência prévia no despacho pré-saneador pode fazer sentido por uma questão de agilização

[511] O mesmo raciocínio vale para as ações de valor igual ou inferior a metade da alçada da Relação, já que o art. 597.º ressalva expressamente a prolação de despacho pré-saneador.

[512] Neste sentido, ao abrigo do RPCE, Mariana França Gouveia, *Regime Processual Experimental: anotado*, 2006, p. 107.

no agendamento da mesma, embora implique um esforço adicional de programação do processo.

Em suma, a eventual concentração de vários atos num único momento (prolação de despacho pré-saneador e de convocação da audiência prévia; resposta ao despacho pré-saneador na audiência prévia) depende, em larga medida, das particularidades do caso. De facto, há que ter em conta, por um lado, os possíveis benefícios da adequação formal ao nível da celeridade processual e, por outro lado, quanto à resposta ao despacho pré-saneador na audiência prévia, os seus efeitos ao nível do contraditório.

2.2. Conteúdo da audiência prévia

A audiência prévia é um momento central na tramitação do processo declarativo. Uma vez apresentados os articulados, abre-se um momento de debate entre o tribunal, as partes e os respetivos mandatários judiciais cujo intuito é o de imprimir uma lógica de cooperação ao processo. Desta forma, a audiência prévia é um importante instrumento da conceção dialogada e participante do processo introduzida pela reforma de 95/96[513].

Compreende-se, assim, que uma parte significativa dos atos e diligências incluídas na fase intermédia estejam concentradas na audiência prévia. Esta audiência pode, desde logo, destinar-se a promover a resolução consensual do litígio por meio de conciliação. A audiência prévia também concentra a discussão de facto e de direito entre as partes quando o juiz pretenda apreciar exceções dilatórias ou conhecer do mérito da causa no despacho saneador.

Caso o processo deva prosseguir, a audiência pode ter em vista a clarificação da posição das partes quanto ao objeto do litígio e a correção de eventuais imprecisões ou insuficiências quanto à matéria de facto. A audiência prévia é ainda um momento privilegiado para o juiz proceder à adequação do processo, em conjunto com as partes, e para proferir despacho saneador e despacho relativo ao objeto do litígio e aos temas da prova. Por fim, a audiência prévia pode desempenhar um importante papel no que respeita à programação da audiência final.

[513] Paulo Pimenta, *Processo cit.*, p. 256.

De forma resumida, estas são as finalidades principais da audiência prévia (art. 591.º), ou seja, o seu conteúdo típico. Tal não significa que estes objetivos só possam ser assegurados na audiência prévia ou que a sua convocação tenha, necessariamente, em vista todas estas finalidades. De facto, pode dar-se o caso de o contraditório quanto às exceções ter sido exercido por escrito (ao abrigo de um despacho de adequação formal) ou de a posição das partes quanto ao objeto do litígio resultar da simples análise dos articulados, entre outros exemplos.

A adequação formal pode repercutir-se no próprio conteúdo da audiência prévia. Assim, por exemplo, o juiz pode aproveitar a audiência convocada com uma das finalidades enunciadas no art. 591.º-1 para determinar a prestação dos depoimentos de parte solicitados, aproveitando assim a presença das partes. Neste caso, a adequação pode permitir uma melhor organização da produção de prova, designadamente quando dos depoimentos resulte a confissão de certos factos, além de contribuir para reduzir a duração da audiência final. Este exemplo de adequação encontra-se, aliás, expressamente previsto na lei (art. 456.º-3), pelo que se trata de um caso de adequação tipificada.

2.3. Audiência prévia realizada através de meios de comunicação à distância

De acordo com o art. 143.º-2, "quando nenhuma razão imponha outro lugar, os atos realizam-se no tribunal". Quer isto dizer que as audiências são, por regra, presenciais e têm lugar no tribunal. A solução legal implica a deslocação dos mandatários judiciais (e, em alguns casos, das partes) ao tribunal, o que acarreta custos e pode agravar as dificuldades no agendamento da audiência, já que a marcação desta deve, sempre que possível, ser feita mediante acordo prévio com os mandatários (art. 151.º-1).

Neste contexto, coloca-se a questão de saber se o juiz pode determinar a realização da audiência prévia através de meios de comunicação à distância com o intuito de ultrapassar os inconvenientes associados à necessidade de os intervenientes se deslocarem ao tribunal. Como vimos no capítulo IV (ponto 2.2.3), um exemplo de utilização desses meios é a prática adotada por alguns tribunais ingleses no sentido de conduzir a audiência de gestão inicial do processo por telefone.

Ora, o desenvolvimento exponencial das técnicas de comunicação à distância pode levar-nos a pensar em outros exemplos, como a realização da audiência prévia por meio de *Skype*. Como resulta da exposição anterior, aquilo que se pretende é evitar a deslocação dos mandatários e das partes ao tribunal e, assim, facilitar o acerto de agendas, com o objetivo de introduzir uma maior celeridade na fase intermédia do processo[514]. Ora, as técnicas de comunicação à distância surgem como um meio privilegiado para atingir este propósito, já que permitem, por definição, prescindir da presença física dos vários intervenientes num mesmo espaço[515].

Contudo, esta prática pode suscitar questões ao nível da imediação. Apesar de a audiência prévia não comportar, por regra, a produção de prova (contexto em que o princípio da imediação assume especial relevância), o contacto indireto entre os vários intervenientes na audiência pode colocar em causa algumas das suas finalidades, com particular destaque para a tentativa de conciliação. A utilização de técnicas de comunicação à distância pode também não ser apropriada quando as questões a discutir na audiência assumam um elevado grau de complexidade.

Em suma, cabe ao juiz analisar o caso concreto no sentido de concluir se as vantagens obtidas com a realização da audiência prévia à dis-

[514] Esta preocupação manifesta-se com especial intensidade em arbitragens que envolvam partes, advogados ou árbitros de diferentes nacionalidades, tendo em conta a distância física entre estes. O desenvolvimento das novas tecnologias tem permitido dispensar a realização presencial de audiências, designadamente quando estejam em causa questões processuais ou aspetos relacionados com a organização e calendarização do processo arbitral. A condução de audiências (com exceção da audiência de julgamento) através de técnicas de comunicação à distância, como o *Skype* ou o telefone, é um dos exemplos de gestão processual que consta do relatório da International Chamber of Commerce, *Techniques for controlling time and costs in arbitration*, 2.ª ed., 2018, pp. 9-10.

[515] Reportamo-nos, com as devidas adaptações, ao conceito de técnica de comunicação à distância previsto no Decreto-Lei n.º 24/2014, de 14 de fevereiro, que regula os contratos celebrados à distância e fora do estabelecimento comercial. Nos termos do art. 3.º-w) deste diploma, as técnicas de comunicação à distância são "qualquer meio que, sem a presença física e simultânea do fornecedor de bens ou prestador do serviço e do consumidor, possa ser utilizado tendo em vista a celebração do contrato entre as referidas partes". Para uma análise mais desenvolvida deste conceito no âmbito do Decreto-Lei n.º 24/2014, Jorge Morais Carvalho, João Pedro Pinto-Ferreira, *Contratos celebrados à distância e fora do estabelecimento comercial: anotação ao Decreto-Lei n.º 24/2014, de 14 de fevereiro*, 2014, pp. 38-39.

tância, essencialmente relacionadas com a celeridade processual e com a poupança de eventuais custos inerentes à deslocação dos mandatários judiciais (e, eventualmente, das partes) ao tribunal, excedem os inconvenientes decorrentes de um contacto menos estreito entre os vários participantes na audiência.

2.4. Dispensa da audiência prévia

I. O modelo de tramitação da fase intermédia do processo aponta para a obrigatoriedade da audiência prévia nas ações de valor superior a metade da alçada da Relação[516].

Desde logo, o art. 591.º-1 determina que a audiência "é convocada" após o despacho pré-saneador (ou após o decurso do prazo nele concedido às partes para resposta, se for o caso) e, na ausência deste, imediatamente após o final da fase dos articulados. Constata-se, pois, que a lei configura a audiência prévia como tendencialmente necessária.

A própria teleologia da audiência também aponta no mesmo sentido. A audiência prévia é instrumental em relação à visão cooperante e dialogada do processo, pelo que a sua dispensa deve ser encarada como uma exceção. Assim, por regra, o juiz deve convocar audiência prévia quando seja necessário assegurar o cumprimento de pelo menos uma das suas finalidades principais.

[516] No CPCa, a audiência preliminar também surgia, por regra, como um momento necessário na tramitação do processo comum ordinário (art. 508.º-A-1 do CPCa). A comparação entre o regime então consagrado e aquele que resulta do art. 591.º do CPC permite-nos detetar duas diferenças principais: por um lado, a adoção de mecanismos de simplificação e agilização do processo (incluindo a adequação formal) e a programação da audiência final passaram a constar entre as finalidades principais da audiência prévia; por outro lado, a restrição do âmbito da réplica no que respeita à resposta a exceções implica que a audiência prévia assuma, na prática, um papel mais relevante no que respeita ao exercício do contraditório, já que uma parte substancial dos atos e diligências a praticar na fase intermédia do processo pressupõe o contraditório prévio do autor: por exemplo, o juiz não pode apreciar qualquer exceção invocada na contestação ou de conhecimento oficioso sem antes facultar ao autor (no primeiro caso) ou a ambas as partes (na segunda situação) a oportunidade de se pronunciarem sobre a mesma [art. 591.º-1-b)].

No entanto, a lei enuncia alguns desvios a esta regra[517]. Neste contexto, há que distinguir os casos em que a dispensa da audiência decorre diretamente da lei daqueles em que, pelo contrário, a lei permite a dispensa pelo juiz ao abrigo da adequação formal.

A dispensa da audiência prévia por determinação legal (art. 592.º) está pensada para duas hipóteses em que se considera que, em princípio, a audiência não terá a utilidade que normalmente justifica a sua convocação. No fundo, a lei estabelece uma presunção de desadequação da audiência nestes casos.

O art. 592.º-1-a) prevê a dispensa da audiência prévia nas ações não contestadas que devam prosseguir em virtude de revelia inoperante. Esta opção fica a dever-se à tendencial simplicidade da causa e, sobretudo, à circunstância de a atitude processual do réu esvaziar parte das funções principais da audiência[518].

A audiência prévia também não se realiza quando o processo deva terminar no despacho saneador em função da procedência de uma exceção dilatória em relação à qual as partes já tenham tido possibilidade de se pronunciar. Neste caso, o contraditório já foi assegurado em momento anterior, pelo que não se justifica a convocação da audiência com essa finalidade[519]. Tendo em conta que o desfecho do processo passará pela absolvição da instância, a audiência prévia teria como única finalidade a prolação do despacho saneador [arts. 591.º-d e 595.º-1-a)]. Ora, com o intuito de assegurar a economia processual, a lei optou por dispensar a realização da audiência, pelo que o despacho saneador será proferido por escrito.

[517] As alterações introduzidas por comparação com o CPCa são significativas. Desde logo, a lei passou a prever um conjunto de casos em que a audiência prévia não terá, por regra, lugar, enquanto no CPCa a audiência preliminar só podia ser dispensada pelo juiz (art. 508.º-B-1 do CPCa). Além disso, a dispensa da audiência prévia pelo juiz baseia-se agora no poder de adequação formal e não está limitada às hipóteses de simplicidade da causa ou da questão a apreciar.

[518] Paulo Ramos de Faria, Ana Luísa Loureiro, *Primeiras cit.*, p. 532.

[519] A restrição do âmbito da réplica remete a dispensa da audiência prévia com este fundamento para situações pontuais, em que o juiz tenha admitido a resposta às exceções por escrito a coberto da adequação formal. Neste sentido, Paulo Pimenta, *Processo cit.*, pp. 320-321.

Parte da doutrina admite que o juiz convoque audiência prévia em qualquer destas hipóteses com base na adequação formal[520]. Parece-nos que esta é a posição mais consentânea com a flexibilização que o CPC de 2013 pretendeu introduzir quanto às formas processuais. Assim, a presunção de desadequação da audiência prévia, porque formulada em abstrato, deve ceder perante as particularidades do caso concreto, que podem apontar para a utilidade da audiência. Trata-se, pois, de uma presunção ilidível pelo juiz no exercício dos seus poderes de adequação formal.

A lei prevê ainda um conjunto de situações em que o juiz pode dispensar a audiência prévia apesar de ser necessário, em concreto, cumprir alguma(s) das suas finalidades principais. De acordo com o art. 593.º-1, a audiência pode ser dispensada quando se destine à prolação de despacho saneador, de despacho relativo ao objeto do litígio e aos temas da prova ou de despacho de simplificação ou agilização do processo (art. 593.º-1). O mesmo parece valer, embora a lei não o refira expressamente, para a programação da audiência final, já que se admite que esta tenha lugar por escrito [art. 593.º-2-d)][521]. Em qualquer destes casos, a dispensa da audiência prévia traduz um ato de adequação formal, já que deve ter em conta as especificidades da causa.

A circunstância de a audiência prévia manter alguma utilidade nestes casos e a lógica de cooperação entre os vários sujeitos processuais implica que a última palavra sobre a sua realização pertença às partes. Desta forma, a parte que pretenda reclamar de um dos despachos proferidos por escrito (com exceção do despacho saneador[522]) pode "requerer, em 10 dias, a realização de audiência prévia" (art. 593.º-3)[523].

[520] José Lebre de Freitas, Isabel Alexandre, *Código de Processo Civil anotado*, 4.ª ed., vol. 2, 2019, p. 648.

[521] Elizabeth Fernandez, *Um novo Código de Processo Civil? Em busca das diferenças*, 2014, p. 31.

[522] O meio de reação adequado contra o despacho saneador é o recurso de apelação (art. 644.º-1). Apesar de a lei distinguir os casos em que a ação termine no despacho saneador com decisão de mérito [al. a)] daqueles em que o juiz absolva o réu da instância ou conheça parcialmente de mérito [al. b)], o instrumento que coloca à disposição das partes é comum.

[523] O art. 593.º-3 não se refere à convocação de audiência prévia na sequência de reclamação da parte quanto ao despacho de programação da audiência final. Tendo em conta que o art. 593.º-2-d) admite que este despacho seja proferido por escrito, o que pressupõe a dispensa

As partes têm, portanto, um direito potestativo à convocação da audiência prévia para apreciação das reclamações sobre os despachos que, embora proferidos fora da audiência, visem satisfazer uma das suas finalidades principais[524]. Diga-se, no entanto, que a parte pode reclamar de qualquer destes despachos sem pretender que a audiência prévia tenha lugar. De facto, a reclamação é um meio de reação contra os despachos enunciados no art. 593.º-3 e pode ser deduzida por escrito ou oralmente, na própria audiência. A realização da audiência prévia com o intuito de reclamar dos despachos anteriormente proferidos pelo juiz depende, assim, de requerimento da parte[525].

II. A dispensa da audiência prévia pelo juiz está duplamente limitada: por um lado, pressupõe que a audiência apenas vise assegurar alguma(s) das finalidades enunciadas no art. 593.º; por outro lado, só tem em vista as "ações que hajam de prosseguir" (art. 593.º-1-1.ª parte).

A referência às "ações que hajam de prosseguir" visa evitar a dispensa da audiência prévia quando a ação deva terminar no despacho saneador[526] com uma decisão de mérito ou de absolvição da instância, ainda que neste último caso apenas quando a exceção dilatória ou a nulidade processual não tenham sido debatidas em momento anterior [arts. 591.º-1-b) e 592.º-1-b)]. Parece-nos que se justifica uma interpretação extensiva deste preceito no sentido de nele incluir também as hipóteses de conhecimento parcial do mérito no despacho saneador, já que tal implica que a causa não prossiga quanto às questões então decididas[527].

da audiência prévia, parece-nos que se justifica uma interpretação extensiva do art. 593.º-3 no sentido de alargar a solução legal a esta hipótese.

[524] Paulo Ramos de Faria, Ana Luísa Loureiro, *Primeiras cit.*, p. 538. Paulo Pimenta, *Processo cit.*, p. 324, fala a este propósito de uma "*audiência prévia potestativa*".

[525] José Lebre de Freitas, Isabel Alexandre, *Código cit.*, vol. 2, p. 652, e Paulo Ramos de Faria, Ana Luísa Loureiro, *Primeiras cit.*, p. 539. Contra, Elizabeth Fernandez, *Um novo cit.*, considera que a reclamação tem necessariamente de ser apresentada na audiência prévia.

[526] Em sentido contrário, Miguel Teixeira de Sousa, "Jurisprudência (250)", 2015, defende que as "ações que hajam de prosseguir" para efeito do art. 593.º-1 são todas aquelas que tenham passado pelo crivo do despacho pré-saneador.

[527] Neste sentido, José Lebre de Freitas, Isabel Alexandre, *Código cit.*, vol. 2, pp. 641-642; Miguel Teixeira de Sousa, "Jurisprudência cit.".

Neste âmbito, coloca-se a questão de saber se, ao abrigo da adequação formal, o juiz pode dispensar a audiência prévia mesmo quando projete conhecer do mérito da causa (total ou parcialmente) no despacho saneador.

Para Paulo Ramos de Faria e Ana Luísa Loureiro, a resposta deve ser afirmativa desde que as partes já tenham exercido o contraditório quanto às questões que o juiz pretenda apreciar (designadamente, nos articulados) e lhes seja garantida a possibilidade de se pronunciarem quanto à preconizada dispensa da audiência prévia[528].

Em sentido contrário, existe uma corrente doutrinária de acordo com a qual o juiz não pode dispensar a audiência prévia quando esteja em causa a apreciação do mérito da causa[529]. Esta posição baseia-se no princípio do contraditório e, em especial, na circunstância de a dispensa da audiência nestes casos potenciar as decisões-surpresa e suprimir o direito da parte de apresentar alegações finais [art. 604.º-3-e)][530]. Além disso, alguns autores dão particular relevância ao elemento histórico, ou seja, à circunstância de o CPC ter abandonado a regra que permitia a dispensa da audiência quando esta visasse a discussão do mérito da causa e a sua apreciação revestisse manifesta simplicidade [art. 508.º-B-1-b) do CPCa][531].

A questão da dispensa da audiência prévia quando a ação deva terminar no despacho saneador com uma decisão de mérito também tem sido um tema recorrente na jurisprudência desde a aprovação do CPC de 2013. De acordo com a orientação maioritária, o tribunal não pode dispensar a audiência ao abrigo do art. 593.º-2-a) nesta hipótese[532]. Esta conclusão baseia-se, desde logo, na necessidade de assegurar o contraditório quanto às questões que o juiz pretenda apreciar [art. 591.º-1-b)],

[528] Paulo Ramos de Faria, Ana Luísa Loureiro, *Primeiras cit.*, p. 536.

[529] José Lebre de Freitas, Isabel Alexandre, *Código cit.*, vol. 2, pp. 641-642; Paulo Pimenta, *Processo cit.*, p. 322

[530] Paulo Pimenta, *Processo cit.*, pp. 261-262.

[531] José Lebre de Freitas, Isabel Alexandre, *Código cit.*, vol. 2, p. 641.

[532] Em sentido contrário, o ac. do TRE de 12 de fevereiro de 2015, proc. n.º 1279/13.3TBLGS-D.E1, refere que a audiência prévia pode ser dispensada ao abrigo do art. 593.º "quando seja de proferir simplesmente (...) despacho saneador/sentença", ainda que a ação deva terminar neste momento com uma decisão de mérito.

finalidade que poderia ser afetada com a dispensa da audiência. A circunstância de a dispensa da audiência prévia poder representar uma surpresa para as partes tendo em conta a forma legal também é relevante para esta corrente jurisprudencial.

Neste sentido, o acórdão do TRL de 5.5.2015 relaciona a obrigatoriedade da audiência prévia neste caso com o intuito de "assegurar o respeito pelo princípio do contraditório, e, assim, evitar decisões-surpresa"[533]. O acórdão do TRP de 12.11.2015 acrescenta que a convocação da audiência prévia evita "que as partes venham a ser confrontadas com uma decisão que, provavelmente, não esperariam fosse já proferida", além de permitir salvaguardar os casos em que "a anunciada intenção de conhecimento imediato do mérito da causa derive de alguma precipitação do juiz"[534-535].

Diga-se, no entanto, que algumas decisões revelam uma abertura considerável em relação à adequação do processo neste domínio[536]. De acordo com esta perspetiva, ainda que a audiência prévia não possa ser afastada com base no art. 593.º, nada obsta à sua dispensa ao abrigo da cláusula geral de adequação formal, verificados certos requisitos. É interessante constatar que, na generalidade dos casos, este entendimento é afirmado a propósito de situações em que a dispensa da audiência não teve na sua génese um despacho de adequação do processo, pelo que acaba por não ter efeitos práticos na apreciação do recurso.

Segundo esta orientação jurisprudencial, a dispensa da audiência prévia ao abrigo da adequação formal pressupõe, desde logo, que as partes

[533] Ac. do TRL de 5 de maio de 2015, proc. n.º 1386/13.2TBALQ.L1-7.

[534] Ac. do TRP de 12 de novembro de 2015, proc. n.º 4507/13.1TBMTS-A.P1.

[535] O ac. do TRL de 13 de novembro de 2014, proc. n.º 673/03.2TYLSB.L1-6, também concluiu pela inadmissibilidade de dispensa da audiência prévia "em caso de conhecimento imediato do mérito". Neste caso, o tribunal interpretou (restritivamente) os arts. 591.º-1-d) e 593.º-1 no sentido de que a audiência destinada à prolação de despacho saneador só podia ser dispensada quando estivesse em causa a apreciação de uma exceção dilatória ou de uma nulidade processual.

[536] Neste sentido, os acs. do TRL de 9 de outubro de 2014, proc. n.º 2164/12.1TVLSB.L1-2; do TRL de 5 de maio de 2015, cit.; do TRP de 24 de setembro de 2015, proc. n.º 128/14.0T8PVZ.P1; do TRP de 12 de novembro de 2015, cit.; do TRE de 30 de junho de 2016, proc. n.º 309/15.9T8PTG-A.E1; do TRL de 8 de fevereiro de 2018, proc. n.º 3054-17.7T8LSB-A.L1-6; do TRL de 18 de outubro de 2018, proc. n.º 8195/17.8T8ALM.L1-2.

tenham tido a oportunidade de debater a questão em momento anterior, designadamente em articulado de resposta às exceções deduzidas na contestação (ou, quando admissível, na réplica). No fundo, o juiz só pode apreciar total ou parcialmente o mérito da causa no despacho saneador quando o contraditório tenha sido previamente assegurado. Nestes casos, de acordo com o acórdão do TRL de 9.10.2014, a dispensa da audiência prévia permite "ganhos relevantes ao nível da celeridade, sem prejuízo da justa composição do litígio"[537].

O juiz deve ainda facultar às partes o contraditório sobre a própria adequação formal projetada. Esta exigência visa evitar que a alteração da forma legal possa surgir como uma decisão-surpresa. As partes devem, assim, ter a oportunidade de apresentar os seus argumentos quanto à preconizada dispensa da audiência prévia, pois só assim terão a possibilidade de influenciar a decisão.

Algumas decisões fazem ainda depender a dispensa da audiência prévia de uma referência expressa à adequação formal[538]. No fundo, aquilo que está em causa é o dever de fundamentação das decisões judiciais, que abrange todas as decisões que não sejam de mero expediente (art. 205.º-1 da CRP). Como vimos no capítulo anterior (ponto 2.5, I), a fundamentação visa, entre outros aspetos, assegurar a transparência no exercício da função jurisdicional e habilitar as partes a reagir contra a decisão. Para tanto, é essencial assegurar a inteligibilidade daquela e é neste contexto que a referência à base legal ou ao instituto jurídico em causa podem revelar-se importantes.

Não nos parece, no entanto, que o dever de fundamentação fique satisfeito com uma alusão genérica à adequação formal. De facto, a decisão só será compreensível quando o juiz concretize as razões que, em concreto, o levam a adequar o processo. Assim, o juiz deve explicitar em que medida é que o teor dos articulados permite dispensar a audiência prévia apesar da sua intenção de conhecer de imediato do mérito da causa.

[537] Ac. do TRL de 9 de outubro de 2014, cit. Na mesma linha, o ac. do TRL de 29 de outubro de 2015, proc. n.º 2691/13.3TCLRS.L1-2, entendeu que a audiência prévia seria, nestes casos, "um acto perfeitamente inútil e dispensável".

[538] Acs. do TRL de 9 de outubro de 2014, cit., e do TRP de 24 de setembro de 2015, cit.

Em suma, uma parte da jurisprudência admite a dispensa da audiência prévia ao abrigo da adequação formal mesmo quando a ação deva terminar no despacho saneador com uma decisão de mérito[539]. O único requisito específico desta modalidade de adequação consiste na necessidade de facultar às partes o contraditório prévio sobre a questão ou questões a decidir.

Em nosso entender, esta orientação é a que melhor se compatibiliza com a lógica de flexibilização judicial das formas de processo subjacente ao CPC.

É certo que a lei introduz alguma rigidez na fase intermédia do processo quando prevê a tendencial obrigatoriedade da audiência prévia. Esta opção parece ter ficado a dever-se à circunstância de a audiência prévia permitir a concentração de vários atos num único momento, marcado pelo diálogo entre todos os sujeitos processuais. O objetivo é, assim, evitar que o juiz dispense a audiência de forma genérica, sem ter em conta o caso concreto.

Pelo contrário, não nos parece que o art. 591.º tenha como intuito impedir a dispensa da audiência prévia quando, tendo em conta as especificidades da causa, o juiz considere que existe outra tramitação mais eficiente e que também salvaguarda os direitos processuais fundamentais (designadamente, o contraditório). Por um lado, importa ter em conta que a fase intermédia é um momento especialmente propício para a adequação formal, já que a finalidade desta fase (sanear o processo e, quando este deva prosseguir, prepará-lo para a audiência final) pode ser desempenhada de forma diferente consoante o caso. Por outro lado, a limitação da adequação formal seria contraditória com a ampla liberdade que a lei atribui ao juiz na determinação dos trâmites a seguir nesta fase do processo quando o valor da ação não seja superior a metade da alçada da Relação (art. 597.º).

[539] Em sentido contrário, afastando a adequação do processo consistente na dispensa da audiência prévia, os acs. do TRE de 10 de maio de 2018, proc. n.º 2239/15.5T8ENT-A.E1; do TRE de 24 de maio de 2018, proc. n.º 10442/15.1T8STB-A.E1; do TRG de 17 de janeiro de 2019, proc. n.º 4833/15.5T8GMR-A.G3. Estas decisões assentam na ideia de que "a simplificação processual ou a adequação formal não pode ir contra normas que refletem determinado ritualismo como obrigatório ou necessário" (ac. do TRE de 10 de maio de 2018, cit.).

Por todas estas razões, parece-nos que o juiz pode dispensar a audiência prévia fora dos casos expressamente previstos na lei com base no poder de adequação formal, desde que assegure o respeito pelos direitos processuais fundamentais. Quando a ação deva terminar no despacho saneador com decisão de mérito (total ou parcial), a adequação pressupõe, em especial, que as partes já tenham exercido o contraditório sobre as questões que serão apreciadas no saneador-sentença.

2.5. Dispensa dos temas da prova e enunciação dos factos assentes

I. O art. 596.º-1 estabelece que "quando a ação houver de prosseguir, o juiz profere despacho destinado a identificar o objeto do litígio e a enunciar os temas da prova". A lei aponta, assim, para a obrigatoriedade deste despacho quando a ação não deva terminar no despacho saneador[540].

Numa primeira análise, esta solução é menos flexível do que a anteriormente prevista. De facto, o CPCa admitia a dispensa da base instrutória no processo sumário com base na simplicidade dos factos controvertidos (art. 787.º-1 do CPCa) e dispensava a seleção da matéria de facto no processo sumaríssimo (art. 795.º-2 do CPCa) e em algumas hipóteses de revelia inoperante [art. 485.º-b), c) e d) do CPCa]. Já no RPCE, a elaboração e o próprio conteúdo do despacho de seleção da matéria de facto dependiam de um ato de gestão processual[541].

A solução consagrada no CPC deve ser compreendida à luz da substituição da base instrutória pelos temas da prova. Enquanto a base instru-

[540] A solução legal afasta-se, pois, da proposta constante do Estudo sobre a Justiça Económica em Portugal, que assentava, como regra, na dispensa de uma ferramenta destinada a enunciar quais os factos ou temas carecidos de prova, salvo "em processos complexos, quando houver dúvidas sobre aquilo que realmente interessa para a ação" – Mariana França Gouveia [et. al.], *Justiça económica em Portugal: síntese e propostas*, 2012, p. 40. Esta proposta tinha subjacente a ideia de que esses instrumentos serão desnecessários "nos processos mais simples, que são a maioria (...) na medida em que é evidente a matéria que se discute na ação" (*ob. cit.*, p. 40).

[541] Mariana França Gouveia, *Regime cit.*, pp. 110-113, e Paulo Ramos de Faria, *Regime Processual Civil Experimental comentado*, 2010, p. 145. Contra, Luís Filipe Brites Lameiras, *Comentário ao Regime Processual Experimental*, 2007, p. 102, com o argumento de que a seleção da matéria de facto é essencial para a determinação da "duração provável das diligências probatórias" [art. 508.º-A-2-b) do CPCa] e, portanto, para o agendamento da audiência final.

tória assentava na enunciação dos factos controvertidos relevantes para a decisão da causa (art. 511.º-1 do CPCa), os temas da prova traduzem-se numa lista de "questões genéricas (...) que têm como referência a causa de pedir e as exceções alegadas pelas partes"[542]. Verifica-se, assim, que estes instrumentos apresentam uma lógica distinta: enquanto a base instrutória era organizada em torno de factos, os temas da prova compreendem questões (mais ou menos) genéricas, formuladas tendo em conta os factos que careçam de prova.

Desta forma, é possível constatar que os temas da prova são um instrumento mais flexível do que a base instrutória, na medida em que permitem ao juiz, em função das especificidades da causa, definir o objeto das diligências instrutórias de forma mais genérica ou proceder a uma maior concretização dos factos que careçam de prova. Esta flexibilidade pode conduzir a uma maior celeridade processual, já que em muitos casos poderá implicar uma redução significativa do tempo que anteriormente era despendido na elaboração da base instrutória. Mais importante ainda é a circunstância de os temas da prova permitirem uma melhor correspondência entre a decisão e a realidade extraprocessual, já que as diligências probatórias deixam de estar necessariamente limitadas por uma rígida seleção da matéria de facto e abre-se a possibilidade de as mesmas assentarem em grandes temas da prova[543].

As vantagens associadas aos temas da prova (por comparação com a base instrutória) não afastam a possível relevância da adequação formal neste contexto. De facto, nada obsta a que o juiz dispense a elaboração dos temas da prova mesmo quando a ação deva prosseguir (por exemplo, face à simplicidade dos factos que careçam de prova no caso), desde que os direitos das partes sejam salvaguardados[544]. O direito à obtenção de uma decisão em prazo razoável assume particular relevância neste con-

[542] José Lebre de Freitas, Isabel Alexandre, *Código cit.*, vol. 2, p. 669.

[543] Paulo Pimenta, *Processo cit.*, pp. 311-312, e Paulo Ramos de Faria, Ana Luísa Loureiro, *Primeiras cit.*, pp. 548-549. Já ao abrigo do RPCE, Mariana França Gouveia, *Regime cit.*, p. 111, referia que, "enquanto peça limitadora da decisão", a base instrutória podia introduzir "uma limitação importante à correspondência entre realidade e processo".

[544] Neste sentido, Mariana França Gouveia, "O princípio dispositivo e a alegação de factos em processo civil: a incessante procura da flexibilidade processual", 2013, p. 15.

texto, cabendo ao juiz ponderar se o ganho de tempo obtido com a dispensa dos temas da prova não poderá ser neutralizado posteriormente, em consequência de uma menor organização da produção de prova.

II. A análise do art. 596.º permite concluir que o âmbito do anterior despacho de condensação sofreu uma importante limitação. De facto, este preceito basta-se com a enunciação dos temas da prova, dispensando a indicação dos factos assentes por admissão, confissão ou prova documental.

Uma parte da doutrina admite que o juiz adeque o conteúdo do despacho relativo aos temas da prova no sentido de nele incluir o elenco dos factos assentes quando considere que tal é relevante para uma melhor organização da instrução, designadamente porque permite concentrar os esforços probatórios das partes nos factos que careçam de prova[545-546]. Tal como sucede quanto à dispensa dos temas da prova, parece-nos que o critério a adotar neste âmbito é o mesmo: o juiz deverá considerar os efeitos da sua opção (enunciar ou não os factos assentes neste despacho) na celeridade processual, tendo em conta as especificidades do caso.

[545] Paulo Pimenta, *Processo cit.*, p. 318, e Paulo Ramos de Faria, Ana Luísa Loureiro, *Primeiras cit.*, p. 553. José Lebre de Freitas, Isabel Alexandre, *Código cit.*, vol. 2, p. 671, também admitem que o juiz indique os factos assentes neste despacho, embora não se refiram expressamente à adequação formal.

[546] Para Rui Pinto, *Código cit.*, p. 129, a não discriminação dos factos assentes neste momento conduz a uma maior flexibilidade da matéria de facto até ao momento da decisão. Sucede, no entanto, que os efeitos probatórios decorrentes da falta de impugnação só podem ser afastados com base em factos de ocorrência ou conhecimento superveniente. Já no caso do reconhecimento pela parte de factos que lhe são desfavoráveis e que favorecem a outra parte ou da apresentação de documento, o efeito probatório só pode ser afastado nos casos previstos na lei (art. 347.º-parte final do CC). Ora, uma vez que estes efeitos probatórios só podem ser afastados nos casos enunciados na lei, conclui-se que a flexibilidade da matéria de facto é limitada, independentemente de o juiz enunciar (ou não) os factos assentes no despacho relativo aos temas da prova. Por esta razão, o argumento apresentado não nos parece decisivo no sentido de excluir este exemplo de adequação formal.

2.6. Utilização de meios de resolução alternativa de litígios

I. A resolução alternativa de litígios (tradução da expressão inglesa *alternative dispute resolution*) é uma realidade que tem conhecido uma franca expansão em Portugal nas últimas décadas[547].

Neste contexto, importa, antes de mais, perceber a que é que se refere a natureza alternativa destes meios de resolução de litígios. Em nosso entender, aquilo que é alternativo face ao modelo de resolução de litígios adotado nos tribunais judiciais é a abordagem ao conflito (baseada nos interesses das partes), a ênfase colocada na resolução consensual do litígio ou ainda a intervenção das partes na construção da solução e/ou das próprias regras processuais[548]. De facto, estas características permitem-nos estabelecer um contraste com alguns dos traços marcantes do sistema de Justiça estadual, como o foco nas pretensões das partes (com a consequente limitação dos factos a considerar), a predominância de soluções mutuamente exclusivas (*win-lose*), em que o ganho de uma parte significa uma perda da outra parte, e a reduzida intervenção das partes na definição das regras processuais aplicáveis e no próprio processo.

A análise subsequente estará focada em dois meios de resolução alternativa de litígios (mediação e conciliação) e terá como intuito perceber qual é o papel da adequação formal neste contexto.

II. A mediação é um meio de resolução alternativa de litígios voluntário e confidencial em que as partes procuram alcançar um acordo com o

[547] Sobre o surgimento e a evolução da resolução alternativa de litígios a nível internacional e em Portugal, MARIANA FRANÇA GOUVEIA, *Curso de resolução alternativa de litígios*, 3.ª ed., 2015, pp. 25-39.

[548] Para que um determinado meio de resolução de litígios possa ser reconduzido à resolução alternativa de litígios, será suficiente que reúna uma das características enunciadas. Desta forma, a resolução alternativa de litígios inclui, entre outros, a negociação, a mediação, a conciliação, os Julgados de Paz e a arbitragem. Alguns destes meios (por exemplo, a negociação e a mediação) apresentam todas as características enunciadas, enquanto outros (nomeadamente, a arbitragem) só reúnem uma delas. De facto, aquilo que caracteriza a arbitragem é a circunstância de as partes, no exercício da autonomia privada, decidirem submeter litígios atuais ou eventuais à decisão de um terceiro (o árbitro) e poderem definir, com uma ampla liberdade, as regras processuais aplicáveis. Quanto à conciliação e aos Julgados de Paz, a ênfase colocada na obtenção de uma solução consensual explica a sua recondução aos meios de resolução alternativa de litígios.

auxílio de um terceiro independente e imparcial (o mediador)[549]. Entre os seus principais objetivos encontra-se o restabelecimento da comunicação entre as partes, a descoberta dos interesses (motivações subjacentes às pretensões) e a criação de opções que permitam alcançar uma solução mutuamente vantajosa[550].

A lei processual reconhece que a mediação pode ser um instrumento importante no sentido de estimular a resolução consensual do litígio. Na sequência da transposição da Diretiva 2008/52/CE do Parlamento Europeu e do Conselho, de 21 de maio de 2008, relativa a certos aspetos da mediação civil e comercial, o CPCa consagrou a possibilidade de remessa do processo para mediação por iniciativa do juiz, desde que nenhuma das partes a tal se opusesse. Esta regra transitou para o CPC (art. 273.º-1). Neste caso, a adequação formal pressupõe a introdução de um momento extrajudicial (a mediação) na tramitação do processo, com a consequente suspensão da instância.

A remessa do processo para mediação pode ocorrer "em qualquer estado da causa" (art. 273.º-1). Neste contexto, o juiz deve ter em conta que a determinação do momento mais adequado para a realização da mediação pressupõe uma análise casuística. Assim, por exemplo, quando os custos associados à produção de prova sejam significativos, a mediação poderá fazer sentido logo após os articulados, na medida em que é passível de permitir a dispensa das diligências instrutórias (em caso de acordo) ou, pelo menos, a redução do seu âmbito. Pelo contrário, quando a produção da prova (no todo ou em parte) seja essencial para que as partes estejam em condições de avaliar as várias opções, poderá ser mais

549 Esta noção corresponde, no essencial, ao disposto no art. 2.º-a) da Lei da Mediação ("LM"). De acordo com este preceito, mediação é "a forma de resolução alternativa de litígios, realizada por entidades públicas ou privadas, através do qual duas ou mais partes em litígio procuram voluntariamente alcançar um acordo com assistência de um mediador de conflitos". Por seu turno, a definição de mediador [art. 2.º-b) da LM)] impõe que este seja imparcial e independente. A definição proposta distingue-se destas por incluir a confidencialidade (art. 5.º da LM).

550 A análise estará focada na mediação baseada nos interesses, que foi desenvolvida a partir de um modelo concebido para a negociação. Para uma análise mais desenvolvida desse modelo, ROGER FISHER, WILLIAM URY, BRUCE PATTON, *Como conduzir uma negociação: chegar a acordo sem ceder*, 12.ª ed., 2015, pp. 36-113.

conveniente que a mediação só tenha lugar após a conclusão das diligências instrutórias[551].

A mediação induzida pelo juiz deve ser antecedida de uma ponderação que tenha em conta as características do caso e das partes e o próprio objeto do litígio. Assim, por exemplo, quando o litígio envolva questões relevantes para o interesse da comunidade, a confidencialidade da mediação pode levar o juiz a concluir que esta não é o meio de resolução de litígios mais apropriado ao caso[552]. Pelo contrário, num litígio relativo à regulação das responsabilidades parentais em caso de divórcio, a mediação pode revelar-se especialmente adequada, já que visa restabelecer a comunicação entre as partes, podendo, assim, contribuir para a manutenção de uma relação funcional entre estas, algo que é fundamental para assegurar o superior interesse da criança.

A mediação induzida pelo juiz suscita algumas questões face ao princípio da voluntariedade, que norteia a mediação em todos os seus momentos. De facto, a voluntariedade manifesta-se no momento inicial, sendo necessário que as partes estejam de acordo em submeter o litígio a mediação, e mantém-se durante todo o procedimento, pelo que as partes têm o monopólio do poder decisório (*empowerment*) e podem abandonar a mediação a qualquer momento, sem necessidade de fundamentar essa decisão (art. 4.º da LM).

Ora, na mediação induzida, apesar de o impulso inicial caber ao juiz, a lei afasta-se de um sistema de mediação obrigatória, na medida em que atribui a última palavra às partes, que podem impedir a remessa do processo para mediação caso manifestem, de forma expressa, a sua oposição. Ainda assim, a regra da voluntariedade parece surgir aqui invertida, já

[551] Para uma análise das vantagens e inconvenientes da mediação em vários momentos, Kathy Mack, *Court referral to ADR: criteria and research*, 2003, pp. 40-43.

[552] Caso as partes cheguem a acordo na mediação, a lei impõe a sua homologação pelo juiz (art. 273.º-5), pelo que o acordo passará a ser público. No entanto, o teor das sessões de mediação continuará, em regra, protegido pelo princípio da confidencialidade (art. 5.º da LM). A confidencialidade é, aliás, uma das características essenciais da mediação, tendo como intuito permitir uma comunicação tão aberta quanto possível entre as partes, já que afasta o receio de que o conteúdo das sessões de mediação possa ser tido em conta em futuros processos judiciais ou arbitrais.

que a remessa para mediação não depende do consentimento das partes, mas apenas de falta de oposição.

Há ainda outro aspeto que pode afetar a voluntariedade: as partes podem sentir-se constrangidas a recorrer à mediação com receio de desagradar ao juiz. De forma a evitar ou a minorar este condicionamento (muitas vezes inconsciente), o juiz deve adotar uma postura objetiva, limitando-se a esclarecer as partes sobre o que é a mediação e quais são as suas principais características e a indicar as razões pelas quais considera que a mediação pode ser adequada no caso concreto[553].

Esta análise permite-nos constatar que a mediação induzida pelo juiz coloca alguns desafios ao nível do princípio da voluntariedade, mas não implica o seu afastamento, já que as partes podem sempre obstar à remessa do processo para mediação e o juiz deve assumir um papel meramente informativo neste âmbito. Ultrapassado este potencial obstáculo, importa ainda perceber de que forma é que a iniciativa do juiz no sentido de propor às partes a utilização da mediação se compatibiliza com os princípios do processo civil.

Tal como resulta da exposição anterior, a mediação assume um papel de destaque no sentido de estimular a resolução consensual do litígio. De facto, uma vez que o poder decisório pertence, em exclusivo, às partes, a mediação assenta em soluções consensuais e mutuamente vantajosas, promovendo assim a pacificação social. Além disso, a circunstância de o acordo ser construído pelas partes conduz a um maior comprometimento destas com o mesmo. Qualquer destas características mantém a sua relevância na mediação iniciada no contexto de uma ação judicial por iniciativa do juiz.

Além disso, a remessa da causa para mediação apresenta, por regra, efeitos positivos ao nível da celeridade processual que permitem compensar o aumento da duração do processo num primeiro momento, em consequência da suspensão da instância[554]. Caso as partes cheguem a

[553] Mariana França Gouveia, *Curso cit.*, pp. 64-65.

[554] De acordo com Giuseppe de Palo [et. al.], *«Rebooting» the mediation Directive: assessing the limited impact of its implementation and proposing measures to increase the number of mediations in the EU*, 2014, p. 124, a duração média de uma mediação em Portugal (38 dias) é muito inferior à duração média de uma ação judicial (547 dias).

acordo, a tramitação processual sofre uma compressão muito significativa, com a dispensa da fase de instrução e da audiência final, seguindo-se a homologação do acordo de mediação se estiverem previstos os requisitos enunciados na lei (arts. 14.º-3 e 45.º da LM *ex vi* art. 273.º-5 do CPC)[555]. Mesmo quando não seja possível obter um acordo, a mediação pode contribuir para focar o litígio nas questões controvertidas, o que simplifica a tramitação subsequente.

Desta forma, é possível concluir que a mediação induzida pelo juiz pode contribuir de forma significativa para a obtenção de uma decisão em prazo razoável, baseada num consenso entre as partes. Não obstante, em Portugal, a remessa do processo para mediação por iniciativa do juiz continua a ser uma prática residual[556]. Entre outras razões, tal poderá ficar a dever-se a uma menor familiarização dos juízes com a mediação por comparação com outros meios de resolução alternativa de litígios (como a conciliação) ou à preocupação de evitar qualquer aparência de pressão sobre as partes que possa colocar em causa a sua imparcialidade.

III. A distinção entre mediação e conciliação tem sido objeto de debate na doutrina[557]. Entre os diferentes critérios apontados, parece-nos que o traço característico da conciliação reside na circunstância de o terceiro responsável pela mesma ter o poder de decidir o caso na falta de acordo das partes.

Na mediação, o terceiro (mediador) não pode impor qualquer solução às partes [arts. 2.º-b) e 26.º-b) da LM] e a sua intervenção cessa com o final da mediação, independentemente do resultado desta. Trata-se de um procedimento norteado pelos princípios da confidencialidade e do pleno domínio das partes (arts. 4.º e 5.º da LM).

[555] Quando o acordo não seja homologado, o mesmo "não produz efeitos e é devolvido às partes, podendo estas, no prazo de 10 dias, submeter um novo acordo a homologação" (art. 14.º-5 da LM).

[556] Giuseppe de Palo [et. al.], *«Rebooting» cit.*, pp. 130 e 132-133, concluem que, em Portugal, o juiz "menciona a possibilidade de remessa do processo para mediação", mas – ao contrário daquilo que sucede em outros Estados-Membros – não a "encoraja" nem assume uma "postura proativa" neste particular.

[557] Sobre os diferentes critérios que têm sido apresentados, Joana Paixão Campos, *A conciliação judicial*, 2009, pp. 7-12.

Pelo contrário, a conciliação é conduzida por um terceiro com poder decisório na eventualidade de as partes não chegarem a acordo, como é o caso do juiz ou do árbitro. Ora, a circunstância de a conciliação decorrer perante aquele a quem competirá a resolução do litígio na falta de acordo afeta o princípio da confidencialidade e condiciona o comportamento das partes e o seu domínio sobre o litígio[558-559].

O CPC contém várias referências à conciliação judicial. Numa análise que considere apenas as regras de tramitação do processo comum[560], a tentativa de conciliação encontra-se prevista em dois momentos processuais distintos: a audiência prévia [art. 591.º-1-a)] e a audiência final (art. 604.º-2). A lei processual contém ainda uma cláusula geral, de acordo com a qual a tentativa de conciliação "pode ter lugar, em qualquer estado do processo, (...) desde que as partes conjuntamente o requeiram ou o juiz a considere oportuna" (art. 594.º-1). O art. 594.º é particularmente importante, já que contém um conjunto de regras que visa enquadrar alguns aspetos da conciliação judicial.

Desta forma, a lei atribui ao juiz o poder de convocar uma tentativa de conciliação no início da fase intermédia e da fase final ou, de forma mais ampla, em qualquer outro momento. Estas regras podem ser reconduzidas a uma lógica de adequação formal tipificada. Quer isto dizer que, mesmo na falta de previsão legal específica, o juiz sempre poderia convo-

[558] MARIANA FRANÇA GOUVEIA, *Curso cit.*, pp. 104-105, afirma que "é muito diferente o comportamento das pessoas quando estão perante alguém que pode decidir ou alguém que não tem sobre o litígio qualquer poder". No mesmo sentido, JOANA PAIXÃO CAMPOS, *A conciliação cit.*, p. 13, refere que tal implica o afastamento de princípios estruturantes da mediação, "como são os plenos poderes e a confiança das partes".

[559] Alguns centros de arbitragem de consumo integram na conciliação situações em que o procedimento é conduzido por um terceiro desprovido de poderes decisórios, como o diretor do centro ou um jurista distinto daquele que mediou o caso. Atendendo ao critério adotado, parece-nos que este procedimento deve, antes, ser reconduzido à mediação. Para uma análise mais desenvolvida, JORGE MORAIS CARVALHO, JOÃO PEDRO PINTO-FERREIRA, JOANA CAMPOS CARVALHO, *Manual de resolução alternativa de litígios de consumo*, 2017, pp. 168-170.

[560] A lei também se refere à tentativa de conciliação no procedimento cautelar de alimentos provisórios (art. 385.º-3), nos processos especiais de tutela da personalidade (art. 879.º-2) e de divórcio e separação sem consentimento do outro cônjuge (art. 931.º-1) e nos processos de jurisdição voluntária tendentes à atribuição da casa de morada de família (art. 990.º-2) e à fixação ou alteração da residência da família (art. 991.º-3).

car uma tentativa de conciliação ao abrigo do poder de adequação formal (art. 547.º) caso concluísse que as circunstâncias da causa o justificavam.

Questão diferente desta consiste em saber se a tentativa de conciliação é um ato obrigatório no âmbito da audiência prévia, da audiência final ou em ambos os casos. Em nosso entender, impõe-se uma resposta negativa em todas as hipóteses[561]. Desde logo, o art. 594.º-1 aponta para uma análise casuística, norteada por juízos de oportunidade ("o juiz a considere oportuna"), o que traduz um importante subsídio interpretativo tendo em conta o papel deste preceito na definição (ainda que parcial) do regime aplicável à conciliação judicial. Acresce que só em concreto, tendo em conta as especificidades da causa, é possível concluir se a tentativa de conciliação é útil e, em caso de resposta afirmativa, em que momento deve ser realizada.

O relevo que a lei atribui à conciliação explica-se tendo em conta o seu contributo para dois princípios estruturantes do processo civil: o estímulo à resolução consensual do litígio e a decisão em prazo razoável. Tal como sucede no caso da mediação, aquilo que se pretende é incentivar a pacificação social, promovendo soluções que mereçam o acordo das partes, e reduzir a duração do processo, já que a obtenção de um acordo permite encurtar a tramitação processual[562].

No entanto, a conciliação pode afetar o princípio da imparcialidade caso as técnicas utilizadas pelo juiz impliquem uma apreciação prévia do caso. A própria liberdade das partes na definição do conteúdo do acordo pode ficar comprometida se o juiz exercer alguma forma de pressão sobre estas. A circunstância de o juiz ser o titular do poder decisório determina que este deve abster-se de exercer qualquer tipo de pressão sobre as partes e evitar transmitir uma aparência de parcialidade.

Neste contexto, algumas técnicas típicas de uma atuação mais interventiva (como a apreciação dos aspetos fracos e fortes do caso ou a proposta de soluções) devem ser especialmente ponderadas, considerando

[561] Em sentido contrário, por referência à audiência final, José Lebre de Freitas, Isabel Alexandre, *Código cit.*, vol. 2, p. 691, e Paulo Ramos de Faria, Ana Luísa Loureiro, *Primeiras cit.*, p. 542.

[562] Luís Filipe Pires de Sousa, "O empenho ativo do juiz na obtenção de uma solução de equidade em sede de tentativa de conciliação", 2014, p. 320.

os riscos apontados. Esta questão tornou-se especialmente delicada no CPC de 2013, já que este aponta para uma intervenção mais ativa do juiz no âmbito da conciliação. Assim, por exemplo, o art. 594.º-4 determina que devem ficar "consignadas em ata as concretas soluções sugeridas pelo juiz", o que indicia que a formulação de propostas de acordo pelo juiz é uma das técnicas que, de acordo com a nossa lei, podem ser utilizadas neste contexto.

Ora, parece-nos que a intervenção do juiz no conteúdo do acordo deve estar reservada para situações de bloqueio, em que as partes não consigam desenvolver opções para a resolução do caso. Mesmo nestes casos, caberá ao juiz proceder a uma análise da situação concreta no sentido de avaliar os potenciais efeitos da apresentação de uma proposta. O juiz não está, pois, vinculado, a adotar qualquer conduta[563].

Caso o juiz considere que se justifica a apresentação de uma proposta de acordo, deve sempre ter o cuidado de explicitar que a mesma não implica qualquer avaliação prévia do caso. Esta preocupação é essencial no sentido de salvaguardar a imparcialidade do juiz e a liberdade das partes na construção da solução que, no seu entender, melhor se adeque ao litígio[564].

2.7. Calendarização do processo

I. A calendarização é uma técnica de adequação do processo comum em diferentes ordenamentos jurídico-processuais e no âmbito da arbitragem. Como teremos oportunidade de constatar ao longo deste ponto, uma das suas vertentes consiste na programação da audiência final.

Na arbitragem, a necessidade de calendarizar os diferentes atos processuais coloca-se com particular ênfase quando as partes não regulem a tramitação processual de forma direta ou por remissão para o regulamento de uma instituição arbitral. Ora, na falta de acordo das partes quanto às regras processuais aplicáveis, caberá ao tribunal arbitral deter-

[563] Em sentido contrário, Luís Pires de Sousa, "O empenho cit.", pp. 336-337, considera que a lei impõe ao juiz a formulação de propostas, apesar de defender que esta regra pode ser afastada ao abrigo da adequação formal. Esta posição é partilhada por Paulo Ramos de Faria, Ana Luísa Loureiro, *Primeiras cit.*, pp. 540-541.

[564] Luís Pires de Sousa, "O empenho cit.", 2014, pp. 326 e 333-337.

minar o momento de apresentação dos articulados e dos documentos e, caso considere necessário, convocar audiências anteriores ao julgamento (fixando a respetiva data), entre outros aspetos. A alteração posterior do calendário só deve ter lugar em situações excecionais, já que tal irá perturbar o andamento do processo e, por arrasto, aumentar os custos[565].

Uma breve análise da solução adotada em outros ordenamentos processuais é reveladora da importância que estes têm atribuído à calendarização do processo.

No direito italiano, o art. 81.º-bis das Disposizioni di Attuazione del Codice di Procedura Civile, prevê esta figura, embora com um âmbito limitado à fase instrutória. Assim, o juiz deve, após audição das partes, calendarizar os atos instrutórios tendo em conta a natureza, a urgência e a complexidade da causa. O conteúdo do calendário varia em função do caso. Assim, a título exemplificativo, este pode incluir a data da(s) audiência(s) para inquirição das testemunhas, a data de entrega do relatório pericial ou a data de realização de uma inspeção judicial. Os prazos estabelecidos no calendário podem ser prorrogados por iniciativa do juiz ou das partes, em função de motivos graves e supervenientes[566].

Como vimos, em Inglaterra, a calendarização do processo surge como uma das concretizações do poder de gestão processual [r. 1.4(2)(g) das CPR]. Na *fast-track* e na *multi-track*, a programação dos atos que devam anteceder a audiência de julgamento tem lugar imediatamente após a determinação da forma de processo [r. 28.2(1) e 29.2(1) das CPR]. Num segundo momento, compete ao tribunal, por regra, programar a audiência de julgamento (r. 28.6 e 29.8 das CPR)[567]. O calendário do processo

[565] Neste sentido, o relatório da International Chamber of Commerce, *Techniques cit.*, p. 10, estabelece que "os árbitros e as partes devem desenvolver todos os esforços razoáveis no sentido de cumprir com o calendário processual. A alteração do calendário ou o alargamento dos prazos nele previstos só deve ocorrer quando se verifiquem circunstâncias que o justifiquem". Esta posição é reiterada por Gary B. Born, *International commercial arbitration*, 2.ª ed., vol. 2, 2014, pp. 2241-2242.

[566] Elisa Picozza, "Il calendario del processo", 2009, pp. 1650-1658. Apesar de a elaboração de um calendário para a produção de prova surgir como um "ato devido", a autora conclui que a sua omissão não é sindicável, o que reduz de forma significativa a operacionalidade da figura ("Il calendario cit.", pp. 1658-1659).

[567] Para uma análise mais desenvolvida, v. *supra*, capítulo IV (pontos 2.2.5 e 2.2.6).

e a programação do julgamento podem ser alterados pelo tribunal em função de circunstâncias posteriores ao despacho em questão (PD 28, par. 4.4, e PD 29, par. 6.4 das CPR).

Os Princípios ALI/UNIDROIT do Processo Civil Transnacional também preveem a figura do calendário do processo. De acordo com a r. 14.3 dos Princípios, o "tribunal deve (...) estabelecer um calendário para todas as fases processuais, com datas e prazos", admitindo-se a sua alteração posterior. No comentário a esta regra, os membros do grupo de trabalho responsável pela redação dos Princípios salientam que o calendário é especialmente adequado quando estejam em causa litígios complexos[568].

II. Centrando agora a nossa atenção no direito português, a calendarização do processo é uma técnica que tem sido pouco explorada. É certo que o CPC de 2013 colocou alguma ênfase na necessidade de programar com antecedência os atos a praticar na audiência final, o que se traduziu na inclusão dessa finalidade entre as finalidades principais da audiência prévia [art. 591.º-1-g)]. Esta solução sinaliza a importância da programação da audiência final e, ao mesmo tempo, reconhece o contributo essencial que os mandatários judiciais (e as próprias partes) podem desempenhar neste âmbito, aproveitando a sua presença na audiência prévia para esse efeito[569].

O teste decisivo quanto ao sucesso (ou insucesso) da programação da audiência passará pela sua concretização na prática judiciária. Os objetivos de emprestar maior celeridade e previsibilidade ao processo não serão atingidos com uma mera adesão formal à exigência de programação da audiência final, ou seja, com um despacho que se limite a enumerar, de forma tabelar e sem ter em conta as especificidades da causa, os atos que serão praticados na audiência final. Não é isso que se pretende.

A programação da audiência final deve ter em conta a situação concreta. De facto, se em alguns casos a simplicidade das diligências instru-

[568] Aa. Vv., "ALI/UNIDROIT Principles of Transnational Civil Procedure", 2004, p. 784.

[569] O CPCa adotava uma orientação bem diversa: o art. 508.º-A-2-b) do CPCa não previa a programação da audiência final e mesmo a sua calendarização não passava de uma finalidade secundária da audiência preliminar, pelo que não se justificava a sua convocação com esse único propósito.

tórias pode permitir a sua concentração numa única sessão, há outros casos em que a realização de várias sessões de julgamento será imprescindível (por exemplo, em função do número de testemunhas apresentadas pelas partes). O despacho que planifique a audiência final deve, assim, exteriorizar esta análise, o que implica uma motivação (ainda que sumária) da programação determinada.

Outro aspeto essencial no sentido de garantir a efetividade da programação consiste na sua elaboração em conjunto com os mandatários judiciais, dado que estes estão familiarizados com o caso e, portanto, podem indicar com maior facilidade a duração previsível dos atos de produção de prova que devam ter lugar na audiência. Acresce que o acordo de todos os envolvidos é fundamental, já que – como veremos – a programação da audiência final tem uma importante função de autolimitação das partes e do próprio juiz.

Tal como constatámos a propósito da arbitragem e de outros direitos estrangeiros, a calendarização é uma realidade transversal ao processo, que não se esgota na programação da audiência final. Esta conclusão é particularmente clara nos casos em que o juiz ou o árbitro desempenham um papel de relevo na determinação da tramitação aplicável por não existir uma regulamentação minuciosa e detalhada da mesma, como sucede no âmbito das CPR inglesas e, por regra, na arbitragem.

No caso português, a preocupação do CPC de regular, em detalhe, as regras processuais, definindo o número de articulados admissíveis e o respetivo estilo[570], os casos em que a audiência prévia terá lugar ou ainda o momento de apresentação dos requerimentos probatórios, entre outros exemplos, limita de forma significativa as virtualidades da calendarização do processo fora do âmbito da programação da audiência final. Ainda assim, parece-nos que o juiz pode, ao abrigo da cláusula geral de adequação formal, utilizar o despacho liminar para informar as partes sobre a

[570] A própria designação desta peça processual – articulados – está relacionada com o estilo que deve ser adotado na mesma: de acordo com o art. 147.º-2, "nas ações, nos seus incidentes e nos procedimentos cautelares, havendo mandatário constituído, é obrigatória a dedução por artigos dos factos que interessem à fundamentação do pedido ou da defesa, sem prejuízo dos casos em que a lei dispensa a narração de forma articulada".

duração previsível da ação[571], à semelhança daquilo que sucede em Inglaterra, por regra no âmbito do despacho de gestão inicial do processo.

III. Uma das principais virtualidades da calendarização do processo é a maior previsibilidade. No fundo, esta técnica permite aos vários sujeitos processuais conhecer, com alguma antecedência, os trâmites subsequentes do processo e, assim, focar a sua atenção e esforços nos mesmos. Por comparação com a forma legal, que também desempenha esta função, a calendarização do processo tem a vantagem de ser ajustada ao caso concreto.

No caso específico da programação da audiência final, o objetivo passa também por tornar a audiência mais eficiente e, assim, limitar o número de sessões necessárias para a sua conclusão. Por aqui se vê que a calendarização também desempenha um importante papel no sentido de imprimir maior celeridade ao processo e, em resultado, contribui para a obtenção de uma decisão em prazo razoável.

O principal risco associado à calendarização do processo está relacionado com o potencial de perda de flexibilidade. De facto, se o cumprimento do calendário é essencial no sentido de salvaguardar a previsibilidade, importa, ao mesmo tempo, assegurar que este não se transforma num espartilho que impeça a adoção da forma processual mais adequada e eficiente face a ocorrências que venham a verificar-se posteriormente à sua elaboração. No fundo, o calendário deve ser maleável em função de factos supervenientes que justifiquem a sua alteração, seguindo a orientação adotada nos direitos inglês e italiano e nos Princípios ALI/UNIDROIT do Processo Civil Transnacional. Nestes casos, a previsibilidade do processo pressupõe que a alteração do calendário seja antecedida do contraditório das partes e que o despacho de alteração indique os concretos motivos que lhe estão subjacentes.

[571] João Pedro Pinto-Ferreira, Ana Li, Margarida Lima Rego, "Princípio cit.", p. 16: num dos despachos consultados no âmbito deste estudo, pode ler-se que "considerando a duração média das ações contestadas (...), para os efeitos previstos no art. 6.º do CPC, informam-se as partes que a presente ação deverá ter uma duração máxima de 6 meses (sem prejuízo de recurso ou de difícil localização do(a/s) citando(a/s))" (a negrito no original).

2.8. Bifurcação do processo

I. A bifurcação é um dos instrumentos que tem sido utilizado no sentido de agilizar o processo arbitral[572]. De forma resumida, a bifurcação do processo consiste na apreciação antecipada e autónoma de questões prévias (de índole processual ou substantiva) ou de parte do objeto do processo.

O conceito de bifurcação é suficientemente amplo para abranger situações em que o tribunal arbitral se limita a apreciar, em momento autónomo, uma questão sem que tal implique a adoção de uma tramitação própria para o efeito. Será, por regra, aquilo que acontece quando se trata de determinar o direito aplicável ao mérito da causa (na falta de escolha pelas partes)[573].

No entanto, também é possível entender a bifurcação em termos mais restritos. Nesta perspetiva, a bifurcação implica a existência de uma tramitação própria para a apreciação da questão em causa ou, por outras palavras, a produção de prova e julgamento quanto a esse aspeto num momento autónomo[574].

Um dos exemplos mais comuns de bifurcação parece ter em conta este sentido restrito: trata-se das ações de responsabilidade civil em que a produção de prova e o julgamento se centram, num primeiro momento, nos pressupostos da responsabilidade civil (facto ilícito, culpa, dano e nexo de causalidade) para só num momento posterior, caso se conclua pela sua verificação, incidirem sobre a quantificação dos danos. Repare-se

[572] Neste sentido, o relatório da International Chamber of Commerce, *Techniques cit.*, p. 11, inclui a bifurcação entre os mecanismos que podem contribuir para controlar a duração e os custos da arbitragem. Na mesma linha, Nigel Blackaby [et. al.], *Redfern and Hunter on International Arbitration*, 6.ª ed., 2015, p. 369 (quanto à apreciação separada dos pressupostos da responsabilidade civil e do montante dos danos), e Thomas J. Tallerico, J. Adam Behrendt, "The use of bifurcation and direct testimony witness statements in international commercial arbitration proceedings", 2003, pp. 294-295.

[573] Massimo V. Benedetelli, "To bifurcate or not to bifurcate? That is the (ambiguous) question", 2013, p. 498.

[574] A distinção entre a conceção ampla e restrita de bifurcação é traçada por António Sampaio Caramelo, "Decisões interlocutórias e parciais no processo arbitral. Seu objecto e regime", 2009, pp. 309-310. O autor adota um conceito restrito de bifurcação, que pressupõe "um fraccionamento da própria tramitação (...) uma segmentação não apenas do conhecimento pelos árbitros dos pedidos formulados pelas partes, mas também das alegações, argumentos e provas apresentadas pelas partes" ("Decisões cit.", p. 309).

como neste caso os pressupostos da responsabilidade civil são analisados num momento prévio, que concentra a maioria da atividade processual a desenvolver neste âmbito, incluindo as diligências instrutórias.

Em qualquer das suas vertentes, a bifurcação tem como traço comum o propósito de permitir que o processo chegue ao fim de forma mais célere e menos dispendiosa. Partindo dos exemplos anteriores, a determinação do direito aplicável ao mérito da causa é essencial para que as partes possam estruturar a sua argumentação e os requerimentos probatórios, pelo que deve ter lugar numa fase inicial do processo. No caso da responsabilidade civil, a bifurcação pode tornar desnecessária a produção de prova quanto ao montante dos danos. De facto, quando não se verifiquem os pressupostos da responsabilidade civil, a ação será julgada improcedente, sem necessidade de prova adicional. Por seu turno, a decisão que conclua pela responsabilidade do réu pode ser importante no sentido de desbloquear eventuais negociações entre as partes tendentes à obtenção de um acordo.

A principal crítica que tem sido feita à bifurcação está relacionada com o risco de esta aumentar a duração do processo, o que consubstancia um efeito oposto ao pretendido[575]. Recorrendo, mais uma vez, ao exemplo da responsabilidade civil, se o tribunal concluir pela verificação dos respetivos pressupostos e as partes não chegarem a acordo, será necessário produzir prova quanto ao montante exato dos danos, o que implicará abrir um segundo momento de instrução e realizar uma nova audiência. Eis como um instrumento que visava agilizar o processo pode acabar por contribuir para o aumento da sua duração e dos custos.

Por esta razão, a doutrina considera que os árbitros devem ponderar uma série de fatores antes de determinar a bifurcação do processo. Assim, entre outros aspetos, há que considerar os interesses das partes e do tribunal, a conexão entre a questão cujo conhecimento se propõe autonomizar e outras questões que devam ser resolvidas no âmbito do processo

[575] Após analisar decisões arbitrais em matéria de arbitragem de investimento, LUCY GREENWOOD, "Does bifurcation really promote efficiency?", 2011, p. 107, concluiu que, em média, os processos em que não houve bifurcação tiveram uma duração menor por comparação com os processos bifurcados. Na arbitragem de investimento, a bifurcação traduz-se, por regra, na separação entre a apreciação da competência do tribunal e do mérito da causa.

(por exemplo, ao nível dos factos ou das diligências probatórias) ou ainda os efeitos previsíveis da bifurcação. Estes dois últimos aspetos são aqueles que levantam problemas mais delicados. Por um lado, a conexão entre as várias questões pode revelar-se apenas num momento mais avançado do processo, eventualmente até mesmo depois de o tribunal já ter decidido a questão que foi objeto de bifurcação. Por outro lado, a identificação dos possíveis efeitos da bifurcação pressupõe um juízo de prognose que pode ser infirmado na sequência das diligências instrutórias[576].

II. Apesar de o CPC não conter qualquer referência expressa à bifurcação, a influência desta é notória na opção de repartir a análise das questões processuais e do mérito da causa por momentos diferentes.

De acordo com o art. 595.º-1-a), o despacho saneador tem como função principal o conhecimento das exceções dilatórias e das nulidades processuais. Aquilo que se procura é assegurar a regularidade formal do processo, impedindo que a tramitação subsequente (nomeadamente, os atos de produção de prova) venha a ser afetada em virtude de uma questão processual que pudesse ter sido sanada ou apreciada desde logo[577]. Desta forma, as exceções dilatórias e as nulidades processuais devem ser apreciadas, por regra, na fase intermédia do processo.

A separação entre a apreciação das questões processuais e do mérito da causa não é, no entanto, absoluta. Por um lado, o art. 608.º-1 permite ao juiz adiar a análise de uma questão processual para a fase de julgamento quando, por exemplo, seja necessário produzir prova quanto aos factos em que assenta uma exceção dilatória. Por outro lado, o juiz pode conhecer do mérito da causa, total ou parcialmente, no despacho saneador desde que o estado do processo o permita, ou seja, quando não haja

[576] De forma mais desenvolvida, Lucy Greenwood, "Does bifurcation cit.", pp. 109-110; Massimo V. Benedetelli, "To bifurcate cit.", pp. 499-502; Thomas J. Tallerico, J. Adam Behrendt, "The use cit.", p. 298.

[577] António Santos Abrantes Geraldes, *Temas da reforma do processo civil*, 2.ª ed., vol. 2, 1999, p. 129.

que produzir prova adicional em relação àquela que já se encontra adquirida para o processo [art. 595.º-1-b)][578].

A apreciação do mérito da causa surge como uma função eventual do despacho saneador em virtude de a lei restringir a produção de prova na audiência prévia ao depoimento de parte e às declarações de parte (arts. 456.º-3 e 466.º-2). Desta forma, quando seja necessário desenvolver outras diligências instrutórias, a decisão será, por regra, proferida na sequência da audiência final. Importa, no entanto, referir que o juiz pode determinar a produção de outros meios de prova na audiência prévia ao abrigo da adequação formal, designadamente quando tal se lhe afigure de molde a permitir o conhecimento do mérito da causa nesse momento. É o que teremos oportunidade de constatar no ponto 3.2 deste capítulo, a propósito da prova testemunhal.

O art. 600.º também é influenciado pela lógica da bifurcação. De acordo com este preceito, aplicável às ações de responsabilidade civil, "se a duração do exame para a determinação dos danos se prolongar por mais de três meses, pode o juiz, a requerimento do autor, determinar a realização da audiência" (art. 600.º-1). Neste caso, o tribunal irá apreciar, num primeiro momento, os pressupostos da responsabilidade civil e, caso conclua pela sua verificação, o réu será condenado a ressarcir os danos que venham a ser determinados posteriormente (art. 600.º-2). Num segundo momento, o autor deverá recorrer ao incidente de liquidação para quantificação dos danos, nos termos do art. 358.º-2.

A bifurcação entre a apreciação da responsabilidade civil e a quantificação dos danos tem em vista a celeridade processual, já que o andamento do processo deixa de estar condicionado pela duração do exame pericial. No fundo, esta solução legal surgiu como reação à lentidão das perícias médico-legais. Não obstante, tal como salientámos a propósito

[578] Não nos parece que a referência à necessidade de prova adicional tenha em vista aqueles casos em que os factos carecidos de prova só possam ser provados por documento (art. 364.º-1 do CC) ou em que o documento só possa ser substituído por confissão (art. 364.º-2 do CC). Na primeira hipótese, o juiz deve convidar a parte a juntar o documento ao processo [art. 590.º-2-c)]; na segunda situação, a parte pode requerer o depoimento da parte contrária na audiência prévia (art. 456.º-3). Só não será assim quando, em função de um incidente probatório (por exemplo, a parte contrária alega a falsidade do documento), seja necessário produzir prova com vista à decisão sobre esse aspeto.

da arbitragem, a repartição do processo em dois momentos nem sempre será a solução mais eficaz. A última palavra quanto à bifurcação cabe, pois, ao juiz, o que decorre do próprio art. 600.º-1 ("pode o juiz").

Apesar de uma análise literal do art. 600.º sugerir que a bifurcação do processo está condicionada a uma iniciativa do autor ("a requerimento do autor"), tal interpretação não nos parece a mais adequada. De facto, o interesse subjacente a este mecanismo – a obtenção de uma decisão em prazo razoável – é extensível a todos os sujeitos processuais, pelo que não faz sentido excluir a possibilidade de iniciativa oficiosa ou de requerimento do réu no sentido da bifurcação.

No que respeita ao tribunal, acresce ainda que a bifurcação constitui um instrumento de adequação formal. Quer isto dizer que, além das ações de responsabilidade civil, o tribunal pode determinar a bifurcação do processo sempre que considere que esta é a melhor forma de compatibilizar a decisão em prazo razoável com os restantes direitos processuais fundamentais[579]. Sucede apenas que, fora do caso previsto no art 600.º, a adequação formal assentará na cláusula geral do art. 547.º.

O acórdão do STJ de 19.11.2015 ilustra uma situação em que pode fazer sentido equacionar a bifurcação do processo[580]. De forma resumida, a principal questão consistia na apreciação da competência internacional dos tribunais portugueses. A 1.ª instância e a Relação absolveram a ré da instância com base na existência de um pacto atributivo de jurisdição aos tribunais espanhóis [arts. 96.º-a) e 577.º-a)]. Pelo contrário, o Supremo entendeu que era necessário produzir prova adicional quanto a duas questões (vigência do contrato que incluía o referido pacto de jurisdição e tradução do pacto de jurisdição), pelo que determinou a remessa do processo para o tribunal de 1.ª instância.

O aspeto mais significativo desta decisão reside na circunstância de o STJ ter analisado, com algum detalhe, a figura da bifurcação. Nas palavras do Tribunal, a gestão processual e a adequação formal permitem "*cindir*

[579] Neste sentido, MIGUEL TEIXEIRA DE SOUSA, "Apontamento sobre o princípio da gestão processual no novo Código de Processo Civil", 2013, pp. 11-13.

[580] Ac. do STJ de 19 de novembro de 2015, proc. n.º 2864/12.6TBVCD.P1.S1. Neste caso, o autor pedia a condenação da ré no pagamento de uma indemnização por incumprimento contratual.

ou destacar da globalidade da matéria litigiosa as questões de facto e probatórias decisivas para julgar tal excepção, procedendo-se à respectiva apreciação prévia, de modo a prevenir o risco de subsequente inutilização de um amplíssimo esforço probatório e de julgamento global de toda a matéria em litígio"[581]. Desta forma, cabia ao tribunal de 1.ª instância ponderar se fazia sentido autonomizar a apreciação da exceção dilatória de incompetência internacional, o que implicava, entre outros aspetos, a produção de prova quanto aos factos que pudessem relevar nesse contexto com prioridade em relação à análise do mérito da causa.

Tal como já vimos, a separação entre a análise e apreciação das questões processuais e do mérito da causa tem como intuito assegurar a regularidade formal do processo, de modo a que a tramitação subsequente não seja afetada pela existência de uma exceção dilatória ou de uma nulidade processual. A grande novidade introduzida por este exemplo de bifurcação está relacionada com a possibilidade de conhecimento antecipado de uma questão processual apesar de ser necessário produzir prova quanto à mesma.

Regressando ao caso concreto, importa salientar que os argumentos apresentados pelas partes pressupunham um entendimento distinto sobre a relação contratual em causa no processo. De facto, na perspetiva do autor, o pacto de jurisdição invocado pelo réu respeitava a um contrato que já não estava em vigor e, apesar de a relação entre as partes se ter mantido, a mesma tinha deixado de seguir os termos previstos naquele contrato. Assim, a apreciação da exceção dilatória de incompetência pressupunha a prévia determinação dos exatos moldes da relação entre as partes. Sucede, no entanto, que isso já envolvia a análise (ainda que parcial) do mérito da causa. Temos, pois, algumas dúvidas sobre se a apreciação da exceção de incompetência podia ser autonomizada da questão substantiva e, consequentemente, sobre se a bifurcação seria, efetivamente, a solução mais adequada nesta hipótese.

A situação era diferente quanto à tradução do pacto de jurisdição. De facto, numa situação em que cada parte apresente uma tradução diferente do pacto de jurisdição e tal possa influir no julgamento da exceção

[581] Ac. do STJ de 19 de novembro de 2015, cit.

de incompetência internacional, o exame desta questão é destacável da apreciação do mérito da causa, com manifestos ganhos ao nível da celeridade processual. Neste caso, a admissibilidade da bifurcação não suscita especiais dúvidas.

Por fim, numa nota mais geral, concordamos com a posição do STJ no sentido de reconduzir a bifurcação ao princípio da gestão processual e, dentro deste, ao poder de adequação formal. De facto, a bifurcação pressupõe a variação da forma legal em função das particularidades do caso, pelo que – na falta de uma regra que a preveja expressamente – a sua admissibilidade resulta da cláusula geral de adequação (art. 547.º).

2.9. Flexibilização da tramitação nas ações de valor igual ou inferior a metade da alçada da Relação

Nas ações cujo valor não exceda 15 000 €, o art. 597.º coloca a ênfase na adequação do processo, conferindo ao juiz um amplo poder para moldar a tramitação da fase intermédia ao caso concreto. De facto, a lei limita-se a enunciar uma série de atos que podem ser praticados nesta fase, tendo em conta uma apreciação casuística do juiz.

Desde logo, o processo pode seguir a tramitação prevista na lei para as ações de valor mais elevado, o que implica a realização da audiência prévia e a prolação de despacho saneador e de despacho relativo ao objeto do litígio e aos temas da prova. Este modelo parece estar sobretudo voltado para os casos que apresentem maior complexidade. No extremo oposto, a fase intermédia pode ser dispensada (quando não haja que proferir despacho liminar), designando-se dia para a audiência final [art. 597.º-1-g)]. Outra possibilidade consiste na simplificação desta fase processual, eliminando-se alguns dos momentos que a caracterizam (como, por exemplo, a audiência prévia).

Quer isto dizer que nas ações de valor igual ou inferior a 15 000 € não pode falar-se de uma regra que aponte para a obrigatoriedade da audiência prévia. Nestes casos, a audiência prévia surge apenas como uma entre várias alternativas de tramitação da fase intermédia[582], pelo que a sua rea-

[582] Paulo Pimenta, *Processo cit.*, p. 330, vai ainda mais longe: "nas acções cujo valor não exceda metade da alçada da Relação, não é expectável (ao menos, em curso normal) a realização de audiência prévia, sendo confiada (apenas) ao juiz a ponderação sobre a utilidade da

lização ou dispensa depende de uma análise casuística, em função das particularidades do caso.

No fundo, enquanto nas ações de valor mais elevado o modelo de tramitação desta fase é marcado por uma maior rigidez, sendo necessário recorrer à cláusula geral de adequação formal para introduzir alguma flexibilidade, nas ações de valor não superior a metade da alçada da Relação, a flexibilidade da fase intermédia do processo resulta expressamente da lei (art. 597.º).

3. Fase de instrução

3.1. Perícia colegial

I. Nos termos do art. 467.º, a perícia é conduzida por um "estabelecimento, laboratório ou serviço oficial apropriado ou, quando tal não seja possível ou conveniente, realizada por um único perito" (art. 467.º-1). Desta forma, a regra consiste na perícia realizada por uma entidade especializada (por exemplo, o Instituto Nacional de Medicina Legal e Ciências Forenses ou o Laboratório Nacional de Engenharia Civil). Nos casos em que tal não seja viável ou conveniente, a perícia é conduzida por um perito único escolhido pelo juiz (art. 467.º-1) ou, em caso de acordo, indicado pelas partes (art. 467.º-2).

A perícia colegial depende de iniciativa do juiz, tendo em conta a complexidade ou o caráter multidisciplinar da mesma, ou de requerimento de qualquer das partes (art. 468.º-1). O âmbito da perícia colegial é ainda delimitado pelo valor da causa, já que esta só pode ter lugar quando a ação tenha valor superior a metade da alçada da Relação (art. 468.º-5)[583].

É possível antever nesta limitação à perícia colegial a ideia de que existe uma relação entre o valor da causa e a complexidade da perícia. De acordo com esta lógica, as ações de valor mais reduzido não apresentam, por regra, a complexidade que justifica a perícia colegial. A restrição desta segue, assim, propósitos de simplificação e de economia proces-

sua convocação". No mesmo sentido, o ac. do TRE de 9 de fevereiro de 2017, proc. n.º 1930/15.0T8PTM.E1.

[583] A limitação da perícia colegial em função do valor da causa segue a solução consagrada para o processo sumaríssimo no art. 796.º-5 do CPCa.

sual[584]. Além disso, a exclusão da perícia colegial nos casos em que o valor da causa não exceda 15 000 € também parece ter em vista a proporcionalidade entre o valor da ação e o custo da perícia, que será superior quando esta seja conduzida por mais do que um perito. Desta forma, nas ações de valor mais reduzido, a regra consiste na realização da perícia da forma mais económica possível.

II. Não é de excluir que o juiz, ao abrigo da adequação formal, viabilize a perícia colegial ainda que a ação tenha um valor igual ou inferior a 15 000 €. De facto, as circunstâncias do caso podem levar a que a complexidade da perícia exceda, em larga medida, o valor da ação: nesta hipótese, a presunção de simplicidade da prova pericial em razão do valor da causa deve ceder. Além disso, a intervenção de mais do que um perito pode ser essencial, independentemente do valor da causa, quando a perícia envolva questões multidisciplinares. Em qualquer destes casos, o direito à prova aponta para a realização de perícia colegial.

No entanto, além dos custos acrescidos associados à intervenção de mais do que um perito, importa ainda ter em conta que a prova pericial é um dos fatores que conduz a maiores atrasos no processo. Os dados obtidos no Estudo sobre a Justiça Económica em Portugal através da consulta de processos findos apontam para um aumento de 220 dias na duração do processo quando seja realizada uma perícia[585]. Esta perspetiva é partilhada por vários entrevistados no âmbito do mesmo Estudo[586]. Apesar de o prazo máximo para a apresentação do relatório pericial ser de 30 dias, prorrogável por uma vez (art. 483.º-1 e 3), a análise empírica sugere que o prazo é, por regra, largamente ultrapassado.

Como sempre, cabe ao juiz apreciar as circunstâncias do caso no sentido de concluir se estas impõem a realização de perícia colegial apesar de a ação ter um valor igual ou inferior a 15 000 €. Neste âmbito específico, o juiz deverá ter em conta o direito à prova, mas também os custos da perícia colegial (quando comparados com o valor da ação) e o direito à

[584] Ac. do TRP de 30 de outubro de 2014, proc. n.º 682/10.5TVPRT.P1.

[585] Mariana França Gouveia [et. al.], *Justiça económica em Portugal: factos e números*, vol. 2, 2012, p. 158.

[586] Mariana França Gouveia [et. al.], *Justiça económica em Portugal: factos cit.*, pp. 74-77.

decisão em prazo razoável, já que a intervenção de mais do que um perito poderá refletir-se no prazo para apresentação do relatório pericial e, consequentemente, na duração do processo.

3.2. Inquirição de testemunhas na audiência prévia

Por regra, as testemunhas depõem na audiência final [arts. 500.º e 604.º-2-d)][587]. Este regime é uma decorrência dos princípios da imediação, da oralidade e da concentração: o objetivo consiste em proporcionar ao juiz um contacto tão próximo quanto possível com a testemunha, ao mesmo tempo que se procura assegurar que este mantém as impressões colhidas aquando da produção da prova no momento da decisão[588].

No entanto, nada parece impedir que a testemunha seja inquirida na audiência prévia ao abrigo da adequação formal[589]. Entre outros exemplos, pense-se nos casos em que a audição da testemunha possa, com algum grau de probabilidade, permitir a apreciação imediata do mérito da causa (total ou parcialmente). Esta prática pode revelar-se um importante instrumento no sentido de tornar o processo mais célere sem afetar outros direitos processuais fundamentais ou os princípios que regem a produção da prova.

De facto, a apreciação imediata de uma exceção perentória pode conduzir à improcedência da ação ou à limitação das questões controvertidas. No primeiro caso, a inquirição da testemunha na audiência prévia

[587] A lei admite alguns desvios a esta regra, designadamente quando a testemunha não possa deslocar-se ao tribunal por motivo de doença (arts. 506.º e 457.º) ou goze de prerrogativa de inquirição (arts. 503.º-1 e 504.º), assim como nos casos em que exista justo receio de que o depoimento possa vir a tornar-se impossível ou muito difícil (art. 419.º). Nesta última hipótese, o depoimento pode mesmo ser prestado antes da propositura da ação.

[588] FERNANDO PEREIRA RODRIGUES, *O novo processo civil. Os princípios estruturantes*, 2013, pp. 147-148, e JOSÉ LEBRE DE FREITAS, *Introdução ao processo civil: conceito e princípios gerais à luz do novo código*, 4.ª ed., 2017, pp. 195-198. O princípio da concentração implica ainda a tendencial continuidade da audiência (art. 606.º-2).

[589] É possível configurar situações em que a testemunha seja inquirida na audiência prévia e na audiência final. De facto, a inquirição na fase intermédia do processo pode apenas ter em vista os factos suscetíveis de permitir a apreciação imediata do mérito (por exemplo, aqueles que, de acordo com o réu, conduzem à nulidade do contrato): neste caso, se o tribunal concluir que o contrato é válido, nada obsta à inquirição da mesma testemunha na audiência final, desta feita quanto aos factos relevantes para determinar se o réu cumpriu o contrato.

permite o conhecimento do mérito da ação, ainda que parcialmente, no despacho saneador, o que se traduz num encurtamento da marcha processual. Ainda que a exceção seja julgada improcedente, a antecipação do depoimento sempre permitirá focar a atividade probatória nas restantes questões controvertidas, o que contribuir para reduzir a duração da audiência final.

Refira-se ainda que a adequação formal não coloca em causa o direito à prova, já que se traduz numa simples antecipação do momento de produção da prova testemunhal. Os princípios da imediação e da oralidade também se encontram salvaguardados, na medida em que a testemunha depõe oralmente e na presença do juiz.

A única dúvida que se pode suscitar está relacionada com o princípio da concentração: quando a relevância do depoimento não se esgote na apreciação da exceção, a inquirição da testemunha na audiência prévia comporta o risco de o depoimento não ser tão recente na memória do julgador como outros que tenham sido prestados na audiência final. No entanto, este inconveniente pode ser ultrapassado de duas formas: por um lado, tal como já se referiu, através da limitação da inquirição na audiência prévia aos factos relevantes para o julgamento da exceção; por outro lado, mediante a renovação de parte do depoimento quando o juiz o considere justificado.

3.3. Depoimento escrito fora dos casos previstos na lei

I. Como vimos no ponto anterior, a regra consiste na inquirição das testemunhas em audiência, o que equivale a dizer que estas depõem oralmente perante o juiz. Este regime visa assegurar a imediação, ou seja, um contacto tão próximo quanto possível entre o juiz e as testemunhas, que se concretiza na sua inquirição na presença deste. No fundo, a oralidade surge aqui como um instrumento do princípio da imediação[590].

Desta forma, o depoimento escrito apresenta um âmbito limitado. A lei só o admite caso não seja possível proceder à inquirição oral da testemunha ou outros interesses ponderosos imponham o depoimento por

[590] MARIANA FRANÇA GOUVEIA, *Regime cit.*, p. 133.

escrito[591]. Assim, o depoimento é prestado por escrito quando seja produzido antecipadamente (art. 419.º), quando a testemunha opte pelo depoimento escrito ao abrigo de uma prerrogativa de inquirição (arts. 503.º-2 e 504.º-3) ou quando resida no estrangeiro e não possa ser inquirida por meios tecnológicos [art. 500.º-b)]. Nos casos de impossibilidade e de grave dificuldade de comparência da testemunha na audiência, o depoimento escrito depende de acordo das partes (art. 518.º). Por fim, a lei prevê ainda a inquirição por acordo das partes, que se traduz na inquirição da testemunha pelos mandatários judiciais e na redução do seu depoimento a escrito (art. 517.º-1)[592].

II. A solução prevista no RPCE seguia uma orientação diversa. De facto, o art. 12.º-1 do RPCE admitia, de forma genérica, o depoimento escrito e não condicionava a sua apresentação ao acordo da parte contrária. Esta opção tinha como intuito imprimir uma maior celeridade ao julgamento, já que a prestação do depoimento por escrito permitia reduzir o tempo reservado à inquirição de testemunhas na audiência final[593].

O art. 12.º-3 do RPCE previa a renovação presencial do depoimento quando o juiz a considerasse necessária. A iniciativa da renovação podia partir do juiz ou das partes. Este mecanismo assumia uma dupla finalidade: por um lado, permitia assegurar a imediação na produção da prova; por outro lado, tinha em vista a tutela do contraditório.

Era, aliás, com base no princípio do contraditório que uma parte da doutrina entendia que o juiz não podia recusar a renovação do depoimento quando requerida pela parte contrária àquela que ofereceu a testemunha[594] ou que só poderia fazê-lo em situações excecionais[595].

[591] José Lebre de Freitas, Isabel Alexandre, *Código cit.*, vol. 2, p. 363. Para Luís Filipe Pires de Sousa, *Prova testemunhal*, 2014, p. 174, "o depoimento testemunhal escrito é admitido apenas a título excecional mediante a verificação de certos pressupostos".

[592] Não incluímos neste elenco os casos em que o depoimento é prestado oralmente, embora não na audiência final (arts. 457.º-2, 503.º-1 e 520.º-1).

[593] Mariana França Gouveia, *Regime cit.*, p.133.

[594] Mariana França Gouveia, *Regime cit.*, p. 132.

[595] José Lebre de Freitas, *Introdução ao processo civil: conceito e princípios gerais*, 2.ª ed., 2009, p. 114, e Paulo Ramos de Faria, *Regime cit.*, pp. 165-167.

III. Uma vez que o depoimento por escrito apresenta caráter residual no CPC, importa equacionar a possibilidade de adequação do processo no sentido de admitir esta modalidade de depoimento ainda que não estejam preenchidos os requisitos enunciados na lei.

Uma das vantagens do depoimento escrito reside no seu potencial de acelerar o processo, já que pode conduzir a uma redução do número de sessões de julgamento. De facto, esta modalidade de depoimento permite que as testemunhas só sejam inquiridas na audiência final quando tal seja necessário para fazer atuar o princípio do contraditório ou o juiz entenda que a imediação é essencial para assegurar a justa composição do litígio (por exemplo, tendo em conta eventuais disparidades entre o relato das testemunhas). Ora, isto equivale a dispensar uma parte significativa dos atos de instrução do processo que, por regra, têm lugar na audiência final, o que contribui para limitar a duração desta.

Além disso, o depoimento por escrito permite uma melhor preparação da inquirição pela parte contrária e, assim, contribui para um contraditório mais efetivo. De facto, ao contrário do depoimento oral (em que a parte contrária só tem um conhecimento exato daquilo que a testemunha tem a dizer na própria audiência), o depoimento por escrito permite-lhe conhecer a versão dos factos da testemunha com alguma antecedência em relação à inquirição e, com base nisso, preparar de forma mais estruturada as questões que pretenda colocar-lhe.

Acresce, por fim, que o depoimento por escrito permite limitar a necessidade de deslocação das testemunhas ao tribunal, nos termos que analisaremos em seguida.

Os principais obstáculos ao depoimento por escrito colocam-se ao nível do contraditório e da imediação.

No que respeita ao princípio do contraditório, há que salvaguardar o direito da parte que não indicou a testemunha de a contrainterrogar. Apesar de este desiderato poder ser alcançado por escrito (através da formulação de questões escritas, com respostas também elas escritas), a parte não deve ficar limitada à inquirição por esse meio em função da adequação do processo. Assim, se a parte contrária manifestar a intenção de contrainterrogar a testemunha e não especificar que o pretende fazer por escrito, o contrainterrogatório deverá ser oral e terá lugar, por regra, na audiência final.

É certo que este entendimento limita os ganhos ao nível da celeridade processual, já que a parte que não apresentou a testemunha pode sempre provocar a sua inquirição oral. No entanto, o contrainterrogatório compreende apenas os aspetos que careçam de ser complementados ou esclarecidos, o que traduz um ganho de tempo por comparação com o modelo previsto na nossa lei processual, em que também a inquirição da testemunha pela parte que a indica é oral.

O depoimento escrito também é objeto de críticas por não garantir a imediação, visto que não é prestado na presença do juiz. Ora, esta circunstância pode afetar a perceção do juiz quanto à espontaneidade e veracidade do depoimento[596].

As considerações anteriores permitem-nos constatar que a admissibilidade do depoimento por escrito deve assentar numa análise casuística. De facto, se há casos em que, numa análise prospetiva, a relevância da imediação poderá aconselhar a que o depoimento seja prestado oralmente (pense-se numa situação em que, através da análise dos articulados, o juiz conclua que é previsível que as testemunhas apresentem versões contraditórias quanto aos mesmos factos), há outros em que a imediação não terá o mesmo destaque e, como tal, o ganho de tempo associado ao depoimento por escrito justificará que este seja admitido. Em suma, uma solução assente na adequação formal parece-nos mais equilibrada do que uma regra formulada em abstrato, que confira, em geral, às partes o direito de apresentar os depoimentos por escrito ou que obste a esta modalidade de depoimento.

3.4. Número de testemunhas

I. No CPCa, o limite ao número de testemunhas era fixado em função da forma de processo comum em causa. No processo ordinário, as partes podiam apresentar até 20 testemunhas (art. 632.º-1 do CPCa)[597] e a lei admitia a apresentação de mais 20 testemunhas caso o réu deduzisse pedido reconvencional. Este limite era reduzido para 10 testemunhas no

[596] Mariana França Gouveia [et. al.], *Justiça económica em Portugal: prova*, cad. 3, 2012, pp. 19-21.

[597] Em caso de pluralidade subjetiva, o limite de 20 testemunhas só se aplicava aos réus que apresentassem a "mesma contestação" (art. 632.º-1 do CPCa).

processo sumário, com a possibilidade de serem oferecidas mais 10 em caso de reconvenção (art. 789.º do CPCa), e para seis testemunhas no processo sumaríssimo (art. 796.º-1 do CPCa).

Já então a doutrina discutia se a limitação do número de testemunhas nas ações com valor igual ou inferior à alçada da Relação era compatível com o contraditório (na sua dimensão de direito à prova)[598].

A unificação das formas de processo no RPCE implicou também a fixação de um limite comum ao número de testemunhas. Nos termos do art. 11.º do RPCE, as partes podiam oferecer até 10 testemunhas (n.º 1), admitindo-se a apresentação de mais 10 testemunhas em caso de reconvenção (n.º 2). No fundo, esta opção nivelou o limite máximo de testemunhas por referência ao regime aplicável ao processo sumário, o que se traduziu numa restrição significativa do número de testemunhas admissível nas ações de valor superior à alçada da Relação.

Para uma parte da doutrina, o juiz podia admitir a inquirição de testemunhas em número superior ao previsto na lei ao abrigo da gestão processual. De acordo com esta perspetiva, a complexidade da ação podia impor tal solução como forma de assegurar o direito à prova[599].

II. O CPC de 2013 acentuou a lógica de redução do limite máximo de testemunhas. Nos termos do art. 511.º-1 e 2, as partes podem apresentar até 10 testemunhas[600], admitindo-se que ofereçam mais 10 testemunhas quando o réu deduza pedido reconvencional. No entanto, este limite é

[598] José Lebre de Freitas, A. Montalvão Machado, Rui Pinto, *Código de Processo Civil anotado*, 2.ª ed., vol. 2, 2008, pp. 598-599.

[599] Mariana França Gouveia, *Regime cit.*, pp. 119-120. Paulo Ramos de Faria, *Regime cit.*, pp. 156-157, exemplifica esta situação com um caso em que a conduta ilícita imputada ao réu – falsificação de diversos contratos de mútuo – implique a audição dos supostos mutuários, em número superior a 10.

[600] Em caso de pluralidade de réus, o limite de 10 testemunhas aplica-se apenas àqueles "que apresentem uma única contestação" (art. 511.º-1). Tendo em conta a finalidade subjacente ao alargamento do número de testemunhas nesta hipótese – salvaguarda do direito de defesa – deve entender-se que cada réu só pode apresentar 10 testemunhas quando as contestações sejam formal e materialmente autónomas. Neste sentido, Paulo Ramos de Faria, Ana Luísa Loureiro, *Primeiras cit.*, p. 432, contrapõem as "contestações substancialmente distintas" à "defesa unitária replicada em diversas contestações".

reduzido para cinco testemunhas nas ações cujo valor não exceda a alçada do tribunal de 1.ª instância (art. 511.º-1-parte final)[601].

Ao mesmo tempo, o art. 511.º-4 permite ao juiz admitir a inquirição de testemunhas em número superior ao previsto na lei tendo em conta "a natureza e extensão dos temas da prova". Neste caso, a adequação formal encontra-se expressamente prevista na lei, pelo que não é necessário recorrer à cláusula geral do art. 547.º. Este exemplo de adequação tipificada tem subjacente a ideia de que a articulação entre a celeridade processual (que motiva a limitação do número de testemunhas) e o direito à prova pode implicar, com alguma frequência, a flexibilização dos limites enunciados nos arts. 511.º-1 e 2, sempre com salvaguarda do princípio da igualdade.

Em qualquer destas hipóteses, quando a parte apresente um número de testemunhas superior ao máximo previsto na lei ou determinado pelo juiz, o art. 511.º-3 determina que se considerem "não escritos os nomes das testemunhas que no rol" ultrapassem o limite fixado[602].

III. A par desta questão, importa saber se o juiz pode, ao abrigo dos seus poderes de adequação do processo, fixar um limite máximo de testemunhas inferior ao previsto na lei. Parece-nos que a resposta estará na consideração do direito a uma decisão em prazo em razoável, por um lado,

[601] A este propósito, coloca-se a questão de saber quantas testemunhas poderão as partes apresentar em caso de reconvenção. Apesar de o elemento literal do art. 511.º-2 prever, em geral, um limite de 10 testemunhas, a teleologia que subjaz à restrição do número de testemunhas nas ações de valor mais reduzido (simplificação da prova testemunhal) também abrange os casos em que seja deduzido pedido reconvencional. Assim, nas ações cujo valor não exceda a alçada do tribunal de 1.ª instância, cada parte só poderá apresentar até cinco testemunhas para prova e defesa dos factos relevantes para a apreciação do pedido reconvencional. Neste sentido, Paulo Pimenta, *Processo cit.*, p. 395.

[602] Por referência ao direito italiano, Edoardo F. Ricci, "Su alcuni aspetti problematici del «diritto alla prova»", 1984, pp. 161-162, entende que a regra que permite ao juiz excluir as testemunhas excedentárias (art. 245.º, par. 1 do Codice di Procedura Civile) funciona de forma indiferenciada, já que pode implicar a exclusão de testemunhas relevantes e a audição de testemunhas irrelevantes. No entender do autor, esta solução legal gera um "conflito entre o direito à prova e a necessidade de impedir o uso das diligências instrutórias de forma vexatória, o qual impõe o sacrifício de uma ou outra garantia".

e dos princípios do contraditório (na sua dimensão referente à prova) e da cooperação, por outro lado.

A exposição anterior permite-nos concluir que o critério legal de limitação do número de testemunhas está associado ao valor da ação: quando esta não exceda a alçada do tribunal de 1.ª instância, a lei admite a apresentação de até cinco testemunhas; nos restantes casos, as partes podem oferecer até 10 testemunhas. No fundo, a lei presume que uma causa com valor superior a 5000 € apresenta maior complexidade e, por conseguinte, admite a apresentação de um maior número de testemunhas.

Ora, da mesma forma que as questões controvertidas podem revelar-se complexas apesar do valor reduzido da causa e, assim justificar a adequação do processo nos termos do art. 511.º-4, o inverso também é verdadeiro. De facto, mesmo quando a ação tenha um valor superior à alçada do tribunal de 1.ª instância, as questões controvertidas podem revestir especial simplicidade[603].

Nestes casos, o direito a uma decisão em prazo razoável aponta para a adequação do processo no sentido de se admitir um número máximo de testemunhas inferior ao previsto na lei. No entanto, importa ter em conta que a lei processual tem caminhado no sentido da limitação do número de testemunhas que cada parte pode apresentar. Desta forma, o juiz deve ponderar se uma redução adicional ao limite de 10 testemunhas que o art. 511.º-1 e 2 admitem é ainda compatível com o direito à prova[604].

Além disso, à semelhança do que sucede a propósito da calendarização do processo (ponto 2.7, II), parece-nos que a perspetiva dos mandatários judiciais é essencial neste contexto, já que estes se encontram, por regra, em melhores condições do que o juiz para avaliar as diligências

603 Quando o valor da ação não exceda a alçada dos tribunais de 1.ª instância, parece-nos que, por regra, o limite de cinco testemunhas não poderá ser objeto de adequação judicial sem afetar o direito à prova.

604 José Lebre de Freitas, Isabel Alexandre, *Código cit.*, vol. 2, p. 384, acrescentam que a redução (ou o aumento) casuístico do número de testemunhas "tem contra si o risco do arbítrio judicial". A preocupação com a imprevisibilidade desta modalidade de adequação é partilhada por vários operadores judiciários – Mariana França Gouveia [et. al.], *Justiça económica em Portugal: prova cit.*, pp. 18-19. Esta preocupação é, no entanto, extensível a qualquer exemplo de adequação formal, já que esta implica a variação da forma legal em atenção às particularidades do caso concreto. Sobre esta questão, v. *supra*, capítulo V (ponto 2.8, II).

instrutórias necessárias. Estamos, assim, perante mais um elemento que deve ser tido em conta no momento de determinar a eventual redução do número de testemunhas a admitir.

3.5. Alteração do modo de produção de prova

No âmbito do RPCE, a gestão processual também foi utilizada para alterar o modo de produção de prova em certos casos. O objetivo consistia em assegurar que as diligências instrutórias fossem realizadas do modo mais consentâneo possível com os princípios processuais relevantes, ainda que esse modo não coincidisse com o previsto na lei.

Um dos exemplos passava pela inquirição presencial da testemunha em alternativa à realização de teleconferência[605]. No caso em análise, a inquirição da testemunha em audiência teve como principal intuito evitar as delongas associadas à teleconferência, incluindo a necessidade de adiar a audiência final se a inquirição por teleconferência não fosse possível por razões técnicas ou de agenda[606]. Ao mesmo tempo, a adequação da forma legal assegurava um contacto mais estreito com a testemunha, já que esta se encontrava fisicamente na presença do juiz. Neste caso, havia outro aspeto a ter em conta: a distância entre o local de residência da testemunha e o tribunal não era significativa, pelo que a deslocação não importava um sacrifício relevante para a testemunha[607]. Como teremos oportunidade de constatar mais à frente, a substituição da teleconferência pela inquirição por meio tecnológico (art. 502.º) permitiu ultrapassar alguns dos obstáculos que justificavam esta prática de adequação do processo.

O RPCE apresenta-nos outra prática com relevância neste contexto: a substituição da inspeção judicial pela junção de fotografias ou vídeos da

[605] Outro exemplo interessante passou pela substituição da carta rogatória pelo depoimento por escrito: Rita Brito, *Colectânea cit.*, pp. 100-101.

[606] Tal como se pode ler no despacho em causa, "– admitindo que haveria disponibilidade de agenda (...) – *e, se não houvesse, mais um atraso no julgamento se verificaria* –, apenas com a preparação dos aparelhos de teleconferência e com as tentativas de estabelecimento das ligações no dia do julgamento, o tribunal perde cerca de 30 minutos; – a maior parte das teleconferências tentadas neste juízo e secção frustram-se por razões técnicas (...); – a teleconferência tem custos elevados, não só no que concerne à disponibilização de rede, como na afectação de mais um funcionário à inquirição, no tribunal do depoimento" (Rita Brito, *Colectânea cit.*, pp. 104-105).

[607] Rita Brito, *Colectânea cit.*, pp. 103-105.

coisa (no caso, tratava-se de um imóvel e a inspeção tinha como intuito verificar a extensão das obras realizadas no mesmo). Nesta situação, o despacho previa a notificação entre mandatários quanto à data de captação das imagens, o que permitia ao mandatário judicial da parte contrária acompanhar a diligência e, assim, assegurava o contraditório quanto à produção da prova.

O exemplo em análise implica, é certo, que o contacto entre o juiz e a fonte de prova passe a ser mediato, já que resulta da análise de fotografias ou de vídeos e não da inspeção da própria coisa. No entanto, o princípio da imediação estará salvaguardado se, como aconteceu, o juiz reservar a decisão final sobre a inspeção judicial para a audiência, depois de ter tido oportunidade de analisar as imagens recolhidas[608].

No que respeita à celeridade processual, esta prática permite, num primeiro momento, dispensar a intervenção do juiz na efetivação da diligência, o que significa que esta não tem de aguardar pela disponibilidade de agenda daquele. Além disso, verifica-se uma redução do número de sessões de julgamento, já que o juiz não tem de se deslocar ao local. No entanto, caso venha a ser necessário realizar a inspeção judicial em momento posterior, a celeridade processual até então obtida poderá ficar ameaçada, tudo dependendo da agenda do juiz.

Desta forma, o juiz deverá analisar as particularidades do caso concreto, designadamente do objeto a inspecionar, para aferir qual a probabilidade de as fotografias ou vídeos esclarecerem a questão que se pretendia submeter a inspeção. Nesta ponderação, importa ainda ter em conta que, com a introdução no CPC das verificações não judiciais qualificadas, o juiz pode encarregar um "técnico ou pessoa qualificada de proceder aos atos de inspeção de coisas ou locais ou de reconstituição de factos e de apresentar o seu relatório" sempre que entenda que não se justifica a perceção direta dos factos (art. 494.º-1). Desta forma, o exemplo de adequação do processo analisado poderá ter uma menor relevância na atualidade, já que, nos casos mais simples, o juiz pode substituir a inspeção judicial por uma verificação não judicial qualificada.

[608] Rita Brito, *Colectânea cit.*, pp. 102-103.

Após a entrada em vigor do CPC de 2013, a prática judiciária apontava para outra prática de adequação formal relacionada com a teleconferência: tratava-se da sua substituição pelo *Skype*, com o argumento de que tal permite imprimir maior simplicidade e celeridade à inquirição sem comprometer a imediação, já que esta sempre estaria limitada pela circunstância de a testemunha não estar presente fisicamente na audiência[609]. A adequação formal passava, assim, pelo depoimento por *Skype* quando a inquirição da testemunha em audiência não fosse possível, designadamente face à distância entre a sua residência e o tribunal.

Este mecanismo encontra-se, desde 2016, compreendido na figura da inquirição por meio tecnológico (art. 502.º). Assim, a lei passou a admitir que a testemunha seja ouvida através de "equipamento tecnológico que permita a comunicação, por meio visual e sonoro, em tempo real, a partir do tribunal, do juízo, de instalação do município ou da freguesia, quando protocolado, ou de outro edifício público da área da sua residência" (art. 502.º-1)[610]. Este é um bom exemplo de como a adequação formal pode ser um elemento precursor de futuras alterações legislativas.

4. Fase final

4.1. Limitação ao número de suspensões da instância por acordo entre as partes

I. A suspensão da instância por acordo entre as partes é, desde logo, uma tradução do princípio do dispositivo (na sua vertente de disponibilidade

[609] Esta prática foi especialmente utilizada na inquirição de testemunhas no estrangeiro – Vasco Ataíde Marques, Carmen Baptista Rosa, "Tecnologia e o pragmatismo ao serviço da justiça", 2014.

[610] No que respeita às testemunhas residentes no estrangeiro, a lei permite que estas deponham, por meios tecnológicos, a partir da sua residência (art. 502.º-5). O ac. do TRG de 28 de fevereiro de 2019, proc. n.º 2281/17.1T8VRL.G1, pronunciou-se sobre um caso em que a ré invocava a nulidade do depoimento prestado por *Skype* por uma testemunha residente na Alemanha. Ora, o tribunal da Relação começou por referir que a lei admite a "utilização dos meios tecnológicos, designadamente o Skype e não apenas a teleconferência, na inquirição das testemunhas residentes no estrangeiro e que tais meios tecnológicos, designadamente o Skype devem ser considerados meios fiáveis". Ao mesmo tempo, o tribunal afastou qualquer "primazia da teleconferência" entre os meios tecnológicos a que se refere o art. 502.º-5.

da instância)[611]. Além disso, esta modalidade de suspensão do processo também é vista como um instrumento que pode propiciar a resolução consensual do litígio, já que muitas vezes as partes utilizam este período para procurar alcançar um acordo quanto ao litígio que as separa.

Importa, no entanto, ter em conta que o interesse público na boa administração da Justiça e o direito a uma decisão em prazo razoável dos restantes utilizadores do sistema de Justiça (as partes em processos pendentes ou que venham a ser iniciados no futuro) não são compatíveis com a eternização dos processos que resultaria, por exemplo, de um regime que não limitasse o período de suspensão da instância por acordo das partes. A existência de limites temporais a esta modalidade de suspensão da instância visa, pois, salvaguardar interesses públicos[612].

O CPCa admitia que as partes acordassem na "suspensão da instância por prazo não superior a seis meses" (art. 279.º-4 do CPCa). A lei não estabelecia qualquer limite ao número de suspensões da instância por acordo dentro deste período, o que dava azo a dúvidas interpretativas[613].

Esta questão colocou-se com maior intensidade no âmbito do RPCE. Num primeiro caso, a suspensão da instância por acordo entre as partes foi encarada como uma derradeira oportunidade para a resolução consensual do litígio. Assim, concluiu-se que o art. 279.º-4 do CPCa só admitia uma suspensão da instância nestes termos, independentemente

[611] José Lebre de Freitas, *Introdução cit.*, 4.ª ed., p. 161.

[612] A necessidade de conciliar estes diferentes valores é salientada por António Santos Abrantes Geraldes, Paulo Pimenta, Luís Filipe Pires de Sousa, *Código de Processo Civil anotado: parte geral e processo de declaração, artigos 1.º a 702.º*, vol. 1, 2018, p. 316, para quem a solução consagrada no art. 275.º-4 representa "um ponto de equilíbrio entre a disponibilidade do processo, com vista a facilitar, porventura, a resolução consensual de litígios, e o interesse na boa administração da justiça".

[613] A jurisprudência maioritária entendia que esta regra era compatível com mais do que uma suspensão da instância desde que o período total de suspensão não excedesse os seis meses: neste sentido, os acs. do TRC de 16 de janeiro de 2001, proc. n.º 3077/2000; do TRP de 19 de outubro de 2010, proc. n.º 3483/05.9TBGDM.P1; do TRP de 22 de novembro de 2011, proc. n.º 2111/07.2TJVNF.P1. Em sentido contrário, o ac. do TRC de 26 de junho de 2012, proc. n.º 257/11.1TBFVN.C1, concluiu que o elemento literal do art. 279.º-4 do CPCa não admitia "a prorrogação do prazo de suspensão requerido inicialmente". O principal argumento invocado neste sentido estava relacionado com os efeitos duradouros da suspensão na marcha do processo.

da sua duração, pelo que qualquer suspensão adicional deveria assentar num motivo justificado e passar pelo crivo do tribunal (art. 279.º-1 do CPCa)[614].

Num caso posterior, adotou-se um entendimento diverso. A discussão passou a estar centrada na questão de saber se o juiz podia, ao abrigo da gestão processual, limitar uma segunda suspensão da instância por acordo, ainda que a primeira tivesse sido inferior a seis meses. Neste caso, no despacho em que deferiu a primeira suspensão, o tribunal determinou que não admitiria outras suspensões da instância por acordo. Em consequência, o requerimento posterior das partes com vista à suspensão da instância por mais 30 dias foi indeferido por não ter sido apresentado um motivo que o justificasse (art. 279.º-1 do CPCa)[615].

Em qualquer destas decisões, a limitação do direito das partes à suspensão da instância por acordo (por via interpretativa, no primeiro caso, ou da gestão processual, no segundo), tinha subjacente a preocupação com a obtenção de uma decisão em prazo razoável. No fundo, pretendia evitar-se que o processo estivesse parado por mais tempo do que o estritamente necessário, já que ao período de suspensão é necessário somar o tempo que pode decorrer até que se retome a normal tramitação do processo, designadamente com a marcação de nova audiência (prévia ou final).

II. O CPC de 2013 procurou ultrapassar esta questão[616], tendo optado por limitar de forma significativa a suspensão da instância por acordo entre as partes.

[614] Rita Brito, *Colectânea cit.*, pp. 107-113. Não obstante, tendo em conta que os mandatários das partes não compareceram à audiência final, o tribunal suspendeu a audiência por considerar que esta interpretação do art. 279.º-4 do CPCa poderia traduzir uma decisão-surpresa.

[615] O ac. do TRP de 4 de outubro de 2012, proc. n.º 157279/11.7Y1PRT.P1, revogou este despacho, apesar de admitir que o juiz podia afastar o art. 279.º-4 do CPCa com base na gestão processual. Não obstante, a Relação considerou que existia um motivo justificado para a suspensão da instância (conclusão da negociação entre as partes) e que os efeitos benéficos da resolução consensual do litígio ("a paz social e a maior adesão das partes ao cumprimento das decisões para as quais contribuíram ou nas quais participaram") ultrapassavam os efeitos negativos da suspensão ao nível da duração do processo.

[616] Esta questão suscitou algum debate no contexto da reforma processual. Desta forma, a Ordem dos Advogados, *Parecer sobre o projecto de reforma do Código de Processo Civil*, 2012, pp.

Nos termos do art. 272.º-4, "as partes podem acordar na suspensão da instância por períodos que, na sua totalidade, não excedam três meses, desde que dela não resulte o adiamento da audiência final". Por seu turno, o art. 275.º-4 estabelece que a suspensão não pode prejudicar "os atos de instrução e as demais diligências preparatórias da audiência final". A suspensão da instância por acordo das partes encontra-se, assim, duplamente limitada: por um lado, o período de suspensão foi reduzido para metade (de seis para três meses); por outro lado, a suspensão não pode prejudicar os atos e diligências que devam anteceder a audiência final nem implicar o adiamento desta, em obediência ao princípio da inadiabilidade da audiência (art. 603.º-1).

A redação do art. 272.º-4 acentuou a ideia de que o elemento relevante é a duração da suspensão – três meses – e não o número de vezes em que este seja requerida. A utilização do plural ("períodos") é uma indicação particularmente clara neste sentido. Assim, nada obsta a que as partes acordem na suspensão da instância por mais do que uma vez desde que, globalmente, esse período não exceda os três meses e a suspensão não implique, direta ou indiretamente[617], o adiamento da audiência final. Além destes dois limites, o direito das partes à suspensão da instância por acordo deve ainda conformar-se com o princípio da boa fé processual (art. 8.º), o que afasta o seu exercício abusivo, designadamente através de sucessivas suspensões da instância com manifesto propósito dilatório[618].

5 e 27, e *Parecer sobre a Proposta de Lei n.º 113/XII que «aprova o Código de Processo Civil»*, 2013, pp. 16-17, opôs-se à limitação deste direito das partes com base no princípio do dispositivo e nas vantagens associadas à resolução consensual do litígio. No entanto, considerando que os efeitos da suspensão podem prolongar-se muito além desta (por exemplo, em função de dificuldades de agenda do tribunal), outros organismos sugeriram que a suspensão da instância por acordo só pudesse ter lugar uma vez (ASSOCIAÇÃO SINDICAL DOS JUÍZES PORTUGUESES, *Parecer: Proposta de Lei n.º 521/2012 – aprova o Código de Processo Civil*, 2013, pp. 14-20) ou que cada suspensão não pudesse ser inferior a 30 dias (CONSELHO DOS OFICIAIS DE JUSTIÇA, *Parecer sobre a reforma do Código de Processo Civil*, 2012, pp. 7-8).

[617] Enquanto o art. 272.º-4 obsta à suspensão da instância por acordo quando esta tenha como efeito (direto) o adiamento da audiência final, o art. 275.º-4 tem em conta os efeitos indiretos na data da audiência do adiamento de atos e diligências que a devam anteceder.

[618] Para PAULO RAMOS DE FARIA, ANA LUÍSA LOUREIRO, *Primeiras cit.*, pp. 264-265, basta o exercício abusivo do direito, ainda que o período de suspensão não exceda o prazo legal. Já JOSÉ LEBRE DE FREITAS, ISABEL ALEXANDRE, *Código de Processo Civil anotado*, 4.ª ed., vol. 1,

A análise anterior permite-nos concluir que a lei procurou assegurar a celeridade processual através da limitação do período máximo de suspensão da instância por acordo entre as partes e da impossibilidade de a mesma afetar a data da audiência final[619]. Ainda assim, não é de excluir que a adequação formal possa desempenhar um papel neste domínio. De facto, quando os contornos do caso concreto apontem para a necessidade de uma tutela reforçada da celeridade processual como forma de assegurar a obtenção de uma decisão em prazo razoável, a limitação do número de suspensões de instância por acordo das partes (mesmo que dentro do período de três meses previsto na lei) pode revelar-se um instrumento importante. Nesta hipótese, parece-nos que o juiz pode restringir o número de suspensões da instância por acordo ao abrigo da cláusula geral da adequação formal (art. 547.º)[620].

Quando a suspensão da instância por acordo não seja admissível por faltar um dos requisitos enunciados no art. 272.º-4 ou em função de um despacho de adequação formal, nada obsta a que as partes a requeiram com base num motivo justificado (art. 272.º-1). Nestes casos, a suspensão da instância depende, no entanto, de uma decisão judicial, cabendo ao juiz apreciar o motivo invocado pelas partes e os efeitos da suspensão no processo. Esta solução encontra – mais uma vez – a sua justificação na tutela do interesse público na boa administração da Justiça. Simplesmente, há aqui uma especial preocupação com a afetação proporcional dos recursos do sistema judiciário, já que a suspensão não satisfaz os requisitos enunciados na lei ou implica a variação de uma regra processual estabelecida pelo juiz, ao abrigo da adequação formal.

2018, p. 554, exigem que a suspensão tenha como efeito impedir "o decurso do processo por período que, na prática, resulte consideravelmente superior aos três meses".

[619] Assim, Paulo Ramos de Faria, Ana Luísa Loureiro, *Primeiras cit.*, p. 265: a solução legal assenta na ideia de que "a celeridade processual é um interesse público indisponível".

[620] Nesta situação, o despacho de adequação deve ser proferido assim que o juiz se aperceba da necessidade reforçada de tutela da celeridade e não apenas quando confrontado com o requerimento das partes no sentido da suspensão da instância por acordo. De facto, é essencial que as partes possam, com a necessária antecedência, adaptar a respetiva estratégia processual.

4.2. Alteração da ordem de produção da prova na audiência final

O art. 604.º-3 estabelece a ordem das diligências instrutórias a realizar na audiência final. De acordo com este preceito, a produção de prova inicia-se com os depoimentos de parte, seguindo-se a exibição de reproduções cinematográficas e de registos fonográficos e os esclarecimentos verbais dos peritos, e termina com a inquirição das testemunhas.

A lei confere ao juiz o poder de alterar a ordem de produção dos meios de prova face às particularidades do caso (art. 604.º-8). Tal como em outros casos, a variação da forma legal sempre seria admissível ao abrigo da cláusula geral de adequação formal (art. 547.º), mas a lei optou pela sua autonomização.

Ao abrigo desta regra, o juiz pode dar prioridade aos esclarecimentos verbais dos peritos quando tal permita esclarecer uma das questões controvertidas, tendo em conta que as restantes diligências probatórias não se reportam a essa questão. Da mesma forma, a produção de prova pode iniciar-se com a inquirição das testemunhas caso o juiz considere que é útil conhecer a perspetiva destas sobre os factos antes do depoimento das partes, cuja posição já terá sido, por regra, exposta nos articulados.

4.3. Limitação do tempo para diligências instrutórias na audiência final

I. Em arbitragens que envolvam partes, advogados e/ou árbitros com domicílio em diferentes pontos do globo, o tempo é um bem especialmente valioso. Esta característica reflete-se com particular clareza na audiência de julgamento.

De facto, a distância que separa os vários intervenientes no processo arbitral implica, em muitos casos, que a audiência seja marcada com larga antecedência de forma a assegurar a disponibilidade de agenda de todos os envolvidos e o planeamento dos aspetos logísticos (por exemplo, a marcação do espaço físico para a audiência)[621]. Desta forma, o cumprimento da programação da audiência é essencial, já que a necessidade de encontrar datas adicionais para a continuação do julgamento pode acarretar custos e atrasos consideráveis.

[621] Gary B. Born, *International cit.*, p. 2271.

A prática no domínio da arbitragem permite identificar várias técnicas que visam repartir o tempo disponível na audiência de julgamento pelas partes. Uma das técnicas mais utilizadas consiste em atribuir às partes o mesmo tempo para a apresentação dos respetivos argumentos e para a produção de prova, cabendo depois a cada parte a sua distribuição[622].

Em Inglaterra, um dos mecanismos de gestão processual no âmbito da prova consiste na fixação de limites temporais para as diligências instrutórias. Neste contexto, o juiz pode – entre outros exemplos – limitar o tempo destinado ao contrainterrogatório das testemunhas na audiência de julgamento [regra 32.1(3) das CPR].

II. O CPC português não contém qualquer regra que permita expressamente ao juiz limitar o tempo destinado à produção de prova na audiência final. Desta forma, qualquer despacho nesse sentido será proferido ao abrigo da cláusula geral de adequação formal (art. 547.º).

A introdução de limites de tempo para as diligências instrutórias que devam ter lugar na audiência final pode operar de formas distintas. Assim, o limite pode reportar-se à totalidade dos meios de prova (cada parte dispõe de um tempo pré-determinado para produção de prova na audiência final), a cada meio de prova (cada parte dispõe de um tempo pré-determinado para a inquirição das testemunhas que apresentou) ou a cada testemunha ou perito, entre outros exemplos.

Importa analisar se esta técnica respeita os direitos processuais fundamentais. Neste sentido, há que perceber qual a finalidade da adequação formal neste contexto para, num segundo momento, apreciar da sua compatibilidade com os restantes direitos processuais com tutela constitucional.

A limitação do tempo reservado à produção de prova na audiência final visa introduzir maior celeridade no processo, já que viabiliza a realização do julgamento em menos sessões. Apesar de não ser um elemento determinante, os dados obtidos no Estudo sobre a Justiça Económica em

622 Esta técnica foi desenvolvida por Karl-Heinz Böckstiegel e ficou conhecida como "método Böckstiegel". Para uma explicação mais desenvolvida da mesma, KARL-HEINZ BÖCKSTIEGEL, "Party autonomy and case management: experiences and suggestions of an arbitrator", 2013, pp. 4-5.

Portugal revelam que o tempo entre sessões de julgamento contribui, em média, para cerca de 8% da duração total do processo[623]. Ora, uma das explicações para a existência de mais do que uma sessão de julgamento reside, precisamente, no tempo despendido com a inquirição de testemunhas.

Além disso, a repartição da audiência final por várias sessões afeta o princípio da concentração, visto que introduz um maior lapso temporal entre a produção de prova e a decisão. Ora, a maior celeridade associada à introdução de limites de tempo para as diligências instrutórias contribui também para assegurar a maior concentração destas.

Aqui chegados, há que equacionar quais os limites com que se depara este mecanismo de adequação formal.

Desde logo, as partes devem, por regra, dispor do mesmo tempo para a produção de prova na audiência ou para a produção de cada meio de prova, consoante o limite de tempo seja definido globalmente ou para cada meio de prova. Este é um aspeto essencial para assegurar o respeito pelo princípio da igualdade.

No entanto, alguns autores consideram que um modelo assente numa pura repartição simétrica do tempo para produção da prova pelas partes não é adequado a casos em que, por força das regras de distribuição do ónus da prova, uma das partes tenha que desenvolver um esforço probatório consideravelmente superior[624]. Nestes casos, parece-nos que existe, de facto, um fundamento objetivo para o tratamento diferenciado das partes (regras de repartição do ónus da prova), pelo que a distribuição do tempo para produção da prova deve ter em conta essa circunstância. A conclusão contrária, além de colocar em causa o princípio da igualdade (já que implicaria o tratamento semelhante das partes quando estas se encontram numa situação diferente), poderia também afetar o direito à prova da parte que suporte maioritariamente o ónus da prova.

Constata-se, assim, que a limitação do tempo reservado para as diligências instrutórias na audiência final também deve ter em conta o direito à prova. A fixação de um limite global de tempo para cada parte parece ser o mecanismo que melhor assegura este direito processual fun-

[623] Mariana França Gouveia [et. al.], *Justiça económica em Portugal: prova cit.*, p. 14.

[624] Neste sentido, a propósito da arbitragem, Gary B. Born, *International cit.*, pp. 2274-2275.

damental, já que devolve às partes e aos seus mandatários judiciais a responsabilidade de organizar a produção da prova, ainda que dentro de um limite temporal[625].

Como vimos a propósito da programação da audiência final, o princípio da cooperação assume especial relevância neste domínio. De facto, as partes e, sobretudo, os respetivos mandatários judiciais estão em melhores condições do que o juiz para avaliar o tempo que, previsivelmente, será necessário para a produção de prova na audiência. Desta forma, a limitação temporal das diligências instrutórias deve ser equacionada em conjunto com os mandatários judiciais [art. 591.º-1-g)] e, de preferência, assentar num acordo entre estes e o tribunal.

III. A duração das diligências de prova que devam ter lugar na audiência final é um elemento essencial para a programação da mesma, já que influencia o número de sessões de julgamento e a sua duração. O juiz desempenha um papel de garante do cumprimento da programação.

Entre os poderes de direção da audiência enunciados na lei, há um que assume especial importância neste contexto: o juiz pode "exortar os advogados e o Ministério Público a abreviarem os seus requerimentos, inquirições, instâncias e alegações, quando sejam manifestamente excessivos ou impertinentes (...) e retirar-lhes a palavra quando não sejam atendidas as suas exortações" [art. 602.º-2-d)]. Esta regra abrange, entre outros aspetos, os atos instrutórios praticados na audiência.

Assim, por exemplo, quando a inquirição das testemunhas exceda o tempo programado para a prova testemunhal ou globalmente (nos casos em que o limite tenha por referência a produção de prova em geral), a sua duração será excessiva por referência à programação[626]. Não nos parece, no entanto, que daí resulte a imediata aplicação do art. 602.º-2-d).

Nestes casos, o advogado deverá sempre ter a possibilidade de justificar a inobservância do limite de tempo anteriormente fixado. De facto, a produção de prova pode revelar circunstâncias que imponham um alargamento do tempo anteriormente reservado para esse efeito, de forma a salvaguardar o princípio do contraditório. Neste caso, estaremos

[625] Mariana França Gouveia [et. al.], *Justiça económica em Portugal: prova cit.*, pp. 87-88.
[626] Paulo Ramos de Faria, Ana Luísa Loureiro, *Primeiras cit.*, p. 567.

perante uma nova adequação formal, que se destina a adaptar o processo ao desenrolar das diligências instrutórias. O tribunal deve ainda considerar se a programação da audiência mereceu o acordo da parte em causa, já que, em caso de resposta negativa, a parte terá maior facilidade em justificar que necessita de mais tempo do que o previsto.

Em suma, o poder de exortar os advogados a abreviar as suas inquirições e de lhes retirar a palavra na sequência dessa exortação visa assegurar o normal decurso da audiência e o cumprimento da programação previamente definida e, desta forma, a prolação da decisão num prazo razoável. No entanto, a programação poderá ter de ceder quando tal se revele essencial, em concreto, para assegurar o contraditório na sua dimensão referente à prova[627].

4.4. Dispensa das alegações finais

Outra prática judicial que se desenvolveu no âmbito do RPCE consistia na dispensa das alegações de direito em caso de revelia operante. No fundo, tratava-se de associar à revelia uma compressão ainda mais significativa da tramitação processual, que passava a comportar apenas dois momentos: os articulados (limitados à petição inicial) e o julgamento.

O RPCE não continha qualquer regra específica, pelo que – como já vimos – se aplicavam subsidiariamente as regras do processo comum ordinário[628]. Ora, nos casos de revelia operante, o art. 484.º-2 do CPCa admitia a apresentação de alegações finais, que deviam restringir-se à matéria de direito, visto que os factos alegados pelo autor ficavam provados por admissão, em consequência da revelia. A dispensa das alegações de direito era, pois, um exemplo de gestão processual[629].

[627] Paulo Ramos de Faria, Ana Luísa Loureiro, *Primeiras cit.*, p. 567, defendem uma abordagem mais restritiva nesta matéria. De acordo com os autores, o juiz só deverá retirar a palavra ao advogado "quando, estando o cumprimento da programação definida em risco, as perguntas dirigidas à testemunha sejam repetidas ou impertinentes".

[628] Sobre esta questão, cfr. *supra*, capítulo II (ponto 4.2, nota 132).

[629] Em sentido contrário, Luís Brites Lameiras, *Comentário cit.*, p. 138, considerava que a dispensa das alegações finais podia assentar numa interpretação extensiva do art. 15.º-4 do RPCE

No CPC de 2013, as alegações de direito continuam a integrar a tramitação do processo em caso de revelia operante (art. 567.º-2). A questão que se coloca consiste em saber se a sua dispensa é compatível com o princípio do contraditório. Repare-se que o contraditório também se reflete no plano do direito aplicável, sendo as alegações finais um dos momentos privilegiados para o seu exercício[630]. Desta forma, a dispensa das alegações pode determinar uma efetiva supressão do contraditório.

Desta forma, o juiz deverá ter em conta o direito a uma decisão em prazo razoável (o que conduzirá, em muitos casos, à dispensa das alegações finais) e o princípio do contraditório (em particular, quando conclua que as alegações de direito são essenciais para o assegurar).

É certo que nos casos de revelia operante a utilidade das alegações finais será, por regra, mais reduzida. Desde logo, o efeito cominatório da revelia (art. 567.º-1) implica que só estará em causa a questão jurídica. Ora, na maioria dos casos, o autor já terá apresentado as suas razões na petição inicial, pelo que se corre o risco de a alegação ser uma mera repetição daquilo que já foi anteriormente exposto. Quanto ao réu revel, são pouco frequentes os casos em que este terá interesse em apresentar alegações de direito a final.

4.5. Sentença

4.5.1. Discriminação da matéria de facto por remissão

No que respeita à estrutura da sentença, importa perceber se a discriminação dos factos provados e não provados pode ser feita por remissão para outras peças processuais, designadamente para os articulados. Repare-se que este mecanismo não implica uma fundamentação por adesão: a simplificação do conteúdo da sentença está limitada à enunciação dos factos por referência a outra peça processual. Dito de outra forma, o tribunal não fica dispensado da necessidade de fundamentar o juízo que o levou

[630] O outro momento tem lugar na fase dos articulados: o autor é admitido a expor, na petição inicial, "as razões de direito que servem de fundamento à ação" [art. 552.º-1-d)] e o réu pode, na contestação, expor os fundamentos jurídicos pelos quais se opõe à pretensão do autor [art. 572.º-b)].

a considerar os factos como provados ou não provados, mas apenas de os transcrever[631].

O CPC de 2013 não faz qualquer alusão a esta possibilidade. A lei exige, aliás, que o juiz enuncie os factos provados na sentença (art. 607.º-3). Pelo contrário, o art. 15.º-1 do RPCE estabelecia que a "discriminação dos factos provados e não provados" podia resultar de "remissão para as peças processuais onde estejam contidos"[632].

Esta técnica pode suscitar questões de articulação entre o dever de fundamentação e o direito a uma decisão em prazo razoável. A prática judicial sugere que a discriminação dos factos por remissão acarreta ganhos ao nível da celeridade processual[633]. No entanto, a remissão pode colocar em causa a clareza e a compreensibilidade da decisão, designadamente quando seja feita para várias peças processuais.

Quando as especificidades do caso aconselhem a discriminação dos factos por remissão (por exemplo, tendo em conta a revelia do réu ou a possibilidade de a sentença ser proferida oralmente, na audiência final) e a clareza e compreensibilidade da decisão não fiquem prejudicadas, parece-nos que nada obsta à adoção desta prática ao abrigo da cláusula geral de adequação formal.

4.5.2. Fundamentação por meio de adesão a peças processuais ou a decisões judiciais anteriores

Tal como tivemos oportunidade de constatar no capítulo anterior (ponto 2.5), a fundamentação das decisões judiciais é um direito processual fundamental (art. 205.º-1 da CRP). Apesar de a Constituição atribuir alguma margem ao legislador ordinário na concretização do exato alcance da

[631] Sobre a distinção entre estas vertentes, PAULO RAMOS DE FARIA, *Regime cit.*, p. 183. No entanto, o juiz pode, em simultâneo, fundamentar a decisão por adesão às razões de direito enunciadas na petição inicial nos termos que analisaremos no próximo ponto.

[632] MARIANA FRANÇA GOUVEIA, *Regime cit.*, p. 143, e PAULO RAMOS DE FARIA, *Regime cit.*, pp. 185-186, defendiam que o art. 15.º-1 do RPCE também tinha em vista os articulados das partes. Esta interpretação foi seguida pela jurisprudência – RITA BRITO, *Colectânea cit.*, pp. 115-117.

[633] DIREÇÃO-GERAL DA POLÍTICA DE JUSTIÇA, *Um ano de Regime Processual Civil Experimental: relatório intercalar*, [s. d.], p. 21. Na mesma linha, LUÍS CARVALHO RICARDO, *Regime Processual Civil Experimental anotado e comentado*, 2007, p. 84, afirma que esta técnica evita "a repetição injustificada, em mais uma fase do processo, da mesma matéria".

fundamentação, é ainda assim possível identificar um núcleo que não pode ser afetado. De acordo com o Tribunal Constitucional, tratando-se de uma decisão de mérito, há que assegurar a "exposição concisa e completa dos motivos de facto, bem como das razões de direito que justificam a decisão"[634].

Desta forma, a simplificação da fundamentação não pode afetar a clareza e a completude da decisão nas suas vertentes fáctica e jurídica. Ora, a fundamentação por adesão a peças processuais apresentadas pelas partes ou a decisões judiciais anteriores pode suscitar algumas questões a este nível.

O Tribunal Constitucional já foi chamado a pronunciar-se sobre esta questão por mais do que uma vez. Uma parte substancial dos casos envolvia a remissão para os fundamentos enunciados em decisões anteriores, tendo o Tribunal concluído que tal não colocava em causa o dever de fundamentação[635]. O Tribunal também concluiu que a fundamentação por adesão a uma peça processual elaborada pelo Ministério Público era constitucionalmente admissível, com o argumento de que "o juiz não está, propriamente, a *aderir* às *teses* de uma *parte* no processo", visto que "no processo penal, o Ministério Público é (...) um *órgão de justiça*"[636].

No âmbito do processo civil, o art. 158.º-2 do CPCa afastava a fundamentação por "simples adesão aos fundamentos alegados no requerimento ou na oposição". Não obstante, nas formas de processo sumário e sumaríssimo, a lei admitia essa modalidade de fundamentação mediante a verificação de dois requisitos cumulativos: por um lado, a existência de revelia operante; por outro lado, que da admissão dos factos resultasse, como consequência imediata, a procedência da ação (art. 784.º do CPCa).

[634] Ac. do TC n.º 151/99, de 9 de março de 1999.

[635] O ac. do TC n.º 80/99, de 9 de fevereiro de 1999, considerou que "a figura da decisão sumária (...) corresponde a uma solução geral do direito processual português". No mesmo sentido, os acs. do TC n.º 151/99, cit.; n.º 232/00, de 5 de abril de 2000; n.º 685/05, de 13 de dezembro de 2005 (com indicação de várias regras que admitem a fundamentação por remissão).

[636] Ac. do TC n.º 189/99, de 23 de março de 1999. O raciocínio seguido neste acórdão deixa muitas dúvidas sobre qual a posição que o Tribunal teria adotado caso estivesse em causa a fundamentação por adesão a uma peça processual apresentada por uma das partes.

Por seu turno, o RPCE admitia a fundamentação por "adesão aos fundamentos apresentados pelo autor" quando o réu não deduzisse contestação (art. 15.º-4 do RPCE)[637]. Apesar da sua utilização moderada, os operadores judiciários consideravam que este mecanismo permitia simplificar a sentença nas ações não contestadas[638].

O CPC manteve, como regra, a proibição da fundamentação por adesão aos argumentos invocados pela parte vencedora. No entanto, o art. 154.º-2 veio permitir esta modalidade de fundamentação quando se verifiquem três requisitos cumulativos: a parte contrária não tenha deduzido contestação ou oposição; o caso seja manifestamente simples; o despacho seja interlocutório[639].

O último requisito visa afastar esta forma de fundamentação por adesão sempre que a decisão ponha termo ao processo. Neste contexto, é indiferente que a decisão aprecie o mérito da causa ou que se limite a absolver o réu da instância, dado que a solução legal tem subjacente uma maior intensidade do dever de fundamentação quanto às sentenças[640].

Tendo em conta as condicionantes que a lei impõe à fundamentação por adesão aos motivos apresentados pela parte vencedora, importa equacionar se esta pode ser admitida com maior amplitude ao abrigo da adequação formal e, em caso de resposta afirmativa, com que limites. A

[637] A doutrina divergia quanto ao âmbito desta regra. Para MARIANA FRANÇA GOUVEIA, *Regime cit.*, p. 146, a fundamentação por adesão só seria admissível quando o juiz aderisse em bloco à fundamentação de facto e de direito apresentada pelo autor. Em sentido contrário, PAULO RAMOS DE FARIA, *Regime cit.*, pp. 207-208, considerava que o juiz podia limitar-se a aderir à fundamentação parcialmente.

[638] DIREÇÃO-GERAL DA POLÍTICA DE JUSTIÇA, *Um ano cit.*, pp. 70-71.

[639] A redação deste preceito sofreu alterações significativas durante o processo de reforma. No anteprojeto de 2011, admitia-se a fundamentação por adesão nos "casos de manifesta simplicidade" (art. 158.º-2 do anteprojeto). A Proposta de Lei n.º 113/XII, 2012, acrescentou um requisito adicional: a falta de oposição da parte contrária ao pedido (art. 154.º-2 da Proposta de Lei). Na ausência de uma distinção entre despachos e sentenças, a fundamentação por adesão era admissível em ambos os casos.

[640] É esta a posição de ANTÓNIO ABRANTES GERALDES, PAULO PIMENTA, LUÍS PIRES DE SOUSA, *Código cit.*, p. 188: "no campo dos despachos interlocutórios, a exigência de fundamentação pode não ser tão intensa". No mesmo sentido, ainda que numa análise geral do dever de fundamentação previsto no art. 205.º-1 da CRP, JORGE MIRANDA, RUI MEDEIROS, *Constituição Portuguesa anotada*, t. 3, 2007, p. 72.

resposta depende da compatibilização entre dois direitos processuais fundamentais – a obtenção de decisão em prazo razoável e o dever de fundamentação das decisões judiciais. Assim, desde que, em concreto, a fundamentação por adesão não afete a exposição clara, compreensível e completa dos fundamentos subjacentes à decisão, parecem não existir obstáculos à sua admissibilidade.

Esta modalidade de fundamentação pode ser especialmente relevante nos casos de revelia operante, em que os factos articulados na petição inicial se consideram assentes, restando ao tribunal proceder à sua subsunção ao direito aplicável[641]. Quando o enquadramento jurídico resultante da petição inicial seja claro e suficiente, o imperativo constitucional de fundamentação das decisões não parece impor uma fundamentação própria.

O mesmo raciocínio deve valer para as restantes situações, ainda que com cautelas acrescidas. De facto, quando o réu deduza contestação, a existência de versões diferentes quanto à factualidade relevante ou às regras jurídicas aplicáveis exige do juiz um maior cuidado na fundamentação da decisão. A elaboração de uma fundamentação própria denota uma apreciação crítica do juiz em relação às questões controvertidas e pode desempenhar uma importante função pedagógica, contribuindo para uma maior adesão da parte vencida à decisão. Uma vez que a pacificação social é uma das finalidades da fundamentação, a perspetiva de atingir esse desiderato no caso concreto pode ser suficiente para justificar a elaboração de uma fundamentação própria, apesar da simplicidade da questão em causa[642].

[641] A fundamentação por adesão é uma realidade distinta da fundamentação sumária prevista no art. 567.º-3 para os casos de revelia operante em que a decisão revista manifesta simplicidade. De facto, a fundamentação por adesão envolve a adesão às razões de facto e de direito apresentadas por uma das partes e, como tal, dispensa a elaboração de uma fundamentação própria pelo juiz. Pelo contrário, a fundamentação sumária parece pressupor uma motivação própria da decisão pelo julgador, ainda que em termos mais sucintos. Esta ideia resultava com particular clareza do disposto no art. 15.º do RPCE: o n.º 2 continha uma regra aplicável a todas as ações na qual se previa a fundamentação sumária; por seu turno, o n.º 4 consagrava a figura da fundamentação por adesão em termos mais restritos, na medida em que a mesma só se aplicava aos casos em que o réu não deduzisse contestação.

[642] Jorge Miranda, Rui Medeiros, *Constituição cit.*, p. 70.

5. Instrumentos transversais às várias fases do processo

5.1. Agregação e desagregação

A agregação (art. 6.º do RPCE) consistia na prática em conjunto de atos processuais relativos a processos distintos. Ao contrário daquilo que sucede na apensação, os processos mantinham a sua autonomia, dado que a agregação envolvia apenas a realização de certo(s) ato(s) em simultâneo para vários processos. Desta forma, após a prática do(s) ato(s) em causa, os processos retomavam a respetiva tramitação[643].

Entre outros exemplos, esta figura era utilizada para viabilizar a realização de uma audiência (preliminar ou final) comum a vários processos ou a produção de certo meio de prova com relevância em mais do que um processo. Muito embora o art. 6.º-1 do RPCE fizesse depender a agregação da verificação dos pressupostos de admissibilidade do litisconsórcio, da coligação, da reconvenção e da oposição, a doutrina defendia a interpretação extensiva deste preceito no sentido de nele incluir quaisquer casos em que a cumulação simples de pedidos fosse admissível[644].

Por seu turno, a desagregação permitia a prática em separado de atos referentes ao mesmo processo. No fundo, esta tinha em vista as hipóteses de cumulação de objetos processuais e envolvia a prática autónoma de determinados atos relativos a um desses objetos, após o que o processo voltava a ser tramitado em conjunto. Apesar de o art. 7.º-1 do RPCE limitar a sua utilização aos casos de coligação e de pedido reconvencional que determinasse a intervenção de outros sujeitos com legitimidade para intervir como parte principal, a doutrina atribuía uma maior amplitude à desagregação[645].

[643] Mariana França Gouveia, *Regime cit.*, pp. 58-59 e 63; Paulo Ramos de Faria, *Regime cit.*, pp. 75-76.

[644] Neste sentido, Mariana França Gouveia, *Regime cit.*, pp. 60-61, e Paulo Ramos de Faria, *Regime cit.*, p. 79. Este entendimento não difere daquele que parte da doutrina tinha a propósito da apensação (art. 275.º-1 do CPCa) – José Lebre de Freitas, João Redinha, Rui Pinto, *Código de Processo Civil anotado*, 2.ª ed., vol. 1, 2008, p. 534, e Mariana França Gouveia, *A causa de pedir na acção declarativa*, 2004, p. 329.

[645] Luís Brites Lameiras, *Comentário cit.*, pp. 60-61, e Paulo Ramos de Faria, *Regime cit.*, pp. 106-107, admitiam a desagregação de forma genérica, ao abrigo da gestão processual. Por

Nenhuma destas figuras está prevista no CPC de 2013. Importa, assim, perceber se o juiz pode determinar a agregação ou a desagregação ao abrigo dos seus poderes de adequação formal. A análise estará focada exclusivamente em processos distribuídos ao mesmo juiz, já que a agregação de ações propostas no mesmo tribunal, mas distribuídas a juízes diferentes (arts. 6.º-1 e 4 do RPCE), suscita questões que extravasam o âmbito da exposição neste texto.

A agregação permite evitar a prática repetida de um mesmo ato ou diligência em processos diferentes quando a conexão material entre os respetivos objetos permita a sua prática em conjunto, mas não aconselhe a apensação. Pense-se num acidente de viação que provoque uma dezena de lesados. Neste caso, se, apesar de a lei admitir a coligação ativa (art. 36.º-1), os lesados optarem por propor ações separadas, a audição das testemunhas comuns e do lesante num único momento pode revelar-se importante a vários níveis. De facto, a agregação pode contribuir para a economia processual (concentra uma parte da prova testemunhal referente às várias ações num único momento), a obtenção de uma decisão em prazo razoável (numa análise global das várias ações) e a justa composição do litígio (a produção e análise dos meios de prova apresentados pelas partes nas diferentes ações permite ao juiz formar uma imagem mais clara sobre as circunstâncias do acidente). No entanto, a diferente extensão das lesões provocadas pelo acidente e a consequente necessidade de prova adicional podem apontar para a autonomização da discussão e julgamento num ou vários processos. Eis uma situação em que a agregação pode fazer mais sentido do que a apensação.

Por seu turno, a desagregação visa atenuar possíveis inconvenientes associados à tramitação conjunta dos pedidos em determinado momento do processo. No fundo, esta figura permite ultrapassar algumas das dificuldades que podem decorrer da cumulação de objetos[646]. A desagregação pode revelar-se útil numa ação de cumprimento proposta conta dois

seu turno, Mariana França Gouveia, *Regime cit.*, pp. 76-79, defendia a sua admissibilidade no âmbito da cumulação simples, mas já não nos casos de litisconsórcio.

[646] A desagregação pode, assim, implicar a repetição da mesma atividade processual em relação a pedidos diferentes. A circunstância de a tramitação processual ser segmentada quanto a um dos pedidos traduz-se, como vimos, na bifurcação do processo. No entanto, enquanto a

empreiteiros, cada um deles responsável pela construção de uma parte do imóvel. Apesar da verificação dos requisitos da coligação passiva (o defeito é idêntico) e de os réus alegarem que o defeito ficou a dever-se aos materiais fornecidos pelo dono da obra, um dos empreiteiros invoca também a prescrição do direito à indemnização. Neste caso, o juiz pode convocar uma audiência para discutir e decidir essa questão, o que permitirá a apreciação conjunta dos pedidos de indemnização caso a exceção de prescrição não proceda.

A exposição anterior permite-nos concluir que a agregação e a desagregação têm como intuito agilizar o processo e, em particular, assegurar a economia de atos. A sua recondução à cláusula geral de gestão processual (art. 6.º-1) não está, portanto, em questão[647].

Acresce que estas figuras tendem a introduzir uma variação na forma legal: no caso da agregação, a prática conjunta de atos com relevância para vários processos pode implicar, em alguns deles, a alteração da fase processual ou do momento dentro desta em que o ato terá lugar; quanto à desagregação, a prática de atos em separado tende a envolver a bifurcação do processo. Desta forma, estes mecanismos de agilização podem implicar uma adequação do processo, mas não é necessário que assim seja.

A agregação e a desagregação visam assegurar, em concreto, a obtenção de uma decisão em prazo razoável. Desta forma, sem prejuízo da necessidade de uma análise casuística, não vemos quaisquer obstáculos que afastem, em abstrato, a admissibilidade destes mecanismos quando se verifiquem os requisitos que condicionam a cumulação de pedidos ou a pluralidade de partes. Refira-se apenas que, no âmbito do litisconsórcio, a desagregação só faz sentido quando este envolva uma pluralidade de pedidos[648].

desagregação é um instrumento específico, aplicável aos casos de cumulação objetiva, a bifurcação pode ter lugar mesmo no contexto da apreciação do mesmo pedido.

[647] Neste sentido, José Lebre de Freitas, *Introdução cit.*, 4.ª ed., p. 230 (apenas quanto à agregação).

[648] Recorde-se que, de acordo com o critério do dualismo de pedidos, o litisconsórcio caracteriza-se pela circunstância de o pedido ou os pedidos serem deduzidos por ou contra todas as partes ou pela relação de especial identidade entre os pedidos, quando deduzidos por ou contra partes diferentes. Desta forma, o litisconsórcio pressupõe a pluralidade de partes, mas

Neste contexto, importa ainda ter em conta a necessidade de conjugar estas figuras com o princípio do contraditório. Assim, na falta de disposição legal em contrário, a agregação e a desagregação devem, por regra, ser precedidas da audição prévia das partes, já que não traduzem despachos de mero expediente (art. 3.º-3). Esta conclusão representa uma alteração significativa face ao regime previsto no art. 6.º-3 do RPCE, que admitia a agregação de processos pendentes perante o mesmo juiz sem contraditório prévio[649].

É certo que este entendimento pode limitar de forma substancial a utilidade da agregação num dos seus domínios privilegiados de aplicação: a litigância de massa. De facto, a necessidade de observar o contraditório antes de proferir o despacho implica uma menor agilidade, que é diretamente proporcional ao número de processos que se pretenda agregar[650].

No entanto, importa ter em conta que a agregação (tal como a desagregação) pode acarretar uma alteração da tramitação processual com possível influência na estratégia das partes. Ora, tal como já se referiu, a audição prévia das partes destina-se a assegurar que estas possam influenciar o conteúdo da decisão e que o juiz esteja em melhores condições para decidir. Em nosso entender, a dispensa do contraditório prévio ao despacho de agregação só deve ser equacionada em concreto, quando a agilização daí decorrente for a única forma de assegurar a prolação de uma decisão em prazo razoável.

não a pluralidade de pedidos. Sobre esta questão, João Pedro Pinto-Ferreira, "Litisconsórcio necessário legal e litisconsórcio necessário natural: a necessidade ou não da distinção", 2010, pp. 78-80.

649 A questão nunca se colocou quanto à desagregação, já que o art. 7.º-1 do RPCE exigia o contraditório prévio.

650 Este é um dos argumentos utilizados por Mariana França Gouveia, *Regime cit.*, pp. 67-68, no sentido de explicar a regra (inversa) prevista no art. 6.º-3 do RPCE.

Capítulo VII
Recorribilidade dos despachos de adequação formal

1. Recorribilidade das decisões judiciais em geral

1.1. Decisões que admitem recurso

De acordo com o art. 627.º-1, as "decisões judiciais podem ser impugnadas por meio de recursos"[651]. A regra consiste, assim, na recorribilidade das decisões judiciais. Não obstante, a lei enuncia vários desvios a esta regra: o art. 629.º limita o universo de decisões recorríveis em função de critérios quantitativos, o art. 630.º afasta a recorribilidade de alguns tipos de despachos e há várias regras dispersas pelo CPC que, em concreto, determinam a irrecorribilidade de certas decisões[652].

A delimitação das decisões judiciais que admitem recurso implica, assim, um raciocínio por exclusão: serão recorríveis todas as decisões que não sejam abrangidas por uma regra que afaste o recurso em razão do valor, da natureza da decisão ou do respetivo objeto. Desta forma, justifica-se uma análise mais desenvolvida dos principais casos de irrecorribilidade previstos na lei.

[651] A exposição subsequente só terá em conta os recursos ordinários, ou seja, o recurso de apelação (para o Tribunal da Relação) e o recurso de revista (para o Supremo Tribunal de Justiça).

[652] É o que acontece, por exemplo, com o despacho de citação (art. 226.º-5), com o despacho que admita a inquirição de testemunhas em número superior ao previsto na lei (art. 511.º-4) ou com a decisão que condene a parte por litigância de má fé (art. 542.º-3).

1.2. Decisões que não admitem recurso

1.2.1. Considerações introdutórias

De acordo com o art. 152.º-1, o conceito de decisão judicial compreende duas realidades: os despachos e as sentenças. A lei só define o que se deva entender por sentença: "ato pelo qual o juiz decide a causa principal ou algum incidente que apresente a estrutura de uma causa" (art. 152.º-2).

O presente texto tem por objeto a flexibilização judicial das formas de processo, ou seja, a adequação da tramitação, da forma e do conteúdo dos atos processuais às particularidades da causa. Ora, uma vez que a adequação formal não comporta a apreciação do mérito da causa ou a verificação da regularidade formal do processo, é possível concluir que esta se concretiza através de despachos, pelo que esse será o foco da nossa exposição.

Num primeiro momento, a análise terá em conta os critérios quantitativos que condicionam a recorribilidade das decisões judiciais. Posteriormente, a atenção estará centrada em alguns tipos de despachos que, independentemente da verificação desses critérios, não admitem recurso: despachos de mero expediente e despachos proferidos no uso legal de um poder discricionário.

1.2.2. Irrecorribilidade em função de critérios quantitativos

Nos termos do art. 629.º-1, o recurso só será admissível "quando a causa tenha valor superior à alçada do tribunal de que se recorre e a decisão impugnada seja desfavorável ao recorrente em valor superior a metade da alçada desse tribunal". Quer isto dizer que a lei condiciona, desde logo, a recorribilidade das decisões judiciais em função de critérios quantitativos.

A solução legal visa, no essencial, restringir o acesso aos tribunais superiores de forma a evitar o seu congestionamento[653]. O Tribunal

[653] O ac. do TC n.º 239/97, de 12 de março de 1997, refere-se a um "mecanismo de racionalização do sistema judiciário, permitindo que o acesso à justiça não seja, na prática, posto em causa pelo colapso do sistema, decorrente da chegada de todas (ou da esmagadora maioria) das acções aos diversos «patamares» de recurso". Para António Santos Abrantes Geraldes, *Recursos no novo Código de Processo Civil*, 5.ª ed., 2018, p. 43, o art. 629.º-1 também tem em vista a "dignificação e valorização" dos tribunais superiores.

Constitucional já teve oportunidade de se pronunciar por mais do que uma vez pela constitucionalidade da introdução de limites quantitativos à recorribilidade das decisões. Nessas ocasiões, o Tribunal colocou especial ênfase na natureza dos interesses tutelados por tal regime (interesses relacionados com a administração da Justiça), ao mesmo tempo que sublinhou que o valor das alçadas não pode introduzir restrições desproporcionadas à recorribilidade das decisões[654].

Os limites quantitativos à recorribilidade das decisões judiciais enunciados no art. 629.º-1 assentam em dois critérios cumulativos: o valor da causa e o valor da sucumbência (medida em que a decisão é desfavorável à parte). Estes critérios têm em comum a circunstância de terem como referência a alçada do tribunal recorrido. O valor das alçadas encontra-se previsto na LOSJ: em matéria cível, a alçada dos tribunais de 1.ª instância é de 5000 € e a alçada dos tribunais da Relação é de 30 000 € (art. 44.º-1 da LOSJ).

Nos termos do art. 629.º-1, a decisão judicial apenas admite recurso para a Relação quando, cumulativamente, a ação tenha um valor superior a 5000 € e a sucumbência exceda 2500 €. Por seu turno, o recurso para o Supremo Tribunal de Justiça só é admitido caso a ação tenha um valor superior a 30 000 € e a sucumbência seja superior a 15 000 €[655].

Neste contexto, importa ter em conta que, em alguns casos, a lei admite a recorribilidade de certas decisões ainda que estas não preencham os critérios quantitativos enunciados. É o que acontece, por exemplo, quando esteja em causa a "violação das regras de competência internacional, das regras de competência em razão da matéria ou da hierarquia" ou a "ofensa de caso julgado" [art. 629.º-2-a)]: neste caso, a parte pode recorrer para o Tribunal da Relação e, num segundo momento, para o Supremo Tribunal de Justiça ainda que o valor da causa e/ou da sucumbência seja inferior ao previsto no art. 629.º-1.

[654] Neste sentido, os acs. do TC n.º 72/99, de 3 de fevereiro de 1999, e n.º 182/98, de 11 de fevereiro de 1998 (com extensa indicação jurisprudencial).

[655] Por regra, o recurso para o Supremo Tribunal de Justiça depende ainda da ausência de dupla conforme (art. 671.º-3).

1.2.3. Despachos de mero expediente

Nos termos do art. 152.º-4, "os despachos de mero expediente destinam-se a prover ao andamento regular do processo, sem interferir no conflito de interesses entre as partes".

Assim, desde logo, os despachos de mero expediente podem respeitar unicamente à relação entre o juiz e a secretaria, sem produzir efeitos externos. É o caso do despacho que, no âmbito de um certo processo, determine que os documentos juntos pelas partes devem ser reunidos num volume específico, tendo em conta que a sua extensão dificulta a consulta dos autos. Em outras situações, os despachos de mero expediente têm efeitos externos: assim, por exemplo, o despacho que fixe a data de uma perícia (art. 478.º-1) ou que determine o número de testemunhas que, previsivelmente, poderão ser inquiridas em cada sessão de julgamento (art. 507.º-1).

A característica distintiva dos despachos de mero expediente face a outros despachos consiste na circunstância de não interferirem nas situações jurídicas processuais das partes, tendo como única finalidade impulsionar o processo[656]. Compreende-se, assim, que estes despachos não admitam recurso (art. 630.º-1).

Desta forma, sempre que um despacho possa colocar em causa uma situação jurídica processual das partes, este não será de mero expediente. É o caso de um despacho que admita o recurso[657], fixe o conteúdo da audiência prévia[658] ou determine o desentranhamento de requerimento apresentado por uma das partes[659], já que qualquer deles pode afetar interesses das partes.

[656] Neste sentido, João de Castro Mendes, *Direito processual civil: recursos e acção executiva*, vol. 3, 2012, p. 31 (o autor também se refere aos deveres); José Alberto dos Reis, *Código de Processo Civil anotado*, 3.ª ed., vol. 5, 2007, p. 250; José Lebre de Freitas, Isabel Alexandre, *Código de Processo Civil anotado*, 4.ª ed., vol. 1, 2018, p. 324. A definição apresentada recorre ao conceito mais amplo de situações jurídicas processuais de forma a incluir – entre outras – os direitos, os deveres e os ónus.

[657] Ac. do STJ de 11 de outubro de 2017, proc. n.º 07B3024. Neste caso, as partes tinham um entendimento divergente quanto à tempestividade do recurso de revista.

[658] Ac. do TRE de 16 de dezembro de 2003, proc. n.º 282/03-3.

[659] Ac. do TRE de 25 de janeiro de 2013, proc. n.º 2556/07.8TBSTR-A.E1. No requerimento em causa, o réu pronunciava-se pela inadmissibilidade da réplica e impugnava a letra e a assi-

Em nosso entender, este critério também permite responder à questão de saber se os despachos de mero expediente podem afastar-se da forma legal. Para compreender melhor os termos em que esta interrogação se coloca, há que fazer uma breve análise da evolução da noção de despachos de mero expediente.

Na redação inicial do CPCa, estes despachos tinham como intuito "regular, em harmonia com a lei, os termos do processo" (art. 679.º-2-parte final do CPCa). Desta forma, os despachos de mero expediente disciplinavam o processo no estrito cumprimento das regras processuais.

O conceito de despacho de mero expediente sofreu algumas alterações na reforma de 1995-1996, entre as quais se destaca a eliminação da referência expressa ao respeito pela forma legal. De facto, o art. 156.º-4 do CPCa passou a aludir ao "andamento regular do processo", terminologia que transitou para o CPC.

De acordo com uma parte da doutrina, os despachos de mero expediente podem afastar-se da forma legal sem que tal determine a sua recorribilidade. Nesta perspetiva, a alteração introduzida pela reforma de 1995-1996 teria visado salientar este aspeto[660]. Pelo contrário, há quem entenda que esses despachos serão de mero expediente, mas recorríveis na parte em que se afastem da tramitação prevista na lei[661]. Por fim, alguma doutrina[662] e jurisprudência[663] considera que o conceito

natura de certos documentos. O tribunal considerou que o despacho de desentranhamento deste requerimento "interferiu, claramente, *no conflito de interesses entre as partes*", já que colocou em causa o direito de o réu se pronunciar sobre a admissibilidade da réplica e obstou ao cumprimento do ónus de impugnação da letra e assinatura dos documentos em causa.

[660] José Lebre de Freitas, Isabel Alexandre, *Código cit.*, vol. 1, 2018, p. 324.

[661] Fernando Amâncio Ferreira, *Manual dos recursos em processo civil*, 9.ª ed., 2009, p. 129, e Luís Filipe Brites Lameiras, *Notas práticas ao regime dos recursos em processo civil*, 2.ª ed., 2009, p. 77.

[662] António Abrantes Geraldes, *Recursos cit.*, p. 78.

[663] O ac. do TRG de 21 de maio de 2015, proc. n.º 1/08.0TJVNF-EK.G1, é particularmente representativo desta orientação: despacho de mero expediente é aquele "que se limita a prover ao andamento do processo, *de acordo com a tramitação legalmente prescrita*" (itálico nosso). Em consequência, o tribunal considerou que o despacho que autorize "um acto (...) à margem do normal andamento do processo" é recorrível, pois não é de mero expediente. No mesmo sentido, os acs. do TRG de 14 de novembro de 2003, proc. n.º 1760/03-2, e do TRL de 28 de janeiro de 2002, proc. n.º 0006742.

de despachos de mero expediente não abrange aqueles despachos que se afastem da forma prevista na lei.

Parece-nos que esta última posição é a mais adequada. Desde logo, o elemento literal do art. 152.º-4 explicita que os despachos de mero expediente visam "prover ao andamento regular do processo". Ora, esta expressão tem como intuito afastar os despachos que regulem o processo em termos inovadores. Desta forma, ainda que por meio de uma expressão diferente, a lei continua a remeter os despachos de mero expediente para o estrito cumprimento das regras processuais.

Mais importante é a circunstância de os despachos de mero expediente terem como limite as situações jurídicas processuais das partes. Ora, tal como tivemos oportunidade de constatar no capítulo V (ponto 2.8, II), as regras aplicáveis à tramitação do processo e à forma e conteúdo dos atos nele praticados surgem como uma garantia das partes, na medida em que procuram tornar o processo previsível. Ainda que a variação da forma legal seja possível ao abrigo da adequação formal, esta interfere na previsibilidade do processo, o que explica a ênfase colocada na participação das partes e dos respetivos mandatários na adequação e a obrigatoriedade de fundamentação destes despachos, entre outros aspetos[664].

Em conclusão, o despacho que introduza uma variação na forma legal não pode ser qualificado como de mero expediente, já que extravasa o "andamento regular do processo" (art. 152.º-4). Desta forma, despachos de mero expediente são aqueles que se limitam a impulsionar o processo de forma inteiramente coincidente com o previsto na lei e, portanto, sem afetar as situações jurídicas das partes no processo[665].

[664] Para José Alberto dos Reis, *Código cit.*, vol. 5, p. 249, os despachos de mero expediente são "despachos *banais*, que não põem em causa interesses das partes, dignos de protecção". Parece-nos que esta ideia é bastante expressiva daquilo que procurámos ilustrar: um despacho de adequação formal não é um despacho banal no sentido aqui considerado, já que a alteração da forma legal afeta a previsibilidade do processo, ainda que – como vimos – em nome de outros direitos processuais fundamentais. Sobre esta questão, v. *supra*, capítulo V (ponto 2.8, II).

[665] José Alberto dos Reis, *Código cit.*, vol. 5, p. 250.

1.2.4. Despachos proferidos no uso legal de um poder discricionário

I. Os despachos proferidos no uso legal de um poder discricionário são aqueles que "decidam matérias confiadas ao prudente arbítrio do julgador" (art. 152.º-4). Como se pode constatar, trata-se de uma definição muito ampla, que visa compreender todas as situações em que a lei apele a valorações subjetivas do juiz.

A amplitude que caracteriza os despachos discricionários suscita algumas dificuldades na delimitação deste conceito. No âmbito do processo civil, a doutrina adota uma abordagem marcadamente casuística, ainda que procure identificar subsídios interpretativos que permitam uma maior concretização do conceito de poder discricionário (que é, no fundo, o elemento caracterizador deste tipo de despachos).

Neste contexto, o elemento literal tende a assumir um papel bastante relevante. Este aspeto é, aliás, explicitamente referido por alguns autores[666]. Desta forma, a utilização do verbo "poder" ou de expressões que remetam para uma valoração subjetiva (por exemplo, "sempre que o julgue conveniente") indiciam que se está perante um poder discricionário, já que apelam para o prudente arbítrio do julgador. Já o recurso ao verbo "incumbir" ou a locuções como "o juiz convida" apontam para a existência de um poder vinculado, pois transmitem a ideia de que o juiz deve adotar uma certa conduta quando se verifiquem determinados pressupostos.

Desta forma, a doutrina tende a qualificar como discricionário o poder de prorrogar o prazo para contestar (art. 569.º-5)[667] ou de convocar tentativa de conciliação *ad hoc* (art. 594.º-1)[668]. Estas hipóteses têm em comum o recurso ao verbo "poder" na previsão normativa. Em sentido contrário, pelo menos desde a aprovação do CPC, o convite ao aperfeiçoamento de insuficiências e imprecisões da matéria de facto (art. 590.º-4) é encarado

[666] António José Fialho, *Conteúdo e limites do princípio inquisitório na jurisdição voluntária*, 2017, p. 32, e Paulo Ramos de Faria, Ana Luísa Loureiro, *Primeiras notas ao novo Código de Processo Civil: os artigos da reforma*, vol. 2, 2014, pp. 23-24.

[667] José Lebre de Freitas, Isabel Alexandre, *Código de Processo Civil anotado*, 4.ª ed., vol. 2, 2019, pp. 551-552.

[668] Carlos Francisco de Oliveira Lopes do Rego, *Comentários ao Código de Processo Civil*, 2.ª ed., vol. 1, 2004, p. 440, e José Lebre de Freitas, Isabel Alexandre, *Código cit.*, vol. 2, p. 654.

como um poder vinculado[669]. O elemento determinante para esta conclusão reside na utilização do verbo "incumbir"[670].

Outro aspeto que tem suscitado debate na doutrina está relacionado com a relevância do elemento sistemático na destrinça entre poderes vinculados e discricionários. De facto, quando a lei consagra uma cláusula geral que depois concretiza mediante a atribuição de um conjunto de poderes ao juiz, coloca-se a questão de saber se a qualificação desses poderes pode abstrair do conteúdo da cláusula geral. Esta interrogação surge com particular insistência no que respeita aos poderes instrutórios do tribunal.

O inquisitório é um dos princípios estruturantes do processo civil nacional e concretiza-se na atribuição de amplos poderes de iniciativa probatória ao tribunal. O elemento literal do art. 411.º ("incumbe ao juiz") é um dos argumentos que levam a doutrina[671] e a jurisprudência[672] a concluir que os poderes conferidos ao juiz por esta norma são de exercício vinculado. De acordo com esta perspetiva, o juiz dispõe de um vasto conjunto de poderes instrutórios que deve exercer, nos termos do art.

[669] José Lebre de Freitas, Isabel Alexandre, *Código cit.*, vol. 2, p. 635; Paulo Pimenta, *Processo civil declarativo*, 2.ª ed., 2017, pp. 249-250; Paulo Ramos de Faria, Ana Luísa Loureiro, *Primeiras notas ao novo Código de Processo Civil: os artigos da reforma*, 2.ª ed., vol. 1, 2014, p. 520; Rui Pinto, *Código de Processo Civil anotado*, vol. 2, 2018, pp. 108-109.

[670] Este exemplo é particularmente representativo da importância que o elemento literal tende a desempenhar neste âmbito. De facto, o art. 508.º-3 do CPCa só diferia do art. 590.º-4 na medida em que utilizava o verbo "poder" ("pode ainda o juiz convidar qualquer das partes"). Ora, parte da doutrina e da jurisprudência socorria-se do elemento literal (em conjugação com outros argumentos) para concluir que o convite ao aperfeiçoamento na sua dimensão fáctica traduzia um poder discricionário: assim, José Lebre de Freitas, A. Montalvão Machado, Rui Pinto, *Código de Processo Civil anotado*, 2.ª ed., vol. 2, 2008, p. 384 (com ampla resenha de jurisprudência no mesmo sentido).

[671] Carlos Lopes do Rego, *Comentários cit.*, p. 260; José Lebre de Freitas, Isabel Alexandre, *Código cit.*, vol. 2, p. 208; Luís Lameiras, "O princípio do inquisitório: um *poder-dever* ou um *poder discricionário* do juiz?", 2016, p. 29; Nuno de Lemos Jorge, "Os poderes instrutórios do juiz: alguns problemas", 2007, pp. 61-64; Paulo Ramos de Faria, Ana Luísa Loureiro, *Primeiras cit.*, vol. 2, p. 25.

[672] De acordo com o ac. do TRC de 9 de maio de 2017, proc. n.º 1026/13.0TBCTB.C1, o art. 411.º atribui ao juiz "uma «incumbência» que se configurará como o exercício de um «poder-dever» de indagação oficiosa".

411.º, sempre que tal se revele necessário "ao apuramento da verdade e à justa composição do litígio" e cujo único limite é o princípio do dispositivo ("factos de que lhe é lícito conhecer").

As dúvidas em torno da qualificação dos poderes de iniciativa probatória surgem sobretudo a propósito da análise das regras que, quanto a cada meio de prova, concretizam o princípio do inquisitório. Tendo em conta apenas o elemento literal, dir-se-ia que é vinculado o poder de requisitar documentos ("incumbe ao tribunal" - art. 436.º-1) ou de inquirir testemunhas que não tenham sido oferecidas pelas partes ("deve o juiz" - art. 526.º-1). A mesma lógica levaria a concluir que o despacho que determine a realização de inspeção judicial é proferido ao abrigo de um poder discricionário ("sempre que o julgue conveniente" - art. 490.º-1). Esta abordagem é seguida por uma parte da doutrina[673], mas está longe de ser unânime.

Desde logo, alguns autores consideram que os poderes instrutórios previstos em específico na lei são, por regra, discricionários[674]. No extremo oposto, há quem entenda que a qualificação desses poderes não pode ser feita de forma isolada, sem ter em conta a cláusula geral do art. 411.º. De acordo com esta perspetiva, uma vez que os poderes instrutórios são uma decorrência do princípio do inquisitório, justifica-se encará-los como poderes vinculados, ainda que com algumas exceções[675].

Esta análise permite-nos concluir que a distinção entre os poderes vinculados e os poderes discricionários impõe uma articulação entre os vários elementos interpretativos. De facto, se em alguns casos a redação legal aponta, de forma clara, num ou noutro sentido sem que os restan-

[673] José Lebre de Freitas, Isabel Alexandre, *Código cit.*, vol. 1, p. 325.

[674] Neste sentido, Fernando Amâncio Ferreira, *Manual cit.*, p. 129 (quanto à prova documental, testemunhal e por inspeção), e Miguel Teixeira de Sousa, *Estudos sobre o novo processo civil*, 2.ª ed., 1997, p. 380.

[675] Paulo Ramos de Faria, Ana Luísa Loureiro, *Primeiras cit.*, vol. 2, p. 25. Para Luís Lameiras, "O princípio cit.", pp. 29-30, este entendimento *"é transversal ao momento instrutório da acção e vale para todos e qualquer um dos meios de prova que a lei enuncia"*. Apesar disso, o autor conclui que o poder de proceder a uma verificação não judicial qualificada (art. 494.º) em detrimento de inspeção judicial é discricionário, com o argumento de que a verificação não judicial é suscetível de "realizar os fins próprios da prova por inspecção" ("O princípio cit.", p. 28).

tes elementos de interpretação imponham uma conclusão diversa, há situações em que o elemento literal deverá ceder perante outros subsídios interpretativos. É o que sucede, por exemplo, quando o poder surja como uma concretização de determinada cláusula geral: nestes casos, a indicação resultante do elemento literal poderá ter de ceder perante a teleologia da cláusula geral, sob pena de o resultado interpretativo ser incompleto e de se reduzir, em grande medida, o alcance dessa cláusula.

II. Há ainda outra questão que tem passado algo despercebida a uma parte da doutrina processual nacional.

A doutrina administrativa salienta que a abertura normativa pode refletir-se quer a montante, na definição do condicionalismo subjacente ao poder da Administração quer a jusante, na determinação da conduta a adotar pelo titular do poder quando o condicionalismo legal de que aquele depende se verifique[676].

Ora, alguma doutrina processual não procede a esta distinção de uma forma sistemática. No fundo, há autores que centram a sua análise na atuação do juiz quando o condicionalismo de que depende a atribuição do poder esteja preenchido, sem se pronunciar sobre a questão de saber se, em alguns casos, a própria verificação desse condicionalismo (no todo ou em parte) não poderá envolver um juízo subjetivo do julgador[677].

[676] Marcelo Rebelo de Sousa, André Salgado de Matos, *Direito administrativo geral: introdução e princípios fundamentais*, t. 1, 2004, pp. 180 e 183. No entender dos autores, é possível distinguir duas técnicas de abertura normativa: a margem de livre apreciação, que visa conferir à administração "uma liberdade na apreciação de situações de facto que dizem respeito aos pressupostos das suas decisões", e a discricionariedade, que se traduz na "liberdade conferida por lei à administração para que esta escolha entre várias alternativas de actuação juridicamente admissíveis". Para José Manuel Sérvulo Correia, *Legalidade e autonomia contratual nos contratos administrativos*, 1987, pp. 485-486, a combinação entre estas técnicas de abertura normativa numa determinada regra é aquilo que caracteriza os "*preceitos acopulados*".

[677] Assim, João de Castro Mendes, *Direito cit.*, pp. 32-33: o poder vinculado caracteriza-se pelo "exercício obrigatório em face de certo condicionalismo" e o poder discricionário traduz-se numa atribuição legal de "uma ou mais alternativas de opção, entre as quais o juiz deve escolher em seu prudente arbítrio". Apesar de o autor referir que o poder vinculado "não se deve confundir com a necessária atribuição ao juiz do poder de julgamento do seu condicionalismo" (*Direito cit.*, pp. 32-33), em nenhum momento admite que essa apreciação possa implicar discricionariedade e, consequentemente, apresentar-se como insindicável.

Pelo contrário, Paulo Ramos de Faria e Ana Luísa Loureiro colocam particular ênfase na distinção entre aquilo que apelidam de discricionariedade de apreciação (que se reflete na apreciação dos pressupostos do poder judicial) e discricionariedade de decisão (referente à atuação do juiz quando tais pressupostos estejam preenchidos)[678-679]. A título exemplificativo, os autores consideram que o poder enunciado no art. 37.º-4 em matéria de coligação envolve discricionariedade de apreciação, já que depende de uma valoração subjetiva do juiz sobre a existência de "inconveniente grave" na tramitação conjunta dos pedidos. Não obstante, quando o juiz conclua que a instrução, discussão e julgamento conjuntos dos pedidos podem dar origem a um inconveniente grave, o elemento literal aponta para uma atuação vinculada, cabendo-lhe determinar "a notificação do autor para indicar, no prazo fixado, qual o pedido ou os pedidos que continuam a ser apreciados no processo" (art. 37.º-4-parte final)[680].

Como este exemplo bem demonstra, a distinção entre a discricionariedade de apreciação e de decisão é fundamental, na medida em que

[678] Paulo Ramos de Faria, Ana Luísa Loureiro, *Primeiras cit.*, vol. 2, pp. 23-26. Apesar de os autores não se pronunciarem sobre a admissibilidade de uma dupla abertura normativa, traduzida na existência simultânea de discricionariedade de apreciação e de decisão, não vemos qualquer obstáculo a que tal possa verificar-se. Essa realidade não é, como já vimos, estranha para a doutrina administrativa – José Sérvulo Correia, *Legalidade cit.*, pp. 485-486.

[679] Em sentido próximo, o ac. do TRC de 14 de outubro de 2014, proc. n.º 507/10.1T2AVR-C.C1, também recusa uma análise unitária dos poderes jurisdicionais: "como regra, não há actos totalmente vinculados ou discricionários; os actos são vinculados em relação a certos aspectos e discricionários em relação a outros, sendo que estes últimos respeitam, em princípio, à liberdade de agir ou não agir, à decisão de praticar ou não o acto e à liberdade de ajuizar sobre a existência ou não dos pressupostos de facto de que a lei faça depender a faculdade de agir, além de outros".

[680] Paulo Ramos de Faria, Ana Luísa Loureiro, *Primeiras cit.*, vol. 2, p. 25. Este entendimento é partilhado por José Lebre de Freitas, Isabel Alexandre, *Código cit.*, vol. 1, p. 326: "o juízo sobre a conveniência da separação (...) envolve apreciação técnica, mas não liberdade de escolha da solução a adotar, que é vinculada pela conclusão a que o juiz chegue nessa apreciação". Em sentido contrário, o ac. do TRP de 20 de maio de 1982, *CJ*, 1982, pp. 207-208, concluiu que se tratava de um poder vinculado (a "separação das causas (...) está sujeita a limites, está condicionada à ocorrência que a justifica") e, em consequência, revogou o despacho recorrido – entre outros fundamentos – por entender que, no caso em análise, "não se justifica, portanto, a separação das causas".

influencia o âmbito de recorribilidade dos despachos judiciais. De facto, a análise unitária leva a que cada poder seja considerado, em bloco, como vinculado ou discricionário, ainda que comporte momentos de apreciação ou de decisão que possam ser reconduzidos à categoria oposta.

No fundo, essa abordagem não reconhece a autonomia desses vários momentos, o que é suscetível de conduzir a resultados insatisfatórios. A qualificação de um poder como globalmente vinculado leva a admitir, nos termos gerais, o recurso do despacho que venha a ser proferido (art. 629.º). Ora, se o poder em causa comportar segmentos discricionários, tal entendimento permite ao tribunal de recurso entrar num domínio que compete em exclusivo ao tribunal de 1.ª instância: o das valorações subjetivas, o que corresponde a um controlo de mérito da decisão.

III. Os despachos proferidos no uso legal de um poder discricionário apresentam duas importantes especificidades de regime: por um lado, não produzem caso julgado formal, pelo que o juiz pode alterá-los ou mesmo revogá-los em momento posterior (art. 620.º-2); por outro lado, não admitem recurso (art. 630.º-1). A exposição subsequente estará centrada neste último aspeto.

Uma parte da doutrina considera que a irrecorribilidade dos despachos proferidos ao abrigo de poderes discricionários fica a dever-se à sua natureza interlocutória e ao seu objeto (matéria processual). O principal argumento neste sentido decorre do regime previsto no âmbito da jurisdição voluntária, em que a lei admite o recurso para a Relação apesar de as resoluções serem norteadas por critérios de conveniência e de oportunidade (arts. 987.º e 988.º-2)[681].

No fundo, a procura de um critério que seja compatível com esta regra leva a que a irrecorribilidade dos segmentos discricionários de uma decisão judicial esteja limitada aos casos em que a decisão tenha natureza interlocutória e incida sobre matéria processual. Nestes casos, a circunstância de não se entrar na apreciação do mérito da causa permite que

[681] Para Miguel Teixeira de Sousa, *Estudos cit.*, p. 381, a irrecorribilidade dos despachos discricionários "não é – deve referir-se – uma imposição necessária do seu conteúdo, nem da discricionariedade que o determina". Em sentido próximo, José Lebre de Freitas, Armindo Ribeiro Mendes, *Código de Processo Civil anotado*, vol. 3, 2003, p. 18.

as valorações subjetivas formuladas pelo tribunal de 1.ª instância estejam subtraídas ao controlo em sede de recurso. Em nosso entender, esta solução justifica-se tendo em conta a maior proximidade do juiz de 1.ª instância em relação à causa.

Repare-se, no entanto, que a adoção deste critério visa unicamente delimitar, entre os despachos proferidos no uso de poderes discricionários, aqueles que não admitem recurso. Ou seja, pressupõe-se a (anterior) qualificação do poder como discricionário, o que envolve uma análise no sentido de perceber se este apela a valorações subjetivas do juiz.

Apesar de o art. 630.º-1 determinar a irrecorribilidade dos despachos proferidos ao abrigo de um poder discricionário, estes não deixam de estar sujeitos a um controlo de legalidade. A lei processual é, aliás, bastante clara neste sentido quando alude a despachos "proferidos no *uso legal* de um poder discricionário" (itálico nosso) nos arts. 152.º-4 e 630.º-1. Este aspeto é fundamental no sentido de evitar que a discricionariedade redunde em arbitrariedade.

Nestes termos, o despacho será recorrível quando não se verifique o condicionalismo subjacente ao poder discricionário, o seu exercício exceda aquilo que a lei admite ou o poder não seja utilizado com o fim previsto na lei[682]. No fundo, o controlo de legalidade incide, antes de mais, sobre a norma habilitante, pelo que os despachos proferidos no uso de poderes discricionários só são irrecorríveis quando esses poderes sejam exercidos nos exatos moldes e com a finalidade prevista naquela norma, ou seja, de acordo com a lei.

Isto dito, importa recordar que a discricionariedade pode manifestar-se na apreciação do condicionalismo de que depende o poder (discricionariedade de apreciação) ou no conteúdo da decisão a proferir (discricionariedade de decisão). Ora, quando a verificação de um dos pressupostos do poder ou a definição do conteúdo concreto da decisão dependam de uma valoração subjetiva do juiz de 1.ª instância, o controlo dessa valoração pelo tribunal de recurso representaria um controlo de mérito, o que está excluído neste contexto. O despacho será, pois, irre-

[682] António Abrantes Geraldes, *Recursos cit.*, pp. 79-80; João de Castro Mendes, *Direito cit.*, pp. 34-35; José Lebre de Freitas, Armindo Ribeiro Mendes, *Código cit.*, p. 17; Miguel Teixeira de Sousa, *Estudos cit.*, pp. 380-381.

corrível nessa exata medida. Desta forma, o único elemento que é sempre vinculado (e, portanto, sindicável em sede de recurso) é a finalidade do poder.

Os poderes discricionários devem ainda conformar-se com o bloco de legalidade. De facto, os direitos processuais fundamentais e os restantes princípios estruturantes do processo consubstanciam momentos vinculados e, como tal, suscetíveis de controlo em sede de recurso.

No fundo, é possível concluir que a irrecorribilidade dos despachos proferidos no uso legal de um poder discricionário (art. 630.º-1) visa afastar o controlo de mérito dos mesmos. Não obstante, estes despachos encontram-se sujeitos a um controlo de legalidade à semelhança de qualquer outra decisão judicial, pelo que admitem – nessa medida – recurso.

IV. Em síntese, a análise anterior permite-nos concluir que, em alguns casos, não é possível afirmar se um poder é discricionário ou vinculado apenas com base no elemento literal. De facto, designadamente quando estejam em causa poderes que visem concretizar uma cláusula geral (como é o caso dos poderes instrutórios), há que ter em conta a teleologia dessa cláusula no momento de qualificar o poder como discricionário ou vinculado, sob pena de o resultado interpretativo não ser o mais adequado.

Importa ainda salientar que a discricionariedade pode refletir-se na definição do condicionalismo subjacente ao poder (discricionariedade de apreciação), na determinação da conduta a adotar quando esse condicionalismo se verifique (discricionariedade de decisão) ou em ambos os momentos. Ora, cada um destes momentos deve ser apreciado de forma autónoma, já que a discricionariedade de apreciação não pressupõe discricionariedade de decisão (e vice-versa).

Um dos principais traços do regime aplicável aos despachos proferidos no uso legal de um poder discricionário consiste na sua tendencial irrecorribilidade (art. 630.º-1). Esta regra só tem, no entanto, em vista os despachos interlocutórios de natureza processual, ou seja, aqueles que não envolvam a apreciação do mérito da causa.

Mesmo nesses casos, os despachos proferidos ao abrigo de um poder discricionário admitem recurso em duas hipóteses: por um lado, quando o poder não tenha sido exercido nos moldes e com a finalidade prevista na norma habilitante (art. 152.º-4); por outro lado, quando esteja em causa o bloco de legalidade, que é composto pelos direitos processuais fundamentais e pelos restantes princípios estruturantes do processo, ainda que de matriz infraconstitucional.

2. Perspetiva histórica sobre a recorribilidade dos despachos de adequação formal e de gestão processual

2.1. Antes do Código de Processo Civil de 2013

Apesar das diferenças significativas entre a adequação formal (art. 265.º-A do CPCa) e a gestão processual (art. 2.º do RPCE), designadamente no que respeita à sua amplitude, estas apresentavam um aspeto em comum: a lei não previa regras especiais quanto à recorribilidade destes despachos. Desta forma, tornava-se necessário determinar se e em que medida os despachos de adequação e de gestão admitiam recurso.

Na ausência de um regime especial, a solução passava pela aplicação das regras gerais em matéria de recorribilidade das decisões judiciais. No fundo, era necessário determinar se os despachos de adequação formal e de gestão processual eram proferidos ao abrigo de um poder vinculado, de um poder discricionário ou se consubstanciavam uma atuação de mero expediente. Tal como resulta da exposição anterior, esta análise revelava-se fundamental, pois esses despachos só admitiam recurso nos seus momentos vinculados.

A questão mereceu pouca atenção no contexto da adequação formal.

Para Jacinto Rodrigues Bastos, o poder de adequação do processo era discricionário, pelo que os despachos proferidos neste âmbito só admitiam recurso na medida em que não prosseguissem a finalidade subjacente à adequação – a justa composição do litígio[683].

Por seu turno, Pedro Madeira de Brito pronunciou-se apenas sobre a cumulação de objetos processuais a que correspondessem formas de processo distintas, mas cuja tramitação não fosse manifestamente incompatível (art. 31.º-2 e 3 do CPCa). O autor entendia que a adequação

[683] Jacinto Fernandes Rodrigues Bastos, *Notas ao Código de Processo Civil*, 3.ª ed., vol. 2, 2000, p. 16.

formal era um poder-dever do juiz e estabelecia uma distinção entre duas hipóteses: o despacho que indeferisse a cumulação de objetos requerida pela(s) parte(s) admitia recurso; quando a iniciativa da cumulação pertencesse ao juiz, o despacho só era recorrível na parte em estabelecesse a tramitação sucedânea à cumulação[684].

O debate foi mais intenso a propósito da gestão processual. O caráter multifacetado desta, que resulta da circunstância de os poderes de gestão operarem de forma e em momentos diferentes, levava parte da doutrina a afastar uma resposta única à questão da recorribilidade e a apontar para a necessidade de analisar individualmente os vários preceitos que conferiam ao juiz poderes de gestão processual[685].

Nesta lógica, alguns autores entendiam que o poder de adequar a tramitação, a forma e o conteúdo dos atos processuais às particularidades da causa (art. 2.º-a do RPCE) era vinculado, tendo em conta o elemento literal ("o juiz dirige o processo, devendo nomeadamente"), mas – sobretudo – considerando que o exercício desse poder dependia de parâmetros objetivos (fim dos atos) ou passíveis de determinação no caso concreto (especificidades da causa), pelo que a sua concretização podia ser controlada pelo tribunal de recurso[686]. A doutrina apresentava-se mais dividida quanto à agilização do processo (art. 2.º-c do RPCE): enquanto alguns

[684] Pedro Madeira de Brito "O novo princípio da adequação formal", 1997, p. 69. Nas suas palavras, "a decisão do juiz de adequação é sindicável, não quanto à decisão sobre se deve adequar ou não quando o faça oficiosamente, mas quanto decida adequar, o conteúdo positivo da decisão é susceptível de recurso".

[685] Paulo Ramos de Faria, *Regime Processual Civil Experimental comentado,* 2010, pp. 38-39 e 48-49. Em sentido contrário, Paulo Duarte Teixeira "O poder de gestão no processo experimental", 2008, pp. 35 e 41-42, encarava o poder de gestão processual como uma realidade unitária e concluía que se tratava de um "poder-dever vinculado", pelo que os despachos de gestão eram recorríveis nos moldes previstos no art. 678.º do CPCa.

[686] Luís Filipe Brites Lameiras, *Comentário ao Regime Processual Experimental,* 2007, pp. 35-36, e Paulo Ramos de Faria, *Regime cit.*, pp. 49-51. Paulo Ramos de Faria, *Regime cit.*, p. 50, afastava, em regra, a discricionariedade de escolha, embora admitisse que o juiz podia moldar o despacho de adequação de acordo com o seu prudente arbítrio quando fosse "*indiferente* escolher, já fora do guião legal, um de dois outros caminhos alternativos". No mesmo sentido, Luís Brites Lameiras, *Comentário cit.*, p. 36.

autores defendiam que se tratava de um poder discricionário[687], outros apontavam para o seu caráter vinculado[688].

Além da cláusula geral prevista no art. 2.º do RPCE, este debate também existia quanto aos mecanismos de gestão processual especificamente previstos na lei. Um dos casos paradigmáticos era o da determinação da tramitação posterior aos articulados: o art. 10.º-2 do RPCE atribuía ao juiz uma ampla liberdade na definição dos trâmites processuais subsequentes e uma parte da doutrina considerava que o poder em causa era discricionário[689].

A terminar este breve enquadramento, importa deixar uma nota para a posição de António Abrantes Geraldes, para quem os despachos de adequação formal (art. 265.º-A do CPCa) e de gestão processual (art. 2.º do RPCE) eram, por regra, proferidos ao abrigo de um poder vinculado, pelo que – na falta de disposição especial – admitiam recurso nos termos gerais[690]. Esta era, aliás, a principal crítica que o autor dirigia à forma como estes poderes (e, em geral, os poderes de direção do processo) estavam consagrados: a recorribilidade genérica dos despachos de adequação e de gestão associava a uma intervenção ativa do juiz no processo um maior risco de perturbação do mesmo por comparação com uma atuação passiva, caracterizada pela adesão à forma legal, o que podia desincentivar a utilização efetiva destes instrumentos[691].

2.2. Reforma processual de 2009-2013

A análise anterior permite constatar que a ausência de uma regra especial quanto à recorribilidade dos despachos de adequação formal e de gestão

[687] Neste sentido, Luís Brites Lameiras, *Comentário cit.*, p. 41, por referência à agregação (art. 6.º do RPCE) e à desagregação (art. 7.º do RPCE), e Mariana França Gouveia, *Regime Processual Experimental: anotado*, 2006, pp. 61-62 (quanto à agregação).

[688] Paulo Ramos de Faria, *Regime cit.*, pp. 47-48. Para o autor, o art. 2.º-c) do RPCE surgia como um complemento às regras que previam instrumentos concretos de agilização processual, impondo ao juiz um dever de atuar sempre que se verificassem os pressupostos enunciados nessas regras.

[689] Mariana França Gouveia, *Regime cit.*, p. 34, e Paulo Ramos de Faria, *Regime cit.*, p. 49.

[690] António Santos Abrantes Geraldes, "Processo especial experimental de litigância de massas", 2007, pp. 165-166.

[691] António Abrantes Geraldes, "Processo cit.", pp. 165-166.

processual gerava uma incerteza considerável quanto ao regime aplicável. A este propósito, a doutrina debatia se os poderes de adequação e de gestão eram vinculados ou discricionários e de que forma o âmbito de recorribilidade podia influir no seu exercício. Este enquadramento ajuda a perceber o papel de destaque que estas questões ocuparam durante a reforma processual.

No anteprojeto de 2011, a solução preconizada passava pela irrecorribilidade dos despachos de gestão processual (art. 265.º-A-2 do anteprojeto) e de adequação formal (art. 265.º-B-2 do anteprojeto) proferidos ao abrigo das respetivas cláusulas gerais. No caso da gestão processual, o art. 265.º-B-1 do anteprojeto explicitava que esta devia respeitar os "princípios da igualdade das partes e do contraditório". Um dos pareceres emitidos durante esta fase do processo legislativo baseava-se, entre outros aspetos, nesta regra para defender que os despachos de gestão sempre admitiriam recurso com base na violação dos princípios da igualdade e do contraditório[692].

A exposição de motivos do anteprojeto justificava a opção no sentido da irrecorribilidade com a circunstância de estes despachos serem proferidos "em termos prudenciais e relativamente discricionários"[693]. Esta solução tomava, pois, partido na controvérsia doutrinal existente, dado que concebia os poderes de adequação e de gestão como poderes discricionários.

Este regime transitou, sem alterações, para o projeto de 2012 (arts. 7.º-3 e 8.º-2 do projeto). Não obstante, a exposição de motivos deste projeto veio acrescentar outro importante argumento ao anteriormente apresentado: a irrecorribilidade dos despachos de gestão processual e de adequação formal surgia também como um meio de "incentivar o efectivo exercício" destes poderes[694].

Este aspeto é bastante significativo, já que a qualificação dos poderes de adequação e de gestão como poderes discricionários (pressuposta no anteprojeto) permitia, desde logo, concluir pela irrecorribilidade

[692] Conselho Superior da Magistratura, *Parecer sobre o projecto de reforma do processo civil*, 2012, pp. 14-15.

[693] Anteprojecto de revisão do processo civil, 2011, ponto 1.3.

[694] Projeto de novo Código de Processo Civil, 2012, p. 6.

dos respetivos despachos nos termos gerais (art. 631.º do projeto), sem necessidade de qualquer regra especial.

Desta forma, a exposição de motivos do projeto de 2012 ensaiava uma outra justificação para as regras que determinavam expressamente a irrecorribilidade dos despachos de gestão processual e de adequação formal. O objetivo consistia em evitar que o tribunal de 1.ª instância adotasse uma abordagem passiva neste contexto em virtude de recear os efeitos decorrentes de uma possível revogação dos despachos de adequação e de gestão (designadamente, ao nível da inutilização do processado) em sede de recurso. Tendo em conta a controvérsia na doutrina sobre a recorribilidade destes despachos, optou-se por limitar de forma explícita o âmbito de intervenção do tribunal de recurso[695].

A irrecorribilidade dos despachos de gestão processual e de adequação formal foi criticada em pareceres emitidos por organizações representativas do setor durante o processo de reforma. Entre outros argumentos, salientava-se que estes despachos não eram banais, visto que introduziam uma variação na forma legal, pelo que se se justificava o recurso[696], e que a solução criava uma distinção entre a gestão tipificada (o recurso era admissível nos termos gerais) e a gestão assente na cláusula geral (abrangida pela regra especial)[697].

A Proposta de Lei n.º 113/XII teve em conta estes reparos e eliminou as regras que previam a irrecorribilidade dos despachos de gestão e de

[695] Neste sentido, António Santos Abrantes Geraldes, "Reforço dos poderes do juiz na gestão e na dinamização do processo", [s. d.], pp. 3-10, e Carlos Lopes do Rego, "Os princípios orientadores da reforma do processo civil em curso: o modelo de ação declarativa", 2012, pp. 102-103.

[696] Associação Sindical dos Juízes Portugueses, *Parecer: proposta da comissão de revisão do processo civil*, 2012, p. 24, e Ordem dos Advogados, *Parecer sobre o projecto de reforma do Código de Processo Civil*, 2012, ponto 2, pp. 4-5.

[697] Associação Sindical dos Juízes Portugueses, *Parecer: projecto de novo Código do Processo Civil*, 2012, pp. 11-12. Este parecer salienta que a irrecorribilidade genérica dos despachos proferidos ao abrigo da cláusula geral de gestão processual não faz sentido, já que a amplitude desta pode levar a que a previsibilidade do processo seja afetada de forma mais intensa por comparação com aquilo que sucede no âmbito da gestão tipificada.

adequação. Na ausência de um regime especial, a questão voltava a ser discutida nos mesmos moldes em que o era antes da reforma[698].

Na reta final do processo legislativo, a irrecorribilidade foi retomada, com algumas alterações, na sequência de parecer da ASJP[699]. Nesse parecer, sugeria-se a delimitação do âmbito de recorribilidade dos despachos de gestão processual e de adequação formal como forma de evitar o congestionamento dos tribunais de recurso e de restringir eventuais intervenções excessivas por parte destes[700]. Com esse intuito, defendia-se a aplicação do regime de irrecorribilidade genérica previsto para as decisões relativas a nulidades atípicas, ou seja, que os despachos de gestão e de adequação fossem irrecorríveis salvo quando colidissem com os princípios da igualdade e do contraditório, com a aquisição processual de factos e com a admissibilidade de meios probatórios. Esta solução transitou para o CPC.

3. Solução consagrada no Código de Processo Civil de 2013

3.1. Tendencial irrecorribilidade dos despachos de adequação formal assentes na cláusula geral

I. Nos termos do art. 630.º-2, "não é admissível recurso das decisões de simplificação ou de agilização processual, proferidas nos termos previstos

[698] Esta solução foi aplaudida por ISABEL ALEXANDRE, "O dever de gestão processual do juiz na proposta de lei relativa ao novo Código de Processo Civil", 2013, pp. 106-110, tendo em conta que os despachos de gestão e de adequação "podem ter uma natureza muito variada". No entender da autora, a irrecorribilidade só se justifica quando estes despachos sejam proferidos ao abrigo de um poder discricionário ou consubstanciem uma atuação de mero expediente e, mesmo nestes casos, não afasta o controlo de legalidade.

[699] ASSOCIAÇÃO SINDICAL DOS JUÍZES PORTUGUESES, *Parecer: Proposta de Lei n.º 521/2012 – aprova o Código de Processo Civil*, 2013, pp. 52-54.

[700] O ac. do TRP de 4 de outubro de 2012, proc. n.º 157279/11.7YIPRT.P1, é exemplificativo do controlo de mérito de um despacho de gestão processual. Esta decisão pronunciou-se sobre a seguinte situação: o juiz indeferiu o segundo requerimento de suspensão da instância por acordo entre as partes com base num despacho de gestão processual anterior em que limitara a faculdade das partes de requerer uma segunda suspensão da instância ao abrigo do art. 279.º-4 do CPCa. A Relação julgou o recurso procedente, no essencial, por considerar que "seria mais proveitoso em termos processuais, de auto-composição da lide, o deferimento da pretensão das partes", já que a suspensão fora requerida por estarem a decorrer negociações entre as partes.

no n.º 1 do artigo 6.º, das decisões proferidas sobre as nulidades previstas no n.º 1 do artigo 195.º e das decisões de adequação formal, proferidas nos termos previstos no artigo 547.º, salvo se contenderem com os princípios da igualdade ou do contraditório, com a aquisição processual de factos ou com a admissibilidade de meios probatórios".

Antes de entrar numa análise mais aprofundada desta regra[701], importa reforçar a ideia (já anteriormente desenvolvida) de que, na sua modalidade de simplificação e agilização, o princípio da gestão processual concretiza-se sobretudo no poder de adequação formal, ou seja, na adaptação da marcha do processo, da forma ou do conteúdo dos atos processuais às particularidades do caso concreto. Desta forma, a referência aos mecanismos de simplificação e de agilização no art. 6.º-1 tem como principal intuito chamar a atenção para a circunstância de a adequação formal se inserir nos poderes de direção (formal) do processo[702]. Conclui-se, assim, que a referência aos despachos proferidos ao abrigo da cláusula geral de adequação formal (art. 547.º) permite abranger a generalidade dos despachos de simplificação e de agilização processual. Tendo em conta o tema que nos propusemos tratar, a análise subsequente vai centrar-se unicamente nos despachos de adequação do processo.

II. Para a doutrina maioritária, o art. 630.º-2 estabelece a irrecorribilidade genérica dos despachos de adequação formal assentes na cláusula geral do art. 547.º. De acordo com esta perspetiva, estes despachos só admitem recurso quando estejam em causa certos princípios[703].

[701] A análise subsequente não terá em conta as decisões que apreciem reclamações das partes baseadas na existência de uma nulidade atípica ou secundária com influência no exame ou na decisão da causa (art. 195.º-1). É certo que, ao abrigo dos poderes de flexibilização judicial das formas de processo, o juiz pode dispensar a prática de atos previstos na lei, determinar a prática de atos que esta não preveja ou alterar a forma ou o conteúdo dos atos. Não obstante, esta atuação do juiz não dá origem a qualquer nulidade desde que esteja a coberto de um despacho de adequação formal: nesse caso, as regras processuais aplicáveis passam a incluir aquelas que tenham sido determinadas, em concreto, pelo juiz. Neste sentido, José Lebre de Freitas, Isabel Alexandre, *Código cit.*, vol. 1, p. 402.

[702] Para uma análise mais aprofundada, v. *supra*, capítulo III (ponto 2.4, II).

[703] António Abrantes Geraldes, *Recursos cit.*, pp. 82-83; Miguel Teixeira de Sousa, "Apontamento sobre o princípio da gestão processual no novo Código de Processo Civil",

Em sentido contrário, há quem defenda que o art. 630.º-2 tem como único intuito limitar a apelação autónoma (e não a recorribilidade) dos despachos nele enunciados. De acordo com esta perspetiva, os despachos de adequação formal só são passíveis de apelação autónoma nos casos previstos no art. 630.º-2[704]. Nesta lógica, a questão (prévia) de saber se os despachos de adequação são recorríveis deve ser resolvida de acordo com as regras gerais, pelo que depende da circunstância de se estar perante despachos proferidos ao abrigo de um poder vinculado, de um poder discricionário ou que consubstanciem uma atuação de mero expediente.

Em nosso entender, os vários elementos interpretativos apontam para a irrecorribilidade genérica dos despachos de adequação formal previstos no art. 630.º-2. Desde logo, parece-nos que o elemento literal ("não é admissível recurso") dá uma importante indicação neste sentido.

O elemento sistemático aponta na mesma direção. De facto, importa ter em conta que o regime especial aplicável aos despachos de adequação está previsto na mesma regra que determina a irrecorribilidade dos despachos de mero expediente e dos despachos proferidos no uso legal de um poder discricionário (art. 630.º-1). Ora, como se constatou, é ponto assente na doutrina que estes últimos despachos não admitem recurso. Não vemos que se justifique uma conclusão diversa no âmbito da adequação formal.

Refira-se ainda que, mesmo na ausência de uma regra especial, os despachos de adequação não são, em princípio, passíveis de apelação autónoma, já que não incidem diretamente sobre o mérito da causa nem determinam a absolvição da instância (art. 644.º-1) e também não se enquadram nas várias alíneas do art. 644.º-2 (com exceção de alguns casos pontuais, que teremos oportunidade de analisar). Desta forma, não se vê qual seria o sentido útil de reproduzir no art. 630.º-2 uma solução

2013, p. 14; Paulo Ramos de Faria, Ana Luísa Loureiro, *Primeiras cit.*, vol. 2, pp. 30-31; Rui Pinto, *Código cit.*, pp. 229-230.

[704] José Lebre de Freitas, *Introdução ao processo civil: conceito e princípios gerais à luz do novo código*, 4.ª ed., 2017, pp. 233-234. Refira-se, no entanto, que o autor parece ter relativizado esta posição em obra posterior tendo em conta o lugar paralelo dos despachos de mero expediente e proferidos no uso legal de um poder discricionário (José Lebre de Freitas "Gestão processual, princípio da cooperação e garantias das partes", 2016, p. 86).

(exclusão da apelação autónoma) que sempre decorreria da aplicação das regras gerais em matéria de recursos.

A análise do processo legislativo também aponta para um debate focado na questão de saber se os despachos de adequação deviam admitir recurso e, em caso de resposta afirmativa, qual o âmbito do controlo a efetuar pelo tribunal de recurso. Nesse contexto, só a ASJP[705] e o Movimento de Justiça e Democracia[706] manifestaram algumas dúvidas interpretativas quanto ao sentido da solução projetada.

3.2. Razão de ser da solução legal

I. Importa agora perceber qual é a *ratio* da irrecorribilidade genérica dos despachos de adequação formal proferidos ao abrigo da cláusula geral do art. 547.º. Neste sentido, a primeira questão que se coloca consiste em determinar se estes despachos são proferidos no uso de poderes discricionários[707]. Para responder a esta interrogação, há que analisar os vários segmentos do poder de adequação, ou seja, os respetivos pressupostos e a conduta a adotar pelo juiz quando os mesmos se verifiquem.

Desde logo, é necessário determinar se o condicionalismo em que assenta o poder de adequação do processo depende, em alguma medida, de uma valoração subjetiva do julgador. A cláusula geral do art. 547.º está pensada para as situações em que a forma legal seja desadequada ao caso concreto ou em que, apesar de adequada, exista uma forma alternativa mais eficiente. Neste âmbito, importa analisar com particular atenção

[705] Associação Sindical dos Juízes Portugueses, *Parecer: proposta da comissão cit.*, pp. 23-24. Esta dúvida não impediu a crítica à solução preconizada caso esta tivesse como intuito a "total irrecorribilidade" (*Parecer: proposta da comissão cit.*, p. 24).

[706] Movimento de Justiça e Democracia, *Parecer quanto ao projecto de revisão do Código de Processo Civil*, 2012, pp. 8-9.

[707] Paulo Ramos de Faria, Ana Luísa Loureiro, *Primeiras cit.*, vol. 1, pp. 60-61, defendem que "a gestão processual é um instituto jurídico abrangente e complexo", que compreende despachos proferidos ao abrigo de poderes vinculados e de poderes discricionários, bem como atuações de mero expediente. No que respeita aos despachos de mero expediente, esta posição só merece a nossa concordância caso não inclua a adequação formal, já que esta envolve uma alteração à forma legal e, em consequência, não é inócua para as garantias processuais das partes. Desta forma, é possível constatar que a adequação do processo extravasa o âmbito limitado dos despachos de mero expediente.

os conceitos de especificidades da causa e de finalidade dos atos processuais, já que estes enquadram o juízo de adequação e de eficiência de determinada forma processual.

O conceito de especificidades da causa é caracterizado pela sua amplitude e compreende realidades tão distintas como, por exemplo, o valor da causa, o objeto do processo, o número de partes ou a complexidade das diligências probatórias. É, pois, discutível se existe um referencial objetivo que possibilite o controlo jurisdicional da densificação deste conceito.

O fim dos atos processuais é passível de concretização por via interpretativa, designadamente através do recurso ao elemento sistemático. Assim, por exemplo, é possível constatar que a citação visa assegurar o exercício do direito de defesa pelo réu e chamar ao processo algum terceiro com interesse na causa (art. 219.º-1); por seu turno, a identificação do objeto do litígio e a enunciação dos temas da prova têm por intuito determinar quais as questões a tratar e, em função disso, organizar a produção da prova (art. 596.º-1). Desta forma, não há qualquer obstáculo ao controlo pelo tribunal de recurso da concretização deste conceito no caso concreto.

A flexibilização judicial das formas de processo depende, assim, da desadequação da forma legal ou da maior eficiência de eventuais formas alternativas em função das especificidades da causa e do fim dos atos processuais. No fundo, aquilo que se reclama do juiz é uma ponderação no sentido de determinar, em concreto, qual a forma processual mais adequada ao caso, o que envolve o referido juízo de eficiência.

Importa, assim, perceber se o preenchimento do conceito indeterminado de forma processual mais adequada admite controlo jurisdicional[708]. Adiantando desde já a resposta, parece-nos que a mesma deve ser negativa.

[708] Isabel Alexandre, "O dever cit.", pp. 106-107, defende a discricionariedade dos despachos que concretizem conceitos indeterminados e, em consequência, a sua irrecorribilidade. De acordo com a autora, "não repugna aplicar aqui os ensinamentos de certa doutrina administrativista quanto ao controlo judicial dos atos administrativos, que vê nos actos que preenchem conceitos indeterminados um espaço de liberdade ainda maior para a Administração do que nos actos discricionários e, como tal, rejeita o controlo judicial desses actos".

De facto, o juízo de adequação de uma forma processual (quer se trate da forma legal quer se trate de uma forma alternativa) ao caso é marcadamente subjetivo, já que assenta numa prognose sobre os efeitos que decorrerão da adoção de uma determinada tramitação e da prática de um ato de certa forma ou com um conteúdo específico[709-710]. Além disso, o juiz de 1.ª instância acompanha, por regra, o processo desde o início, pelo que tem um conhecimento bastante completo do mesmo e, consequentemente, encontra-se numa posição privilegiada para levar a cabo esta ponderação. Por estas razões, o despacho no qual o juiz conclua que a forma legal é a mais adequada ao caso ou, pelo contrário, que esta é desadequada ou que existe uma forma alternativa mais eficiente envolve, nessa estrita medida, um momento de apreciação discricionária, dado

[709] Neste sentido, MARIANA FRANÇA GOUVEIA, *Regime cit.*, pp. 33-34: antes de adequar o processo, o juiz "deve ainda fazer um juízo de prognose, tentando prever se a perturbação que esta nova norma trará para o processo é absorvida pela vantagem da sua inserção". Este raciocínio, elaborado a propósito do art. 2.º-a do RPCE, é plenamente transponível para a análise do art. 547.º.

[710] Este raciocínio segue de perto os ensinamentos de alguma doutrina administrativa, que vê nos conceitos jurídicos indeterminados cuja concretização dependa de valorações subjetivas do órgão administrativo uma forma de conferir autonomia pública à Administração: neste sentido, BERNARDO DINIZ DE AYALA, *O (défice de) controlo judicial da margem de livre decisão administrativa: considerações sobre a reserva de administração, as componentes, os limites e os vícios típicos da margem de livre decisão administrativa*, 1995, pp. 121-127 e 154-155; DIOGO FREITAS DO AMARAL, *Curso de direito administrativo*, 3.ª ed., vol. 2, 2016, pp. 97-100; JOSÉ MANUEL SÉRVULO CORREIA, "Conceitos jurídicos indeterminados e âmbito do controlo jurisdicional", 2008, pp. 43-45 e 54-55. É certo que, neste contexto, a doutrina discute se o recurso a conceitos indeterminados é uma técnica que visa conferir discricionariedade à administração (DIOGO FREITAS DO AMARAL, *Curso cit.*, pp. 95-100, e MARIA FRANCISCA PORTOCARRERO, "Discricionaridade e conceitos imprecisos: ainda fará sentido a distinção?", 1998, pp. 38-43) ou uma técnica distinta da discricionariedade – a margem de livre apreciação – mas que também cabe na margem de livre decisão (JOSÉ SÉRVULO CORREIA, *Conceitos cit.*, pp. 45-46, e MARCELO REBELO DE SOUSA, ANDRÉ SALGADO DE MATOS, *Direito cit.*, pp. 176-190). Diga-se, no entanto, que mesmo os autores que enquadram estes conceitos indeterminados na margem de livre apreciação defendem um controlo jurisdicional limitado em termos semelhantes àquele que existe em caso de discricionariedade – JOSÉ SÉRVULO CORREIA, *Conceitos cit.*, pp. 44-45, e MARCELO REBELO DE SOUSA, ANDRÉ SALGADO DE MATOS, *Direito cit.*, pp. 194-197.

que assenta numa valoração subjetiva e, nessa medida, insindicável, do juiz de 1.ª instância[711].

Questão diferente consiste em saber se o juiz está vinculado a adequar o processo quando conclua que a forma legal é desajustada ao caso ou que existe outra forma mais eficiente. Há vários elementos que apontam para uma resposta afirmativa. Desde logo, a redação do art. 547.º ("o juiz deve") aponta para uma atuação vinculada. O elemento teleológico segue na mesma direção: o poder de adequação visa assegurar que a marcha do processo, a forma e o conteúdo dos atos processuais são os mais apropriados à tutela dos direitos processuais fundamentais no caso concreto. A conjugação destes elementos permite-nos concluir que o juiz deve exercer o poder de adequação sempre que o condicionalismo legal previsto no art. 547.º se verifique. Esta é, aliás, a posição assumida por uma parte da doutrina[712].

No que respeita ao conteúdo da adequação formal, o art. 547.º confere uma amplitude muito significativa ao julgador na modelação do processo ao caso. De facto, a lei limita-se a estabelecer que a tramitação deve ser "adequada às especificidades da causa" e que a forma e conteúdo dos atos processuais deve adaptar-se ao "fim que visam atingir". Esta opção visa assegurar uma maior flexibilidade processual, uma vez que permite que a variação da forma legal tenha em conta as características da situação concreta. Assim, a adequação pode envolver a prática de atos não previstos na lei, a alteração do momento para a prática de atos que integram a forma legal, a modificação da forma ou a adição de um conteúdo inovador ao ato, entre outros exemplos. Constata-se, pois, que a determinação do

[711] Neste sentido, Paulo Ramos de Faria, Ana Luísa Loureiro, *Primeiras cit.*, vol. 2, p. 30 (por referência aos despachos de gestão processual em geral) consideram que estão em causa "*critérios de conveniência e de oportunidade*".

[712] Para Rui Pinto, *Código cit.*, p. 230, o despacho de adequação formal não é discricionário "quanto à *eventualidade* do seu decretamento". Em sentido próximo, José Lebre de Freitas, *Introdução cit.*, p. 233, entende que o juiz tem o dever de exercer os "poderes de gestão processual" (que compreendem o poder de adequação), ainda que tal envolva "juízos técnicos de conveniência e oportunidade".

conteúdo concreto da adequação é um importante momento de discricionariedade[713], designadamente de discricionariedade criativa[714].

Em suma, os despachos de adequação do processo proferidos ao abrigo da cláusula geral do art. 547.º comportam dois importantes momentos de discricionariedade: por um lado, o preenchimento do condicionalismo de que depende o poder de adequação envolve um juízo de prognose quanto à futura evolução do processo; por outro lado, quando esse condicionalismo se verifique, a concreta medida de adequação a adotar pressupõe um juízo subjetivo do julgador. Ora, a existência de segmentos discricionários na decisão é um dos elementos que justifica – em geral – a restrição do controlo jurisdicional pelo tribunal de recurso.

É certo que os despachos de adequação comportam, pelo menos, um momento vinculado: quando a forma legal seja desadequada ao caso ou exista outra forma mais eficiente, o juiz tem o dever de exercer o poder de adequação. Sucede, no entanto, que esta vinculação surge, por regra, como uma decorrência necessária do juízo de prognose formulado pelo juiz, pelo que a questão não se coloca autonomamente.

II. Estas conclusões não são, no entanto, suficientes para explicar o regime de irrecorribilidade genérica aplicável aos despachos de adequação do processo. Desde logo, a predominância dos momentos discricionários sempre apontaria, quanto a estes, para a irrecorribilidade do despacho nos termos do art. 630.º-1, mesmo na ausência de uma regra especial.

Acresce que o controlo de legalidade dos despachos de adequação formal (art. 630.º-2) é menos intenso por comparação com os despachos proferidos no uso legal de um poder discricionário. Como vimos, estes últimos têm como limite o respeito pela norma habilitante, pelos direi-

[713] Esta era a posição assumida por Rui Pinto, *Notas ao Código de Processo Civil*, 2.ª ed., vol. 1, 2015, p. 36.

[714] O conceito de discricionariedade criativa é utilizado na doutrina administrativa para sinalizar aqueles casos em que a lei deixa ao órgão administrativo a determinação do conteúdo da conduta a adotar dentro de um certo enquadramento genérico: José Sérvulo Correia, *Legalidade cit.*, p. 479, e Marcelo Rebelo de Sousa, André Salgado de Matos, *Direito cit.*, p. 180.

tos processuais fundamentais e pelos demais princípios estruturantes do processo.

No que respeita à norma habilitante, os despachos de adequação do processo são, tal como qualquer despacho proferido ao abrigo de um poder discricionário, sindicáveis quanto à respetiva finalidade. Ora, a adequação da forma legal às especificidades da causa visa salvaguardar os direitos processuais fundamentais (art. 547.º-parte final). Desta forma, quando a variação da forma de processo prevista na lei não tiver por objetivo acautelar direitos processuais fundamentais, assentando antes – por exemplo – na declarada discordância do juiz quanto à bondade da solução legal, o poder de adequação terá sido exercido de forma ilegal (porque extravasou a respetiva finalidade) e, como tal, o despacho admitirá recurso com esse fundamento.

A exposição anterior permitiu-nos concluir que os despachos de adequação formal proferidos nos termos do art. 547.º envolvem o exercício de discricionariedade de apreciação e de decisão. Desta forma, tanto o condicionalismo legal de que depende o poder de adequação como o próprio conteúdo do despacho de adequação não são, por regra, suscetíveis de controlo pelo tribunal de recurso. No entanto, também aqui não há qualquer especificidade, uma vez que a restrição do controlo jurisdicional em sede de recurso decorre da circunstância de estarmos perante segmentos discricionários de um despacho judicial.

A limitação do controlo de legalidade dos despachos de adequação formal resulta da circunstância de estes só admitirem recurso, nos termos do art. 630.º-2, quando contendam "com os princípios da igualdade ou do contraditório, com a aquisição processual de factos ou com a admissibilidade de meios probatórios". É certo que, como veremos, este preceito carece de uma interpretação conforme a Constituição no sentido de nele abranger todos os direitos processuais fundamentais. No entanto, além dos princípios enunciados no art. 630.º-2 e dos direitos processuais fundamentais (considerados no seu conjunto), o controlo de legalidade dos despachos de adequação do processo não abrange (pelo menos de forma direta) princípios processuais de natureza infraconstitucional[715].

[715] Importa, no entanto, reconhecer que estes princípios podem surgir como instrumentais em relação à tutela de direitos processuais fundamentais: por exemplo, tal como vimos no

Desta forma, importa perceber o que é que justifica este controlo de legalidade mais limitado dos despachos de adequação formal assentes na cláusula geral. A nosso ver, a resposta encontra-se no intuito de estimular uma postura ativa na condução do processo sempre que estejam em causa poderes discricionários[716]. No fundo, a mensagem que se pretende transmitir aos juízes de 1.ª instância é a seguinte: por regra, os despachos de adequação não admitem recurso nos seus segmentos discricionários. Afasta-se, assim, um dos fatores que podem surgir como dissuasores da adequação do processo: a excessiva intervenção do tribunal de recurso e o potencial de perturbação do processo daí recorrente. Ao mesmo tempo, o art. 630.º-2 procura salvaguardar os direitos processuais fundamentais e, nesse sentido, prevê a recorribilidade dos despachos de adequação que com eles contendam.

III. Em suma, a análise estrutural dos despachos de adequação proferidos ao abrigo da cláusula geral do art. 547.º permite concluir pela predominância dos momentos discricionários e, como tal, pela irrecorribilidade destes despachos nessa estrita medida. Por seu turno, o objetivo de potenciar a utilização efetiva dos poderes de adequação conduz a uma limitação adicional do controlo de legalidade destes despachos

capítulo anterior, a economia processual desempenha em vários casos um papel de destaque no sentido de viabilizar a obtenção de uma decisão em prazo razoável. Nesses casos, o despacho que coloque em causa o princípio da economia processual não é recorrível com esse fundamento, mas sim (indiretamente) com base na violação do direito processual fundamental a uma decisão em prazo razoável. Este raciocínio é extensível aos restantes princípios de matriz infraconstitucional quando estes visem, em concreto, salvaguardar direitos processuais fundamentais.

[716] Esta conclusão é, pelo menos em parte, reforçada pelo processo legislativo que conduziu à aprovação do CPC. Como já se referiu, a redação final do art. 630.º-2 ficou a dever-se à Associação Sindical dos Juízes Portugueses, *Parecer: Proposta de Lei cit.*, pp. 52-54: de facto, este parecer sugeria o alargamento do regime de irrecorribilidade genérica previsto para as decisões sobre nulidades atípicas aos despachos de simplificação e agilização (art. 6.º-1) e de adequação (art. 547.º), com o argumento de que a recorribilidade destes despachos nos termos gerais podia "paralisar os processos" e, caso o tribunal de recurso procedesse a um controlo de mérito dos mesmos, "desincentivar uma gestão activa". Refira-se, no entanto, que o parecer não é explícito quanto à questão de saber se os despachos de adequação proferidos ao abrigo do art. 547.º envolvem poderes predominantemente discricionários.

por comparação com outros despachos que também incluam segmentos discricionários.

É a confluência destes dois aspetos que explica o regime especial de irrecorribilidade previsto no art. 630.º-2.

3.3. Reflexão sobre a possibilidade de extensão do regime de irrecorribilidade genérica à adequação tipificada

A compreensão da *ratio* subjacente à irrecorribilidade genérica dos despachos de adequação assentes na cláusula geral permite-nos avançar na análise do regime aplicável aos despachos de adequação tipificada. Recordando aquilo que já ficou dito, a adequação tipificada traduz-se na consagração expressa de uma alternativa à forma prevista na lei, pelo que surge como uma concretização da cláusula geral de adequação do processo.

Ora, como tivemos oportunidade de constatar, o art. 630.º-2 tem em vista (entre outros) os despachos de adequação do processo proferidos nos termos do art. 547.º. Desta forma, importa perceber se os despachos de adequação tipificada admitem recurso nos termos gerais[717] ou se, pelo contrário, o regime de irrecorribilidade genérica constante do art. 630.º-2 também lhes é aplicável por meio de interpretação extensiva.

Neste contexto, importa começar por referir que, em alguns casos, a lei determina a irrecorribilidade de certos despachos de adequação tipificada: é o que sucede, por exemplo, com o despacho que prorrogue o prazo para contestar (art. 569.º-5 e 6) ou que admita a inquirição de testemunhas em número superior ao legalmente previsto (art. 511.º-4). No caso de dispensa da audiência prévia por iniciativa do juiz, as partes podem provocar a realização da audiência (art. 593.º-3), o que afasta a utilidade de um eventual recurso.

No entanto, a lei não consagra qualquer regime especial de recorribilidade para os restantes despachos de adequação tipificada analisados no capítulo anterior. Esta opção poderá estar relacionada com a circunstância de esses despachos apresentarem diferenças significativas entre si.

[717] PAULO RAMOS DE FARIA, ANA LUÍSA LOUREIRO, *Primeiras cit.*, vol. 2, pp. 28-29.

De facto, em alguns casos, o condicionalismo de que depende o exercício do poder de adequação pressupõe uma valoração subjetiva do julgador, mas o conteúdo do despacho encontra-se regulado na lei: é o caso da remessa do processo para mediação (art. 273.º-1) ou da tentativa de conciliação (art. 594.º-1). Em qualquer destas hipóteses, a discricionariedade está limitada à formulação de um juízo de conveniência ou de oportunidade sobre a utilidade destes meios de resolução alternativa de litígios no caso concreto ("sempre que o entenda conveniente" – art. 273.º-1; "o juiz a considere oportuna" – art. 594.º-1).

Em outras situações, a liberdade deixada ao juiz envolve apenas a modelação do conteúdo do despacho: é o que sucede com a inquirição por meio tecnológico, já que esta compreende qualquer "equipamento tecnológico que permita a comunicação, por meio visual e sonoro, em tempo real, a partir do tribunal, do juízo, de instalação do município ou da freguesia, quando protocolado, ou de outro edifício público" da área de residência da testemunha (art. 502.º-1). Compete, assim, ao juiz decidir qual o meio tecnológico mais adequado em concreto.

Há ainda algumas situações em que a existência de um momento de apreciação discricionária é combinado com uma ampla liberdade na determinação do conteúdo do despacho. Pense-se na alteração da ordem de produção da prova na audiência final (art. 604.º-8-1.ª parte): por um lado, o poder de adequação depende de uma apreciação subjetiva do julgador ("nos casos em que tal se justifique"); por outro lado, quando decida adequar o processo, compete ao juiz determinar qual deve ser a ordem de realização das diligências instrutórias, pelo que dispõe de uma ampla margem de conformação do conteúdo concreto do despacho.

Em nosso entender, o regime de irrecorribilidade previsto no art. 630.º-2 é extensível, por igualdade de razão, aos despachos de adequação tipificada nos seus momentos de discricionariedade de apreciação e/ou de decisão. A preocupação com a efetividade dos poderes de flexibilização judicial das formas de processo é comum à adequação tipificada, pelo que a verificação desse elemento não suscita qualquer questão específica neste âmbito.

Desta forma, retomando os exemplos anteriores, é possível constatar que o despacho que altere a ordem de produção da prova na audiência final só admite recurso nos termos (limitados) previstos no art. 630.º-2.

Nesta hipótese, a conjugação entre a discricionariedade de apreciação e de decisão leva à irrecorribilidade genérica do despacho tanto no que respeita à verificação do respetivo condicionalismo como também no que toca ao conteúdo concreto da adequação. Já no caso do despacho que determine a inquirição por meio tecnológico, o art. 630.º-2 só se aplica ao segmento que determine qual o meio tecnológico a utilizar.

Este último exemplo alerta-nos para a circunstância de uma parte dos despachos de adequação tipificada analisados também comportar segmentos vinculados. Desde logo, há vários casos em que a lei não atribui qualquer margem ao julgador na concretização do condicionalismo legal: assim, por exemplo, a inquirição por meio tecnológico (nos casos do art. 502.º-1) está pensada para os casos em que a testemunha resida fora do concelho onde se encontra sediado o tribunal ou juízo e não seja apresentada pela parte. A vinculação pode também refletir-se no conteúdo da adequação: quando se verifiquem os pressupostos enunciados no art. 273.º-1, o conteúdo da decisão encontra-se determinado *a priori* e passa pela remessa do processo para mediação.

Como resulta daquilo que ficou dito, a solução mais consentânea com a razão de ser do art. 630.º-2 passa por entender que este não abrange os despachos de adequação tipificada nos seus momentos vinculados. No entanto, o raciocínio não pode ficar por aqui, dado que o despacho pode não se enquadrar no âmbito da adequação tipificada, mas ainda assim ser admissível ao abrigo do art. 547.º[718]: é o que sucede, como já vimos (capítulo VI, ponto 1.2.), com o despacho que prorrogue o prazo para contestar por um período superior a 30 dias de forma a que o réu possa exercer o contraditório de forma efetiva. Ora, quando assim seja, estaremos, em bom rigor, perante um despacho de adequação proferido ao abrigo da cláusula geral, pelo que o recurso só será admissível nos termos previstos no art. 630.º-2.

[718] Esta posição assenta numa lógica de complementaridade da adequação tipificada em relação à cláusula geral de adequação formal. De acordo com esta perspetiva, as manifestações de adequação tipificada dispersas pelo CPC têm um caráter meramente exemplificativo das potencialidades da flexibilização das formas processuais consentida pelo art. 547.º e não visam limitar essa mesma flexibilização. Sobre esta questão, de forma mais desenvolvida, v. *supra*, capítulo III (ponto 3.3).

3.4. Limites à irrecorribilidade dos despachos de adequação formal

A análise anterior permite-nos concluir que, por regra, os despachos de adequação formal não admitem recurso nos seus momentos discricionários. No entanto, a lei prevê a recorribilidade destes despachos quando os mesmos coloquem em causa o princípio da igualdade, o princípio do contraditório, a aquisição processual de factos ou a admissibilidade de meios de prova (art. 630.º-2). A análise deste elenco suscita, desde logo, a questão de saber qual o âmbito exato destes desvios à irrecorribilidade genérica dos despachos de adequação.

A adequação formal tem, desde logo, como limite os princípios do contraditório (art. 3.º) e da igualdade (art. 4.º). Uma vez que estes princípios já foram abordados no capítulo V (ponto 2.7), não se justifica fazer qualquer observação adicional a este propósito.

A referência à aquisição processual de factos pode suscitar algumas dúvidas, já que um dos princípios consagrados na nossa lei é a aquisição processual no domínio da prova (art. 413.º)[719]. De acordo com este princípio, o tribunal deve ter em conta na decisão todos os meios de prova que tenham sido produzidos, ainda que apresentados pela parte que não estava onerada com a prova do facto em questão[720]. Desta forma, em ação de cumprimento, a celebração do contrato (um dos factos constitutivos do direito a exigir o pagamento do preço) pode ser provada por meio de documento que o réu tenha juntado ao processo.

Ora, tal como refere a doutrina maioritária, o art. 630.º-2 não tem em vista a aquisição processual no âmbito da prova, mas sim uma das dimen-

[719] António Santos Abrantes Geraldes, *Temas da reforma do processo civil*, 2.ª ed., vol. 1, 1999, pp. 101-102; Fernando Pereira Rodrigues, *O novo processo civil. Os princípios estruturantes*, 2013, pp. 143-145; José Alberto dos Reis, *Código de Processo Civil anotado*, 3.ª ed., vol. 3, 2005, pp. 272-273.

[720] De acordo com o art. 413.º, este princípio deve ser entendido "sem prejuízo das disposições que declarem irrelevante a alegação de um facto, quando não seja feita por certo interessado". Tomando como exemplo a anulabilidade, ainda que da análise dos elementos de prova juntos pela parte contrária ou produzidos por iniciativa oficiosa resulte provada a existência de um erro-vício, a anulabilidade não pode ser conhecida caso o autor não tenha alegado o facto correspondente (art. 287.º-1 do CC). Em bom rigor, esta ressalva não afasta o princípio da aquisição processual, limitando-se a refletir a responsabilidade pela alegação dos factos. Neste sentido, José Lebre de Freitas, Isabel Alexandre, *Código cit.*, vol. 2, pp. 214-215.

sões do princípio do dispositivo[721]. De facto, como o próprio nome indica, a aquisição processual de factos está relacionada com a responsabilidade pela introdução de factos no processo. Desta forma, aquilo que se pretende impedir é que o juiz considere na decisão factos que não tenham sido alegados pelas partes (art. 5.º-1) e dos quais não possa conhecer (art. 5.º-1 e 2).

Como já se referiu, a adequação formal concretiza-se na variação da tramitação, da forma e do conteúdo dos atos processuais, pelo que não inclui qualquer intervenção do juiz com repercussão direta na factualidade da causa. Impõe-se, assim, uma interpretação restritiva deste limite no sentido de o reconduzir unicamente às decisões referentes a nulidades atípicas. A título ilustrativo, quando o juiz dê como provado, na fase intermédia do processo, um determinado facto com base no seu conhecimento privado e, na sequência de reclamação da parte, indefira a nulidade arguida, o art. 630.º-2 viabiliza o recurso desse despacho de indeferimento (que traduz uma decisão sobre uma nulidade atípica) com base na violação do princípio do dispositivo[722].

A alusão à admissibilidade dos meios de prova também suscita algumas questões. Numa primeira análise, dir-se-ia que o art. 630.º-2 só tem em vista as regras substantivas e processuais que estabelecem certos requisitos para que determinado meio de prova seja admitido. Assim, por exemplo, o juiz não poderia adequar o processo no sentido de admitir a prova por confissão quanto a factos relativos a direitos indisponíveis [art. 354.º-b) do CC] ou a prova testemunhal quando a lei exija a prova documental do facto (art. 364.º-2 do CC).

[721] Neste sentido, António Abrantes Geraldes, *Recursos cit.*, p. 82; Guilherme Brandão Salazar Loureiro Gomes, "A (ir)recorribilidade das decisões judiciais sobre nulidades processuais e proferidas ao abrigo da gestão processual e da adequação formal: anotação ao artigo 630.º, n.º 2, do Código de Processo Civil de 2013", 2018, p. 92; José Lebre de Freitas, *Introdução cit.*, p. 233; Paulo Ramos de Faria, Ana Luísa Loureiro, *Primeiras cit.*, vol. 2, p. 31.

[722] Seguimos, no essencial, o exemplo dado por Guilherme Loureiro Gomes, "A (ir)recorribilidade cit.", p. 92.

Numa interpretação mais ampla, uma parte da doutrina considera que o art. 630.º-2 também compreende as regras que estabelecem o momento processual para apresentação dos meios de prova[723].

Em nosso entender, aquilo que a lei procura tutelar através deste limite à irrecorribilidade dos despachos de adequação é – ainda – o princípio do contraditório, na sua dimensão relativa à prova. No fundo, na medida em que estamos perante uma vertente de um direito processual fundamental, o juiz dispõe de uma menor liberdade de conformação do processo.

Ora, a admissibilidade dos meios de prova é apenas uma das dimensões do direito à prova, que também inclui o procedimento probatório (com particular destaque para a propositura e produção da prova)[724]. A circunstância de as restantes modalidades do direito à prova não estarem expressamente previstas no art. 630.º-2 em nada afeta a aplicação do regime nele enunciado às mesmas, já que estas surgem como uma decorrência do princípio do contraditório. Desta forma, os despachos de adequação formal que possam colidir com o direito à prova (em qualquer das suas dimensões) admitem recurso.

A título exemplificativo, o despacho que reduza o número de testemunhas que cada parte pode apresentar ou que afaste a possibilidade de alteração do requerimento probatório na audiência prévia (art. 598.º-1) será recorrível nos termos do art. 630.º-2 quando, em concreto, possa colocar em causa o contraditório (na sua vertente de direito à prova).

A exposição anterior permite-nos concluir, numa primeira análise, que os despachos de adequação formal admitem recurso quando contendam com os princípios da igualdade e do contraditório (nele incluindo o direito à prova). Em qualquer destes casos, não restam dúvidas de que a solução legal é justificada por estarmos na presença de direitos processuais fundamentais. No que respeita ao princípio do dispositivo (na sua vertente de responsabilidade pela introdução de factos no processo),

[723] António Abrantes Geraldes, *Recursos cit.*, p. 83, e Paulo Ramos de Faria, Ana Luísa Loureiro, *Primeiras cit.*, vol. 2, p. 31.

[724] Para uma perspetiva geral dos vários momentos que compõem o procedimento probatório, Antunes Varela, J. Miguel Bezerra, Sampaio e Nora, *Manual de processo civil*, 2.ª ed., 1985, pp. 495-497.

parece-nos que se trata de um fundamento de recurso que só tem em vista as decisões sobre nulidades atípicas[725], dado que os despachos de adequação do processo implicam unicamente a variação da tramitação, da forma e do conteúdo dos atos processuais.

3.5. Necessidade de interpretação conforme a Constituição do regime legal

A análise anterior permitiu-nos concluir que, de acordo com o art. 630.º-2, os despachos de adequação formal admitem recurso quando estejam em causa os princípios da igualdade e do contraditório. Neste momento, importa perceber se estes despachos também admitem recurso quando afetem outros direitos processuais fundamentais, tais como a obtenção de uma decisão em prazo razoável ou o dever de fundamentação das decisões judiciais, e, em caso de resposta afirmativa, com que fundamento.

Esta questão tem merecido alguma atenção na doutrina. Para José Lebre de Freitas, os despachos de adequação do processo são recorríveis quando estejam em causa "princípios processuais fundamentais"[726]. Numa perspetiva semelhante, mas com um enquadramento mais desenvolvido, Rui Pinto defende uma interpretação conforme a Constitui-

[725] Neste âmbito, pode discutir-se se a recorribilidade de tais decisões fica a dever-se à tutela constitucional desta dimensão do princípio do dispositivo. Para Mariana França Gouveia, "O princípio dispositivo e a alegação de factos em processo civil: a incessante procura da flexibilidade processual", 2013, pp. 20-21, a interpretação do art. 5.º-2-b) no sentido de permitir a consideração de factos complementares e concretizadores que resultem da produção de prova sem necessidade de acordo da parte interessada suscita questões de constitucionalidade, já que coloca em causa o dispositivo. A posição da autora assenta, assim, no pressuposto de que esta vertente do princípio do dispositivo goza de tutela constitucional. No ac. do TC n.º 196/91, de 8 de maio de 1991, o Tribunal foi confrontado precisamente com a questão de saber se a aquisição de um facto principal pelo juiz fora dos casos previstos na lei, na medida em que contende com o dispositivo, suscita questões de constitucionalidade. O Tribunal não chegou a pronunciar-se sobre esse aspeto, pois considerou que o facto em causa integrava o questionário (sem que a parte tenha deduzido reclamação) e fora objeto de prova. Não iremos desenvolver este tema, já que o mesmo extravasa o âmbito da nossa exposição.

[726] José Lebre de Freitas, "Gestão cit.", p. 87: "Também a ofensa do direito de defesa, nas vertentes relativas ao conhecimento do processo, à audição prévia e à cominação da revelia, a do dever de fundamentação, a do princípio da publicidade, a do princípio da celeridade ou a do princípio da proporcionalidade".

ção do art. 630.º-2 no sentido de admitir o recurso dos despachos de adequação caso estes possam colidir com um direito processual fundamental[727]. Por seu turno, GUILHERME GOMES considera que a irrecorribilidade genérica dos despachos de adequação formal restringe o direito ao recurso de forma "arbitrária e desproporcional", pelo que traduz uma solução inconstitucional[728].

Desde logo, importa ter em conta que a liberdade de conformação do processo pelo legislador ordinário é limitada quando estejam em causa direitos processuais fundamentais, tendo em conta a tutela constitucional destes. Desta forma, um regime legal em que os despachos de adequação formal só admitam recurso com base na violação dos princípios da igualdade e do contraditório e em que, consequentemente, o recurso seja afastado quando estejam em causa quaisquer outros direitos processuais fundamentais afeta o núcleo intangível do direito ao recurso, já que reduz o seu âmbito de forma drástica e aleatória[729]. Assim, caso seja este

[727] RUI PINTO, *Código cit.*, p. 230.

[728] GUILHERME LOUREIRO GOMES, "A (ir)recorribilidade cit.", pp.107-109 e 113-114. Diga-se, no entanto, que o autor não foca a sua crítica apenas nos direitos processuais fundamentais, reportando-se, de forma genérica, à "violação de todo e qualquer princípio e garantia processual e de toda e qualquer norma processual absolutamente injuntiva" ["A (ir)recorribilidade cit.", p. 109]. Esta conclusão surge como o corolário lógico da ideia segundo a qual "*não existem princípios e garantias processuais mais importantes e princípios e garantias processuais menos importantes*" ["A (ir)recorribilidade cit.", p. 99]. Como resulta da nossa exposição, não podemos aceitar este entendimento: por um lado, da circunstância de alguns princípios processuais terem tutela constitucional decorre uma limitação mais intensa à liberdade de conformação dos mesmos; por outro lado, numa perspetiva em que os direitos processuais fundamentais surgem como fundamento e limite da adequação formal, é manifesta a sua preponderância neste contexto específico sobre outros princípios e regras processuais infraconstitucionais.

[729] O Tribunal Constitucional tem considerado que, no âmbito do processo civil, a Constituição não impõe um duplo grau de jurisdição em todos os casos, pelo que o legislador ordinário dispõe de uma importante margem na definição do regime dos recursos. No entanto, a circunstância de a Constituição prever a existência de tribunais de recurso [art. 209.º-1-a) da CRP], conjugada com o direito de ação (na sua modalidade de defesa contra atos jurisdicionais), levam o Tribunal Constitucional a considerar que o espaço de conformação atribuído ao legislador ordinário não consente que este "suprima em bloco ou limite de tal sorte o direito de recorrer de modo a, na prática, inviabilizar a totalidade ou grande maioria das impugnações das decisões judiciais, ou, ainda, que proceda a uma intolerável e

o sentido a retirar do art. 630.º-2, parece-nos que a norma será, efetivamente, inconstitucional.

No entanto, não nos parece que essa seja o único sentido possível do art. 630.º-2. De facto, a irrecorribilidade genérica dos despachos de adequação formal não pode ser dissociada do fundamento e dos limites subjacentes ao poder de adequação – a salvaguarda dos direitos processuais fundamentais em geral e não apenas da igualdade e do contraditório. Como já vimos, é esse o sentido da referência à adequação como um meio tendente a assegurar "um processo equitativo" (art. 547.º).

Desta forma, o art. 630.º-2 admite mais do que um sentido interpretativo. Uma interpretação assente exclusivamente no elemento literal aponta para que os despachos de adequação formal só admitam recurso quando possam colidir com os princípios da igualdade e do contraditório. Por seu turno, a consideração do elemento sistemático (art. 547.º) e da própria teleologia dos poderes de adequação formal sugere que o controlo de legalidade destes despachos deve tomar como referência os direitos processuais fundamentais na sua globalidade.

O art. 630.º-2 deve, pois, ser interpretado em conformidade com a Constituição[730] no sentido de admitir o recurso dos despachos de adequação formal quando estes possam afetar um direito processual fundamental. Quer isto dizer que estes despachos também são recorríveis quando contendam, entre outros, com o direito à obtenção de decisão em prazo razoável, a publicidade da audiência e da decisão ou com a fundamentação das decisões judiciais.

arbitrária redução do direito ao recurso" (ac. do TC n.º 353/06, de 5 de junho de 2006, com ampla indicação jurisprudencial no mesmo sentido). Para uma análise mais desenvolvida desta questão na doutrina, Carlos Lopes do Rego, "Acesso ao direito e aos tribunais", 1993, pp. 74 e 80-81, e Jorge Miranda, Rui Medeiros, *Constituição Portuguesa anotada*, t. 1, 2005, pp. 201-203.

730 Nas palavras de J. J. Gomes Canotilho, *Direito constitucional e teoria da Constituição*, 7.ª ed., 2003, p. 1227, a "interpretação conforme a constituição só é legítima quando existe um *espaço de decisão* (= espaço de interpretação) aberto a várias propostas interpretativas, umas em conformidade com a constituição e que devem ser preferidas, e outras em desconformidade com ela".

3.6. Regime aplicável ao recurso dos despachos de adequação formal

I. No ponto anterior, concluiu-se que os despachos de adequação formal só admitem recurso quando contendam com um direito processual fundamental. A regra consiste, pois, na sua irrecorribilidade.

Neste momento, a análise estará centrada nos casos em que os despachos de adequação admitam recurso com base na inobservância de um direito processual fundamental. O objetivo deste ponto passa por expor as principais especificidades do regime aplicável ao recurso dos despachos de adequação formal.

II. Desde logo, importa perceber se a regra passa pela apelação autónoma ou pela impugnação diferida. Tendo em conta que os despachos de adequação formal não comportam a análise do mérito da causa ou a verificação da regularidade formal do processo, é possível excluir a sua apelação autónoma nos termos do art. 644.º-1.

Desta forma, a apelação autónoma só será admissível nos casos previstos no art. 644.º-2. As decisões que apreciem o impedimento do juiz [al. a)] e a competência absoluta do tribunal [al. b)], que condenem em multa ou apliquem outra sanção processual [al. e)], que determinem o cancelamento de um registo [al. f)] ou que sejam proferidas depois da decisão final [al. g)] não se enquadram em qualquer das dimensões da adequação formal. Da mesma forma, a lei não prevê a apelação autónoma dos despachos de adequação proferidos ao abrigo da cláusula geral do art. 547.º [al. i)][731].

A decisão que determine a suspensão da instância [art. 644.º-2-c)] admite apelação autónoma, pelo que importa perceber se estamos perante um exemplo de adequação formal. Nos termos do art. 272.º, a suspensão pode ser decretada em três casos: quando a decisão da causa dependa do julgamento de causa prejudicial (n.º 1-1.ª parte); quando ocorra outro motivo justificado (n.º 1-2.ª parte); na sequência de acordo das partes (n.º 4), o que traduz uma hipótese de flexibilização voluntária do processo.

[731] Esta conclusão também vale para os casos de adequação tipificada enunciados *supra*, no capítulo VI.

Focando a nossa atenção unicamente na suspensão assente na existência de um "motivo justificado", podemos concluir que se trata de um instrumento ao dispor do juiz para as situações em que este, numa análise casuística, conclua – por exemplo – que a paralisação temporária do processo (nos termos previstos no art. 275.º-1 e 2) é passível de conduzir à resolução consensual do litígio ou surja como a solução que melhor tutela a celeridade e a economia processual. No fundo, a suspensão da instância permite adaptar o ritmo do processo às especificidades da causa, pelo que é um exemplo de adequação formal tipificada. Desta forma, quando a suspensão decretada coloque em causa um direito processual fundamental (designadamente, a decisão em prazo razoável), o respetivo despacho será passível de apelação autónoma nos termos do art. 644.º-2-c.

Pelo contrário, o despacho que rejeite a suspensão da instância não admite apelação autónoma. Ao contrário da situação anterior, este despacho não determina a interrupção da tramitação processual, pelo que, em regra, não será necessário obter uma decisão célere sobre a questão, apenas facultada pela apelação autónoma. Assim, o despacho que indefira a segunda suspensão da instância por acordo entre as partes fora dos casos previstos no art. 272.º-4 só pode ser impugnado no recurso da decisão final, do despacho saneador que decida parcialmente do mérito da causa ou do despacho saneador que determine a absolvição parcial da instância (art. 644.º-1).

A lei também prevê a apelação autónoma quanto aos despachos que admitam ou rejeitem um articulado ou um meio de prova [art. 644.º-2-d)]. Esta regra visa evitar o potencial de inutilização da tramitação subsequente associado à impugnação diferida[732]. De facto, a impugnação do despacho em conjunto com a decisão final ou com o despacho saneador (nos termos previstos no art. 644.º-1) teria como resultado, em caso de procedência, a revogação de todos os trâmites subsequentes ao despacho em causa e que dele dependam. Nessa hipótese, seria necessário desconsiderar o articulado ou o meio de prova anteriormente admitidos ou, em caso de rejeição, admitir a sua posterior junção ao processo, com todas as

[732] António Abrantes Geraldes, *Recursos cit.*, p. 211.

consequências daí decorrentes nos atos processuais praticados depois da prolação do despacho em causa.

O despacho em que o juiz admita oficiosamente a apresentação de um articulado não previsto na lei é um claro exemplo de adequação formal, que já tivemos oportunidade de analisar. Da mesma forma, se a parte apresentar, por sua iniciativa, um articulado fora das situações enunciadas na lei, o despacho que o admita também procede à adequação formal do processo.

A adequação formal também pode repercutir-se no domínio da rejeição dos meios de prova[733]. Assim, por exemplo, pense-se num despacho que, numa ação de valor superior a 10 000 €, não admita o rol de testemunhas na parte em que este exceda as oito testemunhas com base na simplicidade da causa. Neste caso, a rejeição (parcial) da prova testemunhal assenta numa adequação do processo. Ora, quando seja recorrível, este despacho é passível de apelação autónoma, uma vez que a sua impugnação diferida poderia conduzir à inutilização de uma parte da atividade processual já desenvolvida[734].

A análise anterior permite-nos concluir que, por regra, os despachos de adequação formal estão sujeitos a um regime de impugnação diferida. De facto, a lei só admite a apelação autónoma quando o juiz, no exercício dos seus poderes de adequação, decrete a suspensão da instância (nos termos do art. 272.º-1) e, bem assim, admita ou rejeite um articulado ou um meio de prova[735]. Nos restantes casos, os despachos de adequação seguem o regime aplicável à generalidade das decisões interlocutórias: impugnação em conjunto com o recurso da decisão final ou do despacho

[733] A rejeição também pode consubstanciar um exemplo de gestão processual quando se baseie na impertinência do meio de prova ou no seu caráter meramente dilatório. Pense-se, por exemplo, no despacho que não admita um documento por o mesmo respeitar a factos que não têm relevância para a decisão (arts. 6.º-1 e 443.º-1). Neste sentido, José Lebre de Freitas, Isabel Alexandre, *Código cit.*, vol. 2, p. 263.

[734] No sentido de que o art. 644.º-2-d) também se aplica a despachos de rejeição parcial de um meio de prova, António Abrantes Geraldes, *Recursos cit.*, p. 210, e o ac. do TRE de 13 de julho de 2017, proc. n.º 1860/15.

[735] A lei também admite a apelação autónoma quando a impugnação diferida seja "absolutamente inútil" [art. 644.º-2-h)]. Esta regra é, naturalmente, extensível aos despachos de adequação formal.

saneador que conheça, em parte, do mérito da causa ou que determine a absolvição parcial da instância (art. 644.º-1 e 3).

III. A regra da impugnação diferida das decisões interlocutórias permite introduzir no recurso da decisão final a impugnação de decisões anteriores que não admitam apelação autónoma[736]. Esta solução gera uma incerteza considerável no processo, já que este pode correr os seus termos só para que a sentença seja revogada em consequência da revogação de uma decisão interlocutória[737].

O CPC (re)introduziu uma cláusula de salvaguarda que visa limitar o impacto da impugnação diferida das decisões interlocutórias[738]. De acordo com o art. 660.º, "o tribunal só dá provimento à impugnação das decisões interlocutórias, impugnadas conjuntamente com a decisão final nos termos do n.º 3 do artigo 644.º, quando a infração cometida possa modificar aquela decisão ou quando, independentemente dela, o provimento tenha interesse para o recorrente".

Esta regra é uma tradução do caráter instrumental das decisões interlocutórias. No fundo, estas integram o encadeamento lógico que conduz à decisão final, pelo que o critério a seguir no âmbito da sua impugnação deve ser o da influência da decisão interlocutória na decisão final. Repare-se que a solução contrária poderia levar a uma instrumentaliza-

[736] Como já vimos, a lei também admite, em alguns casos, a impugnação de decisões interlocutórias em conjunto com o recurso do despacho saneador [art. 644.º-1-b)]. No entanto, o potencial de inutilização da tramitação processual é superior quando a impugnação seja relegada para o recurso da decisão final, razão pela qual a nossa atenção irá estar focada apenas nessa hipótese.

[737] Para António Abrantes Geraldes, *Recursos cit.*, pp. 219-220, este regime potencia uma maior "*instabilidade da instância*" por comparação com aquele que vigorava antes da reforma dos recursos. Por seu turno, Luís Correia de Mendonça, Henrique Antunes, *Dos recursos: regime do Decreto-Lei n.º 303/2007, de 24 de agosto*, 2009, pp. 228-229, chamam a atenção para os riscos de "insegurança" e de "inutilização" do processado.

[738] Antes da reforma dos recursos, o art. 710.º-2 do CPCa determinava que o recurso de agravo que subisse com a apelação só era provido "quando a infracção cometida tenha influído no exame ou decisão da causa ou quando, independentemente da decisão do litígio, o provimento tenha interesse para o agravante". O art. 735.º-2 do CPCa adotava o mesmo critério para determinar o destino dos recursos de agravo com subida diferida nos casos em que a parte não tivesse interposto recurso da decisão final.

ção da impugnação das decisões interlocutórias[739]. O regime em análise visa também assegurar o interesse em agir do recorrente[740].

É certo que esta questão se coloca com menor intensidade quanto aos despachos de adequação formal, tendo em conta a sua tendencial irrecorribilidade. Ainda assim, uma vez que estes despachos revestem natureza interlocutória e, quando admitam recurso, a regra consiste na sua impugnação diferida, importa perceber quais as consequências da aplicação do regime previsto no art. 660.º neste contexto.

A título ilustrativo, pense-se numa situação em que a programação da audiência final coloque em causa o contraditório, já que limita de forma significativa o tempo de que as partes dispõem para a produção de prova. O processo seguiu os seus termos e o tribunal julgou a ação improcedente. No recurso da decisão final, o autor vem também impugnar o despacho de programação com base na violação do princípio do contraditório (na sua dimensão referente à prova)[741].

Ora, tendo em conta os critérios enunciados no art. 660.º, é possível concluir que a revogação deste despacho de adequação pode conduzir à modificação da decisão final pelo menos em alguns casos, já que a repetição das diligências instrutórias ou a realização de novas diligências é suscetível de influir na decisão. Nesses casos, justifica-se, pois, que o tribunal de recurso conheça[742] da impugnação da decisão interlocutória.

[739] António Abrantes Geraldes, *Recursos cit.*, pp. 334-335.

[740] Paulo Ramos de Faria, Ana Luísa Loureiro, *Primeiras cit.*, vol. 2, p. 86.

[741] O exemplo enunciado pressupõe ainda que o recorrente não tenha dado o seu acordo à programação.

[742] Rui Pinto, *Código cit.*, p. 320, considera que a expressão "só dá provimento à impugnação" (art. 660.º) surge, neste contexto, como "sinónimo de conhecimento", pelo que os requisitos enunciados no preceito em análise condicionam o próprio conhecimento da impugnação. Neste sentido, v. ainda o ac. do TRL de 16 de janeiro de 2014, proc. n.º 4817/07.7TBALM.L2-6: "não haverá que conhecer – não se trata apenas de não dar provimento". De facto, quando o vício assacado à decisão interlocutória seja insuscetível de alterar a decisão final e não seja possível identificar outro interesse do recorrente, a solução que melhor se compatibiliza com os princípios do processo civil – designadamente, o da economia processual – passa pelo não conhecimento da impugnação. A solução contrária implicaria, na verdade, o desenvolvimento de uma atividade cognitiva pelo tribunal de recurso que se revelaria inconsequente, já que a verificação da ilegalidade da decisão interlocutória é condição necessária, mas insuficiente para a procedência da impugnação.

IV. Por fim, importa ainda determinar qual deve ser a atuação do tribunal de recurso quando, nos termos do art. 660.º, a impugnação de um despacho de adequação formal conduza à revogação da decisão final[743].

Numa perspetiva geral, a intervenção do tribunal *ad quem* pode assentar num juízo cassatório ou num juízo substitutivo. Tanto num caso como no outro, a revogação da decisão interlocutória repercute-se em toda a tramitação subsequente que dela dependa (incluindo a decisão final). Simplesmente, o juízo cassatório envolve apenas a revogação da decisão em causa e dos termos processuais subsequentes que dela dependam, pelo que a prolação da decisão sucedânea competirá ao tribunal *a quo*. Por seu turno, o juízo substitutivo pressupõe, além da revogação da decisão, que o tribunal de recurso se substitua ao tribunal recorrido na sua prolação[744].

Estas diferentes conceções quanto à amplitude do papel atribuído ao tribunal *ad quem* têm um importante reflexo prático. Imagine-se que o tribunal é confrontado com a impugnação de um despacho de adequação que dispensou a audiência prévia ou que programou a audiência final, tendo concluído que o vício invocado (violação do princípio do contraditório) se verifica e tem influência na decisão final. De forma a determinar qual deve ser a atuação do tribunal de recurso nesta hipótese, importa perceber qual o modelo (cassatório ou substitutivo) aplicável.

O CPC adotou um modelo assente no juízo substitutivo (arts. 662.º-1 e 665.º). De acordo com o art. 665.º-1, "ainda que declare nula a decisão que põe termo ao processo, o tribunal de recurso deve conhecer do objeto da apelação". O art. 665.º-2 prevê uma regra semelhante para os casos em que "o tribunal recorrido tiver deixado de conhecer certas questões, designadamente por as considerar prejudicadas pela solução dada ao litígio". Nesta hipótese, se o recurso for julgado procedente, o tribunal *ad quem* deve conhecer dessas questões salvo se não dispuser dos elementos necessários para o efeito.

[743] O raciocínio desenvolvido ao longo deste ponto é extensível aos casos de apelação autónoma, salvo no que respeita à aplicação do art. 660.º.

[744] Para uma análise mais desenvolvida desta distinção, António Santos Abrantes Geraldes, "Cassação ou substituição? Livre escolha ou determinismo legislativo?", 2010, pp. 164-167, e Miguel Teixeira de Sousa, *Estudos cit.*, pp. 400-402.

Tendo em conta que a nossa análise está restrita a um tipo de decisões interlocutórias – os despachos de adequação formal – importa perceber se neste contexto o tribunal de recurso também deve adotar um juízo substitutivo.

Neste contexto, importa ter em conta que, tal como resulta da análise anterior (ponto 3.2, I), uma parte substancial dos despachos de adequação compreende momentos de apreciação e/ou decisão discricionária, ou seja, envolve valorações subjetivas que cabem, em exclusivo, ao tribunal de 1.ª instância tendo em conta a maior proximidade deste em relação ao processo. Quando assim seja, o tribunal de recurso deve limitar-se a revogar o despacho e a tramitação subsequente que dele dependa, sob pena de extravasar o âmbito do controlo de legalidade (respeito pelos direitos processuais fundamentais)[745]. Impõe-se, assim, um juízo cassatório, cabendo ao tribunal recorrido retomar o processo no momento antecedente à prolação do despacho de adequação.

Desta forma, quando confrontado com um despacho de programação da audiência final que contenda com o contraditório (na parte em que limita o tempo de que as partes dispõem para as diligências instrutórias) e que, em simultâneo, seja suscetível de modificar a decisão final, o tribunal de recurso deve limitar-se a revogá-lo e a remeter o processo para o tribunal recorrido, não lhe sendo lícito proferir despacho de programação da audiência. De facto, o conteúdo deste despacho é norteado por uma valoração subjetiva do tribunal de 1.ª instância, enformada pelas particularidades da causa, o que obsta a um juízo substitutivo.

[745] Neste sentido, Isabel Alexandre, "O dever cit.", p. 106; Miguel Teixeira de Sousa, "Apontamento cit.", p. 14; Paulo Ramos de Faria, Ana Luísa Loureiro, *Primeiras cit.*, vol. 2, pp. 31-32.

Síntese Final
Direitos processuais fundamentais como fundamento e limite da adequação formal

A análise desenvolvida ao longo deste texto permite, assim, confirmar a hipótese de investigação formulada inicialmente: a flexibilização judicial das formas de processo tem como fundamento e limite os direitos processuais fundamentais, ou seja, os direitos processuais com tutela constitucional.

A determinação dos direitos processuais fundamentais implica uma densificação do direito de acesso aos tribunais (art. 20.º-1 da CRP). Neste contexto, é possível, desde logo, identificar um conjunto de garantias processuais que decorrem expressamente da Constituição: é o que sucede com o processo equitativo e com a decisão em prazo razoável (art. 20.º-4 da CRP), a independência dos tribunais (art. 203.º da CRP), a fundamentação das decisões judiciais (art. 205.º-1 da CRP) e a publicidade das audiências (art. 206.º da CRP). Há ainda outras garantias processuais com tutela constitucional implícita, na medida em que surgem como uma concretização da cláusula do processo equitativo (imparcialidade do juiz, publicidade da decisão e, em alguns casos do próprio processo, igualdade processual ou contraditório) ou do princípio do Estado de Direito (segurança jurídica).

Tal como pudemos constatar, a adequação do processo opera quando, em função das particularidades da causa, a forma legal não seja adequada à tutela dos direitos processuais fundamentais. Numa palavra, os direitos processuais fundamentais traduzem o fundamento dos poderes de adequação formal.

Assim, por exemplo, a inclusão de um terceiro articulado para resposta a exceções no guião do processo pode revelar-se essencial no sentido de assegurar um contraditório efetivo num caso em que a complexidade da exceção imponha uma resposta por escrito. Da mesma forma, a inquirição de testemunhas na audiência prévia pode contribuir de forma decisiva para a decisão em prazo razoável quando seja previsível que esse(s) depoimento(s) habilitem o juiz a conhecer de imediato do mérito da causa. De facto, em qualquer destes exemplos, as especificidades da causa levam a que a variação da forma legal surja como um meio necessário e adequado no sentido de salvaguardar um direito processual fundamental (o contraditório e a decisão em prazo razoável, respetivamente).

Ao mesmo tempo, os direitos processuais fundamentais permitem balizar a adequação formal, ou seja, o juiz deve ter em conta os possíveis efeitos da variação da forma legal nos outros direitos processuais com tutela constitucional. No fundo, impõe-se uma análise de conjunto dos direitos processuais fundamentais e não a sua consideração isolada. É neste sentido que estes surgem como um limite à adequação formal.

A título ilustrativo, a simplicidade do caso pode justificar a limitação do tempo reservado às diligências instrutórias que devam ter lugar na audiência final ou a fundamentação da decisão por adesão aos argumentos apresentados pelo autor. No entanto, além do direito a uma decisão em prazo razoável, o juiz deve ainda ponderar quais os efeitos previsíveis da adequação ao nível do contraditório (na sua dimensão de direito à prova) e do dever de fundamentação. Nesta perspetiva, ainda que viabilize a prolação da decisão num prazo mais curto, a fundamentação por adesão deve ser afastada quando possa comprometer a clareza, a compreensibilidade ou a completude da decisão, já que tal colocaria em causa a própria finalidade (interna e externa) da fundamentação e, portanto, afetaria o núcleo intangível do dever de fundamentação.

Desta forma, é possível constatar que os direitos processuais fundamentais surgem como critério de decisão no momento de determinar, perante um caso concreto, se há que introduzir alterações à forma de processo prevista na lei e, em caso de resposta afirmativa, na modelação do conteúdo do despacho de adequação. Repare-se, aliás, que este mesmo raciocínio está subjacente ao disposto no art. 547.º do CPC, ainda que este assuma como referência o conceito (mais restrito) de processo equitativo.

A relevância que esta perspetiva atribui aos direitos processuais fundamentais manifesta-se também na delimitação do âmbito de recorribilidade dos despachos de adequação formal. Neste particular, impõe-se uma interpretação conforme a Constituição do art. 630.º-2 do CPC no sentido de viabilizar o recurso dos despachos de adequação quando estes afetem qualquer direito processual fundamental e não apenas nos casos previstos na lei.

Em síntese, a abordagem proposta ao longo do texto permite assegurar a flexibilidade da tramitação do processo e da forma e conteúdo dos atos processuais, ao mesmo tempo que salvaguarda os direitos processuais fundamentais.

Esta conclusão não é afetada pela circunstância de os poderes de adequação do processo introduzirem uma maior incerteza quanto às formas processuais, na medida em que permitem que estas sejam moldadas em função das particularidades da causa. De facto, muito embora a previsibilidade do processo traduza um valor com proteção constitucional (como dimensão do princípio da segurança jurídica), a atribuição ao juiz de poderes de flexibilização das formas de processo não coloca em causa o núcleo intangível deste direito processual fundamental.

Desde logo, importa ter em conta que o modelo de regulamentação das formas processuais previsto no CPC não é sinónimo de um processo em branco, característico de um sistema de liberdade de formas. Na realidade, sucede exatamente o oposto: a lei processual continua a prever uma forma legal detalhada que procura responder, em abstrato, às várias eventualidades que podem influir no desenvolvimento do processo.

A principal alteração introduzida com a consagração da flexibilização judicial do processo não está, pois, relacionada com a eliminação da forma legal ou com a sua supletividade, mas simplesmente com a circunstância de se admitir a alteração da forma legal quando esta seja desadequada à tutela dos direitos processuais fundamentais. Este aspeto é, em nosso entender, essencial, já que permite afastar uma regulamentação das formas processuais assente na prevalência de certos direitos processuais fundamentais sobre outros, como acontece – por exemplo – quando não se admita a adequação judicial do processo em face do caso concreto. De facto, tal modelo pressupõe a atribuição de absoluta primazia à segurança jurídica (na sua vertente de previsibilidade do processo) sobre quaisquer outros direitos processuais fundamentais.

A tutela dos direitos processuais fundamentais pressupõe, pois, a consideração das especificidades do caso concreto e, nessa medida, impõe a existência de mecanismos de flexibilização (judicial ou voluntária) das formas de processo. Importa, no entanto, não esquecer que a previsibilidade do processo também goza de proteção constitucional e, como tal, há que afastar o risco de arbítrio judicial na adequação do processo.

Este resultado é obtido, por um lado, através do contraditório prévio à adequação projetada (permitindo, assim, às partes participar e influenciar a decisão) e, por outro lado, mediante uma definição clara do fundamento e dos limites dos poderes de adequação do processo. Ora, tal como resulta da análise que antecede, a flexibilização judicial das formas de processuais justifica-se na medida em que tenha em vista a tutela de um direito processual fundamental e é balizada pelos restantes direitos processuais com proteção constitucional.

RESUMO DAS CONCLUSÕES ALCANÇADAS

1. O reforço dos poderes de direção do processo pelo juiz é um dos aspetos que marcou a evolução do processo civil português nos últimos três séculos. Na redação original do CPC de 1876, o juiz dispunha de poderes muito limitados de direção da marcha processual, o que refletia uma conceção liberal do processo. Em contraste, o CPC de 2013 atribui ao juiz – entre outros – poderes de impulso subsequente, de adequação judicial das formas de processo (duas das vertentes do princípio da gestão processual) e de iniciativa oficiosa no domínio da prova (princípio do inquisitório). O modelo de processo subjacente ao CPC assenta na cooperação entre os vários sujeitos processuais, pelo que os poderes de direção devem ser exercidos em diálogo com as partes e com os respetivos mandatários judiciais.

2. O presente texto tem como objeto o poder de adequação da forma legal (tramitação, forma e conteúdo dos atos processuais) às especificidades da causa no âmbito do processo civil declarativo em 1.ª instância. A análise estará, assim, centrada numa das dimensões da direção formal do processo. Como o próprio nome indica, os poderes de direção formal não visam exercer uma influência direta no mérito da causa, embora acabem muitas vezes por se refletir neste de modo indireto.

3. É possível identificar dois principais modelos de regulamentação das formas de processo: por um lado, um modelo assente numa forma legal que não admite, em regra, alterações em função do caso concreto (legalidade das formas processuais); por outro lado, um modelo que prescinde de uma forma prevista em abstrato e no qual as regras processuais são sempre determinadas pelo juiz, tendo em conta as particularidades da causa (liberdade das formas processuais). A rigidez associada ao modelo da legalidade das formas pode ser temperada através de uma adequação casuística do guião processual previsto na lei, mediante acordo das partes (flexibilização voluntária) ou decisão judicial (flexibilização judicial).

4. A adequação formal visa ajustar a tramitação, a forma e o conteúdo dos atos processuais às particularidades da causa e, por este meio, salvaguardar os direitos processuais fundamentais. As principais críticas que têm sido dirigidas à flexibilização judicial das formas de processo estão relacionadas, por um lado, com o aumento dos poderes do juiz que esta necessariamente acarreta e, por outro lado, com os possíveis reflexos da adequação nas garantias processuais, com particular ênfase para a previsibilidade das regras processuais.

5. O princípio da legalidade das formas processuais assumiu uma centralidade indiscutível no CPC de 1876 e no CPCa (até à reforma de 1995-1996). Durante mais de um século, as formas processuais previstas na lei surgiam como intangíveis, já que, em regra, não podiam ser alteradas pelo juiz ou pelas partes, mesmo quando desadequadas ao caso. A introdução da figura da tramitação processual simplificada (na reforma intercalar de 1985) e do regime do processo civil simplificado (Decreto-Lei n.º 211/91) não alteraram este panorama de forma significativa. De facto, a flexibilização das formas de processo estava limitada à dispensa de certas fases processuais cujas funções eram, no essencial, asseguradas através da petição conjunta e a lei não previa a possibilidade de as partes alterarem o guião do processo (por exemplo, introduzindo atos não previstos na forma legal ou alterando a sequência processual).

6. A consagração do princípio da adequação formal (art. 265.º-A do CPCa) na reforma de 1995-1996 representou um passo essencial no sentido de temperar a rigidez decorrente da legalidade das formas processuais. Muito embora a lei não tenha prescindido de regular as formas de processo de um modo exaustivo, a introdução do poder de adequação formal veio permitir ao juiz alterar a forma legal quando esta fosse desadequada ao caso concreto.

7. A aprovação, em 2006, do RPCE traduziu outro momento crucial na afirmação do poder de flexibilização judicial das formas de processo. No âmbito deste regime processual, o juiz assumia um papel central na gestão do processo e uma das dimensões da gestão passava pela adequação da tramitação e da forma e conteúdo dos atos processuais ao caso concreto [art. 2.º-a) do RPCE]. Em comparação com o previsto no CPCa, a flexibilização judicial das formas de processo apresentava uma maior amplitude neste diploma: por um lado, incluía de forma expressa a forma e o conteúdo dos atos processuais, o que permitia ultrapassar o debate existente na doutrina quanto ao âmbito da adequação formal; por outro lado, permitia a variação da forma legal quando, apesar de esta ser adequada ao caso, existisse uma forma alternativa igualmente adequada, mas mais eficiente.

8. Os vários projetos que antecederam a aprovação do CPC apresentavam orientações distintas quanto ao alcance do poder de flexibilização judicial das formas de processo. O anteprojeto de 2011 previa a consagração do princípio da gestão processual (na sua modalidade de simplificação e agilização) no CPC e não introduzia quaisquer alterações ao princípio da adequação formal. Por seu turno, o projeto de 2012 apontava para o alargamento do âmbito de aplicação do princípio da adequação formal, já que este deixava de depender da desadequação da forma legal às particularidades do caso.

9. O princípio da gestão processual (art. 6.º do CPC) reúne uma parte significativa dos poderes de direção formal do processo pelo juiz. De facto, a gestão processual compreende o poder de impulso subsequente do processo (salvo disposição legal em contrário), o poder de recusar atos inúteis, impertinentes ou dilatórios, o poder de adotar mecanismos de simplificação e agilização processuais e ainda o poder de suprimento da falta de pressupostos processuais sanáveis. A referência à simplificação e agilização do processo tem sobretudo em vista a adequação formal, mas também compreende, a título residual, quaisquer mecanismos de agilização que possam não implicar (em geral ou no caso concreto) uma flexibilização da forma legal.

10. A circunstância de o processo comum de declaração seguir uma forma única (art. 548.º do CPC) potencia o risco de desadequação das regras processuais ao caso concreto. Este foi um dos aspetos que justificou o reforço dos poderes de flexibilização judicial das formas de processo. De facto, a cláusula geral de adequação formal (art. 547.º do CPC) permite agora que o juiz introduza alterações ao nível da tramitação, da forma e do conteúdo dos atos processuais quando, apesar de a forma prevista na lei ser adequada ao caso, exista uma forma alternativa mais eficiente.

11. Há várias regras dispersas pelo CPC que contêm exemplos de adequação do processo: é o caso da inquirição de testemunhas em número superior ao previsto na lei (art. 511.º-4 do CPC) ou da flexibilização da fase intermédia do processo quando a ação tenha um valor igual ou inferior a metade da alçada da Relação (art. 597.º do CPC). Estes exemplos podem ser reconduzidos ao conceito de adequação formal tipificada, que inclui, assim, as situações em que a lei atribua ao juiz, num certo contexto, um poder específico de variação da forma processual. Importa, no entanto, salientar, que a adequação tipificada é meramente exemplificativa da cláusula geral de adequação e não limita a flexibilização das formas processuais que seria admissível ao abrigo desta.

12. Um dos aspetos marcantes das CPR inglesas (aprovadas em 1998) consistiu na transferência da responsabilidade pela condução do processo até ao julgamento para o tribunal. A atribuição ao juiz de amplos poderes de gestão do processo tem em vista o objetivo primordial de lidar com as causas de forma justa e mediante custos proporcionais [r. 1.1(1) das CPR]. Desta forma, o objetivo primordial surge, em simultâneo, como fundamento e limite dos poderes de gestão processual.

13. No ordenamento jurídico inglês, a gestão ativa do processo manifesta-se de várias formas. Assim, a título exemplificativo, a gestão processual pode traduzir-se no afastamento da forma de processo prevista nas CPR quando as circunstâncias concretas (como a complexidade ou relevância pública do caso e o número de partes) apontem para a maior adequação de uma forma alternativa, na adoção de técnicas que permitam ao juiz monitorizar o progresso da causa até ao julgamento (por exemplo, a elaboração de um calendário do processo ou a fixação da data do julgamento num momento inicial) ou na programação da audiência de julgamento.

14. Em Inglaterra, a recorribilidade das decisões judiciais em matéria cível depende, por regra, de autorização de um tribunal [r. 52.3(1)(a) das CPR]. Essa autorização pode ser concedida pelo tribunal recorrido ou pelo tribunal de recurso [r. 52.3(2) das CPR]. A preocupação no sentido de assegurar uma gestão efetiva do processo condiciona de forma significativa a recorribilidade dos despachos de gestão processual: além dos requisitos gerais [enunciados na r. 52.6(1) das CPR], o tribunal deve ainda considerar se a importância da questão justifica os custos do recurso e as consequências deste na tramitação processual e se é mais conveniente decidi-la de imediato ou apenas em momento posterior, designadamente após o julgamento (PD 52A, par. 4.6 das CPR). Mesmo quando o recurso seja admitido, a jurisprudência entende que os despachos de gestão são proferidos no exercício de poderes discricionários, o que limita consideravelmente o âmbito de intervenção do tribunal de recurso.

15. O art. 10.º-1 da DUDH consagra o direito a um processo equitativo em termos bastante genéricos, já que só alude a três garantias específicas: a igualdade, a publicidade e a independência e imparcialidade do tribunal. Os arts. 14.º-1 do PIDCP e 6.º-1 da CEDH procuram concretizar algumas das dimensões do processo equitativo que não constam expressamente da DUDH, como a publicidade da decisão, a previsão legal do tribunal e a decisão em prazo razoável. Além disso, o labor interpretativo do Comité de Direitos Humanos e, em particular, do TEDH têm sido fundamentais na densificação da cláusula geral do processo equitativo: pense-se, por exemplo, na afirmação do princípio do contraditório ou do dever de fundamentação das decisões judiciais como decorrências da mesma.

16. O direito de acesso aos tribunais (art. 20.º-1 da CRP) é um direito processual fundamental que compreende um amplo conjunto de garantias processuais. Algumas dessas garantias decorrem, de forma expressa, da Constituição: é o que sucede com o processo equitativo e a decisão em prazo razoável (art. 20.º-4 da CRP), a independência dos tribunais (art. 203.º da CRP), a fundamentação das decisões judiciais (art. 205.º-1 da CRP) e a publicidade das audiências (art. 206.º da CRP). Há outras garantias processuais que, não decorrendo expressamente da Constituição, podem ser reconduzidas à cláusula do processo equitativo (imparcialidade do juiz, publicidade da decisão e, em alguns casos, do processo, igualdade processual ou contraditório) ou ao princípio do Estado de Direito (segurança jurídica). As garantias processuais enunciadas neste ponto são uma decorrência do direito de acesso aos tribunais, pelo que traduzem também elas direitos processuais fundamentais.

17. A DUDH, o PIDCP e a CEDH desempenham, no essencial, uma função interpretativa no âmbito dos direitos processuais fundamentais.

A Constituição atribui essa função à DUDH (art. 16.º-2 da CRP) e o Tribunal Constitucional já reconheceu, por mais do que uma vez, que a CEDH desempenha um papel semelhante. Entre outros exemplos, estes instrumentos internacionais (e, em particular, a jurisprudência do TEDH) assumem um papel relevante na densificação da cláusula do processo equitativo (pense-se na garantia de imparcialidade do juiz) e na concretização do conceito de decisão em prazo razoável.

18. A adequação formal pode gerar alguma incerteza quanto às regras processuais aplicáveis ao caso, já que permite a sua modelação em função das particularidades da causa. Ora, a previsibilidade das formas processuais é uma das dimensões do princípio da segurança jurídica, pelo que é um valor com tutela constitucional. Não obstante, tal como consagrada no CPC, a adequação formal respeita o núcleo intangível do princípio da segurança jurídica: por um lado, a forma legal continua a assumir-se como regra, ainda que possa ser afastada quando não seja adequada ao caso concreto ou exista uma forma alternativa mais eficiente; por outro lado, a adequação do processo deve ser antecedida da audição das partes, o que assegura a participação destas e a possibilidade de influírem na decisão e evita decisões-surpresa; por fim, os despachos de adequação formal estão sujeitos a um controlo de legalidade que permite salvaguardar os direitos processuais fundamentais.

19. O poder de adequação formal é uma realidade transversal ao processo, já que permite ao juiz intervir em qualquer das fases em que este se decompõe. Desta forma, a adequação pode refletir-se na fase dos articulados (no número de articulados ou nas diligências tendentes à citação do réu), na fase intermédia (na realização da audiência prévia através de meios de comunicação à distância), na fase de instrução (na forma de produção dos meios de prova) e na fase final (na organização da audiência final ou na própria estrutura da decisão).

20. A adequação formal é, também, um instrumento multifacetado. De facto, esta tanto compreende a simplificação da forma legal (quando envolva a dispensa de atos ou de formalidades previstas na lei), como a sua densificação (quando se traduza no aditamento de atos ao guião do processo ou na prática de atos com conteúdo adicional em relação ao enunciado na lei) e ainda, no caso da tramitação processual, a alteração do momento em que os atos devem ser praticados.

21. A análise de alguns exemplos de adequação formal permite-nos constatar que esta tem como intuito salvaguardar os direitos processuais fundamentais. De facto, a aplicação de regras processuais desajustadas às particularidades da causa ou menos eficientes por comparação com outras igualmente adequadas à causa é suscetível de afetar algumas dos direitos com tutela constitucional que tivemos oportunidade de identificar. A título ilustrativo, a inclusão de um terceiro articulado para resposta a exceções no guião do processo pode revelar-se essencial no sentido de assegurar um contraditório efetivo num caso em que a complexidade da exceção imponha uma resposta por escrito; a calendarização do processo e a programação da audiência final contribuem para a maior previsibilidade e eficiência da tramitação processual e, portanto, para a obtenção de uma decisão em prazo razoável; a inquirição de testemunhas em número superior ao previsto na lei surge como um importante mecanismo de tutela do direito à prova quando a ação suscite questões especialmente complexas.

22. Os direitos processuais fundamentais traduzem, em simultâneo, um limite à adequação das formas processuais ao caso concreto. Assim, por exemplo, a limitação do tempo destinado às diligências instrutórias a realizar na audiência final deve ser conjugada com o direito à prova (que é uma das dimensões do princípio do contraditório); a fundamentação por adesão não pode afetar a exposição clara, compreensível e completa dos motivos subjacentes à decisão. No fundo, impõe-se uma análise de conjunto dos direitos processuais fundamentais e não a sua consideração isolada: antes de adequar o processo, o juiz deve ter em conta os possíveis efeitos da adequação nos outros direitos processuais com tutela constitucional.

23. A recorribilidade dos despachos de flexibilização judicial das formas de processo era objeto de alguma discussão na doutrina, sobretudo no âmbito do RPCE. Na ausência de uma regra especial, os autores procuravam a resposta na qualificação do poder de gestão processual como vinculado ou discricionário. Durante a reforma que culminou na aprovação do CPC, este tema foi abordado nos vários projetos e na Proposta de Lei n.º 113/XII em termos nem sempre coincidentes. O art. 630.º-2 do CPC estabelece a irrecorribilidade genérica dos despachos de adequação formal proferidos ao abrigo do art. 547.º do CPC.

24. A irrecorribilidade genérica dos despachos de adequação formal proferidos ao abrigo da cláusula geral (art. 547.º do CPC) assenta em dois aspetos cumulativos. Desde logo, estes despachos comportam importantes momentos de discricionariedade de apreciação (a determinação da forma processual mais adequada ao caso envolve juízos de prognose) e de discricionariedade de decisão (a concreta medida da adequação depende de um juízo subjetivo do julgador). Além disso, a restrição do controlo jurisdicional destes despachos (nos seus segmentos discricionários) a uma parte do bloco de legalidade visa incentivar uma utilização efetiva dos poderes de adequação do processo.

25. O regime de irrecorribilidade previsto no art. 630.º-2 do CPC é extensível, por igualdade de razão, aos despachos de adequação tipificada nos seus momentos de discricionariedade de apreciação e/ou de decisão. A preocupação com a efetividade dos poderes de flexibilização judicial das formas de processo é comum à adequação tipificada, pelo que a verificação deste elemento não suscita qualquer questão específica.

26. De acordo com o art. 630.º-2 do CPC, os despachos de adequação formal admitem recurso quando contendam com os princípios da igualdade e do contraditório (nele incluído o direito à prova). Este preceito não alude a direitos processuais fundamentais como a decisão em prazo razoável ou a fundamentação das decisões judiciais. No entanto, a teleologia dos poderes de adequação do processo – cujo fundamento e limite reside, como vimos, na salvaguarda dos direitos processuais fundamentais – viabiliza uma interpretação conforme a Constituição do art. 630.º-2 do CPC no sentido de impor a recorribilidade dos despachos de adequação formal quando estes possam afetar um direito processual fundamental.

27. Os despachos de adequação formal estão, por regra, sujeitos a impugnação diferida (art. 644.º-3 do CPC). Nestes casos, o tribunal *ad quem* só deve conhecer da impugnação quando a infração cometida possa modificar a decisão final ou quando, independentemente disso, seja possível identificar um interesse do recorrente no conhecimento da impugnação (art. 660.º do CPC). O tribunal deve limitar-se a um juízo cassatório quanto aos segmentos do despacho de adequação que comportem momentos discricionários (de apreciação e/ou de decisão). Esta última conclusão é extensível às situações em que os despachos de adequação admitam apelação autónoma.

LISTA DE BIBLIOGRAFIA

AA. VV. – "Parecer da commissão de legislação da Camara dos srs. Deputados sobre o projecto do Codigo do Processo Civil", *Revista de Legislação e de Jurisprudência*, Coimbra, ISSN 0870-8487, 1868-, n.º 436, ano 9, 1876, pp. 305-308

AA. VV. – "Parecer da commissão de legislação da Camara dos dignos Pares sobre o projecto do Codigo do Processo Civil", *Revista de Legislação e de Jurisprudência*, Coimbra, ISSN 0870-8487, 1868-, n.º 441, ano 9, 1876, pp. 385-389

AA. Vv – *Ata resumida da 54.ª reunião da Comissão das Nações Unidas para os Direitos Humanos – 3.ª sessão*, 1948, 16 p., disponível em https://bit.ly/MeetingUNCHR (consultada pela última vez a 12 de setembro de 2022)

AA. VV. – "Acta da 24.ª sessão da comissão de revisão do Código de Processo Civil", *Boletim do Ministério da Justiça*, Lisboa, ISSN 0870-337X, 1900-2000, n.º 362, 1987, pp. 241-260

AA. VV. – "Acta da 25.ª sessão da comissão de revisão do Código de Processo Civil", *Boletim do Ministério da Justiça*, Lisboa, ISSN 0870-337X, 1900-2000, n.º 363, 1987, pp. 19-33

AA. VV. – "Acta da 27.ª sessão da comissão de revisão do Código de Processo Civil", *Boletim do Ministério da Justiça*, Lisboa, ISSN 0870-337X, 1900-2000, n.º 364, 1987, pp. 299-361

AA. VV. – "Linhas orientadoras da nova legislação processual civil", *Sub Judice*, Lisboa, ISSN 0872-2137, 1991-2014, n.º 4, 1992, pp. 37-47

AA. VV. – "ALI/UNIDROIT Principles of Transnational Civil Procedure", *Uniform Law Review*, vol. 9, n.º 4, 2004, ISSN 1124-3694, p. 758-809

AA. VV. – "Primeira jornada internacional sobre processo civil e garantia: moção de Valência", *Revista do CEJ*, Lisboa, ISSN 1645-829X, 2004-, n.º 4, 2006, pp. 237-247

ABBOTSBURY, Lord Neuberger of – "Docketing: completing case management's unfinished revolution", 2012, 19 pp., disponível *on-line* em http://bit.ly/NinthLecture (consultado pela última vez a 12 de setembro de 2022)

ALEXANDRE, Isabel – "O caso julgado na jurisprudência constitucional portuguesa", *Estudos em homenagem ao conselheiro José Manuel Cardoso da Costa*, Coimbra, Coimbra Editora, 2003, ISBN 972-32-1203-X, pp. 11-77

ALEXANDRE, Isabel – "O dever de gestão processual do juiz na proposta de lei relativa ao novo Código de Processo Civil", *O novo processo civil: contributos da doutrina para a compreensão do novo Código de Processo Civil*, 2.ª ed., cad. 1, 2013, pp. 85-110, disponível *on-line* em https://bit.ly/CadernoICEJ (consultado pela última vez a 12 de setembro de 2022)

AMARAL, Diogo Freitas do – *Curso de direito administrativo*, 3.ª ed., vol. 2, Coimbra, Almedina, 2016, 658 p., 2 vols., ISBN 978-972-40-6496-3

ANDRADE, José Carlos Vieira de – "Declaração Universal dos Direitos do Homem", *Polis - Enciclopédia verbo da sociedade e do Estado*, vol. 2, Mem Martins, Verbo, 1996, pp. 11-15

ANDRADE, José Carlos Vieira de – *Os direitos fundamentais na Constituição portuguesa de 1976*, 6.ª ed., Coimbra, Almedina, 2021 (reimpressão da ed. de 2019), 387 p., ISBN 978-972-40-7922-6

ANDRADE, Manuel A. Domingues de – *Noções elementares de processo civil*, Coimbra, Coimbra Editora, 1979, 406 p.

ANDREWS, Neil – *Principles of civil procedure*, London, Sweet & Maxwell, 1994, 617 p., ISBN 0421487100

ANDREWS, Neil – *English civil procedure: fundamentals of the new civil justice system*, Oxford, Oxford University Press, 2003, 1073 p., ISBN 0199244251

ASSOCIAÇÃO SINDICAL DOS JUÍZES PORTUGUESES – *Parecer: projecto de novo Código do Processo Civil*, 2012, 123 p., disponível *on-line* em http://bit.ly/ParecerProjeto (consultado pela última vez a 12 de setembro de 2022)

ASSOCIAÇÃO SINDICAL DOS JUÍZES PORTUGUESES – *Parecer: proposta da comissão de revisão do processo civil*, 2012, 133 p., disponível *on-line* em http://bit.ly/ParecerAnteprojecto (consultado pela última vez a 12 de setembro de 2022)

ASSOCIAÇÃO SINDICAL DOS JUÍZES PORTUGUESES – *Parecer: Proposta de Lei n.º 521/2012 – aprova o Código de Processo Civil*, 2013, 123 p., disponível *on-line* em http://bit.ly/ParecerPL521 (consultado pela última vez a 12 de setembro de 2022)

ATAÍDE JR., Jaldemiro de – "Negócios jurídicos materiais e processuais", *Revista de Processo*, São Paulo, ISSN 0100-1981, 1976-, n.º 244, ano 40, 2015, pp. 393-423

AVELINO, Murilo Teixeira – "A posição do magistrado em face dos negócios jurídicos processuais", *Revista de Processo*, São Paulo, ISSN 0100-1981, 1976-, n.º 246, ano 40, 2015, pp. 219-238

AYALA, Bernardo Diniz de – *O (défice de) controlo judicial da margem de livre decisão administrativa: considerações sobre a reserva de administração, as componentes, os limites e os vícios típicos da margem de livre decisão administrativa*, Lisboa, Lex, 1995, 301 p., ISBN 972-9495-38-6

BARKHUYSEN, Tom [et. al.] – "Right to a fair trial", in VAN DIJK, Pieter [et. al.], ed., *Theory and practice of the European Convention on Human Rights*, 5.ª ed., Cambridge, Intersentia, 2018, ISBN 978-1-78068-493-2, pp. 497-654

BARRETO, Ireneu Cabral – *A Convenção Europeia dos Direitos do Homem: anotada*, 5.ª ed., Coimbra, Almedina, 2015, 678 p., ISBN 978-972-40-6193-7

BASTOS, Jacinto Rodrigues – *Notas ao Código de Processo Civil*, vol. 3, Lisboa, [s. n.], 1969, 479 p., 7 vols.

BASTOS, Jacinto Fernandes Rodrigues – *Notas ao Código de Processo Civil*, 2.ª ed., vol. 2, Lisboa, [s. n.], 1971, 380 p., 2 vols

BASTOS, Jacinto Fernandes Rodrigues – *Notas ao Código de Processo Civil*, 3.ª ed., vol. 2, Lisboa, [s. n.], 2000, 236 p., 7 vols. BATISTA, J. Pereira – *Reforma do processo civil: princípios fundamentais*, Lisboa, Lex, 1997, 107 p., ISBN 972-9495-61-0

BAUR, Fritz – "Potere giudiziale e formalismo del diritto processuale", *Rivista Trimestrale di Diritto e Procedura Civile*, Milano, ISSN 0391-1896, 1947-, ano 19, 1965, pp. 1683-1704

BENEDETELLI, Massimo V. – "To bifurcate or not to bifurcate? That is the (ambiguous) question", *Arbitration International*, London, ISSN 0957-0411, 1985-, vol. 29, n.º 3, 2013, pp. 493-506

BLACKABY, Nigel [et. al.] – *Redfern and Hunter on International Arbitration*, 6.ª ed., Oxford, Oxford University Press, 2015, 944 p., ISBN 978-0-19-871424-8

BLOM-COOPER, Sir Louis – "Assessors", in BLOM-COOPER Sir Louis, ed., *Experts in the civil courts: expert witness institute*, Oxford, Oxford University Press, 2006, ISBN 9780199297948, pp. 113-117

BÖCKSTIEGEL, Karl-Heinz – "Party autonomy and case management: experiences and suggestions of an arbitrator", *SchiedsVZ*, München [etc.], ISSN 1610-322X, 2003-, ano 11, n.º 1, 2013, pp. 1-5

BORN, Gary B. – *International commercial arbitration*, 2.ª ed., vol. 2, Austin, Wolters Kluwer, 2014, 2893 p., 3 vols., ISBN 978-90-411-5219-0

BRITO, Pedro Madeira de – "O novo princípio da adequação formal", in SOUSA, Miguel Teixeira de, org., *Aspectos do novo processo civil*, Lisboa, Lex, 1997, ISBN 972-9495-65-3, pp. 31-69

BRITO, Rita coord. – *Colectânea de decisões e práticas judiciais ao abrigo do Regime Processual Civil Experimental: Decreto-Lei n.º 108/2006, de 8 de junho*, Braga, CEJUR, 2009, 182 p., ISBN 978-989-95115-9-0

BURNS, Suzanne; THOMPSON, Brian – "Single joint expert", in BLOM-COOPER, Sir Louis, ed., *Experts in the civil courts: expert witness institute*, Oxford, Oxford University Press, 2006, ISBN 9780199297948, pp. 57-75

CABRAL, Antonio do Passo – *Convenções processuais*, Salvador, Jus Podivm, 2016, 383 p., ISBN 978-85-442-0770-3

CAMPOS, Joana Paixão – *A conciliação judicial*, [s. l.], Faculdade de Direito da Universidade Nova de Lisboa, 2009, 94 p. Tese de mestrado

CANOTILHO, J. J. Gomes – *Direito constitucional e teoria da Constituição*, 7.ª ed., Coimbra, Almedina, 2021 (reimpressão da ed. de 2003), 1522 p., ISBN 972-40-2106-8

CANOTILHO, J. J. Gomes; MOREIRA, Vital – *Constituição da República Portuguesa anotada*, 3.ª ed., Coimbra, Coimbra Editora, 1993, 1135 p., ISBN 972-32-0592-0

CANOTILHO, J. J. Gomes; MOREIRA, Vital – *Constituição da República Portuguesa anotada*, 4.ª ed., vol. 1, Coimbra, Coimbra Editora, 2014 (reimpressão da ed. de 2006), 1152 p., 2 vols., ISBN 978-972-32-2286-9

CANOTILHO, J. J. Gomes; MOREIRA, Vital – *Constituição da República Portuguesa anotada*, 4.ª ed., vol. 2, Coimbra, Coimbra Editora, 2014 (reimpressão da ed. de 2010), 1088 p., 2 vols., ISBN 978-972-32-2287-6

CAPELO, Maria José – "A tipicidade legal das formas de processo: fim à vista?", in ESTEVES, José António Alves, coord., *I jornadas de direito processual civil*, Chaves, Câmara Municipal de Valpaços, 2012, pp. 121-134

CARAMELO, António Sampaio – "Decisões interlocutórias e parciais no processo arbitral. Seu objecto e regime", *Themis*, Coimbra, ISSN 2182-9438, 2000-, n.º 16, ano 9, 2009, pp. 279-317

CARDOSO, Eurico Lopes – *Código de Processo Civil: anotado*, Coimbra, Almedina, 1962, 841 p.

CARLOS, Adelino da Palma – *Linhas gerais do processo civil português*, Lisboa, Cosmos, 1991, 84 p., ISBN 972-9170-48-7

CARVALHO, Joana Campos – *A recorribilidade das decisões de gestão processual*, [s. l.], Faculdade de Direito da Universidade Nova de Lisboa, 2014, 57 p. Trabalho apresentado no âmbito do curso de doutoramento

CARVALHO, Jorge Morais; PINTO-FERREIRA, João Pedro – *Contratos celebrados à distância e fora do estabelecimento comercial: anotação ao Decreto-Lei n.º 24/2014, de 14 de fevereiro*, Coimbra, Almedina, 2014, 225 p., ISBN 978-972-40-5650-0

CARVALHO, Jorge Morais; PINTO-FERREIRA, João Pedro; CARVALHO, Joana Campos – *Manual de resolução alternativa de litígios de consumo*, Coimbra, Almedina, 2021 (reimpressão da ed. de 2017), 265 p., ISBN 978-972-40-7203-6

CASTRO, Artur Anselmo de – *Direito processual civil declaratório*, vol. 1, Coimbra, Almedina, 1981, 3 vols.

CHIOVENDA, José – *Principios de derecho procesal civil*, 3.ª ed., t. 2, Madrid, Reus, 1977, 924 p., 2 vols., ISBN 84-290-1249-4

CIPRIANI, Franco – "Il processo civile italiano tra efficienza e garanzie", *Rivista Trimestrale di Diritto e Procedura Civile*, Milano, ISSN 0391-1896, 1947-, ano 56, n.º 4, 2002, pp. 1243-1261

CIVIL JUSTICE COUNCIL ADR WORKING GROUP – *ADR and civil justice: final report*, 2018, disponível *on-line* em https://www.judiciary.uk/wp-content/uploads/2018/12/CJC-ADR-Report-FINAL-Dec-2018.pdf (consultado pela última vez a 12 de setembro de 2022)

CONSELHO DOS OFICIAIS DE JUSTIÇA – *Parecer sobre a reforma do Código do Processo Civil*, 2012, disponível *on-line* em https://bit.ly/ParecerCOJ (consultado pela última vez a 12 de setembro de 2022)

CONSELHO SUPERIOR DA MAGISTRATURA – *Parecer sobre a reforma do processo civil*, 2012, disponível *on-line* em http://bit.ly/Parecer2012 (consultado pela última vez a 12 de setembro de 2022)

CORDEIRO, António Menezes – *Tratado da arbitragem: em comentário à Lei 63/2011, de 14 de dezembro*, Coimbra, Almedina, 2016 (reimpressão da ed. de 2015), 673 p., ISBN 978-972-40-6160-3

CORREIA, João; PIMENTA, Paulo; CASTANHEIRA, Sérgio – *Introdução ao estudo e à aplicação do Código de Processo Civil de 2013*, Coimbra, Almedina, 2013, ISBN 978-972-40-5324-0

CORREIA, José Manuel Sérvulo – *Legalidade e autonomia contratual nos contratos administrativos*, Coimbra, Almedina, 1987, 822 p., ISBN 972-40-0263-2

Correia, José Manuel Sérvulo – "Conceitos jurídicos indeterminados e âmbito do controlo jurisdicional", *Cadernos de Justiça Administrativa*, Braga, ISSN 0873-6294, 1996-, n.º 70, 2008, pp. 32-57

Costa, Américo Campos – "O processo simplificado do art. 464.º-A", *Tribuna da Justiça*, Fundão, ISSN 0870-8878, 1989-1990, n.º 2, 1990, pp. 58-64

Costa, Salvador da – *A injunção e as conexas acção e execução: processo geral simplificado*, 6.ª ed., Coimbra, Almedina, 2008, 374 p., ISBN 978-972-40-3549-9

Costa, Tiago Félix da – *A (des)igualdade de armas nas providências cautelares sem audiência do requerido*, Coimbra, Almedina, 2012, 106 p., ISBN 978-972-40-4096-7

Costeira, Maria José – "O novo modelo de gestão dos tribunais. Um ano depois", *Julgar*, Coimbra, ISSN 1646-6853, 2007-, n.º 27, 2015, pp. 55-74

Didier Jr., Fredie – *Fundamentos do princípio da cooperação no direito processual civil português*, Coimbra, Coimbra Editora, 2010, 118 p., ISBN 978-972-32-1855-8

Didier Jr., Fredie – "Anotação ao artigo 190.º", in Streck, Lenio Luiz; Nunes, Dierle; Cunha, Leonardo Carneiro da, org., *Comentários ao Código de Processo Civil: de acordo com a Lei n. 13.256/2016*, São Paulo, Saraiva, 2016, ISBN 978-85-02-63557-9, pp. 293-303

Direção-Geral da Política de Justiça – *Um ano de Regime Processual Civil Experimental: relatório intercalar*, [s. d.], 109 p., disponível *on-line* em http://bit.ly/RelatorioIntercalar (consultado pela última vez a 12 de setembro de 2022)

Direção-Geral da Política de Justiça – *Regime Processual Civil Experimental: V relatório de monitorização*, 2009, 104 p., disponível *on-line* em http://bit.ly/RelatorioV (consultado pela última vez a 12 de setembro de 2022)

Duarte, Ronnie Preuss – *Garantia de acesso à justiça: os direitos processuais fundamentais*, Coimbra, Coimbra Editora, 2007, 370 p., ISBN 978-972-32-1510-6

Dwyer, Déirdre – "The role of the expert under CPR Pt 35", in Dwyer, Déirdre, ed., *The Civil Procedure Rules ten years on*, Oxford, Oxford University Press, 2009, ISBN 9780199576883, pp. 299-324

Dwyer, Déirdre – "What is the meaning of CPR R. 1.1(1)", in Dwyer, Déirdre, ed., *The Civil Procedure Rules ten years on*, Oxford, Oxford University Press, 2009, ISBN 9780199576883, pp. 65-73

Dyson, Lord John Anthony – "The application of the amendments to the Civil Procedure Rules", *Civil Justice Quarterly*, London, ISSN 0261-9261, 1982-, vol. 33, n.º 2, 2014, pp. 124-132

FARIA, Paulo Ramos de – *Regime Processual Civil Experimental: a gestão processual no processo declarativo comum experimental*, Braga, CEJUR, 2009, 74 p., ISBN 978-989-95115-8-3

FARIA, Paulo Ramos de – *Regime Processual Civil Experimental comentado*, Coimbra, Almedina, 2010, 289 p., ISBN 978-972-40-4111-7

FARIA, Paulo Ramos de; LOUREIRO, Ana Luísa – *Primeiras notas ao novo Código de Processo Civil: os artigos da reforma*, 2.ª ed., vol. 1, Coimbra, Almedina, 2014, 812 p., 2 vols., ISBN 978-972-40-5745-3

FARIA, Paulo Ramos de; LOUREIRO, Ana Luísa – *Primeiras notas ao novo Código de Processo Civil: os artigos da reforma*, vol. 2, Coimbra, Almedina, 2014, 564 p., 2 vols., ISBN 978-972-40-5644-9

FARIA, Rita Lynce de – "A sumarização da justiça civil", *Julgar*, Coimbra, ISSN 1646-6853, 2007-, n.º 4, 2008, pp. 211-221

FERNANDEZ, Elizabeth – "A (pretensa) reforma da acção executiva", *Cadernos de Direito Privado*, Braga, ISSN 1645-7242, 2003-, n.º 26, 2009, pp. 18-34

FERNANDEZ, Elizabeth – *Um novo Código de Processo Civil? Em busca das diferenças*, Porto, Vida Económica, 2014, 207 p., ISBN 978-972-788-908-2

FERREIRA, Cardona – *Decreto-Lei 242/85, de 9 de julho (reforma intercalar do processo civil)*, [s. l.], [s. n.], 1985 (Torres Novas: Gráfica Almondina), 73 p.

FERREIRA, Fernando Amâncio – *Manual dos recursos em processo civil*, 9.ª ed., Coimbra, Almedina, 2009, 491 p., ISBN 978-972-40-2995-5

FERREIRA, José Dias – *Codigo de Processo Civil annotado*, t. 1, Lisboa, Tipographia Lisbonnsi, 1887, 546 p., 5 t.

FIALHO, António José – "Simplificação e gestão processual", in BRITO, Rita, coord., *Regime Processual Civil Experimental: simplificação e gestão processual*, Braga, CEJUR, 2008, ISBN 978-989-95115-2-1, pp. 53-82

FIALHO, António José – *Conteúdo e limites do princípio inquisitório na jurisdição voluntária*, Lisboa, Petrony, 2017, 112 p., ISBN 978-972-685-234-6

FISHER, Roger; URY, William; PATTON, Bruce – *Como conduzir uma negociação: chegar a acordo sem ceder*, 12.ª ed., Alfragide, Lua de Papel, 2015, 222 p., ISBN 978-989-23-1993-3

FREITAS, José Lebre de – "Justiça e processo civil", *Boletim do Ministério da Justiça*, Lisboa, ISSN 0870-337X, 1900-2000, n.º 350, 1985, pp. 13-28

FREITAS, José Lebre de – "Parecer da comissão de legislação da Ordem dos Advogados sobre a proposta de Código de Processo Civil", *Revista da Ordem dos Advogados*, Lisboa, ISSN 0870-8118, 1941-, ano 50, vol. 3, 1990, pp. 729-808

Freitas, José Lebre de – "A igualdade de armas no Direito Processual Civil português", *O Direito*, Coimbra, ISSN 978-972-40-4729-4, 1868-, ano 124, n.º 4, 1992, pp. 617-627

Freitas, José Lebre de – "Em torno da revisão do direito processual civil", *Revista da Ordem dos Advogados*, Lisboa, ISSN 0870-8118, 1941-, ano 55, vol. 1, 1995, pp. 5-18

Freitas, José Lebre de – *A acção declarativa comum à luz do código revisto*, 1.ª ed., Coimbra, Coimbra Editora, 2000, 343 p., ISBN 972-32-0942-X

Freitas, José Lebre de – *A acção executiva: depois da reforma*, 4.ª ed., Coimbra, Coimbra Editora, 2004, 432 p., ISBN 972-32-1233-1

Freitas, José Lebre de – "Experiência-piloto de um novo processo civil", *Novas exigências do processo civil: organização, celeridade e eficiência*, Coimbra, Coimbra Editora, 2007, ISBN 978-972-32-1485-7, pp. 209-223

Freitas, José Lebre de – *Introdução ao processo civil: conceito e princípios gerais*, 2.ª ed., Coimbra, Coimbra Editora, 2009 (reimpressão da ed. de 2006), 196 p., ISBN 978-972-32-1457-4

Freitas, José Lebre de – *A acção declarativa comum à luz do código revisto*, 2.ª ed., Coimbra, Coimbra Editora, 2011, 365 p., ISBN 978-972-32-1948-7

Freitas, José Lebre de – "Sobre o novo Código de Processo Civil (uma visão de fora)", *Revista da Ordem dos Advogados*, Lisboa, ISSN 0870-8118, 1941-, ano 73, vol. 1, 2013, pp. 23-61

Freitas, José Lebre de – "Gestão processual, princípio da cooperação e garantias das partes", in Pimenta, Paulo, coord., *II colóquio de processo civil de Santo Tirso*, Coimbra, Almedina, 2016, ISBN 978-972-40-6739-1, pp. 77-87

Freitas, José Lebre de – *A ação declarativa comum: à luz do Código de Processo Civil de 2013*, 4.ª ed., Coimbra, Gestlegal, 2017, 430 p., ISBN 978-989-99824-2-0

Freitas, José Lebre de – *A ação executiva: à luz do Código de Processo Civil de 2013*, 7.ª ed., Coimbra, Gestlegal, 2017, 500 p., ISBN 978-989-99824-2-0

Freitas, José Lebre de – *Introdução ao processo civil: conceito e princípios gerais à luz do novo código*, 4.ª ed., Coimbra, Gestlegal, 2017, 248 p., ISBN 978-989-99824-1-3

Freitas, José Lebre de; Alexandre, Isabel – *Código de Processo Civil anotado*, 4.ª ed., vol. 1, Coimbra, Almedina, 2021 (reimpressão da ed. de 2018), 724 p., 2 vols., ISBN 978-972-40-7677-5

Freitas, José Lebre de; Alexandre, Isabel – *Código de Processo Civil anotado*, 4.ª ed., vol. 2, Coimbra, Almedina, 2021 (reimpressão da ed. de 2019), 786 p., 2 vols., ISBN 978-972-40-7817-5

FREITAS, José Lebre de; MACHADO, A. Montalvão; PINTO, Rui – *Código de Processo Civil anotado*, 2.ª ed., vol. 2, Coimbra, Coimbra Editora, 2008, 732 p., 3 vols., ISBN 978-972-32-1616-5

FREITAS, José Lebre de; MENDES, Armindo Ribeiro – *Código de Processo Civil anotado*, vol. 3, Coimbra, Coimbra Editora, 2003, 674 p., 3 vols., ISBN 972-32-1201-3

FREITAS, José Lebre de; REDINHA, João; PINTO, Rui – *Código de Processo Civil anotado*, 2.ª ed., vol. 1, Coimbra, Coimbra Editora, 2008, 709 p., 3 vols., ISBN 978-972-32-1592-2

GAJARDONI, Fernando da Fonseca – *Flexibilidade procedimental: um novo enfoque para o estudo do procedimento em matéria processual*, 2007, 284 p., disponível *on-line* em http://bit.ly/TeseUSP (consultada pela última vez a 12 de setembro de 2022). Tese de doutoramento

GERALDES, António Santos Abrantes – "Reforço dos poderes do juiz na gestão e na dinamização do processo", [s. d.], 10 p., disponível *on-line* em http://bit.ly/GestaoDinamizacao (consultado pela última vez a 12 de setembro de 2022)

GERALDES, António Santos Abrantes – *Temas da reforma do processo civil*, 2.ª ed., vol. 1, Coimbra, Coimbra Editora, 1999 (reimpressão da ed. de 1997), 283 p., 4 vols., ISBN 972-40-1144-5

GERALDES, António Santos Abrantes – *Temas da reforma do processo civil*, 2.ª ed., vol. 2, Coimbra, Almedina, 1999, 4 vols., ISBN 972-40-1214-X

GERALDES, António Santos Abrantes – "Processo especial experimental de litigância de massas", *Novas exigências do processo civil: organização, celeridade e eficiência*, Coimbra, Coimbra Editora, 2007, ISBN 978-972-32-1485-7, pp. 153-173

GERALDES, António Santos Abrantes – "Cassação ou substituição? Livre escolha ou determinismo legislativo?", in PINTO, Rui, coord., *As recentes reformas na acção executiva e nos recursos*, Coimbra, Coimbra Editora, 2010, ISBN 978-972-32-1880-0, pp. 163-181

GERALDES, António Santos Abrantes – *Recursos no novo Código de Processo Civil*, 5.ª ed., Coimbra, Almedina, 2018, 645 p., ISBN 978-972-40-7539-6

GERALDES, António Santos Abrantes; PIMENTA, Paulo; SOUSA, Luís Filipe Pires de – *Código de Processo Civil anotado: parte geral e processo de declaração, artigos 1.º a 702.º*, vol. 1, Coimbra, Almedina, 2018, 867 p., ISBN 978-972-40-7574-7

GOMES, Guilherme Brandão Salazar Loureiro – "A (ir)recorribilidade das decisões judiciais sobre nulidades processuais e proferidas ao abrigo da gestão processual e da adequação formal: anotação ao artigo 630.º, n.º 2, do Código de Processo Civil de 2013", *Themis*, Coimbra, ISSN 2182-9438, 2000-, n.º 34, ano 19, 2018, pp. 85-117

Gonçalves, Marco Carvalho – *Lições de processo civil executivo*, 2.ª ed., Coimbra, Almedina, 2018, 587 p., ISBN 978-972-40-7486-3

Gonçalves, Marco Carvalho – *Providências cautelares*, 4.ª ed., Coimbra, Almedina, 2021 (reimpressão da ed. de 2019), 462 p., ISBN 978-972-40-8018-5

Gouveia, Jorge Bacelar – "A Declaração Universal dos Direitos do Homem e a Constituição Portuguesa", *Revista de Informação Legislativa*, Brasília, ISSN 0034-835X, 1963-, n.º 139, ano 35, 1998, pp. 261-281

Gouveia, Jorge Bacelar – *Manual de Direito Constitucional*, 6.ª ed., vol. 2, Coimbra, Almedina, 2016, 659 p., 2 vols., ISBN 978-972-40-6796-4

Gouveia, Mariana França – *A causa de pedir na acção declarativa*, Coimbra, Almedina, 2004, 581 p., ISBN 972-40-2183-1

Gouveia, Mariana França – "Poder geral de controlo", *Sub Judice*, Lisboa, ISSN 0872-2137, 1991-2014, n.º 29, 2004, pp. 11-21

Gouveia, Mariana França – *Regime especial para grandes litigantes: estudo preliminar*, Colares, [s. n.], 2005, 31 p.

Gouveia, Mariana França – *Regime Processual Experimental: anotado*, Coimbra, Almedina, 2006, 165 p., ISBN 972-40-2933-6

Gouveia, Mariana França – "A acção especial de litigância de massas", *Novas exigências do processo civil: organização, celeridade e eficiência*, Coimbra, Coimbra Editora, 2007, ISBN 978-972-32-1485-7, pp. 137-152

Gouveia, Mariana França – "Os poderes do juiz cível na acção declarativa: em defesa de um processo civil ao serviço do cidadão", *Julgar*, Coimbra, ISSN 1646-6853, 2007-, n.º 1, 2007, pp. 47-65

Gouveia, Mariana França – "A novíssima acção executiva: análise das mais importantes alterações", *Revista da Ordem dos Advogados*, Lisboa, ISSN 0870-8118, 1941-, ano 69, vols. 3 e 4, 2009, pp. 567-601

Gouveia, Mariana França – "O princípio dispositivo e a alegação de factos em processo civil: a incessante procura da flexibilidade processual", *Revista da Ordem dos Advogados*, Lisboa, ISSN 0870-8118, 1941-, ano 73, vols. 2 e 3, 2013, pp. 595-617

Gouveia, Mariana França [et. al.] – *Justiça económica em Portugal: factos e números*, vol. 2, Lisboa, Fundação Francisco Manuel dos Santos e Associação Comercial de Lisboa - Câmara de Comércio e Indústria Portuguesa, 2012, 249 p., 3 vols., ISBN 978-989-8424-87-7

GOUVEIA, Mariana França [et. al.] – *Justiça económica em Portugal: gestão processual e oralidade*, cad. 2, Lisboa, Fundação Francisco Manuel dos Santos e Associação Comercial de Lisboa - Câmara de Comércio e Indústria Portuguesa, 2012, 92 p., 6 cads., ISBN 978-989-8424-93-8

GOUVEIA, Mariana França [et. al.] – *Justiça económica em Portugal: prova*, cad. 3, Lisboa, Fundação Francisco Manuel dos Santos e Associação Comercial de Lisboa - Câmara de Comércio e Indústria Portuguesa, 2012, 92 p., 6 cads., ISBN 978-989-8424-89-1

GOUVEIA, Mariana França; PINTO-FERREIRA, João Pedro; TEIXEIRA, Micael – "Evolução do processo civil na sequência da Constituição de 1976: democratização, celeridade e gestão processual", in RODRIGUES, Maria de Lurdes [et. al.], org. e coord., *40 anos de políticas de justiça em Portugal*, Coimbra, Almedina, 2017, ISBN 978-972-40-6866-4, pp. 181-197

GOUVEIA, Mariana França – *Curso de resolução alternativa de litígios*, 3.ª ed., Coimbra, Almedina, 2021 (reimpressão da ed. de 2014), 359 p., ISBN 978-972-40-5570-1

GRABENWARTER, Christoph – *European Convention on Human Rights: commentary*, Munich, C. H. Beck [etc.], 2014, ISBN 978-3-406-60321-1

GREENWOOD, Lucy – "Does bifurcation really promote efficiency?", *Journal of International Arbitration*, Alphen aan den Rijn, The Netherlands, ISSN 0255-8106, 1984-, vol. 28, n.º 2, 2011, pp. 105-111

GROSZ, Stephen; BEATSON, Jack; DUFFY, Peter – *Human Rights: the 1998 Act and the European Convention*, London, Sweet & Maxwell, 2000, 440 p., ISBN 0-421-640-604

HARRIS, David [et. al.] – *Law of the European Convention on Human Rights*, 3.ª ed., Oxford, Oxford University Press, 2014, 1006 p., ISBN 978-0-19-960639-9

INTERNATIONAL CHAMBER OF COMMERCE – *Techniques for controlling time and costs in arbitration*, 2.ª ed., 2018, 16 pp., disponível *on-line* em http://bit.ly/TimeCosts (consultado pela última vez a 12 de setembro de 2022)

JACKSON, Lord Justice – *Review of civil litigation costs: final report*, Norwich, The Stationery Office, 2010, 557 p., ISBN 978-0-11-706404-1

JACOB, Jack I. H. – *The fabric of english civil justice*, London, Stevens, 1987, 297 p., ISBN 0-420-47530-3

JOLOWICZ, J. A. – "The Woolf report and the adversary system", *Civil Justice Quarterly*, London, ISSN 0261-9261, 1982-, vol. 15, jul., 1996, pp. 198-210

JORGE, Nuno de Lemos – "Notas sobre o Regime Processual Experimental", *Novas exigências do processo civil: organização, celeridade e eficiência*, Coimbra, Coimbra Editora, 2007, ISBN 978-972-32-1485-7, pp. 175-208

JORGE, Nuno de Lemos – "Os poderes instrutórios do juiz: alguns problemas", *Julgar*, Coimbra, ISSN 1646-6853, 2007-, n.º 3, 2007, pp. 61-84

JORGE, Nuno de Lemos – "Direito à prova: brevíssimo roteiro jurisprudencial", *Julgar*, Coimbra, ISSN 1646-6853, 2007-, n.º 6, 2008, pp. 99-106

KAY, Maurice ed. – *Blackstone's civil practice: the commentary*, Oxford, Oxford University Press, 2011, 1530 p., ISBN 978-0-19-969707-6

LAMEIRAS, Luís Filipe Brites – *Comentário ao Regime Processual Experimental*, Coimbra, Almedina, 2007, 168 p., ISBN 978-972-40-3091-3

LAMEIRAS, Luís Filipe Brites – *Notas práticas ao regime dos recursos em processo civil*, 2.ª ed., Coimbra, Almedina, 2009, 315 p., ISBN 978-972-40-3987-9

LAMEIRAS, Luís – "O princípio do inquisitório: um *poder-dever* ou um *poder discricionário* do juiz?", in PIMENTA Paulo, coord., *II colóquio de processo civil de Santo Tirso*, Coimbra, Almedina, 2016, ISBN 978-972-40-6739-1, pp. 21-37

LEABEATER, James [et. al.] – *Civil appeals: principle and procedure*, 2.ª ed., London, Sweet & Maxwell, 2014, 870 p., ISBN 9780414034242

LEANZA, Piero; PRIDAL, Ondrej – *The right to a fair trial: article 6 of the European Convention on Human Rights*, Alphen aan den Rijn, The Netherlands, Wolters Kluwer Law & Business, 2014, 276 p., ISBN 978-90-411-4855-1

LEHTIMAJA, Lauri; PELLONPÄÄ, Matti – "Article 10", in EIDE, Asbjorn [et. al.], eds., *The Universal Declaration of Human Rights: a commentary*, Oslo, Scandinavian University Press, 1993, ISBN 82-00-21339-0, pp. 159-174

LOURENÇO, José Acácio – "Os direitos das partes no processo civil após a reforma do Código de Processo Civil, em 2013: avanço ou retrocesso?", *Revista da Ordem dos Advogados*, Lisboa, ISSN 0870-8118, 1941-, ano 73, vols. 2 e 3, 2013, pp. 477-524

MACK, Kathy – *Court referral to ADR: criteria and research*, [s. l.], Australian Institute of Judicial Administration e National Alternative Dispute Resolution Advisory Council, 2003, 122 p., ISBN 1-875527-45-1

MAIA, Elísio Borges; SETIL, Inês – "Breve comentário ao Regime Processual Experimental aprovado pelo DL n.º 108/2006, de 8/6", *Scientia Ivridica*, Braga, ISSN 0870-8185, 1951-, t. 55, n.º 306, 2006, pp. 313-346

Marques, J. P. Remédio – *Acção declarativa à luz do código revisto*, 3.ª ed., Coimbra, Coimbra Editora, 2011, 771 p., ISBN 978-972-32-1904-3

Marques, Vasco Ataíde; Rosa, Carmen Baptista – "Tecnologia e o pragmatismo ao serviço da justiça", 2014, disponível *on-line* em http://bit.ly/Pragmatismo (consultado pela última vez a 12 de setembro de 2022)

Mendes, João de Castro – *Direito processual civil*, vol. 1, Lisboa, Associação Académica da Faculdade de Direito de Lisboa, 2012 (reimpressão), 422 p., 3 vols.

Mendes, João de Castro – *Direito processual civil*, vol. 2, Lisboa, Associação Académica da Faculdade de Direito de Lisboa, 2012 (reimpressão da ed. de 1987), 596 p., 3 vols.

Mendes, João de Castro – *Direito processual civil: recursos e acção executiva*, vol. 3, Lisboa, Associação Académica da Faculdade de Direito de Lisboa, 2012 (reimpressão), 398 p., 3 vols.

Mendonça, Luís Correia de – "Processo civil líquido e garantias: o Regime Processual Experimental português", *Themis*, Coimbra, ISSN 2182-9438, 2000-, n.º 14, ano 8, 2007, pp. 77-108

Mendonça, Luís Correia de – "Vírus autoritário e processo civil", *Julgar*, Coimbra, ISSN 1646-6853, 2007-, n.º 1, 2007, pp. 67-98

Mendonça, Luís Correia de – "O dispositivo: um princípio evanescente", *Revista da Ordem dos Advogados*, Lisboa, ISSN 0870-8118, 1941-, ano 77, vols. 1 e 2, 2017, pp. 443-485

Mendonça, Luís Correia de; Antunes, Henrique – *Dos recursos: regime do Decreto-Lei n.º 303/2007, de 24 de agosto*, Lisboa, Quid Juris, 2009, 397 p., ISBN 978-972-724-438-6

Mesquita, Miguel – "A flexibilização do princípio do pedido à luz do moderno processo civil", *Revista de Legislação e de Jurisprudência*, Coimbra, ISSN 0870-8487, 1868-, n.º 3983, ano 143, 2013, pp. 129-151

Mesquita, Miguel – "Princípio da gestão processual: o «Santo Graal» do novo processo civil", *Revista de Legislação e de Jurisprudência*, Coimbra, ISSN 0870-8487, 1868-, n.º 3995, ano 145, 2015, pp. 78-108

Miranda, Jorge – "Nos 60 anos da Declaração Universal dos Direitos do Homem: uma perspectiva constitucional portuguesa", *Polis - Revista de Estudos Jurídico-Políticos*, Lisboa, ISSN 0872-8208, 1994-, n.º 17, 2008, pp. 13-25

Miranda, Jorge – *Manual de direito constitucional*, vol. 2, t. 4, Coimbra, Coimbra Editora, 2014, 508 p., 3 vols., ISBN 978-972-32-2272-2

Miranda, Jorge; Medeiros, Rui – *Constituição Portuguesa anotada*, t. 1, Coimbra, Coimbra Editora, 2005, 753 p., 3 t., ISBN 972-32-1307-9

Miranda, Jorge; Medeiros, Rui – *Constituição Portuguesa anotada*, t. 3, Coimbra, Coimbra Editora, 2007, 1006 p., 3 t., ISBN 978-972-32-1541-0

Monteiro, António Pedro Pinto; Silva, Artur Flamínio da; Mirante, Daniela – *Manual de arbitragem*, Coimbra, Almedina, 2020 (reimpressão da ed. de 2019), 504 p., ISBN 978-972-40-7965-3

Montero Aroca, Juan – *Los principios políticos de la nueva Ley de Enjuiciamiento Civil: los poderes del juez y la oralidad*, Valencia, Tirant lo Blanch, 2001, 190 p., ISBN 84-8442-334-4

Montero Aroca, Juan – "El proceso civil llamado «social» como instrumento de «justicia» autoritaria", in Montero Aroca Juan, coord., *Proceso civil e ideología: um prefacio, una sentencia, dos cartas y quince ensayos*, Valencia, Tirant lo Blanch, 2006, ISBN 84-8456-520-3, pp. 129-165

Moreira, José Carlos Barbosa – "Duelo e processo", *Revista Brasileira de Direito Comparado*, Rio de Janeiro, ISSN 1517-2163, 1999-, n.° 24, 2003, pp. 41-56

Moreira, José Carlos Barbosa – "O neoprivatismo no processo civil", *Cadernos de Direito Privado*, Braga, ISSN 1645-7242, 2003-, n.° 10, 2005, pp. 3-12

Movimento de Justiça e Democracia – *Parecer quanto ao projecto de revisão do Código de Processo Civil*, 2012, disponível *on-line* em https://bit.ly/ParecerMJD (consultado pela última vez a 12 de setembro de 2022)

Nayer, Ravi – "Post-Denton: an appraisal of the Court of Appeal decision on relief from sanctions", *Civil Justice Quarterly*, London, ISSN 0261-9261, 1982-, vol. 35, n.° 2, 2016, pp. 97-112

Novais, Jorge Reis – *Os princípios constitucionais estruturantes da República Portuguesa*, Coimbra, Coimbra Editora, 2004, 344 p., ISBN 972-32-1254-4

Oldham, David – "Case management: a judge's perspective", *Journal of Personal Injury Law*, London, ISSN 1352-7533, 2000-, ano 9, n.° 3, 2009, pp. 212-217

Oliveira, Carlos Alberto Alvaro de – "Poderes do juiz e visão cooperativa do processo", *Revista da Faculdade de Direito da Universidade de Lisboa*, Lisboa, ISSN 0870-3116, 1917-, vol. 44, n.°s 1 e 2, 2003, pp. 179-212

Oliveira, Carlos Alberto Alvaro de – *Do formalismo no processo civil: proposta de um formalismo jurídico-valorativo*, 3.ª ed., São Paulo, Saraiva, 2009, 306 p., ISBN 978-85-02-06678-6

ORDEM DOS ADVOGADOS – *Parecer sobre o projecto de reforma do Código de Processo Civil*, 2012, disponível *on-line* em http://bit.ly/ParecerProjectoCPC (consultado pela última vez a 12 de setembro de 2022)

ORDEM DOS ADVOGADOS – *Parecer sobre o projecto de novo Código do Processo Civil*, 2012, 9 p., disponível *on-line* em https://bit.ly/ParecerOA (consultado pela ultima vez a 12 de setembro de 2022)

ORDEM DOS ADVOGADOS – *Parecer sobre a Proposta de Lei n.º 113/XII que «aprova o Código de Processo Civil»*, 2013, 49 p., disponível *on-line* em http://bit.ly/Pare-cerPL113 (consultado pela última vez a 12 de setembro de 2022)

PALO, Giuseppe de [et. al.] – *«Rebooting» the mediation Directive: assessing the limited impact of its implementation and proposing measures to increase the number of mediations in the EU*, 2014, 231 p., disponível *on-line* em http://bit.ly/RebootingDirective (consultado pela última vez a 12 de setembro de 2022)

PEDRO, Ricardo – *Contributo para o estudo da responsabilidade civil extracontratual do Estado por violação do direito a uma decisão em prazo razoável ou sem dilações indevidas*, Lisboa, Associação Académica da Faculdade de Direito de Lisboa, 2011, 227 p.

PEYSNER, John; SENEVIRATNE, Mary – *The management of civil cases: the courts and post-Woolf landscape*, [s. l.], Department for Constitutional Affairs, 2005, 76 p., ISBN 1-84099-065-1

PICOZZA, Elisa – "Il calendario del processo", *Rivista di Diritto Processuale*, Padova, ISSN 0035-6182, 1946-, ano 64, n.º 6, 2009, pp. 1650-1659

PIMENTA, Paulo – *Processo civil declarativo*, 2.ª ed., Coimbra, Almedina, 2017, 410 p., ISBN 978-972-40-7204-3

PINTO, Rui – *Notas ao Código de Processo Civil*, 2.ª ed., vol. 1, Coimbra, Coimbra Editora, 2015, 464 p., 2 vols., ISBN 978-972-32-2356-9

PINTO, Rui – *Código de Processo Civil anotado*, vol. 1, Coimbra, Almedina, 2018, 766 p., 2 vols., ISBN 978-972-40-7465-8

PINTO, Rui – *Código de Processo Civil anotado*, vol. 2, Coimbra, Almedina, 2018, 974 p., 2 vols., ISBN 978-972-40-7581-5

PINTO-FERREIRA, João Pedro – "Litisconsórcio necessário legal e litisconsórcio necessário natural: a necessidade ou não da distinção", *Themis*, Coimbra, ISSN 2182-9438, 2000-, n.º 19, ano 10, 2010, pp. 73-113

PINTO-FERREIRA, João Pedro – *A representação em juízo: uma perspetiva de direito comparado. Direitos português e espanhol*, Lisboa, Faculdade de Direito da Universidade Nova de Lisboa, 2013, 81 p. Trabalho apresentado no âmbito do curso de doutoramento

PINTO-FERREIRA, João Pedro; LI, Ana; REGO, Margarida Lima – "Princípio da gestão processual na prática judiciária", *CEDIS Working Papers: Direito e Justiça*, n.º 2, 2018, ISSN 2184-2965, 29 pp., disponível *on-line* em https://bit.ly/GestaoProcesso (consultado pela última vez a 12 de setembro de 2022)

PORTOCARRERO, Maria Francisca – "Discricionaridade e conceitos imprecisos: ainda fará sentido a distinção?", *Cadernos de Justiça Administrativa*, Braga, ISSN 0873-6294, 1996-, n.º 10, 1998, pp. 26-46

REGO, Carlos Lopes do – "Acesso ao direito e aos tribunais", *Estudos sobre a jurisprudência do Tribunal Constitucional*, Lisboa, Aequitas [etc.], 1993, ISBN 972-9485-12-7, pp. 41-96

REGO, Carlos Francisco de Oliveira Lopes do – *Comentários ao Código de Processo Civil*, 2.ª ed., vol. 1, Coimbra, Almedina, 2004, 666 p., 2 vols., ISBN 972-40-2172-6

REGO, Carlos Lopes do – "Os princípios orientadores da reforma do processo civil em curso: o modelo de ação declarativa", *Julgar*, Coimbra, ISSN 1646-6853, 2007-, n.º 16, 2012, pp. 99-129

REIS, José Alberto dos – *Processo ordinario civil e commercial*, vol. 1, Coimbra, Imprensa Academica, 1907, 650 p.

REIS, José Alberto dos – *Processo ordinário e sumário*, 2.ª ed., Coimbra, Coimbra Editora, 1928, 751 p.

REIS, José Alberto dos – *Breve estudo sôbre a reforma do processo civil e comercial*, 2.ª ed., Coimbra, Coimbra Editora, 1929, 744 p.

REIS, José Alberto dos – "O novo Código de Processo Civil", *Revista de Legislação e de Jurisprudência*, Coimbra, ISSN 0870-8487, 1868-, n.º 2649, ano 72, 1939, pp. 161-166

REIS, José Alberto dos – *Comentário ao Código de Processo Civil*, 2.ª ed., vol. 2, Coimbra, Coimbra Editora, 1945, 749 p., 3 vols., ISBN 972 0032 000 618

REIS, José Alberto dos – *Comentário ao Código de Processo Civil*, 2.ª ed., vol. 3, Coimbra, Coimbra Editora, 1946, 715 p., 3 vols., ISBN 972 0032 005 903

REIS, José Alberto dos – *Código de Processo Civil anotado*, 3.ª ed., vol. 3, Coimbra, Coimbra Editora, 2005 (reimpressão da ed. de 1950), 463 p., 6 vols., ISBN 972-32-0048-1

Reis, José Alberto dos – *Código de Processo Civil anotado*, 3.ª ed., vol. 5, Coimbra, Coimbra Editora, 2007 (reimpressão da ed. de 1952), 504 p., 6 vols., ISBN 972-32-0050-3

Ribeiro, Idalina; Silva, Maria Helena – "Gestão processual", *Julgar*, Coimbra, ISSN 1646-6853, 2007-, n.º 27, 2015, pp. 155-166

Ricardo, Luís Carvalho – *Regime Processual Civil Experimental anotado e comentado*, Braga, CEJUR, 2007, 99 p., ISBN 978-989-95115-1-4

Ricci, Edoardo F. – "Su alcuni aspetti problematici del «diritto alla prova»", *Rivista di Diritto Processuale*, Padova, ISSN 0035-6182, 1946-, ano 39, 1984, pp. 159-162

Rodrigues, Fernando Pereira – *O novo processo civil. Os princípios estruturantes*, Coimbra, Almedina, 2013, 285 p., ISBN 978-972-40-5373-8

Schabas, William A. – *The European Convention on Human Rights: a commentary*, Oxford, Oxford University Press, 2015, 1308 p., ISBN 9780199594061

Silva, Lucinda D. Dias da – *Processo cautelar comum: princípio do contraditório e dispensa de audição prévia do requerido*, Coimbra, Coimbra Editora, 2009, 377 p., ISBN 978-972-32-1719-3

Silva, Paula Costa e – *Acto e processo: o dogma da irrelevância da vontade na interpretação e nos vícios do acto postulativo*, Coimbra, Coimbra Editora, 2003, 690 p, ISBN 972-32-1162-9

Silva, Paula Costa e – "Legalidade das formas de processo e gestão processual ou as duas faces de Janus", *Revista de Informação Legislativa*, Brasília, ISSN 0034-835X, 1963-, n.º 190, ano 48, 2011, pp. 137-149

Sime, Stuart – "Sanctions after Mitchell", *Civil Justice Quarterly*, London, ISSN 0261-9261, 1982-, vol. 33, n.º 2, 2014, pp. 133-156

Sorabji, John – "The road to New Street station: fact, fiction and the overriding objective", *European Business Law Review*, London, ISSN 0959-6941, 1990-, vol. 23, n.º 1, 2012, pp. 77-89

Sousa, Luís Filipe Pires de – "O empenho ativo do juiz na obtenção de uma solução de equidade em sede de tentativa de conciliação", *Julgar*, Coimbra, ISSN 1646-6853, 2007-, n.º 23, 2014, pp. 317-337

Sousa, Luís Filipe Pires de – *Prova testemunhal*, Coimbra, Almedina, 2014, 432 p., ISBN 978-972-40-5249-6

Sousa, Marcelo Rebelo de; Matos, André Salgado de – *Direito administrativo geral: introdução e princípios fundamentais*, t. 1, Lisboa, Dom Quixote, 2004, 245 p., 2 t., ISBN 972-20-2672-0

SOUSA, Miguel Teixeira de – *As partes, o objecto e a prova na acção declarativa*, Lisboa, Lex, 1995, 281 p., ISBN 972-9495-42-4

SOUSA, Miguel Teixeira de – *Estudos sobre o novo processo civil*, 2.ª ed., Lisboa, Lex, 1997, 677 p., ISBN 972-9495-55-6

SOUSA, Miguel Teixeira de – *Introdução ao processo civil*, 2.ª ed., Lisboa, Lex, 2000, 121 p., ISBN 972-8634-02-1

SOUSA, Miguel Teixeira de – "Apontamento sobre o princípio da gestão processual no novo Código de Processo Civil", *Cadernos de Direito Privado*, Braga, ISSN 1645-7242, 2003-, n.º 43, 2013, pp. 10-14

SOUSA, Miguel Teixeira de – "Jurisprudência (250)", 2015, disponível *on-line* em http://bit.ly/BlogIPPC2 (consultado pela última vez a 12 de setembro de 2022)

SOUSA, Miguel Teixeira de – "ACPs: uma solução (só) impensável em Portugal?", 2017, 7 p., disponível *on-line* em http://bit.ly/BlogIPPC (consultado pela última vez a 112 de setembro de 2022)

SOUTO, Azevedo – *Código de Processo Civil: actualisado e comentado*, vol. 1, Lisboa, [s. n.], 1930, 384 p., 7 vols.

TALLERICO, Thomas J.; BEHRENDT, J. Adam – "The use of bifurcation and direct testimony witness statements in international commercial arbitration proceedings", *Journal of International Arbitration*, Alphen aan den Rijn, The Netherlands, ISSN 0255-8106, 1984-, vol. 20, n.º 3, 2003, pp. 295-305

TARUFFO, Michele – "Il diritto alla prova nel processo civile", *Rivista di Diritto Processuale*, Padova, ISSN 0035-6182, 1946-, ano 39, 1984, pp. 74-120

TARUFFO, Michele – "Poteri probatori delle parti e del giudice in Europa", *Rivista Trimestrale di Diritto e Procedura Civile*, Milano, ISSN 0391-1896, 1947-, ano 60, n.º 2, 2006, pp. 451-482

TEIXEIRA, Paulo Duarte – "O poder de gestão no processo experimental", in BRITO, Rita, coord., *Regime Processual Civil Experimental: simplificação e gestão processual*, Braga, CEJUR, 2008, ISBN 978-989-95115-2-1, pp. 9-51

TURNER, Robert – "The proactive judge and the provision of a single transnational case management system and its associated procedures", in ANDENAS, Mads; ANDREWS, Neil; NAZZINI, Renato, eds., *The future of transnational civil litigation: english responses to the ALI/UNIDROIT draft principles and rules of transnational civil procedure*, London, British Institute of International and Comparative Law, 2004, ISBN 0903067978, pp. 73-91

TURNER, Robert – "Actively: the word that changed the civil courts", in DWYER, Déirdre, ed., *The Civil Procedure Rules ten years on*, Oxford, Oxford University Press, 2009, ISBN 9780199576883, pp. 77-88

VARELA, Antunes; BEZERRA, J. Miguel; NORA, Sampaio e – *Manual de processo civil*, 2.ª ed., Coimbra, Coimbra Editora, 1985, 778 p., ISBN 972-0032-001080

VELU, Jacques; ERGEC, Rusen – *La Convention Européene des Droits de l'Homme: extrait du répertoire pratique du droit belge*, Bruxelles, Bruylant, 1990, 1185 p., ISBN 2-8027-0528-8

VIDEIRA, Susana Antas – "Regime Processual Civil Experimental: algumas considerações do ponto de vista jurídico-constitucional", *Scientia Ivridica*, Braga, ISSN 0870-8185, 1951-, t. 56, n.º 309, 2007, pp. 105-125

WEISSBRODT, David – *The right to a fair trial under the Universal Declaration of Human Rights and the International Covenant on Civil and Political Rights*, The Hague [etc.], Martinus Nijhoff Publishers, 2001, 167 p., ISBN 90-411-1507-2

WOOLF, Lord – *Access to justice: interim report to the Lord Chancellor on the civil justice system in England and Wales*, 1995, disponível *on-line* em http://bit.ly/AccessInterim (consultado pela última vez a 12 de dezembro de 2022)

WOOLF, Lord – *Access to justice: final report*, London, The Stationery Office, 1996, 369 p., ISBN 0-11-3800991

XAVIER, Rita Lobo; FOLHADELA, Inês; CASTRO, Gonçalo Andrade e – *Elementos de direito processual civil: teoria geral, princípios, pressupostos*, 2.ª ed., Porto, Universidade Católica Editora, 2018, 241 p., ISBN 978-989-8835-50-5

ZUCKERMAN, Adrian – "Litigation management under the CPR: a poorly-used management infrastructure", in DWYER, Déirdre, ed., *The Civil Procedure Rules ten years on*, Oxford, Oxford University Press, 2009, ISBN 9780199576883, pp. 89-107

ZUCKERMAN, Adrian – *Zuckerman on civil procedure: principles of practice*, 3.ª ed., London, Sweet & Maxwell, 2013, 1506 p., ISBN 9781847039606

LISTA DE JURISPRUDÊNCIA

1. Jurisprudência nacional[746]

Tribunal Constitucional

– Ac. do TC n.º 55/85, de 25 de março de 1985, proc. n.º 42/84 (relator: Raul Mateus)

– Ac. do TC n.º 110/85, de 2 de julho de 1985, proc. n.º 116/84 (relator: Vital Moreira)

– Ac. do TC n.º 324/86, de 19 de novembro de 1986, proc. n.º 108/85 (relator: Magalhães Godinho)

– Ac. do TC n.º 39/88, de 9 de fevereiro de 1988, proc. n.º 136/85 (relator: Messias Bento)

– Ac. do TC n.º 86/88, de 13 de abril de 1988, proc. n.º 235/86 (relator: Messias Bento)

– Ac. do TC n.º 395/89, de 18 de maio de 1989, proc. n.º 357/88 (relator: Messias Bento)

– Ac. do TC n.º 210/90, de 19 de junho de 1990, proc. n.º 156/89 (relator: Monteiro Diniz)

– Ac. do TC n.º 222/90, de 20 de junho de 1990, proc. n.º 129/87 (relator: Sousa e Brito)

– Ac. do TC n.º 287/90, de 30 de outubro de 1990, proc. n.º 309/88 (relator: Sousa e Brito)

[746] As decisões do Tribunal Constitucional estão disponíveis em www.tribunalconstitucional.pt. Na falta de indicação em contrário, a restante jurisprudência nacional pode ser consultada em www.dgsi.pt.

– Ac. do TC n.º 62/91, de 13 de março de 1991, proc. n.º 150/89 (relator: Sousa e Brito)

– Ac. do TC n.º 196/91, de 8 de maio de 1991, proc. n.º 122/89 (relator: António Vitorino)

– Ac. do TC n.º 52/92, de 5 de fevereiro de 1992, proc. n.º 10/89 (relatora: Assunção Esteves)

– Ac. do TC n.º 310/94, de 24 de março de 1994, proc. n.º 379/91 (relator: Alves Correia)

– Ac. do TC n.º 529/94, de 28 de setembro de 1994, proc. n.º 173/93 (relator: Bravo Serra)

– Ac. do TC n.º 209/95, de 20 de abril de 1995, proc. n.º 133/93 (relator: Ribeiro Mendes)

– Ac. do TC n.º 223/95, de 26 de abril de 1995, proc. n.º 712/93 (relator: Messias Bento)

– Ac. do TC n.º 497/96, de 20 de março de 1996, proc. n.º 231/95 (relator: Luís Nunes de Almeida)

– Ac. do TC n.º 1193/96, de 20 de novembro de 1996, proc. n.º 496/96 (relator: Messias Bento)

– Ac. do TC n.º 239/97, de 12 de março de 1997, proc. n.º 786/92 (relator: Sousa e Brito)

– Ac. do TC n.º 266/97, de 19 março de 1997, proc. n.º 618/95 (relator: Guilherme da Fonseca)

– Ac. do TC n.º 182/98, de 11 de fevereiro de 1998, proc. n.º 508/96 (relatora: Maria Fernanda Palma)

– Ac. do TC n.º 262/98, de 5 de março de 1998, proc. n.º 140/95 (relator: Alves Correia)

– Ac. do TC n.º 278/98, de 10 de março de 1998, proc. n.º 215/97 (relator: Ribeiro Mendes)

– Ac. do TC n.º 279/98, de 10 de março de 1998, proc. n.º 199/95 (relator: Luís Nunes de Almeida)

– Ac. do TC n.º 514/98, de 15 de julho de 1998, proc. n.º 677/97 (relator: Messias Bento)

– Ac. do TC n.º 646/98, de 17 de novembro de 1998, proc. n.º 466/97 (relator: Messias Bento)

– Ac. do TC n.º 72/99, de 3 de fevereiro de 1999, proc. n.º 497/97 (relatora: Maria Helena Brito)

– Ac. do TC n.º 80/99, de 9 de fevereiro de 1999, proc. n.º 453/98 (relatora: Maria Helena Brito)

– Ac. do TC n.º 151/99, de 9 de março de 1999, proc. n.º 857/98 (relatora: Maria Helena Brito)

– Ac. do TC n.º 189/99, de 23 de março de 1999, proc. n.º 116/99 (relator: Messias Bento)

– Ac. do TC n.º 345/99, de 15 de junho de 1999, proc. n.º 996/98 (relator: Sousa e Brito)

– Ac. do TC n.º 422/99, de 30 de junho de 1999, proc. n.º 698/98 (relator: Bravo Serra)

– Ac. do TC n.º 608/99, de 9 de novembro de 1999, proc. n.º 473/97 (relator: Paulo Mota Pinto)

– Ac. do TC n.º 232/00, de 5 de abril de 2000, proc. n.º 297/99 (relatora: Maria Fernanda Palma)

– Ac. do TC n.º 518/00, de 29 de novembro de 2000, proc. n.º 362/00 (relator: Artur Maurício)

– Ac. do TC n.º 519/00, de 29 de novembro de 2000, proc. n.º 725/99 (relatora: Maria Helena Brito)

– Ac. do TC n.º 330/01, de 10 de julho de 2001, proc. n.º 102/01 (relator: Messias Bento)

– Ac. do TC n.º 79/02, de 26 de fevereiro de 2002, proc. n.º 502/00 (relator: Tavares da Costa)

– Ac. do TC n.º 303/03, de 18 de junho de 2003, proc. n.º 1124/98 (relator: Benjamim Rodrigues)

– Ac. do TC n.º 209/04, de 24 de março de 2004, proc. n.º 798/03 (relator: Gil Galvão)

– Ac. do TC n.º 685/05, de 13 de dezembro de 2005, proc. n.º 944/05 (relatora: Maria Helena Brito)

– Ac. do TC n.º 353/06, de 5 de junho de 2006, proc. n.º 616/05 (relator: Paulo Mota Pinto)

– Ac. do TC n.º 646/06, de 28 de novembro de 2006, proc. n.º 748/06 (relator: Bravo Serra)

– Ac. do TC n.º 681/06, de 12 de dezembro de 2006, proc. n.º 372/06 (relator: Paulo Mota Pinto)

– Ac. do TC n.º 69/08, de 31 de janeiro de 2008, proc. n.º 240/07 (relatora: Maria Lúcia Amaral)

Supremo Tribunal de Justiça

– Ac. do STJ de 16 de dezembro de 1947, proc. n.º 53 757 (relator: Azevedo e Castro): *Boletim do Ministério da Justiça,* Lisboa, ISSN 0870-337X, 1900-2000, n.º 4, 1958, pp. 179-183

– Ac. do STJ de 12 de julho de 1979, proc. n.º 67 979 (relator: Daniel Ferreira): *Boletim do Ministério da Justiça,* Lisboa, ISSN 0870-337X, 1900-2000, n.º 289, 1979, pp. 293-297

– Ac. do STJ de 19 de novembro de 2015, proc. n.º 2864/12.6TBVCD.P1.S1 (relator: Carlos Lopes do Rego)

– Ac. do STJ de 23 de junho de 2016, proc. n.º 1937/15.8T8BCL.S1 (relator: Abrantes Geraldes)

– Ac. do STJ de 11 de outubro de 2017, proc. n.º 07B3024 (relator: Salvador da Costa)

– Ac. do STJ de 22 de fevereiro de 2018, proc. n.º 473/14.4T8SCR.L1.S2 (relator: Abrantes Geraldes)

– Ac. do STJ de 5 de julho de 2018, proc. n.º 5314/05.0TVLSB.L1.S2 (relator: Hélder Almeida)

Tribunal da Relação de Coimbra

– Ac. do TRC de 16 de janeiro de 2001, proc. n.º 3077/2000 (relator: Monteiro Casimiro)

– Ac. do TRC de 26 de junho de 2012, proc. n.º 257/11.1TBFVN.C1 (relator: Jacinto Meca)

– Ac. do TRC de 29 de outubro de 2013, proc. n.º 737/08.6TMAVR-E.C1 (relator: Henrique Antunes)

– Ac. do TRC de 14 de outubro de 2014, proc. n.º 507/10.1T2AVR-C.C1 (relator: Carvalho Martins)

– Ac. do TRC de 9 de maio de 2017, proc. n.º 1026/13.0TBCTB.C1 (relator: António Domingos Pires Robalo)

Tribunal da Relação de Évora

– Ac. do TRE de 16 de dezembro de 2003, proc. n.º 282/03-3 (relatora: Maria Alexandra Moura Santos)

– Ac. do TRE de 25 de janeiro de 2013, proc. n.º 2556/07.8TBSTR-A.E1 (relator: António M. Ribeiro Cardoso)

– Ac. do TRE de 12 de fevereiro de 2015, proc. n.º 1279/13.3TBLGS-D.E1 (relator: Rui Machado e Moura)

– Ac. do TRE de 11 de junho de 2015, proc. n.º 1406/14.3TBPTM-B.E1 (relator: Mata Ribeiro)

– Ac. do TRE de 30 de junho de 2016, proc. n.º 309/15.9T8PTG-A.E1 (relator: Mário Serrano)

– Ac. do TRE de 9 de fevereiro de 2017, proc. n.º 1930/15.0T8PTM.E1 (relatora: Conceição Ferreira)

– Ac. do TRE de 10 de maio de 2018, proc. n.º 2239/15.5T8ENT-A.E1 (relator: Mata Ribeiro)

– Ac. do TRE de 24 de maio de 2018, proc. n.º 10442/15.1T8STB-A.E1 (relator: Tomé Ramião)

– Ac. do TRE de 17 de janeiro de 2019, proc. n.º 2238/15.7T8STR-A.E1 (relatora: Ana Margarida Leite)

Tribunal da Relação de Guimarães

– Ac. do TRG de 14 de novembro de 2003, proc. n.º 1760/03-2 (relator: Lázaro Faria)

– Ac. do TRG de 21 de maio de 2015, proc. n.º 1/08.0TJVNF-EK.G1 (relatora: Ana Cristina Duarte)

– Ac. do TRG de 12 de novembro de 2015, proc. n.º 7178/11.6TBBRG-A.G1 (relator: António Santos)

– Ac. do TRG de 25 de fevereiro de 2016, proc. n.º 634/14.6T8VRL-B,G1 (relator: António Santos)

– Ac. do TRG de 14 de junho de 2018, proc. n.º 1365/17.0T8PVZ.G1 (relatora: Helena Melo)

– Ac. do TRG de 17 de janeiro de 2019, proc. n.º 4833/15.5T8GMR-A.G3 (relator: José Cravo)

– Ac. do TRG de 28 de fevereiro de 2019, proc. n.º 2281/17.1T8VRL.G1 (relatora: Raquel Baptista Tavares)

Tribunal da Relação de Lisboa

– Ac. do TRL de 28 de janeiro de 2002, proc. n.º 0006742 (relator: Silva Pereira)

– Ac. do TRL de 27 de junho de 2006, proc. n.º 4669/2006-7 (relator: Pimentel Marcos)

– Ac. do TRL de 11 de outubro de 2007, proc. n.º 6137/2007-2 (relator: Vaz Gomes)

– Ac. do TRL de 16 de janeiro de 2014, proc. n.º 4817/07.7TBALM.L2-6 (relator: António Martins)

– Ac. do TRL de 9 de outubro de 2014, proc. n.º 2164/12.1TVLSB.L1-2 (relator: Jorge Manuel Leitão Leal)

– Ac. do TRL de 13 de novembro de 2014, proc. n.º 673/03.2TYLSB.L1-6 (relatora: Ana de Azeredo Coelho)

– Ac. do TRL de 5 de maio de 2015, proc. n.º 1386/13.2TBALQ.L1-7 (relatora: Cristina Coelho)

– Ac. do TRL de 29 de outubro de 2015, proc. n.º 2691/13.3TCLRS.L1-2 (relator: Jorge Vilaça)

– Ac. do TRL de 29 de novembro de 2016, proc. n.º 737/10.6TBPDL-A.L1-7 (relatora: Carla Câmara)

– Ac. do TRL de 12 de janeiro de 2017, proc. n.º 136577/15.6YIPRT-A.L1-8 (relator: António Valente)

– Ac. do TRL de 27 de abril de 2017, proc. n.º 239/13.9TBPDL-2 (relator: Ezagüy Martins)

– Ac. do TRL de 9 de novembro de 2017, proc. n.º 3831/15.3T8LSB.L1-2 (relatora: Ondina Carmo Alves)

– Ac. do TRL de 8 de fevereiro de 2018, proc. n.º 3054-17.7T8LSB-A.L1-6 (relatora: Cristina Neves)

– Ac. do TRL de 18 de outubro de 2018, proc. n.º 8195/17.8T8ALM.L1-2 (relatora: Laurinda Gemas)

– Ac. do TRL de 28 de março de 2019, proc. n.º 6564/17.2T8LRS.L1-6 (relator: Manuel Rodrigues)

Tribunal da Relação do Porto

– Ac. do TRP de 20 de maio de 1982, recurso n.º 432/82 (relator: Júlio Santos): *Colectânea de Jurisprudência*, Lisboa, 1976-, ISSN 2182-4592, ano 8, t. 3, 1982, pp. 205-208

– Ac. do TRP de 30 de outubro de 2003, proc. n.º 0334851 (relator: Pires Condesso)

– Ac. do TRP de 19 de outubro de 2010, proc. n.º 3483/05.9TBGDM.P1 (relatora: Maria Cecília Agante)

– Ac. do TRP de 22 de novembro de 2011, proc. n.º 2111/07.2TJVNF.P1 (relator: João Proença)

– Ac. do TRP de 4 de outubro de 2012, proc. n.º 157279/11.7YIPRT.P1 (relatora: Maria Amália Santos)[747]

– Ac. do TRP de 30 de outubro de 2014, proc. n.º 682/10.5TVPRT.P1 (relator: José Amaral)

– Ac. do TRP de 24 de setembro de 2015, proc. n.º 128/14.0T8PVZ.P1 (relatora: Judite Pires)

– Ac. do TRP de 12 de novembro de 2015, proc. n.º 4507/13.1TBMTS-A.P1 (relator: Filipe Caroço)

2. Jurisprudência estrangeira

A. Convenção Europeia dos Direitos Humanos[748]

Decisões do Tribunal Europeu dos Direitos Humanos

– Decisão de 27 de junho de 1968, proc. n.º 1936/63 (caso Neumeister v Áustria)

– Decisão de 21 de fevereiro de 1975, proc. n.º 4451/70 (caso Golder v Reino Unido)

– Decisão 23 de junho de 1981, procs. n.º 6878/75 e 7238/75 (caso Le Compte, Van Leuven e De Meyere v Bélgica)

– Decisão de 8 de dezembro de 1983, proc. n.º 7984/77 (caso Pretto e outros v Itália)

– Decisão de 8 de dezembro de 1983, proc. n.º 8273/78 (caso Axen v Alemanha)

– Decisão de 22 de fevereiro de 1984, proc. n.º 8209/78 (caso Sutter v Suíça)

– Decisão de 28 de junho de 1984, procs. n.º 7819/77 e 7878/77 (caso Campbell e Fell v Reino Unido)

– Decisão de 28 de maio de 1985, proc. n.º 8225/78 (caso Ashingdane v Reino Unido)

– Decisão de 8 de julho de 1987, proc. n.º 9580/81 (caso H. v Reino Unido)

[747] Decisão inédita partilhada com os membros do Instituto Português de Processo Civil.

[748] O relatório e as decisões indicadas podem ser consultados em www.hudoc.echr.coe.int.

– Decisão de 23 de junho de 1993, proc. n.º 12952/87 (caso Ruiz-Mateos v Espanha)

– Decisão de 24 de junho de 1993, proc. n.º 14518/89 (caso Schuler-Zgraggen v Suíça)

– Decisão de 27 de outubro de 1993, proc. n.º 14448/88 (caso Dombo Beheer B. V. v Holanda)

– Decisão de 23 de março de 1994, proc. n.º 14940/89 (caso Silva Pontes v Portugal)

– Decisão de 19 de abril de 1994, proc. n.º 16034/90 (caso Van de Hurk v Holanda)

– Decisão de 20 de fevereiro de 1996, proc. n.º 19075/91 (caso Vermeulen v Bélgica)

– Decisão de 24 de novembro de 1997, proc. n.º 21835/93 (caso Werner v Áustria)

– Decisão de 19 de dezembro de 1997, proc. n.º 20772/92 (caso Helle v Finlândia)

– Decisão de 16 de setembro de 1999, proc. n.º 29569/95 (caso Buscemi v Itália)

– Decisão de 27 de junho de 2000, proc. n.º 30979/96 (caso Frydlender v França)

– Decisão de 13 de julho de 2000, proc. n.º 25735/94 (caso Elsholz v Alemanha)

– Decisão de 21 de dezembro de 2000, proc. n.º 33956/96 (caso Wettstein v Suíça)

– Decisão de 11 de janeiro de 2001, proc. n.º 38460/97 (caso Platakou v Grécia)

– Decisão de 24 de abril de 2001, procs. n.º 36337/97 e 35974/97 (caso B. e P. v Reino Unido)

– Decisão de 27 de setembro de 2001, proc. n.º 49684/99 (caso Hirvisaari v Finlândia)

– Decisão de 10 de abril de 2003, proc. n.º 39731/98 (caso Péttur Thór Sigurðsson v Islândia)

– Decisão de 9 de março de 2004, proc. n.º 30508/96 (caso Pitkänen v Finlândia)

– Decisão de 23 de novembro de 2004, proc. n.º 54857/00 (caso Puolitaival e Pirttiaho v Finlândia)

– Decisão de 1 de fevereiro de 2005, proc. n.º 46845/99 (caso Indra v Eslováquia)

– Decisão de 2 de junho de 2005, proc. n.º 48386/99 (caso Cottin v Bélgica)

– Decisão de 15 de dezembro de 2005, proc. n.º 73797/01 (caso Kyprianou v Chipre)

– Decisão de 6 de abril de 2006, proc. n.º 46917/99 (caso Stankiewicz v Polónia)

– Decisão de 13 de abril de 2006, proc. n.º 73225/01 (caso Fedotova v Rússia)

– Decisão de 5 de outubro de 2006, proc. n.º 75204/01 (caso Klasen v Alemanha)

– Decisão de 23 de novembro de 2006, proc. n.º 73053/01 (caso Jussila v Finlândia)

– Decisão de 10 de junho de 2008, proc. n.º 33729/06 (caso Martins Castro e Alves Correia de Castro v Portugal)

– Decisão de 8 de janeiro de 2009, proc. n.º 29002/06 (caso Schlumpf v Suíça)

– Decisão de 5 de março de 2009, proc. n.º 38478/05 (caso Sandra Janković v Croácia)

– Decisão de 21 de julho de 2009, proc. n.º 34197/02 (caso Luka v Roménia)

– Decisão de 15 de outubro de 2009, proc. n.º 17056/06 (caso Micallef v Malta)

Relatórios da Comissão Europeia de Direitos do Homem

– Relatório de 12 de outubro de 1978, proc. n.º 7360/76 (caso Leo Zand v Áustria)

B. Declaração Universal dos Direitos Humanos

Comunicações do Comité de Direitos Humanos da ONU[749]

– Comunicação n.º 207/1986, de 28 de julho de 1989 (caso Yves Morael v França)

– Comunicação n.º 468/1991, de 20 de outubro de 1993 (caso Oló Bahamonde v Guiné Equatorial)

[749] Estas comunicações podem ser consultadas em http://hrlibrary.umn.edu/undocs/undocs-index.html.

C. Inglaterra[750]

Decisões da Câmara dos Lordes

– Decisão de 25 de abril de 1985 (caso G v G)

Decisões do Court of Appeal

– Decisão de 26 de julho de 1999 (caso Ricardo Biguzzi v Rank Leisure Plc)

– Decisão de 6 de dezembro de 1999 [caso UCB Corporate Services Ltd v Halifax (SW) Ltd]: *Civil Practice Law Reports,* ISSN 1465-7414, 1999-, 1999, pp. 691 e ss.

– Decisão de 17 de dezembro de 1999 (caso Purdy v Cambran): *Civil Practice Law Reports,* ISSN 1465-7414, 1999-, 1999, pp. 843 e ss.

– Decisão de 17 de julho de 2001 (caso Colley v Council for Licensed Conveyancers)

– Decisão de 5 de novembro de 2001 (caso MP v Mid Kent Healthcare NHS Trust)

– Decisão de 21 de janeiro de 2002 (caso Peter Paul Popek v National Westminster Bank Plc)

– Decisão de 18 de junho de 2002 (caso Iftakhar Ahmed v Stanley A Coleman and another)

– Decisão de 1 de julho de 2002 (caso Colin Powell v Pallisers of Hereford Ltd & others)

– Decisão de 30 de dezembro de 2002 (caso Royal & Sun Alliance Insurance Plc & another v T & N Ltd)

– Decisão de 10 de outubro de 2003 (caso E. I. Du Pont de Nemours & Company v S. T. Dupont)

– Decisão de 22 de outubro de 2003 (caso Post Office Counters Ltd v Tarla Mahida)

– Decisão de 19 de dezembro de 2003 (caso Shawton Engineering Ltd v DGP International Ltd & another)

– Decisão de 11 de maio de 2004 (caso Halsey & others v Milton Keynes General NHS Trust & another)

[750] Salvo indicação em contrário, as decisões referenciadas podem ser consultadas em www.bailii.org.

– Decisão de 17 de maio de 2007 [caso Marcan Shipping (London) Ltd v George Kefalas & another)

– Decisão de 19 de outubro de 2007 (caso The Mayor and Burgesses of the London Borough of Southwark v Onayomake)

– Decisão de 11 de março de 2008 (caso Walbrook Trustee (Jersey) Ltd & others v Fattal & others)

– Decisão de 20 de dezembro de 2012 [caso Broughton v Kop Football (Cayman) Ltd & others]

– Decisão de 23 de outubro de 2013 (caso PGF II SA v OMFS Company 1 Ltd)

– Decisão de 27 de novembro de 2013 (caso Andrew Mitchell MP v News Group Newspapers Ltd)

– Decisão de 4 de julho de 2014 (caso Charles Graham Denton & others v TH White Ltd & others)

INSTRUMENTOS NORMATIVOS E PROJETOS LEGISLATIVOS

1. Direito nacional

A. Instrumentos normativos

– Carta de Lei de 8 de novembro de 1876 – *Código de Processo Civil de 1876* (revogada pelo Decreto-Lei n.º 29 637, de 28 de maio de 1939)

– Decreto n.º 3, de 29 de maio de 1907 – *Simplifica o processo civil e comercial no âmbito das causas de pequeno valor* (revogado pelo Decreto-Lei n.º 29 637, de 28 de maio de 1939)

– Decreto n.º 12 353, de 22 de setembro de 1926 – *Simplifica e acelera o processo civil e comercial* (revogado pelo Decreto-Lei n.º 29 637, de 28 de maio de 1939)

– Decreto n.º 21 287, de 26 de maio de 1932 – *Compila a legislação dispersa sobre processo civil e comercial e introduz algumas alterações* (revogado pelo Decreto-Lei n.º 29 637, de 28 de maio de 1939)

– Decreto-Lei n.º 29 637, de 28 de maio de 1939 – *Código de Processo Civil de 1939*

– Decreto-Lei n.º 44 129, de 28 de dezembro de 1961 – *Código de Processo Civil de 1961* (revogado pela Lei n.º 41/2013, de 26 de junho)

– Decreto-Lei n.º 44 329, de 8 de maio de 1962 – *Aprova o Código das Custas Judiciais* (revogado pelo Decreto-Lei n.º 224-A/96, de 26 de novembro)

– Decreto-Lei n.º 47 344, de 25 de novembro de 1966, na sua redação atual (última alteração: Lei n.º 8/2022, de 10 de janeiro) – *Código Civil*

– Constituição da República Portuguesa, de 2 de abril de 1976, na sua redação atual (última alteração: Lei Constitucional n.º 1/2005, de 12 de agosto)

– Lei n.º 29/78, de 12 de junho – *Aprova, para ratificação, o Pacto Internacional sobre os Direitos Civis e Políticos*

– Lei n.º 65/78, de 13 de outubro – *Aprova, para ratificação, a Convenção Europeia dos Direitos do Homem*

– Lei n.º 13/82, de 15 de junho – *Aprova, para adesão, o Protocolo Facultativo ao Pacto Internacional sobre os Direitos Civis e Políticos*

– Lei n.º 21/85, de 30 de julho, na sua redação atual (última alteração: Lei n.º 2/2020, de 31 de março) – *Estatuto dos Magistrados Judiciais*

– Decreto-Lei n.º 242/85, de 9 de julho – *Reforma do Código de Processo Civil (1985)*

– Decreto-Lei n.º 267/85, de 16 de julho – *Lei de Processo nos Tribunais Administrativos* (revogado pela Lei n.º 15/2002)

– Decreto-Lei n.º 212/89, de 30 de junho – *Alteração ao Código das Custas Judiciais*

– Decreto-Lei n.º 211/91, de 14 de junho – *Regime do processo civil simplificado* (revogado pela Lei n.º 41/2013, de 26 de junho)

– Decreto-Lei n.º 329/A-95, de 12 de dezembro – *Reforma do Código de Processo Civil (1995-1996)*

– Decreto-Lei n.º 180/96, de 25 de setembro – *Reforma do Código de Processo Civil (1995-1996)*

– Lei Constitucional n.º 1/97, de 20 de setembro – *Quarta revisão constitucional*

– Decreto-Lei n.º 269/98, de 1 de setembro, na sua redação atual (última alteração: Lei n.º 117/2019, de 13 de setembro) – *Procedimentos para cumprimento de obrigações pecuniárias emergentes de contratos de valor não superior à alçada do tribunal de 1.ª instância*

– Decreto-Lei n.º 433/99, de 26 de outubro, na sua redação atual (última alteração: Lei n.º 12/2022, de 27 de junho) – *Código de Procedimento e de Processo Tributário*

– Decreto-Lei n.º 38/2003, de 8 de março – *Reforma da ação executiva (2003)*

– Decreto-Lei n.º 199/2003, de 10 de setembro – *Reforma da ação executiva (2003)*

– Decreto-Lei n.º 108/2006, de 8 de junho – *Regime Processual Civil Experimental* (revogado pela Lei n.º 41/2013, de 26 de junho)

– Portaria n.º 955/2006, de 13 de setembro – *Determina os tribunais em que se aplica o Regime Processual Civil Experimental*

– Decreto-Lei n.º 226/2008, de 20 de novembro – *Reforma da ação executiva (2008)* (parcialmente revogado pela Lei n.º 41/2013, de 26 de junho)

– Despacho n.º 64/2010, de 5 de janeiro, do Ministério da Justiça – *Cria uma comissão encarregada de formular propostas de alteração ao Código de Processo Civil*

– Lei n.º 63/2011, de 14 de dezembro – *Lei da Arbitragem Voluntária*

– Lei n.º 29/2013, de 19 de abril – *Lei da Mediação*

– Lei n.º 41/2013, de 26 de junho, na sua redação atual (última alteração: Lei n.º 12/2022, de 27 de junho) – *Código de Processo Civil de 2013*

– Lei n.º 62/2013, de 26 de agosto, na sua redação atual (última alteração: Lei n.º 77/2021, de 23 de novembro) – *Lei da Organização do Sistema Judiciário*

– Decreto-Lei n.º 24/2014, de 14 de fevereiro, na sua redação atual (última alteração: Decreto-Lei n.º 109-G/2021, de 10 de dezembro) – *Contratos celebrados à distância e fora do estabelecimento comercial*

– Decreto-Lei n.º 49/2014, de 27 de março, na sua redação atual (última alteração: Lei n.º 77/2021, de 23 de novembro) – *Regime aplicável à organização e funcionamento dos tribunais judiciais*

– Lei n.º 145/2015, de 9 de setembro (última alteração: Lei n.º 79/2021, de 24 de novembro) – *Estatuto da Ordem dos Advogados*

– Lei n.º 154/2015, de 14 de setembro (última alteração: Lei n.º 79/2021, de 24 de novembro) – *Estatuto da Ordem dos Solicitadores e dos Agentes de Execução*

– Lei n.º 45/2019, de 27 de junho – *Revisão global da linguagem utilizada nas convenções internacionais relevantes em matéria de direitos humanos a que a República Portuguesa se encontra vinculada*

B. Projetos legislativos

– Anteprojecto de revisão do processo civil, 2011, disponível *on-line* em http://bit.ly/Anteprojecto12 (consultado pela última vez a 12 de setembro de 2022)

– Projeto de novo Código de Processo Civil, 2012, disponível *on-line* em http://bit.ly/Projeto12 (consultado pela última vez a 12 de setembro de 2022)

– Proposta de Lei n.º 113/XII, 2012, disponível on-line em https://bit.ly/PL113_XII (consultada pela última vez a 12 de setembro de 2022)

2. Direito comunitário

– Diretiva 2008/52/CE do Parlamento Europeu e do Conselho, de 21 de maio de 2008 – *Regime aplicável a certos aspetos da mediação em matéria civil e comercial*

3. Instrumentos internacionais

A. Convenção Europeia dos Direitos Humanos

– Convenção para a Proteção dos Direitos do Homem e das Liberdades Fundamentais, de 4 de novembro de 1950

– Protocolo n.º 11 à Convenção para a Proteção dos Direitos do Homem e das Liberdades Fundamentais, de 11 de maio de 1994 – *Reestruturação dos mecanismos de controlo previstos na Convenção*

B. Declaração Universal dos Direitos Humanos

– Resolução n.º 217A (III) da Assembleia-Geral da ONU, de 10 de dezembro de 1948 – *Adota a Declaração Universal dos Direitos Humanos*

C. Pacto Internacional sobre Direitos Civis e Políticos

– Resolução n.º 2200A (XXI) da Assembleia-Geral da ONU, de 16 de dezembro de 1966 – *Adota o Pacto Internacional sobre os Direitos Civis e Políticos*

– Resolução n.º 2200A (XXI) da Assembleia-Geral da ONU, de 16 de dezembro de 1966 – *Adota o Protocolo Facultativo ao Pacto Internacional sobre os Direitos Civis e Políticos*

D. Princípios do Processo Civil Transnacional

– Princípios ALI/UNIDROIT do Processo Civil Transnacional, de maio de 2004

4. Outros ordenamentos jurídicos

– Decreto Real de 28 de outubro de 1940, n.º 1443 (na redação introduzida pela Lei de 29 de junho de 2022, n.º 79) – *Codice di Procedura Civile*

– Decreto Real de 18 de dezembro de 1941, n.º 1368 (na redação introduzida pela Lei de 26 de novembro de 2021, n.º 206) – *Disposizioni di Attuazione del Codice di Procedura Civile*

– Civil Procedure Act, de 27 de fevereiro de 1997 – *Introduz alterações ao processo civil em Inglaterra e no País de Gales*

– Civil Procedure Rules, de 17 de dezembro de 1998, na sua redação atual (última alteração: 8 de setembro de 2022)

– Access to Justice Act, de 27 de julho de 1999 – *Introduz alterações ao regime dos recursos*

– Lei n.º 13.105, de 16 de março de 2015, na sua redação atual (última alteração: Lei n.º 14.365, de 2 de junho de 2022) – *Código de Processo Civil brasileiro*

ÍNDICE